Heinz Eugen Greter

Fontanes Poetik

Europäische Hochschulschriften

Publications Universitaires Européennes
European University Papers

Reihe I

Deutsche Literatur und Germanistik

Série I   Series I
Langue et littérature allemande
German language and literature

Bd./vol. 85

Heinz Eugen Greter

Fontanes Poetik

Herbert Lang Bern
Peter Lang Frankfurt/M.
1973

Heinz Eugen Greter

Fontanes Poetik

Herbert Lang Bern
Peter Lang Frankfurt/M.
1973

ISBN 3 261 01045 2

©

Herbert Lang & Cie AG, Bern (Schweiz)
Peter Lang GmbH, Frankfurt/M. (BRD)
1973. Alle Rechte vorbehalten.

Druck: Lang Druck AG, Liebefeld/Bern (Schweiz)

MEINEN ELTERN

In jeder guten Rezension verbirgt oder entdeckt sich eine gute Aesthetik und noch dazu eine angewandte und kürzeste und durch die Beispiele - helleste.
(Jean Paul, Vorrede zur 2. Aufl. (1812) der Vorschule der Aesthetik)

Man soll dem Geheimnis der Kunst nachgehen, aber nicht zu weit. Das Letzte bleibt eben immer und überall ein Verschleiertes, das wir ahnen, aber nicht schauen sollen. Wer dagegen verstösst, schädigt sich und die Sache, der er dienen will.
(Fontane, Rezension vom 14. 5. 1879)

VORBEMERKUNG

Für wertvollen Rat und Anteilnahme am Fortgang der Arbeit bin ich Herrn Prof. Peter-Horst Neumann dankbar verpflichtet.
Im Sommersemester 1970 weilte ich im Theodor-Fontane-Archiv der Deutschen Staatsbibliothek in Potsdam. Seinem Leiter, Herrn Joachim Schobess, sei für die freundliche Aufnahme und für zahlreiche Hinweise ebenfalls herzlich gedankt.

Freiburg/Schweiz, 1973

INHALTSVERZEICHNIS

EINLEITUNG

Fontane hat keine systematische Dichtungstheorie geschrieben. Seine Reflexionen über die Kunst sind nicht in eigentlichen Schriften zur Aesthetik niedergelegt, sondern sind zerstreut in Briefen, Essays, Theaterkritiken und in privaten, nicht zur Veröffentlichung bestimmten Notizen zu finden. Insofern ist seine poetologische Konzeption eine rein immanente Poetik, deren innere Gesetzmässigkeit erst in der Zusammenschau der einzelnen Teile in Erscheinung tritt. Fontane steht damit in durchaus guter europäischer Tradition. Beda Allemann hat darauf hingewiesen, dass "von Horaz bis zur Gegenwart" vergeblich ein Autor zu suchen sei, "der in erster Linie Dichter (nicht Dichtungstheoretiker) war und dennoch seiner Poetik eine wirklich systematisch abgeschlossene Gestalt gegeben hätte. "[1] Was die Dichter des Realismus anbelangt, so wurde der unsystematische Charakter der poetologischen Aeusserungen Gottfried Kellers und Otto Ludwigs bereits beschrieben. Rätus Luck stellt in seiner umfangreichen Untersuchung über den Literaturkritiker Keller einerseits "die Fülle seiner Bemerkungen zur Literatur, anderseits den Mangel an planvoller Ordnung" fest, "bald ist es ein aus der Augenblicksstimmung geborenes Urteil, bald ein durchdachter, scharfgestochener Aphorismus, die den Kritiker ausweisen, und hauptsächlich ergreift er in den Briefen das Wort. "[2] Man kann diese auch für Fontane gültige Erscheinungsweise der kunsttheoretischen Aeusserungen generell als aphoristisch bezeichnen, im Gegensatz zur systematischen Manifestation einer Dichtungstheorie. Albert Meyer bemerkt in seiner Arbeit über 'Die ästhetischen Anschauungen Otto Ludwigs', dass eine auf aphoristischen Aussagen beruhende Aesthetik, wie sie auch bei Ludwig in Erscheinung tritt, nur scheinbar einer systematischen Untersuchung sich entzieht, denn "der Aphorismus erscheint uns nur deshalb 'unsystematisch', weil oft Zwischenglieder fehlen. Das heisst, die Aussagen gründen in einem bestimmten axiomatischen Zusammenhang, der uns zuweilen verdeckt bleibt. "[3] Die Probleme sind bei Fontane grundsätzlich nicht anders gelagert als bei Keller und Ludwig.
Auf Grund dieser besonderen, aphoristischen Erscheinungsweise der poetologischen Aeusserungen Fontanes ist es ein Ziel dieser Arbeit, die inneren Zusammenhänge und das immanente Gefüge seiner Poetik aufzudecken und geordnet darzustellen. Wobei betont sei, dass diese Darstellung keineswegs den kunsttheoretischen Ueberlegungen Fontanes eine Systematik unterstellen will, die in Wirklichkeit gar nicht existiert.
Der vorliegenden Arbeit liegen grundsätzlich nur die ausserdichterischen Texte zugrunde, also Essays, Buchrezensionen, Theaterkritiken, private Aufzeichnungen und Briefe. Indem auf die mehr oder weniger spärlichen poetologischen Aeusserungen in der dichterischen Fiktion verzichtet wird, ist im vornherein eine Diskussion um den effektiven Wahrheitsgehalt von fiktiven Urteilen ausgeschaltet, die wohl "den äussern H a b i t u s von Urteilssätzen haben, aber trotzdem keine e c h t e Urteilssätze sind, noch sein wollen. "[4] Der Verzicht fällt umso leichter, als diese poetischen Aussagen die Probleme nicht entscheidend erhellen, höchstens

die festgestellten Beobachtungen im wesentlichen bestätigen können. Schon die in den Briefen geäusserten Ansichten müssen trotz ihres nicht fiktionalen Charakters oft mit Vorsicht und nicht im vornherein als genau wörtliche Meinung des Dichters aufgenommen werden. Denn Fontanes Briefe, die gewisse Züge der Dichtung "noch unverkennbar schärfer eingraben",[5] wollen auch "als k ü n s t l e r i s c h e r Bestandteil seines Lebenswerkes verstanden sein",[6] und gerade die feuilletonistische Form, in der ein oft unverbindlicher Inhalt vorgetragen ist, erschwert es, aus den "mitunter spontan wirkenden Variationen"[7] über den Bedeutungsinhalt eines Begriffes ein klares Bild zu bekommen.

Fontanes Poetik erweist sich nicht als Gattungspoetik im eigentlichen Sinn, was mit der aphoristischen und unsystematischen Erscheinungsweise seiner Kunsttheorie in engem Zusammenhang steht. Seine vorwiegend auf die epische und dramatische Dichtung sich beziehenden Aeusserungen haben, von gewissen Ausnahmen abgesehen, eher den Charakter allgemeiner und grundsätzlicher Kunstpostulate, die allerdings der dichtungsgeschichtlichen Situation seiner Zeit verpflichtet sind. Daher scheint es, schon um unnötige Wiederholungen zu vermeiden, zweckmässig und zudem dem besonderen Charakter der poetologischen Aeusserungen angemessen, die Darstellung der Poetik nicht nach einzelnen Gattungen, sondern nach ästhetischen Kategorien zu gliedern. Die einzelnen ästhetischen Kategorien sind, wie die ganze Kunsttheorie überhaupt, in ihrer Art Bruchstücke und unfertig, denn Fontane hat verschiedene Probleme nur in grossen Zügen, andere überhaupt nicht erörtert.

Es muss hervorgehoben werden, dass die Arbeit lediglich versuchen will, die Dichtungstheorie Fontanes darzustellen und dass sie auf den Vergleich dieser ästhetischen Theorie mit der dichterischen Praxis verzichtet, oder es zumindest nur bei allgemeinen Hinweisen bewenden lässt. Die Erkenntnis, dass die Theorie bei Fontane hinter der Praxis zurücksteht, ist nicht neu. Thomas Mann hat in seinem Essay "Der alte Fontane" bereits 1910 darauf hingewiesen.[8] Es ist dies ebenfalls keine singuläre Erscheinung, die nur bei Fontane zu beobachten wäre.[9] Doch darf diese Diskrepanz, die zwischen dem bei Fontane eher peripheren theoretischen Werk und der gewichtigeren poetischen Produktion besteht, nicht über den inneren Zusammenhang der beiden Teile und ihre gegenseitige Ergänzung hinwegtäuschen.[10] Es gilt hier Jean Pauls Wort, "dass die Praxis der Künstler unvermerkt die Theorie derselben leite und verleite; aber man füge auch bei, dass auch rückwärts die Lehre die That beherrsche."[11] Der Ansicht Hanna Geffckens, dass Fontanes "ästhetische Urteile [...] nur, sofern sie seinen Werken entsprechen, herangezogen werden" können, ist nicht zuzustimmen.[12] Diese Meinung ist, auch mit dem Hinweis auf den unsystematischen Charakter der theoretischen Aeusserungen und mit der starken Abneigung Fontanes gegen jedes Dogma, unbegründet. Hingegen fällt die mit Recht und oft genug festgestellte Divergenz der Wirklichkeitsdarstellung wie sie beim Briefschreiber und beim Erzähler Fontane zum Ausdruck kommt, schwerer ins Gewicht. Dieser Zwiespalt war vor allem für Georg Lukács der Ausgangspunkt in seinem Essay "Der alte Fontane". Seine Frage nach dem Verhältnis Fontanes zu seiner Zeit, die mit der Veröffentlichung der Friedländer-Briefe durch Kurt Schreinert noch aktueller wurde, ergab wohl neue Einsichten und rief nach gewissen Korrekturen des überlieferten Fontane-Bildes. Aber die ideologische Gewaltsamkeit, mit der Georg Lukács ästhetische Phänomene anging, musste notwendigerweise zu Verzeichnungen führen, die auch von der heutigen marxistischen Literaturwissenschaft entschieden abgelehnt werden. [13] Denn wenn Lukács behauptet, dass Fontane "nur insoweit fortschrittlich und dichterisch fruchtbar war , als die antipreussische Tendenz in den Vordergrund tritt", [14] und dass die "Zeit entwickelter Klassenkämpfe [...] völlig ausserhalb seines Werkes lieg t , auch in der Form von Reflexionen", [15] und somit die Grenzen Fontanes bezeichnet seien, dann werden hier Ansprüche gestellt, die mit den ästhetischen Absichten des Autors nicht vereinbar sind. Bereits Karl Richter hat mit seiner Studie über die "Resignation" im Werk Fontanes die Thesen Lukács teilweise widerlegt, indem er nachweist, dass die Wirklichkeitserfahrung, wie sie in den Briefen erscheint, auch in der Dichtung zur Darstellung kommt. Ebenso wird eine Darstellung der ästhetischen Anschauungen Fontanes die Thesen Lukács' weitgehend widerlegen.

In gewisser Abhängigkeit von den Positionen Lukács' und ebenso aus dem Blickwinkel der marxistischen Ideologie hat Joachim Biener 1956 eine Arbeit über "Fontane als Literaturkritiker" veröffentlicht. Bieners Positionen werden uns im Verlauf dieser Darstellung noch mehrmals beschäftigen, denn es ist hier erstmals der Versuch unternommen worden, ein mehr oder weniger geschlossenes Bild von den ästhetischen Anschauungen Fontanes zu geben, doch besteht der entscheidende Mangel dieser Arbeit darin, dass sie Fontanes Dichtungstheorie nicht in ihrer Entwicklung und in der Konfrontation mit der realistischen Tradition zeigt, was zur Unterschätzung resp. Ueberbewertung gewisser Phänomene geführt hat.
Undenkbar wäre eine Darstellung der Dichtungstheorie Fontanes ohne die editorische Leistung Hans-Heinrich Reuters, der die Texte zugleich mit staunenswerter Materialkenntnis kommentiert. Allerdings ist auch hier hinzuzufügen, dass die Interpretation historischer und ästhetischer Sachverhalte zeitweilig durch die mit marxistischer Ideologie gefärbte Terminologie belastet ist.
Die Fontane-Forschung hat sich zum Teil eingehend mit dem Kritiker Fontane beschäftigt, hat aber, auf Grund der besonderen Forschungslage, wesentliches Material nur fragmentarisch, oder gar nicht verwerten können. Die umfangreichen Textveröffentlichungen der letzten Jahre, [16] die aufschlussreichen biografischen Werke von Hans-Heinrich Reuter[17] und Helmuth Nürnberger, [18] dazu die erst in neuerer Zeit wissenschaftlich zuverlässigen Briefausgaben[19] rechtfertigen den Versuch, eine Darstellung der ästhetischen Anschauungen Fontanes zu unternehmen. Dabei soll nach Möglichkeit eine isolierte Betrachtung der Dichtungstheorie vermieden werden, denn eine genauere Standortbestimmung der Aesthetik Fontanes ist erst durch den zeitgeschichtlichen Bezug und mit der Konfrontation der poetologischen Ansichten anderer Dichter möglich, ohne jedoch immer eine direkte Beeinflussung zu vermuten. Auch Uebereinstimmungen zwischen den poetologischen Anschauungen Fontanes und denjenigen zeitgenössischer Dichter und Theoretiker bedeuten nicht im Vornherein eine direkte Abhängigkeit, sondern sie zeigen, dass es sich allgemein um Einsichten aus der gleichen dichtungsgeschichtlichen Grundsituation handelt. Das gilt auch für den wohl einflussreichsten Literaturwissenschaftler des Realismus, Julian Schmidt, dessen Aufsätze vor allem in den 'Grenzboten' weite Verbreitung gefunden haben. Auf seine möglichen Einflüsse auf Fontane hat bereits Reuter mehrmals hingewiesen. [20]
Die vorliegende Darstellung der Poetik Fontanes möchte die "allgemeinen, typi-

schen und objektiven Elemente"[21] aufzeigen, die "als innere, lebendige, zur organischen Einheit [sich] zusammenschliessende Gestaltgebung"[22] im Kunstwerk in Erscheinung treten.

I. LITERATURKRITIK UND AESTHETISCHE ERKENNTNIS

Theodor Fontane war Kritiker und Dichter. Die Literaturkritik, hier mit R. Wellek vorerst allgemein verstanden als "Erörterung konkreter literarischer Werke",[1] ist die Voraussetzung und der Ausgangspunkt von Fontanes poetologischen Reflexionen. Er erarbeitet sich durch die Beschäftigung mit literarischen Werken ein für ihn verbindliches "Gefüge einander bedingender Normen",[2] das sich im Laufe der Zeit immer mehr differenziert, zum Teil auch wandelt, das aber Grundlage sowohl für seine dichterische Produktion als auch für seine literaturkritische Tätigkeit ist. Fontanes Literaturkritik bedingt die Dichtung, und seine Dichtung bedingt das durch Literaturkritik gewonnene Normgefüge.

Da in der Literaturkritik Fontanes dichtungstheoretische Meinungen manifest werden, ist es notwendig, seine Kritik in ihrer historischen Gegebenheit zu betrachten und ebenso auf sein Selbstverständnis als Literaturkritiker näher einzugehen.

René Wellek zeigt in seiner lexikographischen Abhandlung über das Wort 'Kritik',[3] wie dessen Bedeutung mit der ideengeschichtlichen Wandlung sich mitverändert hat. In der im 19. Jahrhundert in Deutschland sich vollziehenden Dreiteilung in philosophische Aesthetik, der die Poetik unterstellt war, in Literaturwissenschaft und Kritik, erfährt der Begriff Kritik eine Bedeutungsverengung und die damit häufig verbundene Bedeutungsverschlechterung. Die Autonomie der Literaturkritik beginnt eigentlich mit der romantischen These der Brüder Schlegel, Kritik sei Kunst,[4] doch wird diese neu definierte Gattung unter dem Einfluss des politisch orientierten Journalismus des Jungen Deutschland für praktische, zeitbedingte Zwecke gebraucht. Da die Aesthetik Sache der akademischen Philosophie geworden ist, bleibt dem Literaturkritiker mit der Rezension literarischer Werke die zweckorientierte Vermittlerrolle zwischen Dichtung und Publikum. Als Rezensent ist der Literaturkritiker nicht Wissenschaftler, sondern Journalist, und seine Literaturkritik ist eher eine Form der Publizistik.

Fontane selbst steht in diesem Umschichtungsprozess, der jedoch in der entscheidenden Zeit seiner literarischen Tätigkeit bereits im wesentlichen abgeschlossen ist. Dass die einzelnen Disziplinen, was Anspruch auf Kompetenz betrifft, in einem gewissen Spannungsverhältnis zueinander standen, geht aus einem Brief Fontanes an seine Frau hervor: "Immer begreiflicher wird mir der Hass der bildenden Künstler gegen die Kunst p h i l o s o p h e n . Kunst g e s c h i c h t e geht, so lang es einfach G e s c h i c h t e bleibt, aber so wie das Raisonnement anfängt, wird es furchtbar. Das Urteil eines feinfühlenden Laien ist immer wertvoll, das Urteil eines geschulten Aesthetikers absolut wertlos. Sie schiessen immer vorbei, sie wissen nicht, haben oft gar keine Ahnung davon, w o r a u f e s e i g e n t l i c h a n k o m m t ."[5] Diese Beurteilung der Disziplinen zeigt, dass die Dreiteilung für Fontane bereits selbstverständlich ist, zugleich ist seine Position den andern Disziplinen gegenüber klar ersichtlich. Sie wird bei der Untersuchung über das Selbstverständnis Fontanes als Kritiker noch eindeutiger zum Vorschein kommen. Be-

trachtet man demgegenüber Fontanes Gebrauch des Wortes 'Kritik', so ist festzustellen, dass es, trotz der Autonomie der journalistisch betriebenen Literaturkritik des Rezensenten, noch nicht die entsprechende Bedeutungsverengung hat. Noch
ist für ihn Kritik nicht nur Beurteilung oder Besprechung. In Bezug auf das Schaffen des Künstlers ist Kritik Erkennen der von der Kunst gestellten Anforderungen.
Fontane beruft sich auf einen nicht zu belegenden[6] Satz Goethes, die Produktion
eines anständigen Dichters und Schriftstellers entspreche allemal dem Mass seiner Erkenntnis, und fährt fort: "Furchtbar richtig. Man kann auch ohne
Kritik mal was Gutes schreiben, ja vielleicht etwas s o Gutes, wie man später
m i t Kritik nie wieder zu Stande bringt. Das alles soll nicht bestritten werden.
Aber das sind dann die 'Geschenke der Götter'. "[7] Im allgemeinen beruht Kunst auf
Kritik, also auf dem Erkennen der Kunstgesetze. [8]
Fontanes Auffassung von Kritik ist, wie bei Gottfried Keller, [9] noch an die überlieferte Bedeutung gebunden und entspricht teilweise dem, was der neuen Disziplin,
der Aesthetik resp. Poetik zugeordnet war. Sie ist in ihrer Essenz noch das, was
man ihr heute wieder zuzuschreiben bemüht ist, indem man sagt: "Kritik ist be-
griffliche Erkenntnis oder auf solche Erkenntnis gerichtet. Sie muss letzten Endes
auf die systematische Erkenntnis der Literatur, die literarische Theorie gerichtet
sein."[10] Vom Anspruch auf Systematik abgesehen, entspricht das weitgehend der
Bedeutung, die für Fontane der Begriff 'Kritik' in Bezug auf das Schaffen des Künstlers und seine Beschäftigung mit Kunst hat.
Doch gilt es, eine einschränkende Differenzierung vorzunehmen. Fontanes kritische Auseinandersetzung mit literarischen Werken ist auf kunsttheoretische Erkenntnis gerichtet, [11] nach der umgekehrt literarische Werke wieder beurteilt werden. Insofern stimmt seine Praxis als Kritiker mit dem Vorgehen und den Gepflo-
genheiten der meisten Kritiker in der Geschichte überein. [12] Doch diese eine Zweck-
gerichtetheit ist gleichzeitig auch orientiert auf die Erkenntnis und das Finden von
neuen schöpferischen Möglichkeiten. Die Erörterung literarischer Werke, sei sie
nun als Rezension für die Publikation bestimmt oder nur eine privat notierte, fragmentarische Reflexion, geschieht demnach auf Grund von verhältnismässig objektiven Kriterien; Urteil und Wertung sind rational begründet. Gleichzeitig aber,
und nicht als selbständig sich manifestierende andere Art, ist die Literaturkritik
Fontanes gekennzeichnet durch eine auf den allersubjektivsten Empfindungen beruhende Beurteilung. Diese Ambivalenz ist eines der wesentlichsten Merkmale von
Fontanes Literaturkritik. Seine Kritik der Literatur will also nicht in der eingeschränkten Bedeutung der heutigen Rezension oder in der verschiedentlich geforderten neuen Bedeutung als wissenschaftliche Disziplin[13] verstanden sein, sondern
in der zeitbedingten und für Fontane symptomatischen Ambivalenz des 19. Jahrhunderts. Diese Literaturkritik erscheint in Form von Theaterrezensionen, privaten
fragmentarischen Notizen, als Reflexion in Briefen und in der Form des Essays,
die ihm besonders zusagte. [14] Kritik ist für Fontane wertende Auseinandersetzung
mit Kunstwerken auf Grund von bestimmten Kriterien, seien diese nun objektiv,
ausgerichtet nach ästhetischen Massstäben, oder subjektiv, orientiert an der persönlichen Geschmackslage.
Wenn in der Literaturkritik Fontanes theoretische Erkenntnisse sich manifestie-
ren, ist zu fragen, wie das Selbstverständnis Fontanes als Kritiker beschaffen ist,
denn von der Art dieses Selbstverständnisses kann nicht nur Fontanes kritische

Grundhaltung, sondern auch die Bedeutung erschlossen werden, die seinen literaturkritischen Ergebnissen beizumessen ist.
Eine Betrachtung der Grundzüge der literaturkritischen Tätigkeit Fontanes[15] zeigt
zwei deutlich voneinander getrennte Phasen. Die erste, weniger bedeutsame Periode fällt in die Jahre 1840 bis 1855. Bei aller Sicherheit in seinem ästhetischen Urteil sind diese Literaturkritiken nicht sehr aufschlussreich, handelt es sich doch
meistens um Rezensionen seiner Tunnel-Freunde.[16] Mit der Lockerung seiner Beziehung zum Tunnel schwindet auch seine Auseinandersetzung mit der zeitgenössischen Lyrik, um die es in den Kritiken vor allem ging.[17] Als bedeutungsvolle
Hauptleistung aber fällt in diese erste Phase sein grundlegender Essay über "Unsere lyrische und epische Poesie seit 1848", welcher, 1853 entstanden, die Basis
seiner theoretischen Ueberlegungen bilden wird. In die gleiche Zeit fällt auch die
Rezension von Gustav Freytags Roman "Soll und Haben".
Ueber ein Jahrzehnt später beginnt mit der Uebernahme des Referates für das
Königliche Schauspielhaus bei der 'Vossischen Zeitung' im August 1870 die zweite,
bedeutende literaturkritische Periode. Die Entfaltung seiner kritischen Tätigkeit
läuft augenfällig parallel mit der beginnenden dichterischen Produktion; seit fünf
Jahren arbeitet er, wie aus späteren Briefen hervorgeht, an seinem ersten Roman.[18] Es ist die Zeit seiner Auseinandersetzung mit Alexis, Goethe und Keller,
den englischen, französischen und russischen Schriftstellern. Dabei ist es wichtig,
wie Nürnberger hervorhebt, zu beachten, dass Fontanes Beschäftigung mit Literatur auch in dieser zweiten Phase unsystematisch bleibt. Er scheint "niemals das
Bedürfnis empfunden zu haben, sämtliche Werke eines Autors zu lesen, auch wenn
er ihn sehr hoch schätzte."[19]
Die programmatische Konzeption von 1853 entfaltet sich jetzt in Briefen, Rezensionen und Notizen immer klarer zu einer differenzierteren, verbindlichen Dichtungstheorie. In diese zweite Phase fallen denn auch die entscheidenden Aeusserungen
Fontanes, die Aufschluss geben über sein Selbstverständnis als Kritiker. Die Aufgabe als Theaterreferent bei der 'Vossischen Zeitung' ist für ihn eine Herausfor-
derung an seinen kritischen Geist, der er mit Elan und grossem Ernst nachkommt.
Darüber darf der brillant-legere Plauderton seiner Theaterkritiken nicht hinwegtäuschen. Fontane hält diese "scherzhafte Behandlung nicht bloss für erlaubt, sondern geradezu für einen Vorzug, aber sie hat eine zugrunde liegende e r n s t e
und e h r l i c h e   M e i n u n g   zur Voraussetzung. Sonst ist sie unerlaubt."[20]
Diese vorausgesetzte ehrliche Meinung ist die persönliche Meinung des Rezensenten, der dazu da ist, "die Wahrheit zu sagen, oder doch   d a s ,   was ihm als
Wahrheit   e r s c h e i n t ."[21] Der Kritiker ist nicht letzte Instanz, und Kritik
ist nicht absolutes Besserwissen, aber die Kritik soll auf der Suche nach Wahrheit
doch immer zuerst "nach dem Guten suchen". (N XXII, 2. S. 307) Die kritische Rezension ist niemals ein "Tadelinstitut" (N XXII, 2. S. 462) und auch kein "Künstler-
bildungsmittel", mit dessen Hilfe etwa der unfertige Anfänger weiter gebracht werden sollte, "denn der ganz allgemein gehaltene Tadel schafft ihm nur Verdruss."[22]
Die erste wesentliche Grundmaxime, dass sich der rezensierende Kritiker an die
Wahrheit halten soll, bedarf einer näheren Erläuterung. Einmal ist damit grundsätzlich vom Kritiker die ethische Forderung der Ehrlichkeit beim Sagen der
Meinung verlangt. Dann aber soll er die immanente Wahrheit des literarischen
Werkes suchen, das heisst, er soll es prüfen auf seine Einheit. Als Regel gilt:

"Man soll nicht alles mit einer Elle messen, aber jedes einzelne Kunstwerk soll
d a s Mass ertragen können, nach dem es, seinem eigenen Gesamtcharakter nach,
gemessen sein will. "[23] Der Kritiker hat also letztlich das Kunstwollen des Künstlers zu prüfen, das in der Eigengesetzlichkeit des Kunstwerkes zum Ausdruck kommen soll. Fontane erliegt damit nicht dem, was Heinrich Heine als den "grossen
Irrtum" des Kritikers bezeichnet, wenn dieser die Frage aufwirft: "Was soll der
Künstler?"[24] Heine gelangt dann konsequent zur Forderung, dass "jeder Original-
künstler und gar jedes neue Kunstgenie nach seiner eigenen mitgebrachten Aesthetik" beurteilt werden soll.[25] Man kann diesen Gedanken zurückverfolgen bis zu
Goethe, der in seinem Gespräch "Ueber Wahrheit und Wahrscheinlichkeit der Kunstwerke" feststellt, wenn eine Oper gut sei, mache sie "eine kleine Welt für sich aus,
in der alles nach gewissen Gesetzen vorgeht, die nach ihren eigenen Gesetzen beurteilt, nach ihren eignen Eigenschaften gefühlt sein will. "[26] Und wenn Goethe
meint, dass die "innere Wahrheit", um die es auch Fontane geht, "aus der Konsequenz eines Kunstwerkes entspringt", [27] so ist es genau das, was Fontane als Kritiker schliesslich ergründen will, die dem einzelnen Kunstwerk zugrunde liegende
Eigengesetzlichkeit und Konsequenz, in der die eigentliche Wahrheit des Kunstwerkes begründet ist und zum Ausdruck kommt.[28]
Selbst in der zweiten Grundmaxime, die für den Kritiker in der Beurteilung verbindlich ist, dass er zuerst nach dem Guten suchen soll, findet sich Fontane in
seiner Ansicht durch Aeusserungen Goethes bestätigt. Eine entsprechende Bemerkung Goethes im Brief an Schiller vom 17. Dezember 1795 gibt Fontane paraphra-
siert in seinen Notizen zur Lektüre des Briefwechsels zwischen Goethe und Schiller wider: "Goethe sehr schön über die Freude, Anerkanntes auch mit Ueberzeugung loben zu können. " (AZL, S. 11) Fontane ist nie von diesem Grundsatz abge-
wichen, mit dem er bereits in seiner ersten Rezension am Königlichen Schauspielhaus aufgefallen ist. (N XV, S. 390)
Zur weiteren Frage, wer denn überhaupt Kritik üben darf, nimmt Fontane eindeutig Stellung: "Ueber das Schöne darf [...] jeder sprechen, der dem Dienst des
Schönen ernsthaft nachgegangen ist [...], aber die Kritik muss klug und beschei-
den geübt werden und muss sich bei jedem Wort   i h r e r   G r e n z e n   b e -
w u s s t   b l e i b e n . "[29] Die Grenzen aber liegen dort, wo beim Kritiker, der
eine Kunst nicht selber ausübt, "das mangelnde Können auch sein Wissen lahm
legt. "[30] In letzter Konsequenz heisst das, dass schliesslich nur der ausübende
Künstler ein Werk der literarischen oder bildenden Kunst angemessen beurteilen
kann, was allerdings ein grosses Objektivierungsvermögen und eine entsprechende Unvoreingenommenheit voraussetzt.[31] Hier ist eine auffällige Uebereinstimmung mit den Ansichten Gottfried Kellers festzustellen, obwohl dieser das Urteils-
vermögen der Liebhaber und Dilettanten weniger hoch einschätzte als Fontane;
diese "Schreibekritiker regen weder an, noch ist etwas von ihnen zu lernen. "[32]
Aber Keller ist letztlich mit Fontane der gleichen Ansicht wenn er sagt: "Nur die
Kunstbeflissenen, ein enger Kreis stiller Künstler selbst geniesst die verschiedenen Werke in ihrer ganzen Tiefe und jedesmal nur diejenigen, welche er selbst
auch hervorzubringen sich gemüht. "[33]
Die Unabhängigkeit des Urteils ist ein wesentliches Merkmal des Kritikers Fontane. Als Grundhaltung beginnt sie sich bereits in der ersten literaturkritischen
Periode auszuprägen, wo Fontane sich allmählich von der politischen Dichtung des

Vormärz zu distanzieren beginnt, und für ihn bei der Beurteilung nur noch der ästhetische Standpunkt massgebend wird. Der Wandel ist im Brief an seinen Freund Bernhard von Lepel am 4.9.1851 genau feststellbar: "Ich persönlich verhalte mich jetzt den politischen Gedichten des Jahres 1848 gegenüber völlig indifferent und kritisiere sie als Aesthetiker mit derselben Unparteilichkeit wie zum Beispiel die gleichzeitigen Gedichte der Royalisten und Puritaner zu den Zeiten Cromwells. [...] Als Aesthetiker hab' ich aber ebenfalls darüber zu wachen, dass der einmal eingenommene Standpunkt des Dichters auch beibehalten wird. "[34] Die hier geäusserte und bewusst geübte kritische Grundhaltung, die ganz im Gegensatz steht zum früheren subjektiven Eifer,[35] wird für den Literaturkritiker Fontane künftig massgebend, und es ist, wie ein Brief an Friedländer zeigt, immer richtungweisend geblieben, dass er "nur durch rein künstlerische Motive"[36] in seinem Urteil bestimmt worden ist. Diese Unvoreingenommenheit, ein Kennzeichen auch des Wanderers durch die Mark Brandenburg,[37] äussert sich ebenso als Vorurteilslosigkeit weltanschaulichen Dingen gegenüber. Seine Auseinandersetzung mit dem französischen und deutschen Naturalismus wird zeigen, dass er nur aus dieser Grundhaltung heraus zu einem differenzierteren Urteil über die neue literarische Richtung gekommen ist, denn Anschauungssache ist nicht Kunstsache, und in "Anschauungssachen bin ich sehr tolerant, aber Kunst ist Kunst. Da versteh ich keinen Spass."[38] Es ist der einzige Standpunkt, der ein kompetentes Urteil über Kunst überhaupt ermöglicht, und er ist im damaligen Deutschland durchaus nicht selbstverständlich.[39] Er ist aber in der Praxis da bedroht, wo die Kritik befangen ist in "persönlichen Dingen".[40] Diese 'Freundeskritiken' sind Fontane höchst unliebsam, vor allem dann, wenn seine eigenen Werke in oberflächlichen und nicht auf das Wesentliche eingehenden Rezensionen besprochen werden.[41] Dies ist allerdings auch ein von ihm praktiziertes Vorgehen, indem er in freundschaftlicher Weise lobt, was zu loben ist und die Hauptfragen nicht berührt.[42] Fontanes Freiheit und Unabhängigkeit im kritischen Urteil wurde auch von den Zeitgenossen als charakteristisches Merkmal hervorgehoben.[43] Sie bestimmen ebenso Fontanes Verhältnis zu der einer wissenschaftlichen Aesthetik verpflichteten akademischen Kritik, die sich noch zum Teil an den Normen der überlieferten idealistischen Aesthetik ausrichtet. Die literaturwissenschaftlichen Erörterungen hielt Fontane in Bezug auf die Kunstwerke im allgemeinen überhaupt nicht für relevant. Er wurde in dieser extremen Ansicht von Keller fast noch überboten; dieser stellt den "dilettantischen Interpreten [...] auf die gleiche Stufe wie den philosophisch geschulten Kritiker",[44] womit er nicht etwa den Dilettanten schmeicheln will, denn "von den Experimental-Aesthetikern ist so wenig gutes zu erwarten als von den philologisch germanistischen Realkritikern, weil beide bereits die Seele des Geschäftes verloren oder nie gekannt haben. "[45]
Das Verhältnis zu den ästhetischen Gesetzen zeigt Fontanes Verhältnis zu den Gesetzlichkeiten überhaupt, er freue sich, wenn sein Standpunkt mit den Gesetzlichkeiten übereinstimme, wenn es aber nicht stimme, dann verlasse er sich lieber auf sich selbst als auf das Gesetz. Dieser sein "Lieblingsstandpunkt" erscheine ihm als der bessere und förderndere. (N XXII, 2. S. 83) Der verbreitete "albernste Autoritätsglaube, die geistloseste Nachplapperei", schon im Essay von 1853 festgestellt (H III, 1. S. 247), steht im krassesten Gegensatz zu seinem Selbstverständnis als Kritiker, für den nur die empirisch am literarischen Text erarbeiteten poetologischen Erkenntnisse verbindlich sind. Diese ästhetischen Normen sind aber

keinesfalls für die Beurteilung das allein entscheidende Kriterium, und es fällt ihnen nicht die von der akademischen Kritik gegebene Priorität zu. Die Rezension von Mosenthals "Deborah" ist ein deutliches Beispiel dafür, wie Fontane den nicht sachgerechten, aber "aus der Tiefe der ästhetischen Erkenntnis geschöpften Urteilen" der Literaturwissenschaft sein aus der persönlichen Empfindung gewonnenes Urteil vorzieht, damit will er "nichts gegen das akademische Gesetz sagen, aber wichtiger ist d a s in unserer Brust. Es ist die höhere Instanz, Quell alles andern, und gibt den Ausschlag. "[46] Dieses in der subjektiven Erfahrung begründete Urteil ist gleichzeitig auch die Gewähr für eine unvoreingenommene Kritik, denn diese soll, ist sie schon an Gesetze gebunden, "ihr Gesetz, am besten das ins eigene Herz geschriebene, haben und danach verfahren, wenn sie das nicht kann, so ist sie 'gut für nichts'. " (N XXII, 2. S. 461/62) Diese Ueberzeugung Fontanes von der absoluten Priorität des Empfindens vor dem Erkennen führte zu der kategorischen Behauptung, dass das Urteil eines feinfühlenden Laien immer wertvoll, dagegen das eines geschulten Aesthetikers absolut wertlos sei, weil diese keine Ahnung haben, worauf es in der Kunst ankomme, und nicht wissen, was die Hauptsache sei. [47] Diese brieflich der Frau gegenüber geäusserte Ansicht entspricht im allgemeinen seiner Auffassung von der wissenschaftlichen Literaturkritik und trifft im einzelnen besonders die Scherersche Schule. [48] Es ist aber nicht zu übersehen, dass er dem Urteil einzelner Persönlichkeiten, Otto Brahm und Paul Schlenther von der neuen Schule, [49] vor allem aber dem Literarhistoriker Julian Schmidt, [50] eine wichtige Bedeutung zumisst. Es ist in diesem Zusammenhang interessant zu sehen, wie im Gegensatz zu Fontane, der gerade die inhaltliche und stilistische Qualität von Schmidts Arbeiten bewunderte, der Zeitgenosse Gottfried Keller den "unsterblichen Sekundanerstil à la Julian Schmidt" kritisierte, im allgemeinen aber mit Fontane darin übereinstimmt, dass die "Schulmänner und Literarhistoriker [...] immer nur die Schulbänke vor sich sehen und vom Werden und Schaffen in der Wirklichkeit nichts kennen. "[51]
Diese teilweise heftige Auseinandersetzung der Dichter mit der akademischen Kritik über die wesensgerechte Beurteilung von literarischen Werken wird für Fontane letztlich gegenstandslos durch seine selbstbewusste Ueberzeugung von der Richtigkeit seines eigenen Urteils. Fontane hat diesen Gegensatz zwischen der akademischen Kritik und seinem persönlichen Empfinden, dazu die Ueberzeugung von der Richtigkeit dieses Empfindens bis ins letzte Lebensjahr beibehalten. [52] Die Vorurteilslosigkeit, die seinen Charakter als Kritiker grundlegend bestimmt, ist die Voraussetzung für eine Kritik, die nur künstlerische Massstäbe gelten lässt. Unter dieser Bedingung erachtet er auch die akademische Kritik als kompetent. Indem er dem "akademischen Gesetz" aber " d a s in seiner Brust" vorzieht, wird seine Kritik, gegründet auf der beobachteten Unabhängigkeit, Ausdruck seines subjektiven Empfindens. Es gibt jedoch ein falsches Bild, wenn Rüdiger Knudsen behauptet, Fontane hätte sich in seinem kritischen Urteil nicht durch ästhetische Gesetze und intellektuelle Prinzipien, sondern nur durch sein subjektives Empfinden leiten lassen, das ein Ersatz für "das Fehlen einer akademischen Bildung und seiner unvollständigen Sachkenntnis" sei. [53] Wohl ist dieses subjektive Empfinden für Fontane persönlich das primäre Kriterium seiner Wertung, aber die Wechselbeziehung zwischen seinem künstlerischen Empfinden und den intellektuellen poetologischen Reflexionen darf nicht übersehen werden. Sein persönliches Empfinden ist

geprägt durch seine empirisch erarbeitete Einsicht in ästhetische Gesetzmässigkeiten. Aber es ist durchaus festzuhalten, dass neben der Unvoreingenommenheit und Vorurteilslosigkeit, dem bewussten Suchen nach der Wahrheit eines Kunstwerkes, was auf einer "rationalistischen Grundhaltung seines Urteilsvermögens" beruht, [54] auf der andern Seite seine häufig zu beobachtende Berufung auf sein subjektives Empfinden steht. Diese Ambivalenz ist das grundlegende Merkmal des Literaturkritikers Fontane. Knudsens Fehldeutung ist nur aus seiner isolierten Betrachtungsweise heraus verständlich. Betrachtet man aber Fontanes Haltung in grösserem Rahmen, so fällt auf, dass dieses Berufen auf das subjektive Empfinden kein isoliertes Phänomen ist, das nur bei Fontane in Erscheinung tritt. Der durchaus akademisch gebildete Julian Schmidt schreibt in einer Rezension über C.F.Meyers Dichtungen in den 'Preussischen Jahrbüchern': "Die Kritik hat es längst aufgegeben, 'ex cathedra' sich vernehmen zu lassen [...] Der Kritiker kann nur ein starkes subjektives Empfinden aussprechen, er kann auch nur an das subjektive Empfinden Anderer appellieren. Aber es ist wenigstens der Versuch zu wagen, sich selbst und Andere über dieses Empfinden aufzuklären."[55] Diese Grundhaltung ist durchwegs bei den Arbeiten Julian Schmidts zu beobachten; er gibt "ein subjektives Urteil, das jeder an seiner eigenen Erfahrung prüfen mag."[56] Nicht nur Julian Schmidt steht damit Fontanes Anschauungen sehr nahe, sondern es ist auch, geht man einen Schritt weiter zurück, bei Ludolf Wienbarg, dem Theoretiker des Jungen Deutschland, zu lesen, dass "jeder sich auf sein Gefühl zu berufen pflegt wie auf den letzten Schiedsrichter, und das mit Recht, da im Aesthetischen keine andere Appellation zulässig ist als auf Gefühl und Gewissen. Damit soll aber nicht gesagt sein, dass das subjektive Recht auch ein objektives sei."[57]

Die Bedeutung, die Fontane seinem persönlichen Empfinden zumisst, zeigt, dass es für ihn der zentrale Punkt seines Selbstverständnisses als Kritiker darstellt: "Meine Berechtigung zu meinem Metier ruht auf einem, was mir der Himmel mit in die Wiege gelegt hat: Feinfühligkeit künstlerischen Dingen gegenüber. An diese meine Eigenschaft hab' ich einen festen Glauben. Hätt' ich ihn nicht, so legte ich heute noch meine Feder als Kritiker nieder. Ich habe ein unbedingtes Vertrauen zu der Richtigkeit meines Empfindens."[58] Dieses Vertrauen, hier in aller Deutlichkeit 1873 mitgeteilt, verstärkt sich im Verlauf der zweiten literaturkritischen Periode immer mehr.[59] Sein Stolz darüber, Echt von Unecht unterscheiden zu können und sich darin nie blamiert zu haben,[60] ist Ausdruck jener Sicherheit und Anerkennung, die Fontane als Kritiker gewonnen hat. Darin ist auch, wie Knudsen richtig meint, "der Kern seiner publizistischen Ueberzeugungskraft" zu suchen.[61]

In der Praxis äussert sich dieses Vertrauen in sein Feingefühl schliesslich so, dass Fontane als erstes und letztes Kriterium der Qualität eines literarischen Werkes die Wirkung auf sein Empfinden angibt: "Dass trotz alledem das Stück stark auf mich gewirkt, mich erhoben, bewegt, gerührt hat, ist mir ein Beweis, wie gut es ist."[62] Fontane ist sich dieser Subjektivität durchaus bewusst. Fragwürdig und bedenklich wird für ihn ein auf persönlicher Erfahrung und Empfindung beruhendes Urteil erst, wenn dieses Empfinden, wie im Falle von Schopenhauer, "nichts weniger als ein billiges und gerechtes, sondern ein selbstsüchtiges und launenhaftes ist."[63]

Aus dieser primären Bedeutung des subjektiven Gefühls ergibt sich der Entstehungsvorgang der Literaturkritik: dem gefühlsmässigen Erkennen folgt der Versuch einer adäquaten kritischen Begründung. Dieses Gesagte aber ist dann schliesslich "immer nur der unvollkommene Ausdruck eines Gefühls", und weil der Versuch, das Empfundene zu erklären, unendlich oft misslinge, bleibe oft nur die unmotivierte Ueberzeugung von der Qualität eines Stückes.[64] In diesem Umsetzen des Gefühls liegt denn auch die "ständige rationale Kontrolle seiner Emotionen", deren Objektivierung in der Skepsis ihren Ausdruck findet.[65] Diese Skepsis ist von der Subjektivität nicht zu trennen und ist, man möchte sagen paradoxerweise, in ihr begründet. Es zeigt sich hier ein weiterer Aspekt der Ambivalenz in der Literaturkritik Fontanes. Die Schwierigkeit, das Empfundene kritisch zu begründen, fühlt Fontane ebenso wie Friedrich Spielhagen, der, nachdem er ein "widerliches theoretisches Grau glücklich hergestellt" hat, die brillanteste Aesthetik hergäbe "für ein paar einfache herzliche Worte, welche die Empfindung wiedergeben", mit der er das Buch aus der Hand gelegt hat.[66]

Für Fontane aber ist das "Sentiment", das "Urteil in juris naturalibus",[67] die Essenz einer guten Kritik. Dies allerdings nur unter der Voraussetzung, dass der Kritiker guten Geschmack hat, denn im individuellen Charakter jeden Empfindens liegt schliesslich die Schwäche der Sentiments. Sie können das Tiefste einer Kritik ausmachen und ersetzen am Ende jede "Kunst e r k e n n t n i s ". (AZL S. 107) Aber gleichzeitig können Sentiments auch das Flachste bedeuten. "Mutmassungen oder gar Dusel" (AZL S. 271), denn das Sentiment allein reicht nicht aus, ihm hat das von Klarheit und Wissen begleitete überzeugende "Folgen- und Eindringenkönnen" in die Sache nachzukommen; der enthusiasmierte kritische Kopf, das ist der Kritiker, der die Kritik "bis zur Passion erhebt", und das erst ist die "eigentliche" Kritik (AZL S. 271), die auch die ambivalente Kritik Fontanes kennzeichnet.

Doch das setzt eine "innerliche Freiheit" voraus und den Mut, die "selbständige Empfindung auszusprechen."[68] Fontane rechnet es sich als grossen Vorzug an, dass er diesen Mut immer gehabt hat, eindeutig und klar Stellung zu nehmen und Antwort zu geben "auf die Frage 'weiss oder schwarz', 'Gold oder Blech'."[69] Diese Direktheit aber, die immer die ernsthafte und verbindliche Meinung des Kritikers ausdrückt, ist oft eingekleidet in die scheinbar unverbindliche Form, in den kalauernden Bummelton des Causeurs. Diese beobachteten Wesenszüge von Fontanes kritischer Grundhaltung kommen in seiner Rezension von Mosers Stück "Glück bei den Frauen" beispielhaft zum Ausdruck. Nach einer ausführlichen Rechtfertigung des unverbindlichen Amüsementstückes vor den schalen, akademischen Regeln nachgedichteten Muster-Stücken gipfelt Fontanes Kritik in der Bemerkung: "Ich lebe der Einbildung und Eitelkeit, in dem 'was schmeckt und was nicht schmeckt' auf so ziemlich j e d e m Gebiete mitreden zu können und behaupte darauf hin mit aller Bestimmtheit, ein Stück, das mich drittehalb Stunden lang zu fesseln und zu vergnügen vermag, k a n n nicht schlecht sein. Wenn es aber Bücher geben sollte, daraus zu beweisen wäre, dass ich mir diesen Heiterkeitsluxus eigentlich nicht gestatten dürfte, ja, dass diese Heiterkeit (noch dazu von Seiten eines Kritikers) eine Versündigung gegen den heiligen Geist der 'höheren Kunst' sei, so tuen mir diese Bücher leid und ihre Verfasser dazu." (H III, 2, S. 615)

Mit Fontanes Selbstverständnis als Literaturkritiker ist sein zeitgeschichtlicher Standort in Bezug auf die im Laufe des 19. Jahrhunderts sich herausbildenden drei

Disziplinen gegeben. Als Kritiker literarischer Werke verfällt er nicht in die platte journalistische Rezension der unverbindlichen Tagespublizistik, denn immer ist es zugleich der Künstler, der kritisch sich äussert. Und als Künstler begreift er die Kritik als ästhetische Wertbestimmung im strengen Sinn. Als Angehöriger einer Zunft, deren Ansehen gegenüber der Literaturgeschichte und der philosophischen Aesthetik ständig abnimmt, ist seine Art der kritischen Beschäftigung mit Literatur durch eine Feinfühligkeit gekennzeichnet, die zum Teil den künstlerischen Phänomenen gerechter wurde als die zeitgenössische Wissenschaft. Denn die positivistische Literaturwissenschaft der zweiten Hälfte des 19. Jahrhunderts verlagert sich im Gegensatz zu den anfänglichen Intentionen des Positivismus auf eine "Ueberakzentuierung des Faktischen",[70] wobei auf dem Gebiet der Kunst das literarische Objekt nur noch zum Material einer empirischen Literaturwissenschaft wird, die in ihrer Methode eine Anleihe an die Naturwissenschaft verrät und sich als unfähig erweist, bestimmte Phänomene der Kunst in ihrer zeitgeschichtlichen und gesellschaftlichen Bedingtheit zu betrachten. Neben der methodischen Orientierung der positivistischen Literaturgeschichte an den Naturwissenschaften, die auch der "Poesie ihren Stempel aufdrückt",[71] und schliesslich zu den poetischen Versuchen und den theoretischen Konzeptionen des Naturalismus führt, ist eine Literaturkritik zu beobachten, die auf subjektivste Weise in ihrem Urteil sich auf den persönlichen Geschmack verlässt, der an den überkommenen Idealen einer im Grunde klassizistischen Aesthetik orientiert und gebildet ist. Allerdings ist nicht zu übersehen, dass bereits gegen Ende des letzten Jahrhunderts als parallel verlaufende Reaktion unter dem Einfluss Diltheys eine wissenschaftliche Subjektivierung einsetzt, die mit dem Begriff "Erlebnis" jenes Irrationale zu erfassen sucht, das die vorangegangene Literaturgeschichte mehrheitlich unbeachtet gelassen hat. Das intuitive Nachempfinden des literarischen Werkes als die entscheidende Erkenntnismöglichkeit bleibt nicht ohne Einfluss auf die Grundsätze der rezensierenden Kritik. Werner Milch, der die Kritik wieder, ähnlich den auf Intuition beruhenden Theaterkritiken Alfred Kerrs,[72] als eine eigene literarische Gattung sehen wollte, kennt als deren einziges Kriterium nur "das Gefühl des Kritisierenden", dessen Persönlichkeit ist der "Wahrheitsfaktor" und sein "Erlebnis des Kunstwerkes ist nicht nur Voraussetzung, sondern auch Kriterium."[73]

Diese inhaltliche Nähe zum Subjektivismus des Literaturkritikers Fontane unterscheidet sich grundlegend im Anspruch, mit dem sie auftritt. Fontane begreift seine Literaturkritik nicht als autonome Kunstgattung, sondern als nach persönlichen oder öffentlichen Zwecken ausgerichtete Erörterung, deren letztes oder erstes Kriterium aber auch das subjektive Erlebnis ist. Indem Fontane nicht Literaturhistoriker war und ohne jeden Anspruch auf Wissenschaftlichkeit als Literaturkritiker sich betätigte, ist ihm sein Kriterium des Gefühls nicht "auch das Kriterium der Wissenschaftlichkeit" einer als werkimmanent verstandenen Interpretation.[74] Sein Kriterium des Gefühls ist lediglich das Kriterium der Qualität eines literarischen Werkes. Als Kritiker beschäftigt er sich mit literarischen Werken auf eine Weise, die der zeitgenössischen positivistischen Literaturwissenschaft diametral entgegensteht. Als Künstler und als Kritiker sucht er nach der inneren Wahrheit eines literarischen Werkes, die sich seinem subjektiven Empfinden in der Konsequenz offenbart, welche den normativen Gesetzmässigkeiten seiner ästhetischen Vorstellungen gehorcht. Auf Grund dieser ästhetischen Prinzipien und seiner Auffassung von Kunst fragt Fontane in seiner Kritik nur nach dem Kunstcharakter des Kunstwerkes und nicht, ob es irgendwelchen ausserliterarischen Funktionen genüge. Darin will vor allem eine marxistisch orientierte Germanistik "charakteristische Schwächen des Kritikers Fontane" sehen. [75] Dass Fontane "als Kritiker der Literatur" zugleich "theoretisch die Funktion der Literatur als Kritik" übersieht, [76] ist grundsätzlich kein Widerspruch. Er ergibt sich nur aus einem Anspruch an die Literatur und an die Kritik, der von Fontane niemals gestellt worden ist. Es ist eine tendenziöse Verzeichnung, wenn die "Grenze dieser Literaturkritik" dort bezeichnet wird, wo sie die "gesellschaftlichen Grundlagen der Kunst" nicht erkennt und dem Vergleich mit Friedrich Engels nicht Stand hält. [77]

"Gold oder Blech", das ist Fontanes Frage auf der Suche ausschliesslich nach dem Kunstcharakter des Kunstwerkes. Eigentliche Kritik ist im Falle Fontane ambivalente Kritik, eine auf subjektivem Empfinden begründete wertende Erörterung literarischer Werke auf Grund von Kriterien, die teils subjektiv orientiert sind an der persönlichen Geschmackslage, teils objektiv ausgerichtet nach ästhetischen Massstäben, die wiederum durch Literaturkritik empirisch erarbeitet und zugleich in der zeitgeschichtlich bedingten ästhetischen Konzeption begründet sind. In diesem Sinn wird die Literaturkritik Voraussetzung und Ausgangspunkt von Fontanes poetologischen Ueberlegungen.

In Fontanes Ansichten über das Wesen und die Funktion der Kunst, die beide im-
manenter Bestandteil seines Realismus-Verständnisses sind, ist im Kern seine
realistische Dichtungstheorie enthalten. Daher erweist es sich für den vorliegenden Versuch einer Darstellung dieser dichtungstheoretischen Konzeption als zweckmässig, vom Wesen und der Funktion auszugehen, und von diesem Punkt aus die
poetologischen Ansichten Fontanes sorgfältig auszufächern und die sich gegenseitig bedingenden ästhetischen Kategorien seiner Poetik zu betrachten. Daran ist
gleichzeitig die Diskussion um die wesensbestimmende Eigenschaft des Realismus geknüpft. Denn wenn die Fiktion, der "schöne Schein", als die bedeutendste
wesensbestimmende Eigenschaft jeder Literatur überhaupt angesehen werden
kann und dieses Wesen der Literatur "am klarsten unter dem Gesichtspunkt ihres
Bezugs zur Wirklichkeit"[1] zum Ausdruck kommt, so ist damit das Hauptproblem
des Realismus in Fontanes Kunsttheorie anvisiert, nämlich das Verhältnis zwischen Kunst und Wirklichkeit. Wie jede theoretische Betrachtung der Kunst wird
auch die charakteristische Eigenart von Fontanes Dichtungstheorie bestimmt von
der besonderen Art dieses Verhältnisses zwischen der dichterischen und der ausserdichterischen Wirklichkeit.[2]
Theodor Fontane debütiert als Literaturkritiker 1853 mit dem Essay "Unsere
lyrische und epische Poesie seit 1848". (H III, 1, S. 236-260) In diesem Essay,
der ein Bekenntnis zu den ästhetischen Prinzipien des Realismus ist, sind erstmals die grundlegenden Postulate und Thesen formuliert, die in ihrem Ansatz zu
einer Dichtungstheorie in den kommenden 45 Jahren sowohl für die kritischen als
auch für die poetischen Leistungen Fontanes gültige Grundlage sind. Was hier in
den Grundzügen festgelegt ist, erfährt in späteren Jahren eine teilweise Differenzierung oder Akzentverschiebung, was aber die wesentlichen theoretischen Postulate nicht entscheidend verändert. Die historischen und geistesgeschichtlichen
Hintergründe, der Wandel des Literaten des Vormärz zu den ästhetischen Anschauungen des konservativen Tunnel, welche diesem frühen Bekenntnis zum Realismus zugrunde liegen, sind ausführlich behandelt worden.[3] Fontane selbst kommt
in den Briefen darauf zu sprechen,[4] dass dieser Rückzug ins Poetische und das
Besinnen auf die Geschichte der Ausdruck der Enttäuschung und eine Reaktion auf
die gescheiterte Revolution von 1848 sei. Diese Resignation wird eine "Grundstimmung in der Literatur der Zeit" überhaupt.[5]
Der Essay von 1853 dokumentiert somit in jeder Hinsicht eine geistige Neuorien-
tierung. Sein Kernstück ist der Satz: "Der Realismus in der Kunst ist so alt als die
Kunst selbst, ja, noch mehr: e r i s t d i e K u n s t ." (H III, 1, S. 238) Der
Satz ist das Axiom, auf dem die Dichtungstheorie Fontanes beruht. Von hier aus
ergeben sich alle andern Teile des poetologischen Gefüges, die in ihrer Gesamt-
heit das ausmachen, was man Fontanes Poetik nennen kann. Und insofern auch
sind alle seine Aeusserungen über Kunst immer als Bestimmung des Realismus
zu verstehen - und umgekehrt. Diese logische Umkehrung darf aber nicht die Ver-

mutung aufkommen lassen, dass ihr eine ebenso systematische Poetik zugrunde liegt. Im Gegenteil, die über Jahre hin und bei verschiedensten Anlässen und Gegenständen in oft scherzhafter Form vorgetragenen Aussagen über die Kunst sind nicht frei von Widersprüchen. Diese haben ihren Ursprung nicht immer in der Sache selbst, sondern beruhen auf dem ständig neuen Ueberdenken der poetologischen Prinzipien, die damit in gewissen Teilaspekten einem Wandel und einer Entwicklung unterliegen. Doch alle Teile gründen immer auf dem unveränderten Axiom: Realismus ist die Kunst. Auf diese Einschränkung des ästhetischen Spielraums sind letztlich gewisse Fehlurteile Fontanes in der Kritik bestimmter literarischer Werke zurückzuführen, auf die im einzelnen an der gebotenen Stelle zurückzukommen ist.

Reuter hat richtig bemerkt, dass im Essay von 1853, vor allem in der ästhetischen Kategorie der "Läuterung", eine "Anknüpfung an die Aesthetik der deutschen Klassik" in Erscheinung tritt. [6] Dies will nichts weiter heissen, als dass Fontane sich grundsätzlich in der Tradition des Realismus bewegt, der mit der Uebernahme des Gedankengutes des Deutschen Idealismus auch in der Nachfolge der klassischen Aesthetik steht. Im Hinblick auf diese Tradition kann man sagen, dass deren Auflösung im 19. Jahrhundert, die unter anderm in der zunehmenden Reduktion der philosophischen und den damit verbundenen ästhetischen Kategorien auf das Formelhafte gerade bei Fontane gut zum Ausdruck kommt. Denn wenn die Gegensatzpaare Realismus-Idealismus, die bei Theoretikern und Dichtern des Realismus noch häufiger Gegenstand der Betrachtung sind, Fontane bereits nicht mehr im traditionellen Sinn beschäftigt haben, [7] so zeigt sich darin, sowie in seiner Rezeption gewisser ästhetischer Begriffe der deutschen Klassik, die zunehmende Reduktion ihrer Inhalte im Sinne dieser klassischen Aesthetik. Die Begriffe sind aber, wie sich zeigen wird, im Laufe des 19. Jahrhunderts, sowie auch von Fontane mit neuen ästhetischen Bedeutungen belegt worden, die in ihrer Andersartigkeit nur im grösseren Kontext verständlich werden. Hier liegt auch eine der Schwierigkeiten für eine eindeutige literaturgeschichtliche Eingliederung Fontanes, in dessen dichtungstheoretischen Anschauungen sowohl das Bildungsgut der Klassik, als auch moderne zeitgenössische Ideen zum Ausdruck kommen. [8]

Dieses umgangssprachliche Verflachen von Begriffen, die vormals sinnerfüllt waren durch eine tragende philosophische Idee, zeigt sich bei Fontane deutlich in seinen Aeusserungen über das, was er als das Wesen der Kunst begreift. Drei entscheidende Aspekte, die immer wiederkehren, formen sich im Laufe der Jahre als Schwerpunkte heraus, die sowohl die Anlehnung als auch die allmähliche Reduktion der Ideen der klassischen Aesthetik und die teilweise neue Sinnerfüllung der Begriffe aufzeigen. Es sind dies das "Schöne" und das "Wahre", die beide im "Mass" vollkommen in Erscheinung treten. Die drei Begriffe interessieren in diesem Kapitel vorerst nur insofern, als sie die Wesensbestimmung der Kunst in allgemeiner, allerdings zentraler Weise zu umschreiben versuchen. [9]

1. ASPEKTE DES "WAHREN" UND "SCHOENEN" IM "MASS"

Fontane sieht die zweckfreie Eigengesetzlichkeit der Kunst nur in ihrer Freiheit garantiert. Denn nur sofern die Kunst frei ist von allen ausserliterarischen zweckgerichteten Einwirkungen kann sie ihrem Wesen gerecht werden. Jede politische, moralische oder weltanschauliche Einwirkung gefährdet die freie Entfaltung der Kunst, und "eh wir nicht volle Freiheit haben, haben wir nicht volle Kunst."[10] Es ist vor allem die politische und, wie Fontane an der Wirkung seiner eigenen Werke erfahren konnte, die moralische Unfreiheit, welche die Kunst gefährden. Wohl gebe es, schreibt er 1856 aus London an Frau Merckel, "kein Bevormundungssystem, das den göttlichen Funken" hemmen könnte, aber "in Zeiten, wo man bei der Polizei anfragen muss, ob sie einem diesen oder jenen alten Markgrafen zu künstlerischer Verarbeitung gestatten und in der dritten Szene des dritten Akts einen halben Freiheitsgedanken erlauben", in solchen Zeiten würde es einem doch recht sauer gemacht, ein Shakespeare zu sein, vor allem, wenn man mutmasslich keiner sei.[11] Im Brief an den Maler Alexander Gentz heisst es Jahre später, frei von jedem Sarkasmus: "Sie wissen nämlich genug von Kunst, um sich zu sagen: ihr Wesen wurzelt in Freiheit. Behinderung, Unterbrechung, Abschwächung des natürlichen Gedankenganges sind ihr Tod."[12] Und das 1851 veröffentlichte Gedicht "Shakespeare an einen deutschen Fürsten" verlangt, an Friedrich Wilhelm IV. gerichtet, recht eindringlich dieses elementare Recht der Kunst.[13]

Denn die geforderte Freiheit ist nicht nur Voraussetzung für die wesensgemässe Entfaltung der Kunst, sondern sie sichert auch deren Fortschritt. Der Glaube Fontanes an den Fortschritt der Kunst kommt nicht nur im Essay von 1853 zum Ausdruck, wo er den vergangenen Realismus mit dem gegenwärtigen vergleicht (H III,1, S.239), sondern die Ueberzeugung wird auch später immer wieder ausgesprochen. "Weiterbau" ist der "Wahrspruch aller echten Kunst", doch soll das Neue aus dem Alten organisch aufbauend sich entwickeln.[14] Die Geschmacksveränderung, in die sich ein kluger Dichter schickt,[15] zeigt sich nicht nur in stilistischer Hinsicht,[16] sondern überhaupt im neuen Verständnis des Bezugs zwischen Wirklichkeit und Kunst.[17] Vor allem in seiner Kritik von Hauptmann und Ibsen kommt diese starke, und zeitweise optimistische Ueberzeugung vom Kunstfortschritt zum Ausdruck, wobei der Naturalismus vor allem als Durchgangsphase zu einer vollendeteren Kunst verstanden wird.[18] Fontanes Verständnis in seinen spätern Jahren für die künstlerischen Versuche des Naturalismus beruht zum Teil auf diesem Bewusstsein um die Möglichkeit der Weiterentwicklung und Veränderbarkeit der Kunst und setzt ihn entschieden ab von jedem Eklektizismus. Dieser Fortschrittsglaube bezieht schliesslich alle Aspekte des Lebens mit ein und meint neben der Kunst auch die Wandlung der moralischen, politischen und gesellschaftlichen Zustände: "Man kann sich von dem ganzen Herkömmlichkeitsballast nicht genug emanzipieren. Das Wort von einer immer nötiger werdenden 'Umwertung' aller unserer Vorstellungen ist das Bedeutendste, was Nietzsche ausgesprochen hat."[19]

Fontane selbst steht mit seinen Ansichten über das Wesen der Kunst in diesem Umwandlungsprozess, der seit der deutschen Klassik zu beobachten ist. Seine

Bindung an diese Tradition, und auch die daraus sich entwickelnde Veränderung
zeigen sich deutlich in den drei zentralen Aspekten seiner Dichtungstheorie, die
das Wesen der Kunst näher bezeichnen. Fontane unterscheidet sich in der allgemeinen Charakterisierung dieses Wesens kaum von den frühen Realisten, indem
er wie sie annimmt, dass das Wesen der Kunst bestimmt ist durch "das Schöne"
und "das Wahre", die in der Harmonie, im "Mass" vollkommen zum Ausdruck
gelangen. Doch während im deutschen Idealismus die Identität von Schönheit und
Wahrheit noch Ausdruck der Idee des Absoluten war, ist dieser Bezug zum Trans-
zendenten bei Otto Ludwig bereits nicht mehr vorhanden. Die Identität ist nicht
mehr durch einen ursprünglich metaphysischen Zusammenhang, sondern durch
rein rationale Momente bedingt. [20] Der entscheidende Bruch der ursprünglichen
Identität geschieht im Jungen Deutschland, indem hier die Begriffe "Wahrheit"
und "Schönheit" eine diesseitige und durch die politische Funktion der Dichtung
entsprechend gefärbte Bedeutung bekommen. Wenn der Begriff des "Schönen" für
Heine "untrennbar verbunden ist mit der Perspektive der Umgestaltung der Gesellschaft", [21] so ist damit vor allem Heines Ansicht in der Zeit vor der Revolution von 1848 gemeint. Und Immermanns Auffassung, in der die Vorbehalte und
die beginnende Auflösung sich bereits ankündigen, dass Wahrheit "zuletzt v i e l -
l e i c h t mit Schönheit ganz identisch" sei, [22] ist bei Fontane überhaupt nicht
mehr Gegenstand der Betrachtung. Beide Begriffe finden sich erst in einem dritten, im "Mass", was nicht ausdrücklich als Identität zu verstehen ist.
Diese Separierung wird bei der Erörterung der veränderten Begriffsinhalte deutlich. Die Zerstörung der ursprünglichen Identität von Schönheit und Wahrheit, wie
sie Fontane noch bei seiner Lektüre des Briefwechsels zwischen Goethe und Schiller angetroffen hatte, [23] kommt schon rein äusserlich zum Ausdruck, indem die
beiden Begriffe höchst selten gleichzeitig verwendet werden. Diese äussere Trennung wird durch die innere Differenz der Begriffe bestätigt.
Die Begriffe "das Schöne", oder "Schönheit" werden von Fontane verhältnismässig selten gebraucht und auch dann fehlt eine nähere Charakterisierung. Fontane
sagt nie ausdrücklich, was er unter dem "Schönen" genau versteht. Wie sehr der
Begriff umgangssprachlich bereits ins Phrasenhafte verflacht ist, zeigt die Schilderung eines Erlebnisses in einem Brief an seine Tochter: "So war der gute Geh.R.
Stoeckhardt vorgestern hier, um mir zu gratulieren, und kam nun auch auf diese
Bilder: 'die Kunst soll doch das S c h ö n e wollen' - dabei blieb er. Ich sagte
ihm: 'man merke, dass er durch Schönheit in seinem Hause verwöhnt sei.' Dies
ging ihm glatt 'runter und war auch zur Hälfte ehrlich gemeint (namentlich seit-
dem er Mathilden als Folie für all die Schönheit hat) - eigentlich aber war es
doch Verhöhnung und zwar wohlverdiente. Solch Blech darf man nicht mehr aussprechen, auch nicht mal wenn man Geheimrath ist. "[24] Fontanes eigene Skepsis
gegenüber einem Begriff, der zum Teil in die platte Phrase abgeglitten ist, zeigt
sich im spärlichen Gebrauch, weshalb sich ein entsprechend unklares Begriffsbild
ergibt. Wenn er, wie in seiner Besprechung von Kleists "Zerbrochenem Krug"
(N SII, 2, S. 429), wegen des unerquicklichen Humors vom mangelnden "Licht- und
Schönheitsschimmer" spricht, zeigt sich die nahe Verwandtschaft des Schönen
mit der Vorstellung vom Humor und seiner Funktion. Von dieser einen Seite her
wird eine nähere Bestimmung dessen möglich sein, was Fontane unter dem "Schönen" versteht. Der Zusammenhang wird im entsprechenden Kapitel ausführlich zu

betrachten sein. Hingegen sagt seine Meinung, dass dem Grundwesen der Kunst nach das bloss Originelle hinter dem Schönen zurückzustehen habe, nichts Entscheidendes aus, auch dann nicht, wenn er glaubt, dass das Originale, durch die "Dublettenkrankheit" bedingt, sich als gleichberechtigt vorübergehend neben das Schöne stellen dürfe. [25] Daneben finden sich Aeusserungen, die das Schöne als eher ethische Kategorie erscheinen lassen: "Selbstsüchtigsein ist nicht blos verwerflich, es ist auch hässlich und die wahre Schönheit, die wohltut und erquickt, ist immer nur bei der Güte, die wenn nicht das Ich zu vergessen, so doch wenigstens das andre Ich zu s e h n und zu respektieren weiss", in dieser Selbstsucht, heisst es in diesem Zusammenhang, spreche sich "das ganze, dem Schönheitlichen und Aesthetischen entfremdete Wesen des Germanen" aus. [26] Diese Mehrschichtigkeit des Begriffes, der als ästhetische und ethische Kategorie erscheint, wird auch in den Notizen über einen Roman William Dean Howells' deutlich. Fontane findet trotz der Vorzüge einiges mangelhaft, weil "dieser Meisterschaft das Wohltuende, das Erquickliche [n a c h t r ä g l i c h   e i n g e f ü g t : Erquickliche - d a f ü r   g e s t r i c h e n :   Schöne], das volle Ruhe und Befriedigung gebende fehlt. Im Allerinnersten ist ein Mangel vorhanden; die Wahrheit ist grösser als die Schönheit. Und erst diese gibt den Stempel der Vollkommenheit." (AZL S.154) Hier scheint ein Ansatz für eine Stufung der Kunstgesetze gegeben. Eine Bestätigung dafür, dass das Schönheitsgesetz den obersten Platz einer ästhetischen Wertkategorie einnimmt, findet sich in der Besprechung von Emanuel Geibels "Brunhild": "Das Schönheitsgesetz, wenn es auch in der Kunst das höchstberechtigte ist, ist doch nicht das alleinberechtigte, und es hat zu allen Zeiten Schöpfungen in Dichtung, Plastik, Architektur gegeben, die das Höchste und Tiefste im Menschenherzen berührt haben, ohne eigentlich schön zu sein." (H III, 2, S. 81) Hier ist mit der gleichen Hand zurückgenommen, was vordem klar gegeben schien, denn es gibt, heisst es in der Rezension weiter, "auch innerhalb der Kunst noch ein Rätselvolles, Unberechenbares, jenseits des Schönheitsgesetzes Liegendes, das, wo es in die Erscheinung tritt, unter Umständen die Kunst mehr fördert als schädigt oder, wenn dies zu viel gesagt sein sollte, wenigstens die künstlerische W i r k u n g eher mehrt als mindert." (H III, 2, S. 81/82) Fontane selbst weist einen Weg, der aus dieser Kasuistik führen kann. In seinen Reisebriefen aus Italien schreibt er von der grossartigen Schönheit Neapels, "in der doch zuletzt das Grossartige im Schönen untergeht", im Gegensatz zur Tamina-Schlucht und zur Via mala, wo der einzige Beisatz der des Schrecklichen sei, der aber "zum Imposanten und Gewaltigen au fond viel besser passt als das Schönheitliche. Das Wesen der Schönheit ist das Mass, das in einer Art Gegensatz zum Grossartigen steht." [27] Diese Auffassung wird uneingeschränkt zwanzig Jahre später noch einmal bestätigt im Brief an Harden: "In unseren 'Feierungen' [gemeint ist eine Feier für Menzel in Berlin] halten wir leider nie Mass und wo kein Mass ist, ist keine Schönheit." [28] Damit ist, wie Fontanes Auffassung vom Begriff der "Wahrheit" zeigen wird, ein weiterer Ansatzpunkt für das Verständnis seines Schönheitsbegriffes gegeben.

Die mehrschichtige Bedeutung dieser ästhetisch-ethischen Kategorie ist zunächst nicht präzise bestimmbar. Ein Zusammenhang mit dem Humorverständnis und der damit verflochtenen Kategorie der "Verklärung" hat sich abgezeichnet. Die Wesensbestimmung durch Harmonie und Mass zeigt, dass Vorstellungen "aus Rest-

beständen klassischer oder älterer Aesthetik" eine Rolle spielen.[29] Wenn es sich
auch erweist, dass "das Schöne" in Fontanes ästhetischem Entwurf ein wesensbestimmender Aspekt der Kunst ist, berechtigt dies aber noch nicht zur Behauptung,
dass Fontanes Dichtungstheorie bestimmt ist durch den "Primat des Schönen".
Joachim Biener, der, soweit zu sehen ist, als einziger Fontanes ästhetische Anschauungen unter diesem begrenzten Aspekt gesehen hat,[30] spricht sogar von einem ständig drohenden "Umschlag in einen Kult des Schönen und rein Künstlerischen", bedingt durch Fontanes "Sinn für Mass und Proportion."[31] Er begründet
den Primat des Schönen vor allem damit, dass Fontane durch die Betonung der
Autonomie der Kunst deren klassenkämpferische Funktion übersehe. Im "Wunsch
nach Läuterung und Korrektur" der Wirklichkeit zeige sich das "unberechtigte
Verlangen nach dem Nur-Schönen und Verklärten", was zu einem idealisierenden
"Ver-Klären" und nicht zu der realistischen Mittelposition der "Er-Klärung des
Lebens mit den Mitteln der Kunst" führe.[32] Nach Biener kann eine solche Forderung nach einer schönen Welt in der Dichtung erst "nach Umwälzung der ökono-
mischen Struktur der Bürgerwelt" erfüllt werden.[33] Wenn auch Biener die Funktion des Humors im Zusammenhang mit der Kategorie des Schönen richtig sieht,
ist sein Versuch, den Primat des Schönen doch noch "positiv auszudeuten", verfehlt und nur aus seiner marxistischen Position heraus zu verstehen. Denn Fontanes "Literaturkritik nach rein künstlerischen Prinzipien" ist nicht "Ausdruck
des ästhetischen Protests gegen die Kunstfeindlichkeit des Kapitalismus",[34] wohl
aber, wie Biener richtig sieht, geprägt von "Vorurteilslosigkeit und Unparteilichkeit gegenüber jeder ideologischen Richtung in der Kunst."[35] Im wesentlichen hat
Biener die grosse Bedeutung alles Aesthetischen überhaupt in Fontanes Leben
richtig gesehen, doch innerhalb der ästhetischen Ansichten sind die kategorialen
Werte anders gelagert.
Ein weiterer zentraler wesensbestimmender Aspekt der Kunst ist "das Wahre".
Hier zeigt es sich, dass Fontanes dichtungstheoretisches Konzept entscheidend
von der Forderung nach Wahrheit geprägt ist, ohne dass man aber von einem
"Primat des Wahren" sprechen könnte. Neben Karl Richter[36] und Hans-Heinrich
Reuter[37] hat vor allem Erich Hock darauf hingewiesen, dass "neben dem Primat
des Schönen, der ja allmählich, wenn auch nie ganz, abgebaut wurde, immer ge-
bieterischer das Postulat des Wahren trat."[38] Wie bei der Kategorie des Schönen
geht es hier vorerst darum, die allgemeine Bedeutung des "Wahren" in der Kunst
auf Grund der Aeusserungen Fontanes zu bestimmen. Der nähere Zusammenhang
mit andern Aspekten seiner poetologischen Konzeption wird wiederum erst an den
entsprechenden Orten näher zu erörtern sein.
In seiner Studie über "Die Wahrheit der Dichter" geht Wolfgang Kayser dem Wandel des Wahrheitsbegriffes in der deutschen Literatur nach. Dabei wird deutlich,
wie im Laufe des 19. Jahrhunderts das Wort entscheidende Bedeutungsverände-
rungen erfahren hat. Goethes Wahrheit, noch als Transzendenzbegriff zu verstehen,
ist eine "Wahrheit des Seienden", die im "Gebildecharakter" des Kunstwerks, in
Analogie zum wahren Naturgebilde vom Künstler geschaffen, zum Ausdruck kommt.
In diesem Gebildecharakter, in der Schönheit des Kunstwerks "offenbart sich als
Wahrheit die Seinsweise des Seins."[39] Während Goethe in seiner klassischen Zeit
um dieses "ontologischen Bezugs willen die Formenstrenge, den geschlossenen
Bau" betont hat,[40] neigt er in seiner späten Zeit zur Auffassung, dass das Wahre

indirekt, "nur im Abglanz, im Beispiel, Symbol, in einzelnen und verwandten Erscheinungen" erkennbar wird.[41] Dieser metaphysische Bezug geht im Laufe des 19. Jahrhunderts fast vollständig verloren. Dabei spielt die ganz gegensätzliche Auffassung von Wahrheit bei den Jungdeutschen und den politischen Dichtern des Vormärz eine nicht unerhebliche Rolle. Was Kayser am Beispiel des jungen Gottfried Keller erläutert, darf ohne Zweifel auch als Erfahrung dem frühen Fontane, dem Literaten des Vormärz, zugeschrieben werden, dass nämlich Wahrheit "als revolutionäre Ideologie" verstanden wird,[42] und der Dichter "die Wahrheit der kommenden Gesellschaftsordnung vorauszuschauen in der Lage ist."[43] Die Parallelen zum Wandel des Schönheitsbegriffes sind hier offenkundig. Während Keller, bedingt durch seine spätere Rückbesinnung auf die deutsche Klassik, fortan das Wort Wahrheit "sehr zurückhaltend" gebraucht,[44] ist bei Fontane unter dem Einfluss des Realismus eine neue Auffassung des Wahrheitsbegriffes zu beobachten. In seinem programmatischen Essay von 1853 schreibt er: "Der Realismus will nicht die blosse Sinnenwelt und nichts als diese; er will am allerwenigsten das bloss Handgreifliche, aber er will das W a h r e . Er schliesst nichts aus als die Lüge, das Forcierte, das Nebelhafte, das Abgestorbene - vier Dinge, mit denen wir glauben, eine ganze Literaturepoche bezeichnet zu haben." (H III, 1, S. 242) Gemeint sind die Literaten des Vormärz und das Junge Deutschland, Lenau, Freiligrath, Herwegh und auch Heine, den er zwar zeitlebens geistreich, fein und witzig findet, ihm aber auch "Verlogenheit und Eitelkeit" nachsagt.[45] Fontane betont im gleichen Essay noch einmal, dass der Realismus "der geschworene Feind aller Phrase und Ueberschwänglichkeit" sei. (H III, 1, S. 239) Bereits Reuter hat darauf hingewiesen, dass damit "meist formale Eigenheiten" kritisiert werden.[46] Doch stehen hinter dieser Kritik nicht nur ästhetische und stilkritische Erwägungen, sondern eine ethische Grundhaltung, die erst Jahre später auch in Fontanes poetischem Werk zum Ausdruck kommt. Sein "natürliches liking für die Giboyers der Weltgeschichte", die bei all ihrer Fragwürdigkeit "herzensgütig und begeisterungsfähig" sind, kommt daher, dass sie das seinem "Gefühl am meisten Widerstrebende: die Heuchelei, n i c h t haben."[47] Fontanes Kritik am Bourgeois, wie sie in "Frau Jenny Treibel" in Erscheinung tritt, ist au fond die Kritik an einer unwahren Lebenshaltung. Wie er in früheren Jahren "eine tiefe Abneigung gegen Professorenweisheit, Professorendünkel und Professorenliberalismus" hatte, so kann er jetzt den "Bourgeoiston nicht ertragen."[48] Die Wahrheit, die hier verlangt wird, ist eine Uebereinstimmung des Innern mit dem Aeussern des Menschen. Im stilistischen Bereich der Kunst kommt ein Missverhältnis, das die eigentliche Unwahrheit dann ausmacht, in der Phrase, im sentimentalen Pathos zum Ausdruck. Fontanes feines Gefühl für dieses Missverhältnis von Innen und Aussen reagiert nicht nur auf verlogene Verhaltensweisen im Leben,[49] oder den phrasenhaften Stil, sondern auch auf die unwahre Rollendarstellung auf der Bühne. Eine solche Bühnenpraxis, die auf Kosten der Wahrheit nur Wirkung anstrebt, stellt "schliesslich das Wesen aller Kunst auf den Kopf. Es kommt nicht darauf an, ob dieser vor- oder zurückgebeugte Körper, oder diese Kopf- oder Armhaltung rein äusserlich unsere Sinne gefangen nimmt, sondern d a r a u f , ob diese plastischen Darstellungen dem innerlichen Hergang entsprechen, ob sie w a h r sind." (N XXII, 1, S. 505) Wie bei der Kategorie des Schönen zeigt sich auch hier bei der Kategorie des Wahren, dass sie ästhetische und ethische Wertvorstellungen vereint, die durch ihre gegenseitige Bedingtheit in der Dichtungstheorie Fontanes nicht zu trennen sind. Denn die ethisch orientierte Wahrheit, die sich in der Uebereinstimmung des Innen mit dem Aussen offenbart, findet ihre ästhetische Entsprechung in der Uebereinstimmung der dichterischen Wirklichkeit mit der Lebenswirklichkeit, die für Fontane in der Glaubwürdigkeit des Kunstwerks in Erscheinung tritt. Damit sei vorerst allgemein umschrieben, was als ein entscheidendes Kriterium des realistischen Kunstcharakters im Sinne Fontanes im folgenden Kapitel ausführlich darzulegen ist. In gleicher Weise wird denn auch die "ästhetische Kritik des alten Fontane von der Frage nach der Lebenswahrheit" bestimmt. [50] Diese Beobachtung Reuters hat nicht etwa nur isolierte Gültigkeit bei Fontane, sondern ist auch bei andern Realisten festzustellen. So wird ebenso für Otto Ludwig "die Wirklichkeit sowohl als ästhetisches wie als ethisches Kriterium zur Beurteilung herangezogen." [51] Indem diese Lebenswahrheit, deren äusserer Ausdruck die Glaubwürdigkeit ist, ein Kriterium des Kunstcharakters wird, ist damit für Fontane nicht nur ein entscheidender Massstab für den Realismus, sondern auch für ein gewisses Verständnis der naturalistischen Produktion gegeben. Wenn die Wahrheit der Naturalisten, wie Wolfgang Kayser feststellt, "eine rein innerweltliche, rational erfassbare und sprachlich adäquat übermittelte Wahrheit" ist, [52] so entspricht das auch dem Wahrheitsbegriff des späten Fontane, aber unter der durch die andern Kategorien seiner Dichtungstheorie bedingten Einschränkung. Indem nämlich Fontane auch die Harmonie und Verklärung verlangt, ist die entscheidende Differenz zum Naturalismus gegeben. Dass er trotzdem zu seiner bemerkenswerten Anerkennung der naturalistischen Kunst kommt, zeigt, welche Bedeutung das Kriterium der Lebenswahrheit in Bezug auf die andern Kategorien gewonnen hat. Es ist hier wichtig hervorzuheben, dass Fontane in diesen entscheidenden Punkten seiner kunsttheoretischen Ansichten mit den ästhetischen Anschauungen von Julian Schmidt übereinstimmt, wie sie dieser wiederholt in seinen Schriften und vor allem in den verbreiteten "Grenzboten" dargelegt hat. [53] Im Vergleich zum Idealismus handle es sich beim neuen Prinzip des Realismus "nicht mehr um die innere, sondern um die äussere Wahrheit, nicht um die Uebereinstimmung mit sich selbst, sondern um die Uebereinstimmung mit der sogenannten Wirklichkeit." [54] Neben diesem offenkundigen Wandel des Wahrheitsverständnisses, wie es auch bei Fontane zu beobachten ist, wird im gleichen 1856 veröffentlichten Aufsatz das Kriterium für eine gelungene Uebereinstimmung mit der Wirklichkeit gegeben, nämlich "das Gefühl der Wahrscheinlichkeit." [55] Diese "Wahrscheinlichkeit der Erzählung" ist auch für Otto Ludwig Bedingung des Interesses. [56] Fontanes Begriff des Wahren bewegt sich also durchaus im Rahmen der zeitgenössischen tonangebenden Literaturkritik.

Fontanes Auffassung, dass "ein echtes, ganzes Kunstwerk [...] ohne Wahrheit nicht bestehen" kann (N XXI, 1, S. 260), zeigt, dass neben der Kategorie des Schönen, die Wahrheit ein wesensbestimmender Aspekt der Kunst ist. Gerhart Hauptmann steht deshalb dichterisch höher als Ibsen, "weil er menschlicher, natürlicher, w a h r e r ist." [57] Fontanes Kritik an Spielhagens Roman "Sturmflut" zielt auf dieses zentrale Fehlen der Wahrheit ab, denn wenn der Roman auch eine Kunstform sei und nicht ein blosses Fabulieren, und wenn "Wahrheit sein erstes Gesetz" sei und sich dem Leser "das L e b e n in seinen Gestalten und den durch sie geschaffenen Situationen echt erschliessen" soll, dann sei diesem Roman nicht zuzustimmen. (SuF S.7.13) Dieser zweite wesensbestimmende Aspekt der Kunst, die Wahrheit, offenbart sich in der Echtheit. Zugleich wird die Wirklichkeit zum Kriterium der Kunstwahrheit, die in der Glaubwürdigkeit des Kunstwerks zum Ausdruck kommt. Und wie das Schöne im Mass sich vollkommen zeigt, ist das Mass "zugleich das Kriterium der Echtheit." (N XXII, 1, S. 811) In dieser ästhetischen Kategorie, im Mass, laufen die bisher getrennt betrachteten Fäden wieder zusammen. Im Mass treten beide Aspekte der Kunst, das "Wahre" und das "Schöne", in Erscheinung. Fontane hat dies ein einzigesmal expressis verbis ausgesprochen. Der Anlass, die Trauerfeier um seinen Sohn George, zeigt deutlich genug und ist für Fontane charakteristisch, wie eng seine ethischen und ästhetischen Einsichten zusammenwirken und sich gegenseitig erhellen. Fontane schreibt an Friedländer: "Ueberhaupt ist die Art, wie der Trauerapparat arbeitet, doch sehr unvollkommen und beinah roh, roh wie er das Beste was der Mensch hat, zu blosser Phrase, ja zur Kunstthräne und Gefühlsheuchelei herunterdrückt. Und dabei die widerwärtige Wahrnehmung, dass die Menschen [...] Asche streun und Kleider zerreissen verlangen. [...] Der 'andre' ist mit dem 'andren' nie zufrieden und zum Kolossalmuth und zur Kolossalliebe, verlangt er auch den Kolossalschmerz. U n d   d o c h   i s t   M a s s   n i c h t   n u r   d a s   S c h ö n e , s o n d e r n   a u c h   d a s   W a h r e ."[58] Dass diese in ihrer Formulierung an die klassische Aesthetik erinnernde Auffassung nicht mehr jene Identität von Wahrheit und Schönheit als Attribut eines metaphysischen Absoluten beinhaltet, sondern eine rational und inhaltlich individuell erfassbare Bedeutung bekommen hat, ist bereits gezeigt worden. In gleicher Weise ist auch das Mass, in dem die getrennten Kategorien in verschiedener Weise in Erscheinung treten, nicht der ästhetische Ausdruck jenes Absoluten, sondern eine rein dichtungsimmanente und rational erfassbare ästhetische Kategorie. Wie ein Brief an Bernhard von Lepel bezeugt, sind bei Fontane mit dieser Kategorie bewusst Vorstellungen klassischer Aesthetik verknüpft, doch zeigt bereits dieses frühe Zeugnis, dass damit, trotz begrifflicher Uebernahme, andersgeartete und individuell gefärbte Inhalte verbunden sind. Fontane, der zu damaliger Zeit mit dem Drama "Carl Stuart" beschäftigt ist, schreibt in Bezug auf Goethes "Egmont": "Es gibt ein famoses Trauerspiel mit einer komischen ans Burleske streifenden Figur. Es ist Goethes 'Egmont' mit dem feigen Schneider J e t t e r . Der alte Goethe, der sich aber schon in jungen Jahren auf's M a s s (nur nicht bei Wein und Weibern) verstand, wusste eben jene Grenze inne zu halten, und er gab k e i n e Karrikatur, sondern ein lebensvolles Bild. Ich glaube hienach wird mein Streben auch gerichtet sein müssen; [...]"[59]

Zwei Aspekte sind hier für die nähere Bestimmung dessen, was Fontane unter dem Mass versteht, bedeutungsvoll, nämlich die "Karrikatur" und das "lebensvolle Bild", die einander gegenüber gestellt werden. Schon hier ist angedeutet, was später immer ausgeprägter ein entscheidendes Kriterium der realistischen Kunst wird, ihr Bezug zum wirklichen Leben. Und in Bezug auf diese Wirklichkeit verletzt die Karrikatur das gute Mass, weil sie das Leben nicht in seinen Verhältnissen richtig darstellt. Dieses bedeutsame Kriterium wird fast dreissig Jahre später in den Aufzeichnungen über T. G. Smollet prägnant und deutlich ausgeführt. Fontane hat eben seinen ersten Roman beendet, ins gleiche Jahr 1878 fällt seine

Lektüre der Romane von Goethe, Jean Paul und Arnim, sowie der Dramen und Novellen Kleists. Sein poetologisches Programm nimmt klarere Formen an, und es ist wichtig zu bemerken, dass Fontane die historische Literatur "in keinem Betracht als Literar h i s t o r i k e r " beurteilt,[60] sondern auf Grund seiner eigenen realistischen Poetik eine subjektive Kritik übt. Nicht die objektive Richtigkeit der Urteile Fontanes ist hier entscheidend, sondern seine subjektiven Kriterien, die Aufschluss geben über seine individuellen ästhetischen Vorstellungen. In diesem Sinn ist der Aufsatz über T.G. Smollet eine konsequente Fortführung der im Brief an Lepel geäusserten Gedanken. Smollets Roman "The Adventures of Roderick Random" entspricht deshalb nicht den Realismusvorstellungen Fontanes und damit nicht seinen Forderungen nach Mass und Kunst, weil hier alles "grenzenlos gemein oder grenzenlos keusch und rein" ist. Smollet sei nicht als "Humorist" aufzuführen, sondern als "Realist", "aber auch Realist ist er nur dann, wenn man die k a r i - k i e r t e Wirklichkeit als Realismus will gelten lassen." Im Gegensatz zu dieser Karrikatur des Lebens ist das "Zahlenverhältnis der erträglichen und unerträglichen Individuen zueinander ein minder ungünstiges im wirklichen Leben, " und hier, in der Wirklichkeit, sind die "zahlreichen unerträglichen Individuen in ihren Prozentsätzen von gut und böse anders gemischt." Durch dieses Schwarz-Weiss-Malen gehe "erst die Wahrheit verloren und mit der Wahrheit das Interesse." (AZL S.114) Damit ist die eine zentrale Forderung verletzt, die Fontane an die realistische Kunst stellt. Denn mit der Einseitigkeit und dem übertriebenen Darstellen der Wirklichkeit geht nicht nur jedes Mass verloren, sondern zugleich auch die Wahrheit, die in Bezug auf die Wirklichkeit als glaubwürdige Fiktion in Erscheinung treten soll. Und selbst wenn es Personen gäbe, an denen "nicht e i n guter Faden" wäre, heisst es im gleichen Aufsatz weiter, dann "darf man sie nicht künstlerisch verwenden. Die blosse Gemeinheit, ohne alles Erklärende und Versöhnende, wirkt einfach hässlich, und das b l o s s Hässliche gehört nicht in die Kunst."[61] Damit ist der andere Aspekt, das Schöne, anvisiert, welches das Mass wesentlich mitbestimmt. Die beiden Kategorien sind, auch wenn sie keine Identität finden, in Fontanes ästhetischer Konzeption nicht zu trennen. Denn indem das in Bezug auf die Wirklichkeit gesehen Uebertriebene diese Lebenswirklichkeit im Kunstwerk nicht im richtigen Verhältnis darstellt, ist zugleich auch die Forderung nach dem Schönen nicht erfüllt. In den meisten Fällen wird nach Fontanes Auffassung der Schattenseite des Lebens zu viel Raum beigemessen. Das ist bei Spielhaben so, der "nicht nur Typen, sondern ganze Schichten der Gesellschaft im wesentlichen richtig widerspiegelt, aber es gibt zuviel Schatten und zuwenig Licht. Das Mischungsverhältnis ist nicht richtig." (SZL S.106) Und damit ist alles "eitel, zerfahren, liederlich, scheinheilig, frech oder - auch aus der Reihe derer genommen, die uns sympathisch berühren sollen - unklar, unwahr, phrasenhaft, verrückt." (SZL S.106)

Bereits Georg Lukács hat darauf hingewiesen, dass "Mass und Proportion für Fontane nicht formalistische, sondern inhaltliche Begriffe waren, die aus dem Leben in die Kunst aufgenommen wurden und nicht von der Kunst dem Leben aufgedrängt werden sollten, besonders die Abneigung gegen jedes Uebertreiben sei bei Fontane "primär ein Lebensprinzip."[62] Es ist aber durchaus zu beachten, dass dieses seine Verankerung in der realistischen Aesthetik hat. "Der eigentliche Realist in seiner reinsten Erscheinung," wie Julian Schmidt sich ausdrückt, "wird nur selten

satirisch, das heisst, er geht nur selten von der Absicht aus, durch seine Darstellung auf bestimmte Schäden der Gesellschaft aufmerksam zu machen und zur Abhilfe derselben beizutragen, " in diesem Sinne sei Dickens durchaus kein Realist, weil er "alle Augenblicke die Satire anwendet d.h. durch Uebertreibung die öffentliche Meinung zu energischem Kampf gegen eine bestimmte Verirrung aufzufordern sucht. "[63] Burleske oder Satire, immer ist ein Uebertreiben nicht im Sinne der realistischen Aesthetik. Und mit der Absage an irgendwelche Tendenz oder ausserdichterische Absicht ist ein Uebertreiben von dieser Seite her nicht zu rechtfertigen. Fontane hat darum den Roman "Ruhe ist die erste Bürgerpflicht" von Wilibald Alexis in gewissen Punkten abgelehnt. Denn Alexis "versah es im M a s s ", indem er durch einseitiges Uebertreiben und "durch ein Uebermass von psychologischer Teilnahme, die er dem moralisch Hässlichen zuwendet", die "Schönheitslinie" überschreitet. (N XXI, 1, S. 200) Fontane urteilt hier, wie er selbst sagt, aus rein ästhetischen Erwägungen heraus, indem er die Richtigkeit der Schilderungen nicht anzweifelt, sondern "nur die künstlerische Berechtigung", denn Alexis räumt "dem Hässlichen mehr Raum ein, weilt länger und liebevoller über demselben, als ein R o m a n , der doch zunächst nach ästhetischen Gesetzen beurteilt sein will, es statthaft erscheinen lässt." (N XXI, 1, S. 201) Damit wird in aller Schärfe eine Diskrepanz offenbar, die zwischen den zentralen wesensbestimmenden Kategorien der Kunst, dem Wahren und dem Schönen, in der dichtungstheoretischen Konzeption Fontanes besteht. "In der Kritik eines unwahr gewordenen Schönen wird [...] jenes Dilemma festgehalten, an dem sich, bei Fontane wie bei andern Dichtern der Zeit, ein Stück Programmatik des Realismus entzündet: die Forderung nach Wahrheit, und wäre es auf Kosten der Schönheit." (H III, 2, S. 1047) Umgekehrt aber ist, unter Berufung auf die Kategorie des Schönen, die Kritik eines Hässlichen festzustellen, das in der Kunst keinen Platz haben dürfe, und wäre es auf Kosten des Wirklichen und Wahren. Diese Unstimmigkeit in der Poetik Fontanes kann nicht wegdisputiert werden, doch wäre es falsch, diesem schroffen Missverhältnis, wie es hier zum Ausdruck kommt, eine ungebührliche Bedeutung zuzumessen. Denn weil Fontanes Dichtungstheorie kein starres, systematisch-logisches Gebilde, sondern flexibel und einer ständigen Entwicklung unterworfen ist, bleibt dieses Missverhältnis nicht immer in der gleichen Schärfe bestehen. Es wird diese zentrale Zwiespältigkeit nie ganz aufgehoben, doch verlagert sich der Schwerpunkt - Erich Hock hat, es wurde schon gesagt, darauf hingewiesen - in den spätern Jahren auf die Kategorie des Wahren.
Fontane hat, das ist wichtig zu bemerken, seine Vorstellung von Harmonie und Mass im wesentlichen immer beibehalten. Was er in seinem programmatischen Essay von 1853 feststellt, dass "in Sachen der Kunst das Mass der Dinge entscheidet" (H III, 1, S. 250), kehrt in einem Brief an den baltischen Dichter Th. H. Pantenius wieder, dass nämlich, hier in Bezug auf das Detail, "ein Fehler nicht in der Sache, sondern im Masse der Sache liegt. "[64] Diese für Fontane bezeichnende Differenzierung, die Bedeutung des "Details" wird uns noch beschäftigen, wird in einem Brief an Friedländer später nochmals aufgegriffen. [65]
Es hat sich gezeigt, dass das Mass in der Dichtungstheorie Fontanes ein entscheidender Aspekt seiner Auffassung von Kunst ist. Im Mass treten die beiden andern zentralen Kategorien der Kunst, das Schöne und das Wahre, von dem Gottfried Keller sagt, dass es "in der Mitte" liege, [66] in Erscheinung. Die weitere, für

Fontanes Kunstauffassung bedeutsame Differenzierung dieser beiden Kategorien wird bei der Erörterung des besondern Verhältnisses von Kunst und Wirklichkeit vorzunehmen sein. Hier ging es lediglich darum, sie als die zentralen Fontane' schen Aspekte des Wesens der Kunst aufzuzeigen.

2. DIE FIKTION ALS 'SCHOENER SCHEIN'

Im Zusammenhang mit der vorerst allgemeinen Erörterung der zentralen Aspekte des Wesens der Kunst ist es angezeigt, deren Erscheinungsweise als einen weitern bedeutsamen Aspekt ihres Wesens zu betrachten.

Die Frage nach dem Wesen der dichterischen Wirklichkeit wird für Fontane im engern Sinn vor allem in Bezug auf den Roman und das Drama bedeutungsvoll. Seine ausführlichste und nur in Ansätzen systematische Auseinandersetzung mit einer Theorie des Romans, die Rezension von Gustav Freytags "Ahnen" aus dem Jahre 1875 (H III, 1. S. 308-325), darf unter dem Gesichtspunkt der poetologischen Systematisierung als Episode betrachtet werden. Fontane hat den hier vorgenommenen Versuch einer Einteilung in verschiedene Roman t y p e n in späteren Jahren nicht mehr weiter ausgeführt, und er bleibt im wesentlichen unverbindlich. [67] Bedeutungsvoll hingegen bleibt seine Definition des Romans, die zugleich eine Wesens- und Funktionsbestimmung der Dichtkunst überhaupt ist. Zur Frage, was ein Roman soll, sagt hier Fontane: "Er soll uns, unter Vermeidung alles Uebertriebenen und Hässlichen eine Geschichte erzählen, an die wir g l a u b e n . Er soll zu unserer Phantasie und unserem Herzen sprechen, Anregung geben, ohne aufzuregen; er soll uns eine Welt der Fiktion auf Augenblicke als eine Welt der Wirklichkeit erscheinen, soll uns weinen und lachen, hoffen und fürchten, am Schluss aber empfinden lassen, teils unter lieben und angenehmen, teils unter charaktervollen und interessanten Menschen gelebt zu haben, deren Umgang uns schöne Stunden bereitete, uns förderte, klärte und belehrte." (H III, 1. S. 316/17) Fontane kommt auf das, worum es ihm entscheidend geht, am Schluss derselben Rezension wieder zurück: "Jede Dichtung, um auch dies noch einmal zu sagen, ist freilich eine Welt des schönen Seins, die schliesslich schwindet, aber so lange wir unter den liebgewordenen Gestalten weilen, dürfen wir aus dieser Scheinwelt nicht gerissen werden." (H III, 1. S. 324) Mit diesem zweifach betonten Fiktionscharakter der epischen Dichtung ist zugleich die eindringliche Forderung verbunden, dass diese Fiktion g l a u b h a f t sein müsse. Die Glaubhaftigkeit, die als wichtiges Kriterium der Wahrheit der Kunst erkannt worden ist, erfährt hier im Zusammenhang mit der Erörterung des Fiktionscharakters der Kunst eine weitere differenzierte Bestimmung. Hier liegt die erste Ursache von Fontanes Kritik an Gustav Freytags Romanzyklus, denn "Freytag hält es nicht für nötig, uns bei diesem Glauben zu erhalten, und reisst uns aus der Fiktion." (H III, 1. S. 323) Und dass dieses Herausreissen aus der Fiktion "beständig geschieht, ist das Verdriessliche und Verwerfliche." (H III, 1. S. 324)

Die gleiche Anforderung wie an den Roman stellt Fontane an das Drama, nämlich

uns "nicht aus der W e l t d e s S c h ö n e n " heraus zu reissen (N XXI, 1.
S. 51) oder, wie es ein andermal ähnlich heisst, "nicht ein einziges Mal gestört
worden zu sein", worauf es hauptsächlich ankomme, "denn es ist das, was [...]
in der Illusion erhält." (N XXII, 3. S. 154)
Dieses "Nicht-gestört-werden" im Drama und das "Herausgerissenwerden aus
der Scheinwelt" des Romans werden für Fontane zum Qualitätskriterium der glaubwürdigen Fiktion. Es ist für das Drama deshalb dasselbe wie für den Roman, weil
auch das Bühnenstück in seinem Wesen von Fontane als Fiktion begriffen wird. Diesen Fiktionscharakter des Dramas hat er allerdings erst später endgültig erkannt,
wie ein Vergleich der Rezensionen von Grillparzers "Der Traum ein Leben" zeigt.
In seiner zweiten Rezension vom Jahre 1884 nimmt Fontane seine eigene in der
Rezension von 1878 vorgebrachte Kritik zurück, wo er behauptet hatte, die dramatische Wirkung verliere "durch die Vorstellung, dass wir nicht Menschen, sondern
nur Traumgebilde vor uns haben." (H III, 2. S. 376) Durch die inzwischen gewonnene
grundlegende Erkenntnis vom Fiktionscharakter auch des Bühnenstückes wird diese Kritik gegenstandslos, was Fontane wie folgt begründet: "Die Wirklichkeit spricht
von der Bühne her überhaupt nicht zu uns, sondern nur ihr Schein, und ob dieser
Schein das Widerbild von Leben oder Traum ist, ist ziemlich gleichgültig." (H III, 2.
S. 639) Fontane hat damit einen erkenntnistheoretischen Fehler korrigiert, der seinen Ursprung, wie Käte Hamburger nachweist, historisch gesehen in der klassischen Einheitstheorie hat, wo "die Angleichung der fiktiven Zeitdauer der Handlung
an die reale Zeitdauer ihrer Aufführung" den "kategorialen Unterschied der fiktiven
und realen Zeit" zum Verwischen brachte und damit den Fiktionscharakter des auf
der Bühne Dargestellten verschleierte. [68] Vor diesem Hintergrund ist es verständlich, dass Fontane seine 1875 formulierte Wesensbestimmung der Dichtung vorerst
nur auf den Roman bezieht und erst im Lauf seiner kritischen Beschäftigung als
Theaterrezensent diese Einsicht auch auf das Drama überträgt. Otto Ludwig, der
zum Problem der Illusion des Dramas weit ausführlicher Stellung nimmt, unterscheidet im Gegensatz zu Fontane nicht zwischen den verschiedenen Arten des
Bühnenstoffes, sondern zwischen den verschiedenen Illusionsformen, die durch
das Lesen oder das Handeln entstehen. Für Ludwig ist die Glaubhaftigkeit der Illusion im Theater wesentlich an die Glaubhaftigkeit des Schauspielers gebunden,
der aber die künstlerische Illusion niemals bis zur Wirklichkeit steigern darf. [69]

Immerhin hat Fontane 1875 nach heutiger Einsicht mit dieser "unwillkürlichen,
sozusagen naiven [...] Definition [...] dennoch, und vielleicht nicht zufällig gerade deshalb, die Seinsweise der literarischen, der epischen so gut wie der dramatischen, Fiktion getroffen." [70] Allerdings ist diese Wesensbestimmung des Romans als eine Welt der Fiktion, die als Wirklichkeit erscheint und als solche
glaubhaft gemacht werden soll, von Fontane nicht in der heutigen, vielschichtigen
Bedeutung verstanden worden, sondern nur im Rahmen seines Verständnisses und
seiner Auffassung vom Verhältnis dieser "Welt der Fiktion" zur wirklichen Welt.
Diese Auffassung, sein eigentliches Realismus-Konzept, liegt seiner Wesensbestimmung der dichterischen Fiktion zugrunde. Eine Einschränkung von Fontanes
Verständnis des Fiktionscharakters der Literatur kommt in dem bereits angeführten Qualitätskriterium, dem "Nicht aus der Scheinwelt gerissen werden", zum
Ausdruck. Für Fontane wird dieses Kriterium nicht in erster Linie eines für die

besondere Art eines möglichen Fiktionsaufbaus, sondern zu einem Kriterium des Künstlerischen im Sinne seines Realismus schlechthin. Sein Fiktionsverständnis ist das genaue Gegenteil von jener Illusionszerstörung, die "eines der wesentlichsten Merkmale der Raabeschen Erzählhaltung" spiegelt.[71] Ebenso steht Fontane mit seiner Forderung nach dem "Nichtbrechen der Fiktion [...] der romantischen Ironie"[72] konträr, womit seine Fiktionsauffassung noch klarer eingegrenzt werden kann. Er erkennt wohl Grillparzers "Der Traum ein Leben" nach einigen Widerständen als eine in sich geschlossene fiktive Welt. Doch liegt die Schwierigkeit für Fontane in erster Linie eben darin, diese Traumwirklichkeit als Traum zu erkennen und nicht als "das Widerbild von Leben." (H III, 2. S. 639) Mit dem Erkennen des Fiktionscharakters des Bühnenstücks ist auch die Berechtigung des "Traumstücks" in der "Traumwelt, in die das Märchen uns einführt, " (H III, 2. S. 639) gegeben. Damit hat Fontane eine enge, um nicht zu sagen verbogene Realismus-Auffassung früherer Jahre korrigiert. Aber er bleibt bei der Auffassung, dass man aus dieser fiktiven Traumwelt, auch wenn sie nicht Wirklichkeit widerspiegeln will, nicht gerissen werden darf. Fontane gelangt nicht zu der weiteren erkenntnistheoretischen Einsicht, dass auch das vom Dichter bewusst provozierte und als Kunstmittel eingesetzte Brechen der Illusion, sei es nun im Sinn der romantischen Ironie, immer innerhalb der Fiktion geschieht und Teil dieser fiktiven Welt ist. Wie weit das Bestreben nach Objektivität mit diesem Fiktionsverständnis im Zusammenhang steht, ist noch zu zeigen.

Ein Vergleich mit zeitgenössischen Auffassungen über den Charakter der Fiktion macht deutlich, dass Fontane mit seinen Einsichten durchaus auf der Höhe seiner Zeit ist und eine vergleichsweise treffsichere Definition von dem gegeben hat, was das Wesen der Literatur nach dem Verständnis seiner Zeit ausmacht. Gustav Freytag kommt in den entscheidenden Punkten an die Definition Fontanes heran. In seiner 1854 in den "Grenzboten" erschienenen Rezension von Alexis' "Isegrimm" versteht er das Kunstwerk als den schönen Schein innerer Wahrheit, die lebhaft empfunden werden müsse, "um an die Personen glauben" machen zu können.[73] Ebenso definiert er auch in "Die Technik des Dramas" das Kunstwerk, genau wie Fontane, als eine "Welt des schönen Scheins", deren poetische Wahrheit glaubhaft sein müsse. Was von Freytag und Fontane gefordert wird, ist auch für den Literaturtheoretiker Julian Schmidt selbstverständliches Erfordernis. Glaubhaftigkeit ist auch für ihn ein Qualitätskriterium der realistischen Dichtung.[75] Es zeigt sich hier, dass die "Glaubhaftigkeit" ein zentraler Begriff der realistischen Poetik ist. Otto Ludwig, der mehrfach von einer "künstlerischen Illusion" spricht,[76] meint im Kern dasselbe wenn er fordert: "Kein Kunstwerk soll eine andere Wahrheit anstreben, als die künstlerische Wahrheit, die seiner besondern Gattung zukommt."[77] Er versucht den Illusionsbegriff wie Hegel und Vischer durch den Vergleich mit der Malerei zu erhellen. Aehnlich war auch Keller durch seine Malstudien zu dichtungstheoretischen Erkenntnissen gekommen. Selbst der Vergleich mit den Münchner Eklektikern, mit deren einem Vertreter, Paul Heyse, Fontane in brieflichem Kontakt stand, zeigt, so unterschiedlich die dichterischen Erzeugnisse der beiden auch sind, eine teilweise theoretische Uebereinstimmung. Heyse unterscheidet deutlich zwischen den naturalistischen Intentionen einer nach wissenschaftlichem Vorbild erstrebten objektiven Wahrheit in der Dichtung: "Wahrheit? Nicht doch: Illusion der Wahrheit, darauf kommt es in aller Kunst ausschliesslich an."[78]

Die entscheidende Differenz zwischen diesem Postulat, das an Freytag erinnert, und der Fiktionsauffassung Fontanes wird erst deutlich, wenn Heyses Auffassung in ihren theoretischen Kontext gestellt wird. Die Münchner Dichter haben ihre Sorge, durch Verstösse gegen die reale Wirklichkeit die Illusion der Wahrheit zu zerstören, durchaus mit den meisten Realisten gemeinsam, ja man bemüht sich "um die Lokalfarben der Dichtung, damit ein Ortskundiger nicht um die Illusion komme"[79] und warnt vor den "Gefahren sorgloser Topographie."[80] Dass der so verstandene Realismus in keiner Weise mit dem sich deckt, was Fontane unter Illusion der Wirklichkeit versteht, ist im letzten Kapitel ausführlich zu erörtern. Indem man sich aber davor hütet, den Charakteren Worte in den Mund zu legen, "die in keinerlei Verhältnis zu ihnen stehen",[81] weil diese Unwahrheit das Ende der Illusion bedeutete, trifft man das, was Fontane unter andern auch Gustav Freytag[82] und Spielhagen[83] vorwirft. Diese grundlegende Erkenntnis ist durchwegs bei den meisten Dichtern des Realismus zu finden und erscheint als Forderung in verschieden abgewandelten Formulierungen, die aber im Grunde dasselbe meinen.[84] Unter diesen Gesichtspunkten wollte Heyse "einen Gegensatz von Realismus und Idealismus nicht anerkennen."[85] Indem der Münchner Dichterkreis aber auf das realistische Detail bewusst verzichtet und die "in ihrer spezifischen Besonderheit zugunsten einer allgemeinen Gültigkeit entkleidete Wirklichkeit"[86] als Illusion der Wahrheit begreift, zeigt sich nicht nur die geistige Verwandtschaft mit der Klassik,[87] sondern auch der entscheidende Unterschied zu dem, was Fontane als Illusion der Wirklichkeit versteht, und was den Realisten als wichtige Neuerung gegolten hat.[88]

Etwas mehr als zehn Jahre nach seiner "Ahnen"-Rezension kommt Fontane 1886 in der Besprechung von Lindaus Roman "Zug nach dem Westen" noch einmal auf das Wesen des Romans und damit der Prosadichtung zu sprechen. Erst jetzt wird deutlich, wie er den Fiktionscharakter des realistischen Romans verstanden wissen will. Wiederum geht er von der Frage aus, was ein Roman soll: "Aufgabe des modernen Romans scheint mir die zu sein, ein Leben, eine Gesellschaft, einen Kreis von Menschen zu schildern, der ein unverzerrtes Widerspiel d e s Lebens ist, das wir führen." (SZL S. 109) Diesem Stoffprogramm, das im Zusammenhang mit dem Realismusprogramm Fontanes steht, folgt die Angabe der Kriterien, mit denen die künstlerische Qualität der fiktiven Welt gemessen werden kann, damit sie den Ansprüchen genügt, die Fontane stellt. Diese fiktiven Gestalten nämlich sollen so sein, "dass wir in Erinnerung an eine bestimmte Lebensepoche nicht mehr genau wissen, ob es gelebte oder gelesene Figuren waren." (SZL S. 109) Sie sollen sich des Lesers mit gleicher Gewalt bemächtigen wie die Wirklichkeit, so dass er während der Lektüre das Gefühl hat, sein wirkliches Leben fortzusetzen, wobei "zwischen dem erlebten und erdichteten Leben kein Unterschied ist als der jener Klarheit, Uebersichtlichkeit und Abrundung und infolge davon jener Gefühlsintensität, die die verklärende Aufgabe der Kunst ist." (SZL S. 109) Damit wird der wesentliche Unterschied in der Auffassung des Fiktionscharakters der Dichtung bei den Münchner Eklektikern, die sich auch in gewissen Punkten für Realisten halten, und bei Fontane offenbar. Heyses "Illusion der Wahrheit" und Fontanes "Illusion der Wirklichkeit", die ebenso den Anspruch auf Wahrheit erheben, sind in nur vordergründiger Weise identisch, in ihrem Wesen sind sie grundverschieden durch eine jeweils andersgeartete Auffassung von der Wirklichkeit und dem Bezug der fiktiven Welt zu dieser wirklichen Welt.

Es ist klar geworden, dass Fontane mit seinen erkenntnistheoretischen Einsichten über das Wesen der Literatur mit der gängigen Auffassung des 19. Jahrhunderts auf gleicher Linie steht und keinen spektakulären eigenen poetologischen Entwurf aufzuweisen hat. Im weitern sind die Korrelationen zwischen Kunst und Wirklichkeit aufzuzeigen, die Fontanes Realismusverständnis ausmachen und wesentlicher Teil seiner Poetik sind. Es ist allen jenen eigenen Bedingungen nachzugehen, die notwendig sind, um "aus einer Nuss [...] eine Welt" aufzubauen. [89] Zuvor aber ist eine Erörterung von Fontanes Ansicht über die Funktion der Dichtung eine weitere Voraussetzung für das Verständnis seiner Dichtungstheorie. Sie bildet den Ausgangspunkt für andere Teilaspekte seines dichtungstheoretischen Konzepts.

3.   ZWECK UND AUFGABE DER KUNST

Die Rezeption der Funktionstheorie von Horaz im lateinischen Mittelalter, [90] aut prodesse volunt aut delectare poetae, zeigt, wie entscheidend diese beiden Elemente die Geschichte der Aesthetik beherrschen, [91] wobei die Frage nach der Funktion der Literatur nicht nur von Dichtern, sondern auch von Vertretern anderer Wertgebiete, seien es Politik, Moral, Philosophie usf. aufgeworfen wird. Da auf diese Weise die Funktion der Literatur auf ausserliterarische Bereiche ausgedehnt wird, reagiert der herausgeforderte Dichter im Extremfall mit der Antwort: "L'art pour l'art."[92] Wenn auch die beiden Elemente in jedem Werk der Literatur "nicht bloss nebeneinander existieren, sondern ineinanderfliessen", [93] so ist es dennoch für eine Betrachtung der Funktion der Literatur nicht ohne Belang, mit welchem Anspruch sie auftritt. Insofern wird der Zweck der "hohen Dichtung" und derjenige der verschiedenen Zwischenstufen von der Unterhaltungsliteratur bis hin zur Trivialliteratur eine jeweils andersgeartete Schattierung erhalten und, je nachdem, von ausserliterarischen Einflüssen nicht immer ganz frei sein.

Fontane begreift sich selbst als Künstler, mehr noch denn als Dichter, [94] und seine schriftstellerische Arbeit richtet sich ausschliesslich nach künstlerischen Massstäben aus und will, zumindest seit dem 70er Kriegsbuch und mit dem ersten Roman, [95] als Kunst verstanden sein. Wieweit die einzelnen Arbeiten Fontanes, die von gehobener Unterhaltungsliteratur bis zum Kunstwerk reichen, diesen Intentionen des Autors entsprechen, ist in Bezug auf die vorliegende Frage ohne Belang. Entscheidend ist vorerst nur, welchen Anspruch Fontane für seine Arbeit grundsätzlich erhebt und von welcher Position aus er Literatur kritisch betrachtet, da nur so seine Auffassung von der Funktion der Literatur in der richtigen Perspektive gesehen werden kann. Fontanes Aussagen über Zweck und Aufgabe der Literatur, von Roman und Drama im besondern, sind ohne Zweifel immer in Bezug auf die Kunstliteratur zu verstehen. Ob seine eigenen Arbeiten die-

ser der Kunstliteratur zugedachten Funktion nachkommen, ist eine Frage, die vorerst nicht grundsätzlich zum vorliegenden Problemkreis gehört.
In seinem autobiografischen Roman "Von 20 bis 30" sagt Fontane vom "berühmten Satz 'Kunst sei für alle'", er sei "grundfalsch, Kunst ist umgekehrt für sehr wenige, und mitunter ist es mir, als ob es immer weniger würden. Nur das Beefsteak, dem sich leicht folgen lässt, ist in einer steten Machtsteigerung begriffen." (N XV, S.19) Diesen Satz bekräftigt, wenn auch in umgekehrter Weise, eine früher geäusserte Meinung, wonach "die sogenannten grossen Poeten" die ebenso fein nuancierten "Geschmacksbedürfnisse der Geniessenden"[96] durchaus nicht zu dekken vermögen. So oder so kommt doch die entscheidende Meinung Fontanes über die exeptionelle Stellung der Kunst zum Ausdruck. Und Kunst in ihrer Besonderheit zu erkennen, hat zumindest eine unkonventionelle Natur zur Voraussetzung, die nicht in herkömmlicher Mittelmässigkeit verharrt, was im Leben ein Glück sei, "aber zur Beurteilung von Kunstwerken, deren Zweck und Ziel ist, sich ü b e r d a s C o n v e n t i o n e l l e z u e r h e b e n , zur Beurteilung solcher Kunstwerke reicht natürlich der Conventionalismus nicht aus. Er ist das Gegenteil ihrer selbst."[97] Aber auch das Gegenteil des Konventionalismus, die übersteigerte Originalität um jeden Preis, ist nicht Kennzeichen und Aufgabe der Kunst. "Gleich frei zu sein von absurder Originalität wie von konventioneller Alltäglichkeit - das ist die Aufgabe, die überall von den Künsten zu lösen bleibt."[98]

Es ist hier der Ort, um auf Fontanes Wesensbestimmung der Literatur als Fiktion zurückzukommen und an seiner "Ahnen"-Rezension von 1875 wieder anzuknüpfen. Denn folgerichtig ist hier, durch den wechselseitigen Bezug zwischen Wesen und Funktion der Literatur,[99] auch die Funktionsbestimmung mitenthalten. Demnach soll ein Roman, als "eine Welt der Fiktion [...] uns weinen und lachen, hoffen und fürchten, am Schluss aber empfinden lassen, teils unter lieben und angenehmen, teils unter charaktervollen und interessanten Menschen gelebt zu haben, deren Umgang uns schöne Stunden bereitete, uns förderte, klärte und belehrte." (H II,1. S.317) Dieser Aufgabe werden die "Ahnen" Gustav Freytags im grossen Ganzen gerecht, denn der Romanzyklus wird mit fast denselben, hier in der allgemeinen theoretischen Formulierung verwendeten Sätzen gelobt. (H III,1. S.318) Was in der "Ahnen"-Rezension in einer festgefügten Definition über Wesen und Funktion des Romans gesagt wird, ist in der Grundtendenz bereits zehn und zwanzig Jahre früher angelegt. Schon 1855 beschliesst Fontane seine Rezension von Gustav Freytags Roman "Soll und Haben" mit den Worten: "Wir schulden dem Verfasser eine Reihe schöner, gehobener Stunden, wir verdanken ihm Heiterkeit und Belehrung." (H III,1. S.308) Zehn Jahre später, Fontane beschäftigt sich mit den Plänen zu seinem ersten Roman, umschreibt er in einem Brief an den Verleger Hertz mit ähnlichen Worten, was er mit diesem Romanwerk bezweckt.[100] Es ist nicht mehr und nicht weniger, als was er in den beiden Freytag-Rezensionen als Aufgabe des Romans postuliert: Durch liebenswürdige Gestalten in heiterem Geplauder unterhalten und belehren. Allerdings soll diese an den Roman gestellte Aufgabe auch allen übrigen ästhetischen Anforderungen entsprechen. Dieser innere Zusammenhang des ästhetischen Normgefüges kommt in späteren Rezensionen deutlich zum Ausdruck, vor allem dort, wo er zu einer misslungenen Arbeit seine Meinung darlegt.

Seine Kritik an Spielhagens Roman "Sturmflut" entzündet sich am falschen Verhältnis zwischen der Wirklichkeit und dem, was er, Fontane, unter Kunst versteht. Wenn Fontane nämlich postuliert, dass die "Romanschreiberei" kein "kritikloses Sichunterhaltenlassen" und kein Fabulieren einer Kindermume, sondern "umgekehrt a u c h eine Kunstform" ist, deren erstes Gesetz die Wahrheit ist, und in der sich "uns das L e b e n in seinen Gestalten und den durch sie geschaffenen Situationen echt erschliessen" soll (SuF S. 713), dann kommt er einmal mehr auf sein realistisches Romanprogramm zurück. Entscheidend aber ist, dass er im Zusammenhang und aus diesem besonderen Verständnis der realistischen Poetik des Romans dessen Funktion erläutert. Denn gerade weil Spielhagen dieser poetologischen Forderung nicht gerecht wird, erreicht er das nicht, was Fontane als die besondere Leistung vom Roman fordert: "dass er mich wohltuend berührt und mich entweder über das Alltägliche erhebt, oder aber, das schön Menschliche darin mir zeigend, mir auch das Alltägliche wert und teuer machen soll." (SuF S. 713) Dies ist es, was Fontane ganz allgemein an Spielhagens Arbeiten überhaupt bemängelt: "sie versöhnen nicht, sie entbehren, aufs Ganze hin angesehn, des Schönen" (SuF S. 714), was ebenfalls auf die "problematischen Naturen" Spielhagens zutrifft. [101]

Auch Lindaus Roman "Zug nach dem Westen" wird 1886 unter dem Gesichtspunkt seines Bezugs zum Leben kritisch betrachtet und abgelehnt, [102] weil er jene Funktion nicht erfüllt, die dem Roman zukommt: Das Leben zu schildern wie es ist, und mit dieser Schilderung den Leser angenehm und heiter zu unterhalten, ihn zu erheben und zu belehren. Fontanes Kritik am Werk Zolas ist neben andern auch unter diesem Aspekt der Funktion zu sehen. Mit einem Werk, das, bei aller Anerkennung des grossen "aber unerfreulichen" Talents Zolas, "durchaus n i e - d r i g in der Gesamtanschauung von Leben und Kunst" ist, kann dieser Verkünder der "nackten Gesinnungs-Gemeinheit" das nicht erreichen, was Fontane von der Kunst fordert. [103]

Vergleicht man diese über längere Zeitabschnitte belegbare Auffassung von der Aufgabe des Romans mit derjenigen von der Funktion des Dramas, des Theaters als Institution überhaupt, so zeigt sich in den wesentlichen Punkten eine Uebereinstimmung, wenngleich die Akzente zum Teil etwas anders gesetzt werden. Das Drama ist genausowenig wie der Roman dazu da, das Leben und seine Gestalten in ihrer Kleinheit und Misere zu zeigen, denn die gehören nicht in die Kunst. [104] Deshalb macht er Julius Grosse für ein Kunstwerk verantwortlich, das in einem "sechsmal geschopenhauerten Pessimismus" ausklingt: "So sollen Tragödien nicht enden, so sollen wir nicht von einer Stätte scheiden, die dazu da ist, das Schöne zu pflegen und dem Idealen ein Hüter zu sein." (N XXII, 1. S. 658) Abgesehen von diesem ungewohnten und gar nicht charakteristischen Pathos ist doch das eigentliche Anliegen getroffen, denn selbst die Tragödie soll dem "Bedürfnis nach Gerechtigkeit, nach Ausgleich, nach Versöhnung" nachkommen, das jede Zeit habe. [105] Und wie der Pessimismus, so wird auch das Hässliche und Beleidigende der Aufgabe der Theaterkunst nicht gerecht, denn man will sehen, was "erheitert, oder erhebt, aber nicht das, was [...] demütigt." [106] Daraus ergeben sich auch für Fontane die Qualitätskriterien eines Stückes. Löst ein Stück eine sympathische Aufgabe "klar und verständig", werden "Unsinnigkeiten" und "Willkürlichkeiten" gleichmässig vermieden und die Dinge dargestellt, dass das Stück "unterhält und

44

abwechselnd rührt und erheitert", so nennt dies Fontane, selbst wenn es nebenher
anfechtbare und schwache Stellen hat, ein "gutes Stück". Auf die Lebensfähigkeit
des G a n z e n kommt es an.[107]
Neben dieser bisher weitgehenden Uebereinstimmung der Funktion von Roman und
Drama kommt diesem zusätzlich eine spezifisch didaktische Funktion zu, die in
ähnlicher Weise höchstens für die Romane Gotthelfs Gültigkeit hat.[108] Gotthelf hat
aber, mindestens nach Ansicht der zeitgenössischen realistischen Aesthetik, wie
sie in den Rezensionen Gottfried Kellers zum Ausdruck kommt, wie kein anderer
Dichter "das verachtet, was man Technik, Kritik, Literaturgeschichte, Aesthetik,
kurz Rechenschaft von seinem Tun und Lassen nennt in künstlerischer Beziehung."[109]
Die Bühne nämlich soll nicht nur "Bild des Lebens, sondern Vorbild sein." (N XXII, 1.
S. 491/92) Diese didaktische Funktion des Theaters postuliert Fontane bereits 1858.
Der echte Volksdichter, gemeint ist als Vorbild vor allem Shakespeare und in diesem speziellen Sinne auch Schiller, ist zugleich "ein L e h r e r des Volkes",
dessen beste Kunst die ist, "dass er lehrt ohne die Miene des Lehrers, dass er
zu spielen und leicht zu unterhalten scheint, wo er bildet und die Samenkörner guter Gedanken und guter Taten streut." (SZL S. 144) In diesem Sinn ist vor allem
Shakespeare ein Volksdichter, das heisst ein Dichter "für a l l e Schichten des
Volkes."[110] Jahre später, nach der Uebernahme des Referates bei der "Vossischen" bekräftigt Fontane nochmals die Ueberzeugung von der didaktischen Funktion des Theaters, das viel "Amüsantes, auch menschlich Interessierendes" hat,
aber es "ist und bleibt ein Bildungsmittel."[111] Gegenüber dieser volksbildenden
Funktion ist selbst das Geniale nur zweitrangig und kann sogar verwerflich sein,
denn soll "entschieden werden, 'was gehört als volksbildend, als läuternd und mustergültig auf die Bühne und was nicht', so spielt diese Genialitätsfrage wenig
mit."[112] Aehnlich wie Fontane hat auch Gottfried Keller dem Volksschriftsteller
eine grosse Bedeutung und didaktische Aufgabe zugemessen. Keller differenziert
noch mehr, wenn er sagt, der Volksschriftsteller "hat vom Volke ebenso viel zu
lernen, als es von ihm lernen soll, und es ist seine Pflicht, auch ein wenig zu
merken, was die Stunde geschlagen hat, wenn er segensreich wirken will."[113]

Werden diese auf über dreissig Jahre verstreuten Aeusserungen Fontanes über
die Funktion der Literatur isoliert betrachtet, so fällt zunächst die geradezu naive Einfachheit auf, die in immer denselben stereotypen Formulierungen zum Ausdruck kommt, Formulierungen, die im Wesentlichen nicht von den traditionellen
klassischen Forderungen des Horaz, dem prodesse et delectare, abweichen. Eine
Schulweisheit wird ohne persönliche Konzeption scheinbar übernommen. Bei nä-
herem Betrachten aber fallen entscheidende Nuancen auf. Während Fontane in den
frühen Aeusserungen bis in die siebziger Jahre von heiterer Unterhaltung spricht,
die belehren und erheben soll, tritt später immer deutlicher die Forderung nach
gerechtem Ausgleich, nach Versöhnung und Ruhe in den Vordergrund. Dieser
Wandel, der auffällig parallel läuft mit dem Beginn seiner eigenen dichterischen
Produktion, lässt die Vermutung aufkommen, dass Fontane erst dadurch zu einer
Auffassung von der Aufgabe der Kunst kommt, die seinem persönlichen Wirklichkeitsbezug entspricht, nämlich das im schöpferischen Schaffen intensiver erfahre-
ne "Wissen um die Relativität der Dinge [...], um die Relativität der menschlichen Entscheidungen und Urteilsbildungen, vom Fragwürdigen des Daseins in

seinen Widersprüchen und Zufällen. "[114] Doch kann eine Kunst, die Versöhnung und Ausgleich aufzeigen soll, auch als Unterhaltung, die sie trotz allem noch immer sein soll, nicht über diese zwiespältige Erfahrung einer Welt hinwegtäuschen, die schliesslich nur in Resignation ertragbar wird. So wird es möglich, dass eine von "anteilnehmender Gefühlswärme" getragene Kunst oft ins "Sentimentale gerinnt und darin die Konflikte verdämmern lässt. "[115] Die Gebrochenheit wird im Humor aufgelöst, der als "Mittel der Lebenshilfe"[116] gleichzeitig auch die geforderte unterhaltende Funktion des Kunstwerks garantiert. So bekommt die Forderung nach ausgleichender Versöhnung, abgesehen vom auch theologischen Hintergrund des Wortes, zur ästhetischen eine zusätzliche, stark ethische Bedeutung, die in diesem Sinn auch die Funktion des Humors beeinflusst. In der von Fontane geforderten Versöhnung und dem gerechten Ausgleich, womit eine persönliche Eigenart seiner späten Aeusserungen zur Funktion der Literatur zum Ausdruck kommt, objektiviert sich "das subjektive Gefühl der Disharmonie zur Distanz der verstehenden und ertragenden Resignation, die auch eine sich ergebende Versöhnung mit dem Weltschicksal bedeutet. "[117]

Mit dem Auftreten des Versöhnungsbegriffes in den späten Jahren Fontanes ist ein Anknüpfen im Sinne Hegels kaum zu übersehen. Ob der Begriff, der in Hegels Aesthetik eine bedeutende Rolle spielt, von Fontane bewusst oder unbewusst übernommen wird, ist schwer auszumachen. Ueber besondere Hegelkenntnisse Fontanes ist nichts bekannt.[118] Doch ist auch hier, wie bei der Rezeption anderer Begriffe aus der klassischen Aesthetik festzustellen, dass sie von Fontane nicht mehr im ursprünglichen Sinn verstanden werden. Denn Kunst wird nicht mehr als "Präsenz und Versöhnung des Absoluten im Sinnlichen und Erscheinenden" begriffen.[119] Die Versöhnung im Sinne Fontanes tritt als Postulat zugleich auch als ausgleichende Toleranz gegenüber den um diese Zeit stärker in Erscheinung tretenden Forderungen des Naturalismus akzentuierter in den Vordergrund. Diese als Reaktion begriffene Seite der Versöhnung wird bedeutungsvoller, wenn man sie vom Gesichtspunkt der jungen deutschen Naturalisten her betrachtet.[120] Das schonungslose Aufdecken des Hässlichen und Gemeinen im Naturalismus kann gerade das nicht erfüllen, was Fontane mit seiner Forderung als Aufgabe der Kunst zu retten versucht, nämlich die Schönheit und das Heitere, die von seiner Kunstauffassung nicht zu trennen sind, und die in der "Verklärung" und im versöhnenden Humor in Erscheinung treten.

Betrachtet man mehr als bisher üblich diese verschiedenen Aspekte der Funktion der Literatur so zeigt es sich, dass Fontanes Auffassung vor allem durch die Beschäftigung mit der eigenen dichterischen Produktion eine spezifische Tönung erfährt. Er bleibt nicht bei den Postulaten der frühen Jahre stecken, dem bloss Unterhaltenden und Belehrenden, sondern mit der Wirklichkeitserfahrung ist eine entsprechende Differenzierung der Kunstauffassung festzustellen. Wohl dienen seine Gesellschaftsromane der Unterhaltung, aber diese Unterhaltung ist gedämpft durch die Erfahrung einer widersprüchlichen Wirklichkeit, die in der dichterischen Fiktion und in deren Funktion ihren Niederschlag findet. Es ist durchaus richtig gesehen worden, dass die kunstsoziologische Seite von Fontanes Position, wonach "die Künste gleichsam der Gesellschaft schuldig sind, sie angenehm zu unterhalten,"[121] den Vorstellungen der Tunnel-Zeit verpflichtet ist. Diese Seite seiner Position kommt, im Gegensatz zur spätern Zeit, vor allem in den frühen Aeusserungen deutlicher zum Ausdruck. Jene Zeugnisse unterscheiden sich denn auch von den Forderungen der übrigen Dichter des frühen Realismus kaum, und man kann sagen, dass sich Fontane mit seinen damaligen Aeusserungen zur Funktion der Kunst in den verhältnismässig einfachen Clichévorstellungen seiner Zeitgenossen bewegt.[122] Im allgemeinen versuchen diese frühen Repräsentanten des Realismus wieder an früheren Vorstellungen anzuknüpfen und vertreten im Grunde die alte These, dass der "Zweck der Kunst ist, zu vergnügen",[123] durch unterhaltende Anregung der Empfindung zur Erkenntnis der Welt zu kommen und den Menschen "durch diese Rührung zu veredeln."[124] So wird im Realismus gerade jene Behaglichkeit in der Kunst wieder angestrebt, deren Fehlen Wienbarg als das entscheidende Merkmal der Dichtung der Jungdeutschen wie Heine, Börne, Menzel, Laube, bezeichnet und "die sichtbar aus der Goetheschen und Jean Paulschen Prosa spricht."[125] Was in Wienbargs Vorstellung einer engagierten Kunst keinen Platz hat, "das unschuldige Ergötzen",[126] setzt Julian Schmidt, als bedeutender Theoretiker des Realismus, wieder als der Zweck der Dichtung ein. Diese muss "Ideale" aufstellen, "d.h. Gestalten und Geschichten, deren Realität man wünschen muss, weil sie uns erheben, begeistern, ergötzen, belustigen usw."[127] In entsprechender Weise äussert sich Gustav Freytag, der die Aufgabe der Prosakunst darin sieht, Mitleid zu erwecken und zu erheben,[128] also eine Geschichte zu erzählen, die "erfreut und erhebt [...] und den Bedürfnissen des Gemütes völlig Genüge tut."[129] Wie dieser Bezug zu den ästhetischen Vorstellungen der Klassik wieder in den Vordergrund tritt, zeigt sich deutlich im Anspruch, dass die Kunst "erheben" soll. Julian Schmidt begründet diese Forderung in einem Aufsatz in den "Grenzboten", wobei Anlehnungen vor allem an Hegels Aesthetik deutlich werden.[130] Die auffällige Uebereinstimmung der Aeusserungen Fontanes zur Funktion der Kunst mit denen der frühen Realisten - Freytag hat er persönlich gekannt - wird noch prägnanter im Vergleich mit Otto Ludwig. In dessen epischen und dramatischen Studien wird vor allem die Unterhaltung als erster Zweck der Kunst immer wieder betont. Unterhaltung ist die "Hauptforderung", die der Dichter zu beachten hat, "man erlaubt ihm oder wehrt ihm wenigstens nicht, wenn er belehrt, wenn er erbaut, erhebt, zum Guten anspornt, vom Unrechten abmahnt, nur dass er all das nicht ausdrücklich und wie mit Absicht thue und vor allem nicht vergisst, zu unterhalten."[131] Dabei soll er nicht nur mit Angenehmem, sondern auch angenehm unterhalten,[132] was in gleicher Weise auch vom Drama gilt.[133] Für ihn wird Unterhaltung das "Kriterium eines Kunstwerks" überhaupt.[134]

Diese Funktionstheorie, die sich durchaus in traditionellen Bahnen bewegt und keineswegs originell ist, und in der sich die deutschen Realisten auffällig treffen, zeigt ähnliche Tendenzen auch bei ausserdeutschen Dichtern[135] und wird Ausdruck einer bestimmten Geisteslage. Wenn auch Schopenhauer dieser allgemeinen Lebensstimmung den philosophischen Hintergrund zu geben scheint, und er der entgötterten Wirklichkeit "die Erlöserkraft der Kunst als eine Erhebung und Flucht [...], als eine Form der ästhetischen Selbstbefreiung" gegenüberstellte,[136] so darf sein Einfluss zumindest auf Fontane nicht überschätzt werden. Fontanes Schopenhauer-Rezeption wurde von H.-H. Reuter ausführlich dargelegt,[137] wobei sich zeigt, dass Fontanes Erfahrungen in gewissen Detail-Fragen über Kunst und Kritik mit Schopenhauers Ansichten sich decken, Fontane aber, was den Kern der

Philosophie anbetrifft, nur Unverständnis und Abneigung zeigt. Viel mehr fühlt er sich zu Goethe und Schiller hingezogen, mit deren Briefwechsel er sich während seiner Schopenhauerlektüre beschäftigt. All das darf aber nicht darüber hinwegtäuschen, dass Fontane an der generellen, zeitgenössischen Wirklichkeitserfahrung teil hat. Gewisse klassizistische Tendenzen in seiner Aesthetik, die Forderung nach Harmonie und Mass, nach Ausgleich, Versöhnung und Erhebung, dies alles weist darauf hin, dass die Kunst zu einem Refugium zu werden droht, und die Wirklichkeit erst im Aesthetischen tragbar wird. Diese Hinweise müssen vorerst genügen. Sie beziehen sich nicht auf die Kunstleistung Fontanes, sondern zeigen eine gewisse ausserästhetische Funktion an, auf die seine ästhetischen Anschauungen zu deuten scheinen.

Es war notwendig, die eindeutige Verankerung Fontanes in der realistischen Theorie von der Funktion der Kunst ausführlich darzustellen und in der Konfrontation mit den Auffassungen der Zeitgenossen sowohl seine grundsätzliche Uebereinstimmung, als auch die Aspekte einer persönlichen Ausprägung aufzuzeigen. Denn gerade dieser erste Zweck der Dichtung, der andere mögliche Intentionen nicht ausschliesst, worauf noch zurückzukommen ist, wurde, wie mir scheint, in der Literatur über Fontane zu wenig beachtet, zugunsten der ausführlich und häufig behandelten gesellschaftskritischen Aspekte in seinem Werk. Ohne etwa Fontanes dichterische Produktion nur an seinen theoretischen Normvorstellungen messen und bewerten zu wollen, muss doch festgehalten werden, dass das hier vorliegende Ergebnis eine Ueberbetonung der gesellschaftskritischen Intention des dichterischen Werkes nicht rechtfertigt, zumal die spezifisch gesellschaftliche Funktion der Literatur von Fontane nicht erkannt worden ist. Richard Brinkmann weist den Versuch Reuters entschieden zurück, zumindest beim Dichter zu retten, was beim Theoretiker fehlt, nämlich die Erkenntnis dieser gesellschaftlichen Funktion der Kunst.[138] Ganz im Gegenteil findet Brinkmann in seiner feinsinnigen Untersuchung eine Erklärung für die vielfach festgestellte und auch von Fontane empfundene Diskrepanz zwischen seinen persönlichen Anschauungen und dem Bild der Romane.[139] Dieser Widerspruch ist in der Kunstauffassung des Realismus überhaupt begründet und fällt lediglich bei besondern gesellschaftskritischen Aspekten des Werkes bei Fontane mehr auf. Aber eine nähere Betrachtung seiner Aeusserungen über die Tendenz in der Kunst zeigt, dass er als Theoretiker weit davon entfernt ist, der Kunst eine gesellschaftliche Funktion zuzuschreiben, die in einer gezielten Tendenz zum Ausdruck käme. Denn es ist deutlich zu unterscheiden zwischen Aspekten eines Werkes, die in Erscheinung treten und den Intentionen des Autors, die im Einzelnen weit schwieriger zu bestimmen sind. Differenzen werden auch bei Fontane festzustellen sein.

4.   DER TENDENZBEGRIFF

In einer Erörterung der Funktionstheorie kommt der Frage nach der Tendenz in der Kunst eine entscheidende Bedeutung zu. Wie zu andern dichtungstheoretischen

Problemen hat sich Fontane auch über die Tendenz nur vereinzelt und unsystematisch geäussert. Der Begriff erhält denn auch eine entsprechend schillernde Bedeutung und ist mit verschiedenen andern Begriffen synonym. In der Mehrzahl der Fälle, wo Fontane auf irgendeine mögliche Tendenz zu sprechen kommt, bezieht sich seine Ausführung auf das eigene Werk. Da eine ausführliche Begriffsbestimmung von Seiten Fontanes fehlt, können höchstens die über Jahre verstreuten Aeusserungen, indem sie sich gegenseitig erhellen, ein annähernd klares Bild geben. Dieses gewinnt im Vergleich mit den Aeusserungen anderer Realisten mehr Kontur und wird noch ausgeprägter, wenn der Begriff den Vorstellungen des Naturalismus gegenüber gestellt wird, denn ohne Zweifel ist Fontanes Ansicht durch diese Konfrontation entsprechend geformt worden. Vor allem zwei Probleme verlangen eine nähere Erörterung: einmal die Frage nach der moralischen Tendenz der Kunst, die vor allem die zeitgenössische Realismusdiskussion beschäftigt hat; dann aber ist die Frage nach der sozialkritischen Tendenz der Kunst vor allem von der heutigen Literaturkritik im Falle Fontanes auffällig in den Vordergrund gestellt worden. Es wird sich zeigen, dass diese vor allem auf das dichterische Werk begründete Seite von Fontanes Kunst in seiner theoretischen Konzeption keinen nennenswerten Niederschlag gefunden hat.

In den Aufzeichnungen zu Zolas "La Fortune des Rougon" schreibt Fontane 1883: "Fehler in der Tendenz (grosse Kunstwerke müssen tendenzlos sein)." (AZL S. 137) Und mehr als zehn Jahre später lauten die stark relativierten und offenbar letzten zu diesem Thema geäusserten Bemerkungen gerade umgekehrt, denn 1894 schreibt Fontane seinem künftigen Schwiegersohn: "Sie kennen mich zu gut, als dass Sie nicht wissen sollten, dass der ganze streitsüchtige Krimskrams von Klassizität und Romantik, von Idealismus und Realismus, beinah möchte ich auch sagen von Tendenz und Nichttendenz - denn einige der allergrössten Sachen sind doch Tendenzdichtungen - weit hinter mir liegt. A l l e s ist gut, wenn es gut ist."[140] Deutlich kommt hier zum Ausdruck, wie Fontane, den Ideen des Realismus zum Grossteil verpflichtet und auch mit den Erkenntnissen des französischen und deutschen Naturalismus vertraut, am Schnittpunkt zweier literarischer Anschauungsweisen steht. Dies ist nicht nur bei ihm selbst, sondern auch zum Teil in den zeitgenössischen Rezensionen seiner Werke zu beobachten. Besonders auffällig wird dies in Otto Brahms Besprechung von "Irrungen, Wirrungen". Brahm begrüsst Fontanes Werk und hofft, dass es Schule mache für den sich "ausprägenden 'Berliner Roman', Schule mache in seiner realistischen Kunst, nicht in seiner Tendenz. Denn ob man nun von rechts komme oder von links, ob man predige: Ehe ist Ordnung, oder: Ehe ist Liebe, ein jeder, der soviel Kraft und Tiefe, soviel reifes Können und modernes Wollen mitbringt, soll willkommen sein. L'art pour l'art." (A 5, S. 552) Diese Beurteilung, die auf den Forderungen einer zweckfreien, weder von politischen, religiösen oder moralischen Gesichtspunkten beeinflussten eigengesetzlichen Kunst basiert, geht ein Lob voraus, das an Zolas berühmtem naturalistischen Theorem orientiert ist, wenn Brahm sagt, in "Irrungen, Wirrungen" sei "in der Tat, wenn auch durch ein Temperament gesehen, Natur." (A 5, S. 552)

Diese Uneinheitlichkeit des Standpunktes in der Beurteilung von Fontanes Roman kommt auch in den andern zeitgenössischen Rezensionen zum Vorschein. [141] Brahm lehnt seine Tendenz ab und meint damit im Sinn des Realismus die postulierte

Idee, die dem Werk zugrunde liegt, lobt aber das dichterische Können, die Form im Sinn des modernen Kunstverständnisses und preist das Werk schliesslich als Kunst an sich, als l'art pour l'art. Es ist im folgenden, vom Tendenzbegriff ausgehend, Fontanes ästhetischer Standpunkt in diesem Umschichtungsprozess näher aufzuzeigen, der auch für ihn nicht belanglos geblieben ist. Was die inhaltliche Bedeutung des Begriffes "Tendenz" anbetrifft, so ist Fontane nicht einer naturalistischen Begriffsbestimmung verpflichtet, sondern der traditionellen Bedeutung, die Otto Brahm dem Begriff gibt. Denn das, was hier mit Tendenz bezeichnet wird, ist eigentlich nichts anderes als die "Idee", oder der "Fundamentalsatz",[142] der dem dichterischen Werk zugrunde gelegt ist. Und diesem kommt nach Auffassung Fontanes in der Dichtkunst nicht die allererste Bedeutung zu, es kommt nur darauf an, was aus diesem Satz gemacht wird, wie er verkörpert wird, oder, wenn es sich um eine alte Idee handelt, mit welcher "Neugewalt" der Dichter diesen Fundamentalsatz "verkörpert oder verlebendigt."[143] Das, was Brahm mit Tendenz bezeichnet, "Ehe ist Ordnung, oder: Ehe ist Liebe", entspricht genau dem, was Fontane dem Chefredakteur Stephany als die dem Roman zugrunde gelegte Idee, oder "Erb- und Lebensweisheit" bezeichnet: " 'Die Sitte gilt und muss gelten', aber dass sie's muss, ist mitunter hart. Und weil es so ist, wie es ist, ist es am besten, man bleibt davon und rührt nicht dran."[144] Dass Fontane mit dem Begriff Tendenz die Idee des Werkes meint,[145] bestätigt ebenfalls seine Ausführung über die Novelle "Cécile", denn diese will den "Satz illustrieren, 'wer mal 'drinsitzt', gleichviel mit oder ohne Schuld, kommt nicht wieder heraus'. Also etwas wie Tendenz."[146] In derselben Weise wird der Begriff bei der Darstellung der Idee von "Storch von Adebar"[147] und im Entwurf "Korfiz Uhlefeld" gebraucht.[148] In diesem Sinn verstanden, als die dem Werk zugrunde gelegte Idee, bekommt der Begriff "Inhalt" eine mehr oder weniger synonyme Bedeutung mit Tendenz, sofern ihn Fontane wie im Brief an Karpeles in Bezug auf "Schach von Wuthenow" in der genannten Weise gebraucht.[149] Mit dem Inhalt ist auch die Tendenz gegeben, "fehlt aber der neue Inhalt, fehlt jede neue Tendenz." (N XXII, 2. S. 513) Schliesslich aber umschreibt Fontane das, was er mit Tendenz oder Idee im bisher verstandenen Sinne meint, im Fall von "Frau Jenny Treibel" auch als "Zweck der Geschichte", nämlich "das Hohle, Phrasenhafte, Lügnerische, Hochmütige, Hartherzige des Bourgeoisstandpunkts zu zeigen, der von Schiller spricht und Gerson meint."[150] Hier sind, wie übrigens auch bei "Storch von Adebar" und andern Arbeiten, gesellschaftskritische Intentionen nicht zu übersehen. Fontane wehrt sich aber entschieden gegen die radikalere und von andern theoretischen Grundlagen ausgehende, sozialrevolutionäre Tendenz im Sinne des Naturalismus. Diese vor allem unter dem Einfluss des französischen Naturalismus dem Begriff zugelegte Bedeutungsschicht hat bei Fontane keine Gültigkeit. Sollte nämlich mit Tendenz, wie das in seinen Bemerkungen zu "L'Adultera" zum Ausdruck kommt,[151] irgendeine "Neben-Absicht" gemeint sein, dann ist mit diesem Roman in der Richtung nichts intendiert. Es ist schliesslich die Umschreibung der dem "Stechlin" zugrunde gelegten Idee zu erwähnen. Fontane nennt diesen Roman zweimal ausdrücklich einen "politischen" Roman.[152] Was er in den bisher angeführten Beispielen mit "Inhalt", "Tendenz" oder "Zweck" bezeichnet hat, wird hier noch einmal anders umschrieben: der "Stoff, soweit von einem solchen die Rede sein kann - denn es ist eigentlich bloss eine Idee, die sich

einkleidet [...] Aber die Geschichte, das, was erzählt wird. Die Mache![153] Zum
Schluss stirbt ein Alter, und zwei Junge heiraten sich; - das ist ziemlich alles,
was auf 500 Seiten geschieht."[154] Selbst wenn der "Stechlin" als politischer Roman von Fontane verstanden wird, kommt ihm nicht eine im Sinn des Naturalismus sozialrevolutionäre und engagierte Tendenz zu.
Der traditionelle Tendenzbegriff, wie ihn der Realismus allgemein verstanden
hat, weist eine breitere Bedeutungsschicht auf, als dies im Naturalismus der
Fall ist. Im Realismus[155] und auch bei Fontane ist mit Tendenz vorwiegend die
einem Dichtwerk zugrunde gelegte "Idee", die "Grundstimmung" oder die ethisch
inhaltliche "Intention" gemeint.[156] Alle spezifische Tendenz im Sinne einer gezielten ausserdichterischen Absicht, sei sie religiös, moralisch, politisch oder
sozial wird in der Kunst abgelehnt. Insofern kann man feststellen, dass vor allem
der künstlerischen Form, dem "Können" wie Brahm sagt, eine grosse Bedeutung
zukommt. Dieses Erbe der Klassik, das von den Münchner Eklektikern "bis zur
Unduldsamkeit" verfochten wird unter Berufung auf die Kategorie des Schönen und
der Ideale,[157] wirkt auch im Realismus nach. Man wehrt sich, was zum Teil als
Reaktion auf die Vorstellungen der Jungdeutschen zu verstehen ist, gegen den
Missbrauch, die Kunst "zum Vehikel von polemischen Tendenzen zu machen", was
die Kunst "paralysiert" und sie von ihrer "natürlichen und künstlerischen Bestimmung" abbringt.[158] Das hat nicht zu bedeuten, dass diese realistische Auffassung
den Theorien des L'art pour l'art gleichzustellen ist, vielmehr wird damit die bereits beobachtete Freiheit der Kunst von ausserdichterischen Absichten und Einflüssen verfochten. Keller spricht von der "Reichsunmittelbarkeit der Poesie".[159]
In dieser Tradition steht zumindest der frühe Fontane, wenn er dafür eintritt, dass
selbst auf Kosten der "strikten historischen Wahrheit" die "freie, k ü n s t l e -
r i s c h e   Behandlung eines Stoffes um des Künstlerischen willen ein Recht der
Existenz hat."[160] Um des Künstlerischen willen! Damit ist der primäre Rang der
Kunstgesetze, der realistischen Kunstgesetze angetönt, nicht aber der reine Selbstzweck der Kunst gemeint. Denn die kulturelle Aufgabe der Kunst, die Gesellschaft
zu veredeln und zu fördern, ist, pathetisch von Heyse[161] und nüchterner von Julian
Schmidt[162] und Keller[163] immer verfochten worden. Sie wird mit Vehemenz im
Naturalismus erneut aufgegriffen,[164] doch sind auch hier Anklänge an die Vorstellungen selbst des früheren Realismus festzustellen.[165] In Bezug auf diese Aufgabe der Förderung der Gesellschaft ist für Fontane ein Eintagsfeuilleton weit
wertvoller als ein schlechtes Drama, denn es hat den "ganzen Gesellschaftsstand,
und wäre es auch nur um den millionsten Teil einer Haaresbreite, gefördert und
verfeinert."[166] Vor diesem Hintergrund sind Fontanes spärliche Aeusserungen
über die Tendenz zu betrachten. Wegen dieser in der realistischen Tradition begründeten Auffassung werden im "Stechlin", der ein "politischer" Roman sein soll,
der gesellschaftspolitischen Idee[167] keineswegs irgendwelche künstlerische Konzessionen gemacht.
"Die Verantwortung vor der Kunst schied Fontane von dem nur pragmatischen En-
gagement des Zeitromans."[168] An diesen Verzicht auf das direkte politische En-
gagement zugunsten der Eigengesetzlichkeit der Kunst hat sich Fontane seit dem
Debakel im Tunnel am 21. Okt. 1849 gehalten.[169] Was ihm Merckel hier vorgeworfen hat, rügt Fontane bei Gustav Freytag in dessen Roman "Soll und Haben",
wo der Dichter gewissermassen von der "höheren Warte" herabgestiegen sei und

bis zur "Ungerechtigkeit" einer Partei d i e n e , der er nur a n g e h ö r e n
sollte. (H III, 1. S. 305/06) Fontane bekennt sich bereits 1853, also im Jahr seines
programmatischen Essays, in einem Brief an Lepel zu dieser Position.[170] Nur
der ganz junge Fontane fand es, wie der Alte in "Meine Kinderjahre" berichtet,
"unbeschreiblich schön", dass "ein Lied eine politische Tat geweckt oder gezeitigt
hat" (N XIV S. 114), nämlich den Beginn des Aufstandes in Brüssel während einer
Aufführung der Oper "Die Stumme von Portici". In den frühen vierziger Jahren
bemühte sich Fontanes politisch-soziale Tendenzdichtung "um fortschrittliche
Parteinahme im Kampf der gesellschaftlichen Gruppen, blieb aber in - nur halb
verstandener - Ideologie stecken."[171] Nürnberger weist darauf hin, dass der politisch engagierte Fontane des Vormärz mit seinem Eintritt in den Tunnel in "eine
fremde Welt" kommt, denn "der Gegensatz zwischen den literarischen Idealen des
Tunnels und der bisherigen literarischen Entwicklung Fontanes war ausserordent-
lich gross."[172] Der Neuling wurde in den Protokollen wegen der "angeblich ästhetisch unerlaubten Tendenz seiner Beiträge kritisiert", bei allem Respekt vor dem
dichterischen Können wird eine "Schilderung der sozialen Misere" aus ästhetischen
Erwägungen heraus "für unzulässig" erklärt.[173] Reuter behauptet, Fontane hätte
später b e w u s s t diesen Standpunkt der Autonomie der Kunst, der jede ausserliterarische Funktion ablehnt, überwunden. Denn dieser Standpunkt verkenne
und entstelle das Wesen und die Funktion der Literatur. Fontanes Realismus ver-
binde die Kenntnis und Beherrschung der Gesetzmässigkeiten der Dichtung "souverän mit dem Willen einer Einwirkung auf das gesellschaftliche Bewusstsein der
Menschen."[174] Ohne diese vorgelegten Behauptungen näher belegen zu können,
versucht Reuter hier, historische und ästhetische Phänomene auf Grund seiner
Auffassung von Wesen und Funktion der Kunst mit unklarer und tendenziöser Terminologie zu erklären und zu deuten. Fontane hat das Postulat der Autonomie der
Kunst immer beibehalten und gewisse Aspekte im Verhältnis von Inhalt und Form
deuten darauf hin, dass dieses Postulat eher konsequenter verfochten wird, indem
in seiner Aesthetik immer mehr die Bedeutung der Form betont wird, ein rein
ästhetisches Phänomen also.
In welcher Weise im Realismus und von Fontane die Freiheit und Unabhängigkeit
der Dichtung von ausserliterarischen Absichten verstanden worden ist, zeigt sich
in ihrem Verhältnis zu irgendwelcher spezifisch moralischen Tendenz. Wiederum
ist es für Fontane charakteristisch, dass seine Ansichten zu diesem Thema nicht
etwa unabhängig in systematischen Ueberlegungen niedergelegt wurden, sondern
unmittelbar als Reaktion auf die Wirkung seiner Arbeiten und als Klärung und Ver-
teidigung des eigenen Standpunktes zu verstehen sind.
Sein Mut, bestehende Gesellschaftstabus zu verletzen und "peinliche" Stoffe zur
Darstellung zu bringen, wie Maximilian Harden sich 1889 in der Wochenschrift
"Die Nation" ausdrückt (A 5, S. 553/54), ist nicht als sozialrevolutionäre Absicht
zu verstehen. Denn was in "Irrungen, Wirrungen" geschieht, hat nach Fontanes
Ansicht "mit der Moralfrage gar nichts zu schaffen",[175] und wenn schon, dann
ist die Geschichte "höchst moralisch".[176] Die breite öffentliche Bewusstwerdung
der gesellschaftlichen Zustände, die im Eklat zum Ausdruck kommt, den gewisse
Novellen hervorgerufen haben,[177] ist eine gesellschaftskritische Wirkung, die als
Absicht des Autors schwer nachzuweisen und in seinem ästhetischen Entwurf nicht
begründet ist. Dies geht aus den Briefen Fontanes zum Roman "L'Adultera", ge-

gen den ein Kritiker "im Namen der öffentlichen Moral" Einspruch erhebt, [178] deutlich hervor. Die Geschichte enthält, wie Fontane sich seiner Tochter gegenüber äussert, "für natürliche und anständige Menschen keine Spur von Bedenklichem [...] sie nehmen es einfach als d a s , als was ich es gegeben habe: ein Stück Leben, ohne jede Neben-Absicht oder Tendenz."[179] Deutlicher und abschliessend kommt Fontane auf das Problem zehn Jahre später in einem Brief an Paul Pollack, der Bedenken angemeldet hat, noch einmal zurück: "Ich glaube, beide Parteien haben recht, und der Streit ist nichts als das Resultat zweier gegenüberstehender Kunstanschauungen. Soll die Kunst den Moralzustand erhalten oder bessern, so haben S i e recht, soll die Kunst einfach das Leben widerspiegeln, so habe i c h recht. Ich wollte nur das letztere. Die Geschichte verlief so, und die Dame, um die sich's handelt, sitzt unter einer Menge von Bälgen, geliebt und geachtet, bis diesen Tag oben in Ostpreussen."[180]

Die Wirkung dieser beiden Novellen ist für Fontane eine Bestätigung seiner künstlerischen Absicht, das Leben zu schildern und Wirklichkeit in der Kunst zu widerspiegeln, so wie sie ist.[181] Es sind künstlerische Motive, die für ihn bei der Bearbeitung eines Stoffes vor allem entscheidend sind, und seine Romane sind, wie Hermann Lübbe richtig gesehen hat, "keine poetisch verkleidete Soziographie, und ihre Absicht ist keineswegs abstrakte, programmatisch fixierte Gesellschaftskritik. Ebensowenig wollen sie das moralische Urteil schärfen, mit dem die Gesellschaft über sich selbst wacht und berichtet. Es geht nicht darum, den skandalösen Fall als solchen blosszustellen."[182] Ebensowenig wie der Roman hat das Drama, speziell die Tragödie, Moral zu predigen, "sie steht dazu viel zu hoch."[183] Fontanes ethisch-moralische Position, die in seinen Werken zum Ausdruck kommt, ist von Richard Brinkmann ausführlich untersucht worden.[184] Sie ist als Grundhaltung, als Grundstimmung keinesfalls als Tendenz im Sinne einer spezifischen Absicht zu verstehen. Fontane hat, so bemerkt Erich Auerbach, "nie beansprucht, ein grundsätzlich kritischer Realist für seine Zeit zu sein."[185] Er steht auf diese Weise mit seinen theoretischen Erkenntnissen in der realistischen Tradition. Mit der Auffassung der Klassiker über die Beziehung zwischen dem moralischen Zweck und dem Kunstwerk ist er mit Sicherheit durch seine Lektüre des Briefwechsels zwischen Schiller und Goethe bekannt geworden.[186] Ebenso hat der Realismus durch ein Hervorheben der Moralität die Eigengesetzlichkeit des Kunstwerks bedroht gesehen und als "künstlerischen Fehler" betrachtet.[187] Der in seinen theoretischen Ansichten in Bezug auf die Funktion der Kunst ganz der realistischen Tradition verpflichtete Fontane wurde trotzdem von den Modernen verstanden und als einer der ihren gefeiert (A 5, S. 548), denn seine geistige Freiheit und Unabhängigkeit kam ihren Intentionen durchaus entgegen, wenn sie "den sogenannten Sittlichkeitsstandpunkt ablehnen , unter dem sie eine feige Rücksichtnahme auf den prüden Geschmack des Publikums verstehen,"[188] und in dieser Einschränkung der Freiheit immer auch die Freiheit der Kunst gefährdet sehen. "Was die Naturalisten am besten verstanden und interpretiert haben, ist Fontanes Relativismus in e t h i s c h e n Dingen, seine freiheitliche, allen Vorurteilen der 'alten Zeit' abgewandte Gesinnung."[189]

Betrachtet man nun auf Grund dieser Ergebnisse die beiden Aeusserungen Fontanes von 1883 und 1894, welche die Ausführungen über seine Tendenzauffassung eingeleitet haben, so zeichnet sich ein gewisser Wandel ab sowohl im Verständnis des Begriffsinhaltes als auch in der Auffassung über die Funktion der Tendenz in der Kunst. Fontane selbst nimmt das, was er in seinen Notizen über Zola als Fehler bezeichnet, "Fehler in der Tendenz (grosse Kunstwerke müssen tendenzlos sein)", in einem Brief, zur gleichen Zeit an seine Frau geschrieben, wieder zurück. Er schreibt am 12. Juni 1883: "Mit Zola rück' ich jetzt rascher vorwärts, weil die Fehler, die mir anfangs haarsträubend erschienen, fast ganz verschwinden; die zuletzt gelesenen Kapitel sind wie die mir bekannten aus "L'assomoir", gewandt, unterhaltlich, oft witzig und erheiternd, alles in allem aber doch eine traurige Welt. Darauf leg' ich indess kein grosses Gewicht, das ist Anschauungs- nicht Kunstsache. In Anschauungen bin ich sehr tolerant, aber Kunst ist Kunst. Da versteh ich keinen Spass. Wer nicht selber Künstler ist, dreht natürlich den Spiess um und betont Anschauung, Gesinnung, Tendenz."[190] Fontane revidiert sein Urteil aus rein künstlerischen Motiven, weil es ihm in erster Linie nicht auf die Art der Idee, oder Anschauung und Gesinnung selbst, sondern nur darauf ankommt, wie diese künstlerisch dargestellt wird.[191] Der Begriff Tendenz wird hier durchaus in der traditionellen Bedeutung des Realismus gebraucht und verstanden. Aus dieser Sicht wird die Kritik Reuters, der mit einem inadäquaten Verständnis des Begriffes die Aeusserung beurteilt, gegenstandslos.[192] Reuter impliziert dem Begriff eine sozialkritische und kulturpolitische Bedeutung, die ihm im Sinne Fontanes hier nicht zukommt. Indem Fontane hier mit Tendenz die Idee meint, die Weltanschauung, die postuliert oder "gepredigt" wird, und indem er für die Beurteilung eines Kunstwerkes die Art dieser Idee als irrelevant erklärt und nur die Form betont, ist eine Position bezogen, die immer eindeutiger Kunst nur als Kunst für sich versteht und jede ausserdichterische Absicht als eine ihrer Funktionen ablehnt.

Die häufig festgestellte scheinbare Divergenz zwischen den Briefäusserungen, den persönlichen gesellschaftspolitischen Ansichten und dem poetischen Bild der Wirklichkeit in den Dichtungen ist nur aus der besondern Auffassung von der Kunst und ihrer Funktion zu verstehen. Indem jede sozialrevolutionäre Tendenz nicht beabsichtigt ist, und die sozialkritische gesellschaftspolitische Funktion der Kunst nicht reflektiert wird, sind Vorwürfe, wie sie vor allem Georg Lukács erhoben hat,[193] und jedes Bedauern dieser Diskrepanz unbegründet.[194] Man kann vom Dichter nicht auf Grund einer andersgearteten Auffassung von der Kunst und ihrer Funktion fordern, was von ihm in keiner Weise beabsichtigt ist. Vor allem die an marxistischen Gesichtspunkten orientierte Germanistik hebt aus diesem offensicht- lichen Fehlen der theoretischen Einsicht in die sozialkritische Funktion der Kunst die "praktische Bewährung" am Werk hervor und betont, dass der "realistische Gestalter [...] die Auswüchse des Theoretikers und Literaturkritikers" korri- giere.[195] Bieners Behauptung, dass Fontane "bewusst die Forderung nach der Gesellschaftlichkeit der Literatur" rette, ist eine Entgleisung und vollkommen unhaltbar.[196] Unter Bedauern der ideologischen Indifferenz stellt er aber unter andern durchaus richtig fest, dass Fontane im Naturalismus vor allem die lite- rarisch-ästhetische Revolution begrüsst hat.[197]

Es ist bereits bemerkt worden, dass in der besondern Wirkung einzelner Werke deren sozialkritischer Charakter zum Vorschein kommt. Die Kritik, die in Fon- tanes Werk zum Ausdruck kommt, ist aber nicht zielgerichtet im Sinn einer Ein- flussnahme auf bestimmte soziale Zustände. Dies ist mit seiner ästhetischen Ab-

sicht, im Zeitstrom eine Gesellschaft und Wirklichkeit so zu schildern, wie sie ist, nicht eindeutig gegeben. Fontane geht es letztlich um die menschliche Situation überhaupt. In diesem Sinn ist Kritik als Kritik an jeder Gesellschaft zu verstehen, weil keine Gesellschaft diesem Menschlichen und dem Einzelnen richtig genügt, denn die Relevanz des Gesellschaftlichen ist der einzelne Mensch. Aufgabe der Kunst ist der Appell an das Herz, Teilnahme und Interesse zu wecken.[198] Fontane will "den menschlichen Anteil provozieren, den man am Schicksal derer nehmen sollte, die in skandalöse Geschichten verstrickt sind, und eben das gelingt um so leichter, je gründlicher man die Gesellschaft durchschaut."[199] Mit diesem Ziel der Dichtung, das Menschliche im Menschen zu provozieren und es in der Kunst in Erscheinung zu bringen, reiht sich Fontane in eine Tradition ein, denn "ewig sich gleich bleibt nur das, was rein menschlich ist, und dies zur Geltung zu bringen ist bekanntlich die Aufgabe aller Poesie."[200] Im Alter, noch vor dem Beginn seiner dichterischen Produktion, fasst Fontane in einem Brief an Zöllner die entscheidende Aufgabe der Kunst zusammen: "In meinem Gemüte steht es felsenfest, dass es in aller Kunst, wenn sie mehr sein will als Dekoration [...] auf etwas Seelisches, zu Herzen Gehendes ankommt, und dass alles, was nicht erhebt oder erschüttert oder erheitert oder gedanklich beschäftigt [...] keinen Schuss Pulver wert ist."[201] Das ist wie ein Echo auf den zeitlebens mindestens in seinem Stil bewunderten Heinrich Heine.[202]
Um diese im eigentlichen Sinn Fontanes höchste Funktion der Kunst zu erreichen, das Rühren des menschlichen Herzens, kommt es nicht auf den skandalösen Fall oder die spannende Story an, sondern neben dem "Was" wird das "Wie" weit entscheidender. Hier wird eindeutig klar, dass jede Behauptung einer ausserkünstlerischen Absicht in Fontanes poetologischem Entwurf nicht zu vertreten ist. Mit dem "Wie" ist eine eminent künstlerische Aufgabe und Frage gestellt, die bei Fontane bereits verhältnismässig früh, im Briefwechsel mit Bernhard von Lepel, auftritt: "Gegen meine Idee einen Theaterplan , gegen das W a s , lässt sich, glaub' ich, nichts sagen, [...]. Aber auf's W i e kommt es mal wieder an."[203] Diese Formel, die, wie Schiller an Goethe schreibt, "viel zu allgemein und auf alle pragmatischen Dichtungsarten ohne Unterschied anwendbar zu sein" scheint,[204] taucht bei Fontane erst zuletzt, in der Diskussion um die "Poggenpuhls" wieder auf. Sie wird zu einem künstlerischen Bekenntnis und ist provoziert durch die Anzeige Sigmund Schotts in der Münchener "Allgemeinen Zeitung", wo es heisst, dass "das Wie, nicht das Was entscheidend für den Wert ist."[205] Fontane nimmt in seinem Dankschreiben an den Autor die Formel wieder auf.[206] Dass diese wörtliche Zustimmung keine freundliche Konzession an den Autor ist, zeigt die zehn Tage früher an Friedländer geäusserte Meinung, (die wohl Bezug nimmt auf Schlenthers Rezension[207]): "Dass man dies Nichts, das es ist, um seiner Form willen so liebenswürdig anerkennt, erfüllt mich mit grossen Hoffnungen, nicht für mich, aber für unsere lit. Zukunft."[208] Es zeichnet sich hier im Alter ein theoretisches Konzept ab, das im "Stechlin" konsequenter noch zur Ausführung kommt, indem Fontane den Stoff bewusst zugunsten der Form zurückstellt, weil er dies "nicht nur für die richtige, sondern sogar für die gebotene Art, einen Zeitroman zu schreiben" halte.[209] Dass dieses Problem der Dialektik von Form und Inhalt, dem noch ausführlich nachzugehen ist, keine isolierte Erscheinung nur beim alten Fontane ist, sondern bereits 1882 den jungen Naturalismus beschäftigt hat,

zeigt ein Aufsatz der Brüder Heinrich und Julius Hart in den "Kritischen Waffengängen".[210] Wenngleich die Brüder Hart mit ihren Ideen dem Realismus verhältnismässig nahe gestanden sind, wird doch deutlich, dass Fontane in der Akzent-
setzung auf das "Wie" eine Auffassung vertritt, die in der Zeit als gültig angesehen worden ist. Wenn Brahm in seiner Rezension von "Irrungen, Wirrungen" das
"Können" Fontanes betont hat, und wenn für Fontane im Alter die stilistisch-for-
malen Probleme in seiner Aesthetik entscheidender werden, so liegen beide auf
einer Linie, die Hermann Bahr in leidenschaftlicher Sprache aufgezeichnet hat;
denn w a s der Künstler schafft, das ist seiner Ansicht nach für den Wert nicht
entscheidend, "wenn er nur malen kann: darauf allein kommt es an, beim Maler,
beim Musiker, beim Dichter, in aller Kunst, und das Können ist das grosse Erkennungszeichen" dieser neuen Richtung.[211]
Stellt man Fontanes letzte Aeusserung über den Tendenzbegriff -" [...] einige
der allergrössten Sachen sind doch Tendenzdichtungen - [...] A l l e s ist
gut, wenn es gut ist." - vor diesen Hintergrund, so wird ein Wandel nicht nur in
der Auffassung des Tendenzbegriffes, sondern auch in der Auffassung von der
Funktion der Kunst sichtbar. Mit dem entschiedenen Eintreten für eine vorran-
gige Bedeutung der Form wird das Problem des Inhalts, und damit auch der Tendenz, bedeutungsloser. Alles ist gut, jeder Inhalt, sei es nun Tendenz oder Nichttendenz, wenn es nur gut gemacht ist und den ästhetischen Erfordernissen genügt,
die von der Kunst an den Künstler gestellt werden. Aus diesem Gesichtspunkt
wird denn tatsächlich die Frage, ob Tendenz oder Nichttendenz immer belanglo-
ser, Tendenz hier im Sinn des Naturalismus verstanden als spezifisch ausserdichterische Absicht, wie sie im sozialen Drama des Naturalismus zum Ausdruck
kommt. Fontanes Eintreten für Gerhart Hauptmann ist auch aus diesem veränderten Verständnis zu verstehen. Im gleichen Jahr 1894 rezensiert er "Die Weber"
und vier Jahre früher hat er das soziale Drama "Vor Sonnenaufgang" begeistert
begrüsst. Um der Kunst willen und trotz der spezifisch sozialkritischen Tendenzen! Denn das eine braucht das andere nicht mehr unbedingt auszuschliessen,
oder auch: vom Gesichtspunkt der Form her gesehen ist das "Was" nicht entscheidend, wichtig ist vor allem das "Wie". So steht es in der "Weber"-Kritik: "Was
Gerhart Hauptmann für seinen Stoff begeisterte, das war zunächst wohl das Revolutionäre darin; aber nicht ein berechnender Politiker schrieb das Stück, sondern
ein echter Dichter." (H III, 2. S. 858)
Folgerichtig stellt denn Fontane auch ein Kriterium in Frage, das seine Funk-
tionsästhetik kennzeichnet: die E r h e b u n g in der klassizistischen Auffassung des Realismus. In seiner Rezension von Ibsens "Wildente" stellt er fest:
"Das Gebäude der überkommenen Aesthetik kracht in allen Fugen, und auch von
i h r e r grossen Mittelsäule darf gesagt werden: 'auch diese schon geborsten
etc.' - Es ist wahr, ein Stück wie die "Wildente" entlässt uns ohne Erhebung;
aber m u s s es denn durchaus Erhebung sein? Und wenn es Erhebung sein
muss, muss sie den alten Stempel tragen? Sind nicht a n d e r e Erhebungen
möglich? [...] liegt nicht auch in der Unterwerfung eine Erhebung? ist nicht
auch Resignation ein Sieg?" (H III, 2. S. 776)
Mit der Erörterung des Tendenzbegriffes ist eine klarere Bestimmung von Fontanes Verständnis der Funktion der Kunst möglich geworden. Indem er jede spezifisch ausserdichterische Funktion der Kunst als politische, moralische oder

weltanschauliche Einflussnahme ablehnt, steht er in der klassizistischen Tradition des Realismus. Er hebt sich gerade darin von den Naturalisten deutlich ab. [212] Was er als Tendenz seiner Werke bezeichnet, muss als Absicht dahin gewertet werden, eine Idee oder Anschauungssache, ohne spezifisch ausserliterarische Intention, dichterisch darzustellen. Mit der im Alter auffälligen Betonung der formalästhetischen Werte, die zu einem entscheidenden Kriterium des Kunstcharakters werden, ist eine Möglichkeit gegeben, auch die im Naturalismus sich anbahnende spezifisch sozialkritische Tendenz der Literatur anzuerkennen, sofern sie diesen formalästhetischen Anforderungen genügt. Dieses Zugeständnis des alten Fontane an offensichtlich auch ausserdichterische Intentionen der naturalistischen Produktion hat aber für seine eigene Kunstleistung keine Bedeutung erlangt. Trotz der Betonung des Formalen werden für ihn selbst, wie sich noch zeigen wird, gewisse Aspekte des Inhalts nicht aufgegeben, die an das Gefüge seiner realistischen Aesthetik gebunden sind.

III.   DIALEKTIK VON INHALT UND FORM

Es kann in diesem Kapitel nicht darum gehen, die Problematik des Verhältnisses von Inhalt und Form in einer Weise zu erörtern, wie das in der Literaturkritik des 20. Jahrhunderts geschehen ist.[1] Massgebend ist die Sicht Fontanes, für den die Untrennbarkeit von Inhalt und Form im Sinne des 19. Jahrhunderts selbstverständlich ist. Er steht auch in dieser Beziehung durchaus in der Tradition der deutschen Klassik und Romantik. Ausserdem hat Hegel die dialektische Konzeption des Verhältnisses von Inhalt und Form und damit deren Identität für das 19. Jahrhundert in verbindlicher Weise aufgezeigt.[2]
Fontane erörtert diese dichtungstheoretischen Probleme, wie alle andern auch, zufällig und oft nur andeutungsweise. Die Aspekte des Inhalts beschränken sich auf allgemeinste Kriterien der Stoffwahl, wobei das Typische und das Detail in dieser Hinsicht entscheidende poetologische Kategorien darstellen. Ebenso allgemein sind die Ueberlegungen zu den formalen Prinzipien der Dichtkunst gehalten; es ist also keine Stilistik im Sinne einer normativen Stillehre vorhanden. Ausserdem fehlen theoretische Erörterungen über Einzelprobleme wie etwa die Metapher und das Symbol. Grundsätzlich kann gesagt werden, dass Fontane immer eindeutiger von einer Inhaltsästhetik wegkommt; die künstlerisch gekonnte poetische Darstellung des an sich "Unpoetischen" und Unbedeutenden macht die eigentliche Kunst aus. Nicht das "Was", das "Wie" ist entscheidendes Qualitätskriterium.

1.   ASPEKTE DES INHALTS

Mit Inhalt ist hier im Sinne Fontanes der rein stoffliche Handlungsablauf einer Dichtung gemeint. Die beiden Begriffe "Stoff" und "Inhalt" werden im allgemeinen synonym gebraucht, wobei Fontane weniger an irgendeinen geistigen Gehalt oder an ein thematisches Motiv, sondern vielmehr häufig nur an die Fabel denkt, also den Vorwurf der Dichtung, deren Handlungskomponenten schon ausserhalb der Dichtung durch Erlebnis oder Ueberlieferung vorgeprägt sind. "Ein w i r k - l i c h e s Stück", das kann für epische und dramatische Behandlung gelten, "muss nach wie vor zwei Dinge haben: erstens eine Fabel und zweitens richtige Menschen, die die richtigen Träger dieser Fabel sind. " (N XXII, 2. S. 219)

Fontanes theoretische Aeusserungen zu den allgemeinen Aspekten des Inhalts erschöpfen sich in einigen, zum Teil wenig differenzierten Ueberlegungen, deren poetologischer Gehalt jedoch die übrigen Kategorien seiner Dichtungstheorie sinnvoll ergänzt. Die erste ausführliche Aeusserung zu Problemen des Stoffes oder des Inhalts fällt 1853 im programmatischen Essay "Unsere lyrische und epische Poesie seit 1848". Fontane fordert hier unter Berufung auf Goethe, dass der Dichter aus dem Leben seinen Stoff nimmt, "aber freilich, die Hand, die diesen Griff tut, muss eine künstlerische sein. Das Leben ist doch immer nur der Marmorsteinbruch, der den Stoff zu unendlichen Bildwerken in sich trägt; sie schlummern darin, aber nur dem Auge des Geweihten sichtbar und nur durch seine Hand zu erwecken. Der Block an sich, nur herausgerissen aus einem grösseren Ganzen, ist noch kein Kunstwerk, und dennoch haben wir die Erkenntnis als einen unbedingten Fortschritt zu begrüssen, dass es zunächst des Stoffes, oder sagen wir lieber, des W i r k l i c h e n , zu allem Schaffen bedarf." (H III, 1. S. 241) Im Kern sind hier bereits die grundsätzlichen Korrelationen von Künstler, Inhalt und Form gegeben. Die Erkenntnis, dass der Stoff der Wirklichkeit zu entnehmen ist, oder umgekehrt, dass die Wirklichkeit der Stoff der Dichtung wird, wertet Fontane als einen "Wendepunkt" in der Literatur, der "zu fast universeller Herrschaft" gelangt sei. (H III, 1. S. 241) Es ist nach damaligem Verständnis das eigentliche Programm des Realismus. [3]

Für den Künstler stellt sich somit die Aufgabe, in der Wirklichkeit den richtigen Stoff zu finden. Für Fontane selbst gilt Spielhagens Devise; dessen Wort " 'Finden, nicht erfinden' enthält eine nicht genug zu beherzigende Wahrheit, in der Erzählungskunst bedeutet es beinah alles." (N XV S. 225) Diese vereinfachte Formel setzt zwar den Akzent im Sinn der realistischen Kunst auf das Finden, doch hat Spielhagen keineswegs die Bedeutung der Phantasie, des Erfindens, unterschätzt. "Man kann sie deshalb wohl gedanklich immer auseinander halten, aber ihre Einzelexistenz in den seltensten Fällen überzeugend nachweisen. Von der einen Seite betrachtet, scheint dem Künstler alles gegeben, nichts von ihm erfunden; von der andern alles von ihm erfunden, nichts ihm gegeben. Die Wahrheit ist, dass er nichts verwenden kann, wie es gegeben; jedes Atom des Erfahrungsstoffes erst durch die Phantasie befruchtet werden muss." [4] Dies entspricht durchaus dem, was in der Praxis bei Fontane zu beobachten ist. Man brauche die "Anregung" von aussen, ein "bestimmtes Quantum von Sachlichem" müsse da sein, "und aus diesem Besitz-Bewusstsein producirt man dann. Wie oft habe ich schon gehört: 'aber Sie scheinen es nicht gebraucht zu haben.' Falsch. Ich habe es d o c h gebraucht. Es spukt nur hinter der Scene." [5] Dies scheint den Ausführungen Spielhagens weitgehend zu entsprechen. Am Beispiel des "Schach von Wuthenow" wird deutlich, dass Fontane mit "Finden" hauptsächlich das Finden der Fabel meint, den in der Wirklichkeit vorgeprägten Handlungsablauf, wobei alles übrige dann "Erfindung" wäre. [6] Mit vergnügtem Lächeln erzählt er im Brief vom 28. Aug. 1882 seiner Frau, wie der "Märkische Geschichtsverein" [!] in der Einladung zu einer Exkursion geschrieben habe: " 'Fahrt über den See bis Schloss Wuthenow, das neuerdings durch Th. F. eine so eindringliche Schilderung erfahren hat.' Durch diese Einladung hatte das Comité nun eine Art von Verpflichtung übernommen, den Teilnehmern 'Schloss Wuthenow' zu zeigen, ein Schloss das nicht blos nicht existiert, sondern überhaupt nie existiert hat. Denn Wuthenow war nie Rittergut, sondern immer Bauernhof. Einige der Theilnehmer haben aber bis zuletzt nach dem Schloss gesucht 'wenigstens die Fundamente würden doch wohl noch zu sehen sein.' "[7]
Später heisst es, man lobe die Kapitel über Sala Tarone, Tempelhof und Wuthenow.

In Wahrheit liege es so: "Von sala Tarone hab ich als Tertianer nie mehr als das Schild überm Laden gesehn. In der Tempelhofer Kirche bin ich nie gewesen, und Schloss Wuthenow existiert überhaupt nicht, hat auch nie existiert. Das hindert aber die Leute nicht, zu versichern, 'ich hätte ein besonderes Talent für das Gegenständliche', während doch alles, bis auf den letzten Strohhalm, von mir erfunden ist, nur gerade das nicht, was die Welt als Erfindung nimmt: die Geschichte selbst."[8] Der besondere Bezug zur Wirklichkeit und die Auffassung über deren Funktion in der dichterischen Fiktion werden noch ausführlich zu erörtern sein. Vorerst ist nur wichtig zu sehen, dass Fontane besonderes Gewicht darauf legt, dass die Fabel "wirklich" ist, gefunden und nicht erfunden.

Seine eigene Praxis bestätigt die Gültigkeit dieser theoretischen Forderung.[9] Die unklare Quellenlage (Irrungen, Wirrungen; Stine, Poggenpuhls, Stechlin) ist in Bezug auf das Gesamtwerk gesehen die Ausnahme. Die feststellbaren Quellen der übrigen Arbeiten beruhen entweder auf eigener Erinnerung (Unterm Birnbaum), auf mündlicher Mitteilung (Effi Briest, Frau Jenny Treibel, Quitt, Cécile), schriftlicher Mitteilung (Unwiederbringlich, Schach von Wuthenow), historischen Quellen (Vor dem Sturm, Ellernklipp, Grete Minde), oder dann sind es stadtbekannte Skandalgeschichten (Graf Petöfy, L'Adultera). Fontane hat in der Regel, um nicht Anstoss zu erregen, jüngst zurückliegende Ereignisse in seiner Dichtung "transponiert", das heisst, Ort und äussere Details geändert.[10] Im Falle von "L'Adultera" wurde er der Indiskretion beschuldigt; auf Grund der "realistischen" Schilderung vermutete man intimen Einblick in die skandalöse Affäre. Fontane rechtfertigt sich eingehend und meint, ein Schriftsteller habe das Recht, "ein Lied zu singen, das die Spatzen auf dem Dache zwitschern."[11] Sonst aber ist er streng bemüht, schriftlich oder mündlich mitgeteilte Geschichten so zu verwerten, dass die "dichterischen Verhüllungen gesellschaftlicher Wirklichkeit" undurchsichtig bleiben und höchstens dem Eingeweihten eine Entschlüsselung möglich ist.[12]

Es sind ganz wenige Hinweise, die als theoretische Aeuserungen irgendwelche speziellen Kriterien der Stoffwahl erkennen lassen. Am deutlichsten kommt die Grundtendenz im Brief an Mathilde von Rohr zum Ausdruck, wo Fontane seiner "Stoff-Lieferantin" diese besonderen Kriterien angibt und sie um einige Aufzeichnungen bittet; "es kann alles g a n z k u r z sein, denn der eigentliche Kern zu einer Novelle kann in vier Zeilen stecken. Sogenannte 'interessante Geschichten', wenn es Einzelvorkommnisse sind, sind gar nicht zu brauchen. Es kommt immer auf zweierlei an: auf die Charaktere und auf ein nachweisbares oder poetisch zu mutmassendes Verhältnis von Schuld und Strafe. Hat man d a s , so findet der, der sein Metier versteht, alles andre von selbst. Die Nebendinge lassen sich erfinden, aber die Hauptsache muss gegeben sein. Die Hauptsache ist aber in der Regel ganz kurz, während die Nebendinge in die Breite gehn."[13] Diese in allgemeiner Form gehaltenen Aeusserungen über die besondern Kriterien der Stoffwahl bewegen sich durchaus im Rahmen der traditionellen und von verschiedenen Autoren auf eigene Weise formulierten Novellentheorie. Zwar hat Fontane keine Novellentheorie im eigentlichen Sinne geschrieben, aber sein Brief zeigt in gewissen Ansätzen den theoretischen Bezug zur Tradition. Während Goethe die Novelle im weitesten Sinn als "unerhörte Begebenheit" bezeichnet,[14] hat Friedrich Schlegel vor allem das Anekdotenhafte betont;[15] und August Wilhelm Schlegel verlangt, dass die Novelle "von wirklich geschehenen Dingen mittheilen soll."[16] Schliesslich kommt Heyses Auffassung, "die Probe auf die Trefflichkeit eines novellistischen Motivs werde in den meisten Fällen darin bestehen, ob der Versuch gelingt, den Inhalt in wenige Zeilen zusammenzufassen", der Ansicht Fontanes sehr nahe.[17] Schuld und Strafe, die aus dem Konflikt des Individuums mit der Gesellschaft hervorgehen, ist nur Fontanes knappste Umschreibung für das, was Spielhagen auch von der Novelle fordert. Dieser legt den Akzent zwar mehr auf die Eigentümlichkeit der Charaktere als auf die Verkettung der Umstände und Verhältnisse. Durch diese sind die Charaktere erst gezwungen, "sich in ihrer allereigensten Natur zu offenbaren, also, dass der Konflikt, der sonst Gott weiss wie hätte verlaufen können, gerade diesen, durch die Eigentümlichkeit der engagierten Charaktere bedingten und schlechterdings keinen anderen Ausgang nehmen kann und muss."[18]

In dieser Konfrontation mit Elementen der traditionellen Novellentheorie, die andeutungsweise auch bei Fontane durchscheinen, zeigen sich zugleich auch die entscheidenden Unterschiede, die im Falle Fontanes allerdings nur in der dichterischen Praxis zum Ausdruck kommen. Vor allem ist es weder die Begebenheit, noch die Art der Charaktere allein, die ihn interessieren, sondern Fontane will beide Elemente in ihrer gegenseitigen Bedingtheit und in Bezug auf das gesellschaftliche Ganze darstellen. Denn der Konflikt ergibt sich nicht nur aus dem besonderen Charakter, und der Charakter wird nicht allein durch den besonderen Konflikt zu einem Verhalten gezwungen, sondern beide, Konflikt und Charakter stehen in Abhängigkeit zu einem dritten, sei es das schicksalhaft Numinose einer "nicht eindeutig lokalisierbaren Macht",[19] oder der systemimmanente Zwang einer gesellschaftlichen Wirklichkeit, die denn auch das Mass von Schuld und Sühne festlegt.[20]

Mit einer derart weitgefassten Aussage über Kriterien des Inhalts sind die Unterschiede zwischen alten und neuen Stoffen kaum mehr festzulegen, in gewissem Sinn heben sie sich auf. "Im letzten läuft es doch immer wieder auf Hass und Liebe, will also sagen auf jene Reihe von Konflikten hinaus, die immer waren, immer sind und immer sein werden. Und so kann es sich denn bei den Neuerungsversuchen der Neueren um nichts anderes handeln als darum, aus halbwegs neuen Menschen und Zuständen, aus d e m also, was wir 'modern' nennen, h a l b - w e g s   n e u e   S i t u a t i o n e n   entstehen zu lassen." (N XXII, 2. S. 229/30)[21] Der Wechselbezug zwischen dichterischen Inhalten und der gesellschaftlichen Wirklichkeit wird hier deutlich. Fontanes Auffassung reicht damit nahe an diejenige von Keller heran: "Neu in einem guten Sinne ist nur, was aus der Dialektik der Kulturbewegung hervorgeht."[22] Es ist schon im Zusammenhang mit dem Wesen der Kunst gezeigt worden, dass Originalität allein kein Kriterium der ästhetischen Qualität ist. Fontane stimmt in diesen Fragen grundsätzlich mit den poetologischen Auffassungen von Keller überein.[23] Bereits frühe Zeugnisse weisen darauf hin, dass Fontane "die Zulässigkeit eines schon bearbeiteten Stoffs" nie bezweifelt hat.[24] Wie Keller nichts gegen die "Illiaden post Homerum" einwendet, so duldet auch Fontane das "Reiten auf bekannten Pferden".[25] Die Kunst, oder der Realismus, liegt nach Julian Schmidt "vielmehr in der Form der Darstellung."[26]

Wenn nach Fontanes Ansicht die poetischen Stoffe in der Wirklichkeit zu suchen sind, so ist in diesem Zusammenhang auf die Haltung des Künstlers dieser Wirklichkeit gegenüber hinzuweisen. Es scheint, dass Fontane die wirklichkeitsfremden und ästhetizistischen Tendenzen des Tunnel zeitweise mit Missbehagen betrachtet hat. In London hat er "das Leben, die Dinge selbst, nicht mehr bloss ihre Beschreibung", im Gegensatz zur Einseitigkeit des Tunnel, wo die "häufige Ueberschätzung der Kunst auf Kosten des L e b e n s " nicht mehr seinem neuen Kunstverständnis entsprechen kann.[27] Später wird ein weiterer Aspekt in diesem Verhältnis zwischen Kunst und Leben angetönt. Die "ganze Welt der Erscheinungen" sei nicht dazu da, "um Malern und Poeten wünschenswerte und bequem liegende Stoffe zu bieten, sondern um überhaupt zu befriedigen und zu erfreuen. Das Leben stellt vielfach andere Forderungen als die Kunst."[28] Biener hat dazu richtig bemerkt, dass Fontane damit "vor romantischer Wirklichkeitsflucht und reiner ästhetischer Welterfassung" warne.[29] Es sind aber in diesem Zusammenhang auch zwei weitere Zeugnisse aus der späten Zeit zu beachten, die ein differenzierteres Bild ergeben. Zu Friedländer bemerkt Fontane 1886 in einem Brief: "Ich betrachte das Leben und ganz besonders das Gesellschaftliche darin, wie ein Theaterstück und folge jeder Scene mit einem künstlerischen Interesse wie von meinem Parquetplatz No. 23 aus. Alles spielt dabei mit, alles hat sein Gewicht und seine Bedeutung, auch das Kleinste, das Aeusserlichste. Von Spott und Ueberhebung ist keine Rede, nur Betrachtung, Prüfung, Abwägung."[30] Mit dieser Betrachtungsweise des Lebens steht Fontane in bester europäischer Tradition. Etwas von der Metapher "Welttheater" klingt hier an; aus der Antike und dem christlichen Schrifttum im Mittelalter tradiert, wird die scena vitae, das theatrum mundi zum festen Bestandteil in der Begriffswelt der europäischen Dichtung.[31] Allerdings ist für Fontane das theatrum mundi nicht Ausdruck einer theozentrischen Auffassung des Lebens, sondern es ist die säkularisierte Form dieses alten, aufs Sakrale hindeutenden Bildes; im Grunde ist es nur noch Ausdruck für eine ästhetische Betrachtung des Lebens, die für Fontane im Alter nicht unbedeutend wird. Im Erscheinungsjahr von "Effi Briest" schreibt er an seine Tochter: "Den Gedanken, dass die künstlerische Betrachtung des Lebens der wahre Jacob sei, und höher stehe als die Kunst oder diese letztre wenigstens überflüssig mache, - diesen Gedanken habe ich auch schon gehabt, auch schon ausgesprochen; doch lasse ich Dir die Priorität der Erfindung."[32] Damit sind zumindest Tendenzen sichtbar, die in früheren Aussagen nicht hervortreten. Neben einer kritischen Beurteilung der Wirklichkeit, die hauptsächlich in den Briefen oft unverhüllt zu einer Verurteilung gesellschaftlicher und staatlicher Zustände wird, ist gleichzeitig eine künstlerische Betrachtungsweise zu beobachten, und es hat den Anschein, als werde für Fontane die prosaische und widerspruchsvolle Wirklichkeit erst durch die Optik des Künstlerischen harmonischer und damit ertragbar. Jedoch sind für die Wahl des Stoffes beide Gesichtspunkte, der kritische und der künstlerische, in gleichem Masse entscheidend. Denn wenn schon die Fabel des Stoffes, ob im Kern alt oder neu, der Wirklichkeit entnommen und auf Grund bestimmter Kriterien gewählt wird, so hat sie doch als Ganzes mit den handelnden Personen zusammen noch andern ästhetischen Anforderungen zu genügen, die in gleicher Weise sowohl eine kritische als auch eine künstlerische Betrachtungsweise verlangen. Denn Fabel und Personen haben beide typisch zu sein, und dieses Typische zeigt sich für Fontane am ausgeprägtesten im Detail, im Nebensächlichen und Kleinen. Das Typische und das Detail sind die ausgeprägtesten und wichtigsten Aspekte des Inhalts.

a)   DAS TYPISCHE

Innerhalb der verschiedenen Aspekte der Beziehung zwischen Kunst und Wirklichkeit kommt dem Typischen eine besondere Bedeutung zu. Es spielt nicht nur in der Wahl des Stoffes, sondern auch in den Detailschilderungen insofern eine wichtige Rolle, als es Ausdruck der angestrebten glaubwürdigen Wirklichkeitsdarstellung ist.
In Fontanes Verständnis des Typischen sind vor allem zwei Gesichtspunkte zu unterscheiden. Einerseits begreift er den typischen Charakter als Gegensatz zur ausgeprägten Einzelpersönlichkeit in ihrer individuellen Vielschichtigkeit; andererseits wird das Typische auch als das Bezeichnende der Wirklichkeit aufgefasst.
Nach Fontanes theoretischem Konzept hätten sich in der wirklichen Kunst beide Vorstellungen zu vereinigen, indem der typische Charakter als gültiger Repräsentant einer bestimmten Wirklichkeit zugleich auch ein Mensch in seiner individuellen Besonderheit sein soll. Die praktische Erfüllung dieser dichtungstheoretischen Forderung steht in unmittelbarem Zusammenhang mit dem bereits bekannten Postulat, dass der Dichter seinen Stoff der Wirklichkeit zu entnehmen habe, denn nur dann ist im Normalfall eine gültige Schilderung möglich.
Diese Punkte bilden einen Hauptgegenstand seiner Kritik an den Romanen von Willibald Alexis. Es sei ein Mangel, dass man, vor allem in den "vorreformationszeitlichen Romanen", "mehr unter typischen als unter scharf individualisierten Gestalten wandelt".[33] Dieses undifferenzierte Allgemeine fesselt nicht, denn "alles Interesse steckt im Detail; das Individuelle (und je kleiner und zahlreicher die Züge, desto besser) ist der Träger unserer Teilnahme; das Typische ist langweilig. Diese Gestalten nun, wie sie uns im 'Roland von Berlin' vorgeführt werden, sind alle typisch, m ü s s e n es sein, weil uns die individualisierenden Züge nicht mit überliefert worden sind. Solche Züge zu erfinden, geht nicht. So stellt sich uns denn alles mehr oder weniger schema- und schemenhaft vor, wobei es sich ereignen kann, dass dieser Schemen ein drei Zentner schwerer Ratsherr ist."[34] Fontane vergleicht derart typische Figuren mit den Totentänzen des Mittelalters, wo blosse Gattungsgestalten gezeichnet sind: "Sie sind Begriffe, nicht Menschen. Aber nur Menschen wecken unser Interesse."[35] Diese Gegenüberstellung von wirklichen Menschen aus "Fleisch und Bein" mit nur typischen Gestalten, die wie Schemen wirken, findet sich in andern Rezensionen wieder. Die Fiktion der Romane von Gustav Freytag wird gerade deshalb auch unglaubwürdig, weil er "Schemen, oder doch mindestens Halbschemen, für Menschen" ausgibt. (H III, 1. S. 323) Für Fontane wird dies zu einem Kriterium der dichterischen Begabung schlechthin. Freytag kann, "unausgerüstet mit jener echten, in Herz und Empfindung wurzelnden Phantasie", eben das "bloss Typische", aber keine "lebenswahre Figuren" gestalten, er scheitert, "weil er kein Dichter ist."[36]
Diese eine Auffassung des typischen Charakters als blut- und seelenlose Schablone, als Schemen, kommt Spielhagens Charakterisierung ziemlich nahe. Dieser empfiehlt dem modernen Epiker "Modelle", um das "Blut- und Saft- und Kraftlose,

das Schemenhafte" zu umgehen.[37] Im Grunde ist es eine alte realistische Erkenntnis, die Julian Schmidt schon früh ausgesprochen hat, dass der "Kern der künstlerischen Genialität" auf der Fähigkeit beruhe, "individuelle, bestimmte, lebendige Gestalten zu schaffen."[38] Fontanes Aufzeichnungen zu Goethes "Wilhelm Meister", wo er dieses Schemenhafte vor allem bei den männlichen Gestalten kritisiert, zeigen gewisse Grenzen seiner Kritik, indem er mit seinen mehr oder weniger individuellen, aber dennoch zeitgebundenen realistischen Kriterien literaturgeschichtliche Phänomene nicht zu erfassen vermag.[39] Denn er übersieht, dass mit dem Verzicht auf die Individualität ein Verweis auf das Allgemeingültige und Menschliche möglich wird, was allerdings auf eine Idealisierung hinzielt, die mit Fontanes dichtungstheoretischen Vorstellungen nicht unbedingt in Einklang steht.

Fontane betont immer wieder, dass das Interesse des Lesers an die ausgeprägte Individualität des Charakters der dargestellten Personen gebunden ist. Um aber interessant zu sein, fehle den Figuren häufig "jene Innerlichkeit, die einen Einblick in die Detailvorgänge des menschlichen Herzens zur Voraussetzung hat." (H III, 1. S. 433) Damit kommt er auf frühere theoretische Postulate zu sprechen. Was Heyses Arbeiten auszeichne, so schreibt er schon 1855, "das ist ihre I n - n e r l i c h k e i t . Allen liegt ein seelischer Prozess, eine Entwicklung der Herzen zum Grunde, und die Tatsachen, meist geringfügigster Art, treten nur ein, um diese zu vermitteln."[40] Aehnlich schreibt er an Lepel, es sei nicht "die gemeine äussere Handlung, sondern der seelische Prozess, der innre Kampf der uns packt."[41]

Die Kunst des Dichters besteht also darin, nicht Charaktere mit einem allgemeintypischen Aeussern als eine farblose Schablone zu geben, sondern individuelle Gestalten, die im einmaligen innerseelischen Prozess als wirkliche Menschen erscheinen. Fontane geht es in seinen eigenen Arbeiten wesentlich darum, "eine 'psychologische Aufgabe' lösen und ohne Retardierung erzählen" zu können.[42]

Neben dieser negativen Auffassung des typischen Charakters ist ein zweiter, gewissermassen positiver Aspekt zu beobachten, wonach das Typische als das Bezeichnende der Wirklichkeit verstanden wird. Beide Aspekte stehen in Beziehung zueinander, denn der individuelle Charakter darf in keinem Fall nur ausserordentliches Einzelexemplar sein, sondern muss als Individuum eine gültige und bezeichnende, das heisst typische Wirklichkeit repräsentieren.[43] In diesem Sinn schreibt Fontane 1891 an Lazarus: "Ich persönlich bin sehr für Gestalten in der Kunst, die nicht bloss Typ, und nicht bloss Individuum sind. Aber sonderbarerweise haben die grösste Berühmtheit in Kunst und Literatur fast immer die Schöpfungen errungen, die die schön und echt menschliche Mittelstufe n i c h t einnehmen, sonderbare Gebilde, die einerseits gar nicht typisch (und menschlich nun schon gewiss nicht) und andererseits wie im Widerspruch dazu wiederum n u r typisch sind. 'Nur typisch' insoweit, als sie eine bestimmte, aller Menschheit eigene Charakterseite zum Ausdruck bringen und weiter nichts als das."[44] Die hier vorgenommene Nuancierung des Typischen und Individuellen entspricht auffällig den Postulaten, wie sie in der Kategorie des Masses zum Ausdruck kommen. Von da her ist die Forderung nach Charakteren zu verstehen, die "die schön und echt menschliche Mittelstufe" einnehmen, also nicht typisch extreme Individuen und auch nicht nur spezifische Charaktertypen sind. Bereits Jahre früher bezweifelt

er die künstlerische Berechtigung von Stoff und Personen in Zolas "La Conquête de Plassans". Er bestreitet nicht, dass dergleichen als Ausnahmefall vorkommen kann, Ausnahmefälle seien das "Verlockendste für die Darstellung und durchaus zulässig, aber doch nur die t a t s ä c h l i c h e n Ausnahmefälle, nicht die p e r s ö n l i c h e n. In gewissem Sinne, wenigstens nach der Moralseite hin, verlangen wir Durchschnittsmenschen, die nur durch eine besondere Verkettung von Umständen in 'Ausnahmefälle' hineingeraten." Der Leser müsse den geschilderten Charakter so sehr als "einen der Unsren" anerkennen, dass er in ähnlicher Situation gleich gehandelt hätte: "Darstellungen, die durchweg einen 'Ausnahmefall' zeigen, in denen uns a l l e s fremd berührt, Charakter wie Tat, gehören nicht in die Kunst." (AZL S. 147/48) Sein Hinweis in dem bereits zitierten Brief an Mathilde von Rohr, sogenannte "interessante Geschichten", wenn es Einzelvorkommnisse sind, seien unbrauchbar, wird durch die Forderung nach dem Typischen verständlicher. Abgesehen von der andern Art Zolas, an einen Gegenstand heranzutreten, formuliert dieser ähnliche Gedanken wie Fontane. Das Interesse konzentriere sich nicht mehr auf "die Merkwürdigkeit der Fabel; im Gegenteil, je banaler und allgemeiner sie ist, desto typischer wird sie."[45]
Für Fontane zeigt sich das Typische im Durchschnittlichen. Nicht nur theoretisch, auch in seiner dichterischen Praxis hat er "im Typischen seine Figuren individuell sein lassen."[46] Martini hat darauf hingewiesen, dass es für Fontanes Kunst symptomatisch sei, "dass er, wo er das Individuelle am genauesten kannte, das Typische am meisten eingestalten konnte."[47] Aus marxistischer Sicht stellt Biener fest, Fontane rette "mit dem Kampf um das Typische [...] bewusst die Forderung nach der Gesellschaftlichkeit der Literatur. Denn kuriose und abseitige, untypische Ausnahmefälle sind gesellschaftlich unverbindlich."[48] Wie bewusst für Fontane die gesellschaftliche Relevanz als Stoffwahlkriterium entscheidend war, dürfte schwer festzustellen sein. Denn schon mit einer nur künstlerischen Intention, typische Zeitzustände zu geben, ist zugleich ein hohes Mass an Zeitkritik und gesellschaftlicher Relevanz unmittelbar verbunden, wobei eine zuverlässige Aussage darüber schwer zu machen ist, ob die künstlerischen oder die zeitkritischen Momente bewusst ausschlaggebend waren. Der hohe Grad der zeitgeschichtlichen und gesellschaftlichen Typizität von gewissen Dichtungen Fontanes zeigt sich, will man unsinnigen Spekulationen aus dem Wege gehen, am zuverlässigsten an zeitgenössischen Reaktionen. Nach der Veröffentlichung von "L'Adultera" wird er der Indiskretion bezichtigt. Er widerspricht der Vermutung, ein eingeweihter Hausfreund der geschilderten Familie zu sein und betont die eigene Verwunderung darüber, "dass auch in bezug auf die Nebenpersonen alles, in geradezu lächerlicher Weise, g e n a u zutraf. Aber das erklärt sich wohl so, dass vieles in unsrem gesellschaftlichen Leben so typisch ist, dass man, bei Kenntnis des Allgemeinzustandes, auch das einzelne mit Notwendigkeit treffen muss."[49] Fontane hat in Bezug auf diesen Roman betont, dass ihm vorwiegend daran lag, "ein Berliner Lebens- und Gesellschaftsbild zu geben, das Zuständliche, die Scenerie" sei ihm die Hauptsache gewesen.[50] Schliesslich schreibt ein Rezensent, "L'Adultera" gehöre zu den dichterischen Werken, "deren Inhalt nicht passiert zu sein braucht, um dennoch wahr zu sein. Die Figuren sind t y p i s c h, was zwischen ihnen vorgeht, m u s s t e vorgehen und wird noch oft mit den entsprechenden Verschiedenheiten im einzelnen vorgehen. Eine solche Geschichte hätte

ein Dichter mit offenen Augen für seine zeitgenössische Umgebung schreiben können, ohne eine Ahnung davon zu haben, dass in der und der Strasse von Berlin das
und das sich wirklich wo abgespielt habe. " (A 3, S. 560) Damit scheint hier die
dichterische Praxis die theoretischen Forderungen zu erfüllen, wonach das Typische im individuell gestalteten Durchschnittscharakter ein Bezeichnendes der Wirklichkeit sein soll.

b)   DAS DETAIL

In einer Rezension von Eduard Engels "Geschichte der französischen Literatur"
zitiert Fontane Abschnitte, die für seine dichtungstheoretischen Ansichten bezeichnend sind. Gustav Flaubert, so schreibt Engel, "war der genialste von Balzacs
Schülern. [...] Seinen Vorzug suchte er nicht in der Schilderung des Ausserge-
wöhnlichen, sondern gerade in der künstlerischen Verklärung des Alltäglichen,
des Mittelmässigen. Seine Romanfiguren entnahm er mit Vorliebe aus den Kreisen der Bourgeoisie: die s o g e n a n n t e n ' i n t e r e s s a n t e n ' M e n -
s c h e n w a r e n i h m k ü n s t l e r i s c h z u w i d e r ; s i e s c h i e -
n e n i h m z u t h e a t r a l i s c h u n d u n w a h r s c h e i n l i c h ,
um in den Rahmen seiner realistischen Bilder zu passen. Keine grossen Laster,
keine ungewöhnlichen Tugenden, sondern die Durchschnittscharaktere, an denen
die meisten Romandichter verächtlich vorübergehen, lieferten ihm den Stoff zu
seinen beiden Romanen aus dem Leben unserer Zeit." (H III,1. S. 525) Fontane bemerkt dazu, "wie vorzüglich" vor allem in den hervorgehobenen Zeilen "der echte Dichter, der nichts Entsetzlicheres kennt als die hohle Phrase", gekennzeichnet sei. Tatsächlich hat Eduard Engel mit seiner Charakterisierung von Flauberts
Kunst zentrale Kategorien der Dichtungstheorie Fontanes genau getroffen.

Der Zusammenhang des Typischen mit dem Detail ist nicht zu übersehen. Wenn
das Typische im Durchschnittscharakter am bezeichnendsten zum Ausdruck kommt,
so wird für Fontane in der Kunst diese "echt menschliche Mittelstufe", das unbedeutende Alltägliche der Wirklichkeit im Detail evident, das heisst in den Nebenfiguren und nicht in den Hauptfiguren allein, im Kleinen und nicht im Grossen. Diese Position ist keineswegs originell. Mit dem Interesse der Deutschen für englische Romanciers wird auch deren Vorliebe für das Detail wirksam. Julian Schmidt
hat in seiner Literaturgeschichte in Bezug auf Walter Scott darauf hingewiesen,
wie dessen "Sinn für das Detail, für das Individuelle [...] für gemischte Charaktere [...] in allen Völkern Europa's rege geworden" ist.[51] Schliesslich ist auch
Schopenhauers Wort nicht unwirksam geblieben, wonach es nicht Aufgabe des
Romanschreibers ist, "grosse Vorfälle zu erzählen, sondern kleine interessant
zu machen."[52] Fontane steht damit in einer Tradition, der u.a. Ludwig, Stifter,
Keller und auch Auerbach mit seinen "Dorfgeschichten" angehören.
Für die Charakterisierung des Typischen im Individuellen ist das Detail entscheidend, das so zu einem Wesensmerkmal echter Kunst wird.[53] In sinnvoller poetologischer Konsequenz wird für Fontane das Kleine im Verhältnis zum Grossen in
der Kunst bedeutsamer. Denn "das Kleine charakterisiert oft rascher und durch-
schlagender als das Grosse", genauso wie man besser an "den Strohhalmen" als
"an den Eichbäumen" erkennt, von wo der Wind weht. (H III,1. S.414)[54] Diese

theoretische Einsicht hat entsprechende praktische Konsequenzen. Den Vorwurf seiner Frau, die sich über eine gewisse Weitschweifigkeit seiner Arbeiten beklagt, weist Fontane energisch zurück: "die Weitschweifigkeit aber, die ich übe, hängt doch durchaus auch mit meinem literarischen Vorzügen zusammen. Ich behandle das Kleine mit derselben Liebe wie das Grosse, weil ich den Unterschied zwischen klein und gross nicht recht gelten lasse, treff ich aber wirklich mal auf Grosses, so bin ich ganz kurz. Das Grosse spricht für sich selbst; es bedarf keiner künstlerischen Behandlung um zu wirken. Gegentheils, je weniger Apparat und Inscenierung, um so besser."[55] Die Schilderung dieses Kleinen und Nebensächlichen wird zum Prüfstein für die dichterische Qualität und das künstlerische Können. Indem es einfach ist, mit einem spannenden und gewaltigen Stoff, "dem 'zu Bett' der Lady Macbeth und den Flüchen der Deborah", Interesse und Wirkung zu erzielen, zeigt sich die Kunst "am vollkommensten im Kleinen; das Alltägliche in seiner Alltäglichkeit zu geben und es doch zugleich derselben zu entkleiden, zählt zu ihren echtesten und schwierigsten Aufgaben." Es sei in einem Idyll mehr Kunst als in einem Sensationsroman; wo der Stoff das Interesse trägt, sei es leicht, eine Wirkung zu erzielen. (N XXII, 1. S. 681) All das klingt wie ein Echo auf Heines polemische Ausführungen in der "Romantischen Schule", wo Schillers "Altarbilder der Tugend und Sittlichkeit" gegen "jene sündhaften, kleinweltlichen, befleckten Wesen" Goethes ausgespielt werden - mit dem Ergebnis: "Das Grosse und Furchtbare lässt sich in der Kunst weit leichter darstellen als das Kleine und Putzige."[56]

Eine Gegenüberstellung dieser dichtungstheoretischen Positionen Fontanes mit Stifters programmatischem Vorwort zu den "Bunten Steinen", wo ebenfalls das Grosse in Relation zum Kleinen gesetzt wird, ergibt bezeichnende Unterschiede. Während für Stifter im Kleinen, im "sanften Gesetz", der metaphysisch-kosmische Weltzusammenhang symbolhaft zum Ausdruck gelangt, spiegelt Fontane lediglich "das Grosse im Kleinen, in dem es sich individualisierte und relativierte."[57]

Das Kleine, "das Detail des Alltäglichen und Durchschnittlichen" symbolisiert eine rein innerweltliche Wirklichkeit, enthält aber für Fontane "das symptomatisch Allgemeine und damit eigentlich 'Wahre'."[58] Fontane selbst hat auf Stifter verwiesen, indem er seine "Vorliebe für das Genrehafte und die Stiftersche Kleinmalerei" betont.[59] Mit dieser Vorliebe bekundet Fontane nur das, was Julian Schmidt als die "unvermeidliche Neigung zur Genremalerei" bezeichnet hat, die nur allzuleicht dazu führe, dass Detailschilderungen "nicht um die Erzählung deutlicher und anschaulicher zu machen, sondern um des Details willen" gegeben werden.[60] Abgesehen davon, dass der Genrebegriff weder im Biedermeier noch im Realismus theoretisch genau feststand, bekam er zumindest im Kunstwerk selbst seit 1850 eine gewisse feste Funktion.[61] Seybold zeigt in seiner Arbeit über "Das Genrebild in der deutschen Literatur", wie gerade bei Fontane das Genre nicht mehr als isolierte Episode losgelöst vom übrigen Romangeschehen, sondern mit einer festen Funktion in der "Kette der Romanstruktur" steht.[62] Es erfährt eine Reduktion zugunsten der Einheit und Intensität des Ganzen. Diese Beobachtung stimmt, wie sich zeigen wird, mit Fontanes Vorstellung über den formalen Aufbau eines Kunstwerkes überein, das er in Anlehnung an Vorstellungen der deutschen Klassik als ein in sich geschlossenes, organisch gewachsenes Ganzes begreift.

Das aufgezeigte Verhältnis von Gross und Klein kommt auch in der Beziehung zwischen Haupt- und Nebenfiguren zum Ausdruck. Fontane hat dies am Beispiel von "Stine" charakterisiert: "Es ist richtig, dass meine Nebenfiguren immer die Hauptsache sind, in 'Stine' nun schon ganz gewiss, die Pittelkow ist mir als Figur viel wichtiger als die ganze Geschichte."[63] Noch im Jahre 1866, die Pläne zur "Vor dem Sturm" sind im Anfangsstadium, schreibt Fontane, die Personen müssten "gleich bei ihrem ersten Auftreten so gezeichnet sein, dass der Leser es weg hat, ob sie Haupt- oder Nebenpersonen sind", wobei es nicht auf das räumliche Mass der Schilderung, sondern auf deren Intensität ankomme.[64] Im Spätwerk wird zwischen Haupt- und Nebenfiguren, zumindest was deren Funktion anbetrifft, nicht mehr so deutlich unterschieden. Heide Buscher hat in ihrer Arbeit über die "Funktion der Nebenfiguren" festgestellt, dass sich die Funktionsbereiche beider Figurengruppen einander immer mehr annähern und "Mittelfiguren oft gleiche Funktionen wie Vordergrundgestalten" erfüllen.[65] Dies steht in einem unmittelbaren Zusammenhang mit dem künstlerischen Ziel, alltägliche Wirklichkeit zu geben. Wenn ganz allgemein die Nebenfiguren im Roman des 19. Jahrhunderts zunehmende Bedeutung bekommen, so besitzen sie im Spätwerk Fontanes "nicht mehr so sehr handlungsmässige, sondern [...] ebenso wie schon seit jeher die Hauptgestalten vor allem thematische Bedeutung."[66]
Die entscheidende Auseinandersetzung um diese wichtige poetologische Kategorie des Details in Fontanes Aesthetik ergab sich aus den Verhandlungen mit Julius Rodenberg um den autobiographischen Roman "Meine Kinderjahre". Fontane verteidigt mit Vehemenz seine ästhetische Ueberzeugung, erklärt sich zu keinerlei Streichungen bereit und verzichtet schliesslich zu Gunsten seines Werkes, das sein bisher erfolgreichstes werden sollte, auf den Abdruck in der "Rundschau". Diese Auseinandersetzung, nicht nur im Briefwechsel mit Rodenberg,[67] sondern indirekt auch in Briefen an Friedländer zu verfolgen,[68] ist von Reuter ausführlich dargelegt worden.[69] Völlig zu Recht spricht er von einem "Grundgesetz, nach dem Fontane sein Werk angelegt und ausgeführt hatte."[70] Die dichtungstheoretischen Einsichten, die 1893 in diesem autobiographischen Roman in "grossem Stil" zu praktischer Ausführung gelangten, erfahren in den Werken der folgenden Jahre eine immer grössere Entfaltung.
Entgegen den Erfolgen mit "Meine Kinderjahre" spürt Fontane, dass er mit dieser ästhetischen Ueberzeugung, gerade im Vergleich zu den spektakulären Themen der Naturalisten gesehen, sich vom allgemeinen Publikumsgeschmack absetzt. Jedenfalls gesteht er ein Jahr später in einem Brief: "Was ich noch einen Zug fühle zur Darstellung zu bringen, das sind die kleinsten alltäglichsten Hergänge. Verführungen, Entführungen, Radauszenen und alles das, was an den Müllkasten des Polizeiberichts erinnert, ist mir ein Greul, und mit einer Geschichte von mir mich vorzuwagen ist, als ob ich mit einer lila Barége gekleideten 'Einfalt vom Lande' auf einem von Sportsleuten gegebenen Ball erscheinen soll."[71]

Wenn sich für Fontane immer mehr im Detail, im Nebensächlichen und Kleinen das Alltägliche und Allgemeintypische der Wirklichkeit, das Menschliche des Lebens zeigt, so wird mit der gleichzeitig einhergehenden Reduktion der grossen Handlung die entsprechend hohe künstlerische Anforderung an das Formale betont und als entscheidendes Qualitätskriterium gewertet.

Die theoretischen Ueberlegungen Fontanes zu den formalen Prinzipien der Dichtkunst sind unsystematisch und teilweise sehr spärlich, was ein entsprechend be-
grenztes Bild ergibt. Vor allem seine Ausführungen zu den allgemeinen Prinzipien
der äussern Form, zu Aufbau oder Komposition, haben eher zufälligen Charakter,
sie lassen aber dennoch auf eine bestimmt gefügte Meinung schliessen.
Relativ ausführlicher sind seine Reflexionen über verschiedene Gesichtspunkte der
inneren Form, also den Stil und angrenzende Probleme der Erzählhaltung. Das ist
insofern nicht verwunderlich, als Fontane, wie in andern Punkten, auch in dieser
Beziehung in einem Umbildungsprozess poetologischer Traditionen steht. Denn mit
der "Objektivitätstheorie" von Spielhagen werden nicht nur scheinbar neue erzähl-
technische Lösungen versucht, sondern gleichzeitig wird damit auch die kanonische
Richtigkeit der Buffonschen Stildefinition in Frage gestellt.
Grundsätzlich darf angenommen werden, dass, vor allem im Hinblick auf das poetische Werk, die Aspekte der künstlerischen Form von Fontane gründlicher durch-
dacht worden sind, als dies in den teilweise zufälligen und unsystematischen theoretischen Aufzeichnungen zum Ausdruck kommt. Diese weisen aber zweifellos auf
die entscheidenden Schwerpunkte hin.

a)   DIE KOMPOSITION

Im allgemeinen werden unter Komposition, der damals üblichen Terminologie folgend, die allgemeinen, äusseren Prinzipien des formalen Aufbaus eines dichterischen Kunstwerkes verstanden. Mit den wenigen Aeusserungen zu diesem Problem
sind die poetologischen Hinweise Fontanes über die äusseren Aspekte der Form
erschöpft. Die entscheidenden Hinweise, die eine eingehende Auseinandersetzung
mit der Bedeutung der Komposition vermuten lassen, fallen in die Jahre kurz vor
und nach 1880, somit in den Anfang der eigenen dichterischen Produktion Fontanes.
Dass der Komposition aber bereits bei früherer kritischer Beschäftigung mit Literatur Beachtung geschenkt worden ist, zeigt der Brief an seine Frau vom 10. Juni
1862, wo die zeitgenössische englische Literatur unter diesem Gesichtspunkt betrachtet wird. Emilie scheint sich mehr oder weniger negativ über diese Literatur
geäussert zu haben, worin ihr Fontane zustimmt, aber gleich eine Ausnahme anführt, nämlich George Eliot. "Was i h r fehlt, ist ein andres. Während die
andren eigentlich nur D e t a i l s haben, hat sie (schon künstlerisch als die
andern) Details u n d Komposition; sie versieht es nur im M a s s ; es ist
nicht richtig, dass sie über die Details die Komposition v e r g i s s t , die
Details machen sich nur zu breit; gegen die Qualität des Ganzen ist nichts zu sagen, nur die Q u a n t i t ä t der Beobachtungen und Einzelschilderungen wirken
bedrückend. Es ist (das Buch) eine wohlanständig, regelrecht und sauber gekleide-
te Dame, die ihren Schmuck auch an der rechten Stelle trägt, nur hat sie die Eigentümlichkeit, an einen Ohrring noch einen andern anzuhängen und so fort und fort,
bis das halbe Dutzend voll ist."[72] Abgesehen davon, dass hier die Komposition,
der formale Aufbau, als ein Wesenszug des Kunstcharakters erkannt ist, wird die

äussere Form bereits im Zusammenhang mit ihren Einzelteilen gesehen und dem entschieden wichtigeren Kunstgesetz, dem Mass unterstellt. Diese Position wird zwanzig Jahre später im Wesentlichen beibehalten, doch wird jetzt der Komposition eine verhältnismässig geringere Bedeutung zugemessen im Vergleich zu andern ästhetischen Kategorien. Das Tagebuch vermerkt am 6.1.1881 in Bezug auf Kellers "Sinngedicht": "Originell, sorglich, im einzelnen auch schön und bedeutend, aber doch sonderbar komponiert (romantisch willkürlich) und mitunter gezwungen und unfein, so zum Beispiel die Geschichte, die das schöne Fräulein von der 'Waldhornstochter' erzählt [...]." (H III, 1. S. 902) Kaum ein halbes Jahr später, am 23.5.1881, notiert Fontane noch einmal im Tagebuch: "Es ist sehr schwer, über diese Novelle zu sprechen", doch konzentrieren sich jetzt seine Bedenken, bei aller Anerkennung für das hohe Mass an Kunst, vor allem auf den Inhalt. "Wirkliche Menschen und ihre Schicksale" stehen ihm höher als "das Willkürliche, das Launenhafte, so reizvoll, so geistreich, so überlegen es auftreten mag." (H III, 1. S. 903) Von Komposition ist nicht mehr die Rede. Dennoch ist mit dem früheren Hinweis auf die "romantisch willkürliche" Komposition ein Vorwurf verbunden. Die im gleichen Jahr 1881 im Spätsommer entstandenen fragmentarischen Aufzeichnungen zu Th. H. Pantenius' Roman "Das rote Gold" zeigen, dass Fontane das "Komponieren" differenzierter erfasst, als es zunächst scheinen mag. Komposition als technisches Geschick ist verhältnismässig unbedeutend, als organisches Gewachsensein aber ist sie Ausdruck höchster Kunst.
Fontane zeigt in der Gegenüberstellung der Schreibweise von Alexander Kielland mit derjenigen von Th. H. Pantenius, was er unter richtiger Komposition versteht. Kielland sei geschickt genug, aus einer Reihe von Steinen etwas zusammenzustellen. Was er gebe - anstatt ein blühender Strauch zu sein -, sei ein Bukett; es sei "von links und rechts her genommen (wenn auch aus seinem eigenen Garten), statt organisch gewachsen zu sein."[73] In diesem "Organisch-Gewachsensein" bestehe nun einer der grossen Vorzüge der Pantenius'schen Arbeiten. "Man s i e h t es wachsen und hat an diesem innerhalb der Kunst sich vollziehenden Naturprozess eine ganz besondre Freude. Man darf deshalb auch bei Pantenius nicht von 'geschickter Komposition' sprechen. In dem 'Komponieren' liegt immer etwas Künstliches. Das schöne ist hier, dass ein Kunstwerk organisch erwächst. Es entsteht nach den Gesetzen eines Naturprozesses." (AZL, S.104) Fontane versucht im Folgenden, aus einem willkürlich angenommenen Keim den Roman organisch zu entwickeln und den naturnotwendigen Prozess darzustellen - und kommt folgerichtig auf die Abhandlung des Inhalts. Immer werde sich, von jedem Punkt auch immer "ein natürlicher Wachstumsprozess verfolgen lassen [...] es stimmt und passt alles und gehört nicht zusammen aus Kalkül, sondern aus Trieb und Gesetz." (AZL S.105) Form und Inhalt sind nicht zu trennen. Und so wird denn formales Kalkül als technisch handwerkliches Komponieren insofern unbedeutend, als jede Form mit dem organisch wachsenden Inhalt gleichzeitig sich bildet und mitwächst.[74] Dies gilt für die epische und die dramatische Konzeption. Fontanes spätere Bemerkung zu Wildenbruchs "Quitzow" ist vor diesem Hintergrund gesehen beinahe selbstverständlich: "Ich denke sonst nicht allzu hoch vom 'Komponieren', weil es das ist, was sich erlernen lässt. Viele Stoffe liegen ausserdem so, dass die Komposition für nur leidlich geschickte Hände von Anfang an gegeben ist."[75] Diese theoretische Erkenntnis beruht zweifellos zu einem Gutteil auf eige-

ner praktischer Erfahrung. Sie lässt sich im Detail an seinen brieflichen Ausführungen verfolgen, die er während der Entstehungszeit des "Schach von Wuthenow" mitteilt: "Alles ist vorbereitet und der Stoff längst in Kapitel eingeteilt. Das erste Kapitel hab ich schon zwei- dreimal geschrieben, aber immer wieder verworfen. Die Einleitung, wie ich sie j e t z t habe, scheint mir aber die richtige zu sein. Der Anfang ist immer der entscheidende. Hat man's darin gut getroffen, so muss der Rest mit einer Art von innerer Notwendigkeit gelingen, wie ein richtig behandeltes Tannenreis von selbst zu einer geraden und untadeligen Tanne aufwächst."[76] Auffällig, wie Fontane bereits hier, zwei Jahre vor seinen Pantenius-Aufzeichnungen, den schöpferischen Vorgang im Vergleich mit der Natur als einen inneren notwendigen Prozess versteht. Wobei auch hier der formale Aufbau durchaus mit der inhaltlichen Konzeption gleichzeitig gesehen wird und von ihr nicht zu trennen ist. Zudem wird der enge Zusammenhang mit der spezifischen Schaffensweise Fontanes ersichtlich, auf die noch näher zurückzukommen ist. Noch ein Jahr später bekräftigt Fontane in einem Brief an Gustav Karpeles seine Ueberzeugung von der vorrangigen Wichtigkeit des ersten Kapitels, in dem der Keim der Geschehnisse angelegt sein muss, um eine organische Entwicklung überhaupt zu ermöglichen: "Das erste Kapitel ist immer die Hauptsache und in dem ersten Kapitel die erste Seite, beinah die erste Zeile. Die kleinen Pensionsmädchen haben gar so unrecht nicht, wenn sie bei Briefen oder Aufsätzen alle Heiligen anrufen: 'wenn ich nur erst den Anfang hätte.' Bei richtigem Aufbau muss in der ersten Seite der Keim des Ganzen stecken. Daher diese Sorge, diese Pusselei. Das Folgende kann mir nicht gleich Schwierigkeiten machen [...]."[77]
In diesem Zusammenhang ist schliesslich ein weiteres, für das vorliegende Problem der inhaltlich-formalen Komposition entscheidendes Zeugnis zu nennen, das im Umkreis dieser Jahre entstanden ist. Fontane hat 1883 seinen Besuch bei Rudolf Lindau für bedeutend genug angesehen, dass er ihn schriftlich festgehalten hat. Seine persönliche Schaffensweise erläuternd sagt hier Fontane, er schreibe den ersten Entwurf "unter genauer Kapiteleinteilung hintereinander weg und alles von Anfang an an richtiger Stelle. Von dem Augenblicke an, wo mich das starke Gefühl ergreift, 'dies ist ein Stoff', ist auch alles fertig, und ich überblick' im Nu und mit dem realen Sicherheitsgefühl, dass ich nirgends stocken werde, Anfang, Höhepunkt und Ende." (H III, 1. S. 557) Diesem im Nu Konzipierten folgt dann das beschwerliche monatelange Ausarbeiten der einzelnen Kapitel. Und wieder folgt ein Vergleich: "Das Kind ist da. Aber eh es stehen und gehen kann, welch weiter, weiter Weg!" (H III, 1. S. 557)
Damit sind die entscheidenden Aeusserungen Fontanes zum Problem des formalen Aufbaus, zur Komposition zum grossen Teil aufgeführt. In den achtziger Jahren und damit am Anfang seiner eigenen dichterischen Tätigkeit entstanden, sind sie nicht nur Reflex einer theoretischen Beschäftigung, sondern gründen zugleich auf eigener praktischer Erfahrung. Insofern ist seine Auffassung von der äussern Komposition eines Kunstwerks Ausdruck seiner individuellen Schaffensweise. Von da her zeigt sich denn auch, dass die Form vom Inhalt nicht zu trennen ist, und wenn Fontane dem "Komponieren" keine grosse künstlerische Bedeutung beimisst, so vor allem deshalb, weil für den echten Künstler im Keim seines vorgenommenen Stoffes das organische Wachstum und die formal richtige Anlage gleichzeitig mitgegeben sind.[78] Es scheint nicht ausgeschlossen, dass diese Tatsache etwas

verschleiert wird durch den Begriff des "Komponierens" selbst, der die falsche
Vorstellung vom Schaffensprozess als handwerklich-technisches Geschick erwek-
ken kann. Mit seiner Auffassung von der Dichtung als untrennbare inhaltlich-for-
male Einheit, die als organisches Ganzes wächst, zugleich auch in seinem Verständnis des Begriffes "Komposition" steht Fontane entschieden in der Tradition
der deutschen Klassik. [79] Auf Goethe beruft sich Fontane mehr als zehn Jahre
später anlässlich seiner Lektüre des "Grünen Heinrich", indem er nochmals auf
die Probleme der Form zu sprechen kommt. Der Roman sei in mehr als einer
Beziehung "Nummer eins", höher potenziert als die kunstvollendeteren Sachen
aus Kellers späten Epoche, selbst das Glanzstück vom "Fähnlein der sieben Auf-
rechten" nicht ausgeschlossen. Zu allem andern habe er "aufs neue daraus gelernt, wie nebensächlich, um nicht zu sagen wie gleichgültig die F o r m ist,
wenigstens in einem Roman, wenn man darunter den Gesamtaufbau versteht.
Goethe soll irgendwo gesagt haben: 'Ein Roman ist alles, worin einem was Nettes
und Interessantes nett und interessant erzählt wird.' Sehr fein, sehr richtig. Von
'Form' ist gar keine Rede darin. Zu unserem G e f ü h l muss gesprochen werden, im übrigen kann es drunter und drüber gehen."[80] Abgesehen davon, dass
hier Fontane einmal mehr auf seine Ueberzeugung von der eigentlichen Funktion
der Kunst anspielt, das menschliche Herz zu führen, wird in diesem Passus erst
richtig deutlich, wo nach seiner Auffassung die formalästhetischen Schwerpunkte
zu liegen haben. Nicht die Aspekte der äusseren Form, des Aufbaus, sind entscheidend, sondern diejenigen der inneren Form. Denn mit dem netten und interessanten Erzählen sind die eigentlichen stilistischen Probleme anvisiert, das,
was die Kunst des Künstlers ausmacht. Es ist denn auch nicht verwunderlich,
dass Fontane sich nie wesentlich um gewisse Probleme der epischen Gattung ge-
kümmert hat, ob Roman oder Novelle, das waren ihm deshalb müssige Streite-
reien, weil sie nach seiner Ansicht die zentralen Aspekte der Kunst nur am Ran-
de berühren. Thomas Manns Auffassung, bei den Kunstgattungen komme es immer
nur auf die Kunst an und nicht auf die Gattung, [81] hat uneingeschränkt auch für
Fontane Geltung. Die lässige Handhabung der epischen Gattungsbegriffe ist verhältnismässig früh zu beobachten. Gegenüber Storm bemerkt er 1853: "Wenn ich
von 'Novellen' spreche, so bitt' ich's damit nicht wörtlich zu nehmen. Ich verstehe darunter vielmehr jede Art poetischer Erzählung". [82] Eine Differenzierung
wird auch in den späteren Jahren der eigenen dichterischen Produktion nicht vorgenommen, und ebensowenig wörtlich ist es zu nehmen, wenn Fontane von "Roman" redet. [83] Das entspricht weitgehend zumindest dem, was Keller und Schmidt
zu diesem spezifischen Gattungsproblem bemerken. Noch 1881 vermisst Keller
"apriorische Theorien und Regeln" für Roman und Novelle, [84] und die Unterschiede scheinen vorwiegend im jeweiligen Umfang eines Werkes zu liegen.
Ein nur oberflächlicher Vergleich dieser verhältnismässig dürftigen theoretischen
Aussagen mit der dichterischen Praxis zeigt aber, dass Fontane selbst tatsächlich dem formalen Aufbau seiner Werke sorgfältige Beachtung schenkt. Eine mehr
oder weniger grosse Lässigkeit in der theoretischen Beurteilung der Bedeutung
der äusseren Formalprinzipien darf nicht darüber hinwegtäuschen, dass Fontane
in seiner eigenen Praxis das "Komponieren" ernst und streng betrieben hat. Er
selbst hat die häufig beobachtete formalästhetische Verwandtschaft seiner Prosa-
werke mit der Ballade bestätigt. [86] Der folgende Abschnitt wird ausserdem zeigen,

dass Fontane gewisse formale und kompositorische Eigenheiten von Turgenjew übernommen hat.

b) DIE THEORIE DES "OBJEKTIVEN" ERZAEHLENS

Fontanes Auseinandersetzung mit dem damals vielbesprochenen Prinzip der "Objektivität", das in fast dogmatischer Strenge vor allem von Friedrich Spielhagen verbreitet worden ist, spiegelt zugleich seine Auffassung von der inneren Form, dem eigentlichen "Wie" des Erzählens. In engem Zusammenhang damit ist auch sein Stilverständnis, und im besondern der Gesprächstil zu sehen. Es kann in diesem Abschnitt nicht darum gehen, Bekanntes zu wiederholen und Fontanes Rezeption der "Objektivitätstheorie" im Einzelnen aufzuzeigen. [87] Eine kurze Erörterung ist aber insofern notwendig, als Fontanes Stilauffassung, und somit eine wichtige poetologische Kategorie direkt und indirekt von dieser Auseinandersetzung mit Spielhagens Theorie geprägt ist.

Fontanes eingehende Beschäftigung mit der "Objektivitätstheorie" beginnt Anfang 1879; unmittelbar Anlass ist die Rezension seines ersten Romans "Vor dem Sturm" von Eugen Zabel in der Wochenschrift "Mehr Licht". Zabel kritisiert hauptsächlich "die direkten Wendungen zum Leser, welche die dichterische Illusion gefährden"[88] und spricht von einem "Stilgesetz des Erzählers, dass er mit seiner Person nirgends hervortreten darf."[89] Fontanes Reaktion auf diese Einwände ist aufschlussreich: "Es ist 'toll genug'. Nur die Stelle, dass der Erzähler nicht mitsprechen darf, weil es gegen das 'epische Stilgesetz' sei, erscheint mir als reine Quakelei. Gerade die besten, berühmtesten, entzückendsten Erzähler, besonders unter den Engländern, haben es i m m e r getan. Dies beständige Vorspringen des Puppenspielers in Person hat für mich einen ausserordentlichen Reiz und ist recht eigentlich d a s , was jene Ruhe und Behaglichkeit schafft, die sich beim Epischen einstellen soll. Die jetzt modische 'dramatische' Behandlung der Dinge hat zum Sensationellen geführt."[90] Fast zwanzig Jahre später, dazwischen liegen die Korrespondenz und ein reger persönlicher Verkehr Fontanes mit Spielhagen, äussert er in einem Brief an diesen: "Nicht minder [...] bin ich in bezug auf die Technik des Romans mit Ihnen in Uebereinstimmung. Was mich aufrichtig freut. Das Hineinreden des Schriftstellers ist fast immer vom Uebel, mindestens überflüssig. Und was überflüssig ist, ist falsch. Allerdings wird es mitunter schwer festzustellen sein, wo das Hineinreden beginnt. Der Schriftsteller muss doch auch, als e r , eine Menge tun und sagen. Sonst geht es eben nicht oder wird Künstelei. Nur des Urteilens, des Predigens, des klug und weise Seins muss er sich enthalten."[91] Die Auseinandersetzung mit der Theorie der "Objektivität" führt damit von der anfänglichen schroffen Ablehnung zu einer differenzierten Annahme unter gewissen Vorbehalten, womit sich Fontane, typisch genug, die künstlerische Freiheit und Unabhängigkeit bewahren will.

Im Grunde verlangt Spielhagen mit seiner Theorie, wie Hellmann in seiner kritischen Untersuchung ausführt, der Roman solle "wie einen Makel verbergen, was er ist - ein Produkt des Erzählers."[92] Wenn auch Hellmann betont, dass "das Verbot jeglicher 'Einmischung' des Erzählers [...] nur ein Teil der 'objektiven Darstellungsmethode' Spielhagens" sei,[93] so ist, wie bei Fontane, so auch bei zeitgenössischen Kritikern, die Funktion des Erzählers der Hauptgegenstand der Diskussion. Wilhelm Scherer bemerkt 1879 in einem Aufsatz in der "Deutschen Rundschau": "Die Cardinalfrage, um es von vornherein zu sagen, ist die: wie weit der erzählende Dichter mit seinem persönlichen Wissen von den Dingen und Personen, die er darstellt, hervortreten darf oder wie weit er diese Dinge und Personen sich selbst darstellen lassen muss."[94] Diese Objektivitätsforderung, "nicht so naiv kunstdogmatisch, wie Spielhagen sie oft formuliert", sondern "eher die 'übergescheite' Konsequenz aus einem allerdings naiv liberalen Gesellschaftsideal",[95] wird von Fontane rundweg als "reine Quakelei" abgetan und erst später mit Vorbehalten angenommen.

Dass die beiden eingangs zitierten Briefe an Hertz und Spielhagen die wichtigsten und ausführlichsten Aussagen Fontanes zur Theorie der "Objektivität" geblieben sind, ist wohl dem Umstand zuzuschreiben, dass er kurz nach 1880 mit Spielhagen in persönlichen Verkehr tritt und sich somit ausführliche schriftliche Mitteilungen zu erübrigen schienen. Der direkte Einfluss der Spielhagenschen Theorie lässt sich damit höchstens an Fontanes Werk selbst ablesen, wie dies David Turner in einem Vergleich der Romanmanuskripte mit den endgültigen Fassungen unternommen hat; zudem hat er entscheidende Randbemerkungen aus der Handbibliothek Fontanes mitberücksichtigt. Turners Ergebnisse zeigen eine weit differenziertere Beschäftigung Fontanes mit den modernen ästhetischen Theorien als dies zunächst den Anschein hat. Es ist ohne Mühe festzustellen, dass der Roman "Vor dem Sturm", was die Erzähltechnik anbetrifft, von allen folgenden Werken Fontanes sich augenfällig unterscheidet. Seine Rechtfertigung im Brief an Hertz, dass "die besten, berühmtesten, entzückendsten Erzähler, besonders unter den Engländern" so geschrieben hatten, weist deutlich auf die Vorbilder hin, nämlich William Thackeray und Sir Walter Scott.[96] Dies wird noch deutlicher, wenn Fontane die Rolle des Erzählers als das "beständige Vorspringen des Puppenspielers in Person" umschreibt, mit einem Begriff also, den er aus Thackerays "Vanity Fair" übernommen hat.[97] Diese Auffassung vom Erzähler als Puppenspieler scheint für Fontane eine feste theoretische Vorstellung gewesen zu sein, denn der Begriff ist seit 1855 mehrmals zu belegen.[98] Allerdings hat dieses im Brief an Hertz verteidigte Prinzip, genau so wie die später verfochtene Theorie der "Objektivität" für Fontane keine absolute Gültigkeit. Turner kommt nämlich in seiner Untersuchung der Handschriften zu dem interessanten Ergebnis, dass in Bezug auf die beiden Erzählprinzipien eine entgegengesetzte Tendenz festzustellen sei. Die Streichungen und Korrekturen in den Manuskripten von "Vor dem Sturm" sind auffällig immer im Hinblick auf eine eindeutigere Objektivierung vorgenommen. Es wird hier also auffällig die Rolle des Erzählers eingeschränkt und das, wie Turner meint, bereits "unter dem Einfluss Spielhagens oder dem seiner Anhänger."[99] Zudem habe Spielhagens Theorie Fontane "sichtbar weitergeleitet auf einem Wege, den er schon von sich aus eingeschlagen hatte."[100] Die schroffe Reaktion im Brief an Hertz wäre demnach nur gegen den Anspruch des "Absoluten und Dogmatischen" gerichtet, mit dem die Theorie verfochten werde.[101] In der Druckfassung der folgenden Werke ist die Person des Erzählers im Vergleich zum ersten Roman weitgehend eingeschränkt.[102] Die Handschriften zeigen aber gerade die umgekehrte Tendenz. Wenn hier auch der Erzähler bereits nicht mehr in der Weise hervortritt wie in der Buchfassung von "Vor dem Sturm", so ist in diesen Manuskripten die "Objektivität" strenger durchgeführt, als dies in der endgültigen Druckfassung

der Fall ist. Fontanes Korrekturen zielen also weitgehend auf eine Erweiterung der Erzählerrolle. Allerdings handelt es sich jetzt "im allgemeinen um kleinere Einzelheiten [...] wie z.B. kurze Hinweise auf ein den Erzähler und den Leser umfassendes 'wir' oder besonders jene scheinbar entbehrlichen Wörtchen (Adverbien oder adverbiale Ausdrücke wie 'ja', 'eigentlich', 'wenigstens', 'freilich', 'allerdings', 'in der Tat' usw.), die jedoch bei Fontane eine so wichtige Rolle spielen."[103] Reuter führt neben dem berühmtesten Beispiel, wo der Erzähler seine Heldin zweimal mit "Arme Effi" anredet, noch weitere Belege an.[104] Zusammenfassend führt Turner aus, dass Spielhagens Theorie, was die Einschränkung des hineinredenden und reflektierenden Erzählers betrifft, für Fontane "eine grosse Rolle gespielt hat."[105] Die grosse Gefahr sei aber, dass man Fontanes eigenen Anteil an dem ganzen Prozess unterschätze oder gar übersehe. "Bei allem Einfluss Spielhagens hat Fontane also immer eine beträchtliche künstlerische Unabhängigkeit behalten."[106] Auf Grund dieser Sachverhalte ist es fragwürdig, den Einfluss von Spielhagens Theorie auf Fontanes Erzählpraxis mit Zabels Rezension von 1879 genau datieren zu wollen. Spielhagens Aufsatz "Ueber die Objektivität im Roman" erscheint 1863; und Fontane selbst steht bereits während seiner Arbeit an "Vor dem Sturm" unter dem Einfluss einer allgemeinen Tendenz, die einen Wandel von der auktorialen zur personalen Erzählweise ankündigt; diesen "Objektivierungsversuchen" ist auch der Ich-Roman unterworfen. Als Beispiel für diese verschiedentlich festzustellende Tendenz sei auf Kellers Umarbeitung des "Grünen Heinrich" hingewiesen.[107]
Im Zusammenhang mit Fontanes Rezeption der "Objektivitätstheorie" ist der Vollständigkeit halber auf sein Verhältnis zu Turgenjew kurz einzugehen. Da diese Beziehung Fontane-Turgenjew in verschiedenen Einzeluntersuchungen bereits erörtert worden ist,[108] kann es hier nur darum gehen, diese Ergebnisse knapp zusammenzufassen. Fontanes Bekanntschaft mit der zeitgenössischen russischen Literatur, vor allem mit Puschkin, Lermontow und Gogol, fällt in die Jahre 1841/42 seines Leipziger Aufenthaltes; diese Bekanntschaft verdankt er vor allem den Vorträgen Wilhelm Wolfsohns im "Herwegh-Klub". Das Interesse wird später nicht nur gefördert durch Referate und Rezitationen im Tunnel, sondern durch Fontanes Verbindung zu zahlreichen persönlichen Bekannten Turgenjews, wie Storm, Heyse, Pietsch, Rodenberg und R. Lindau.[109] Die eingehende Beschäftigung mit dem Werk Turgenjews fällt in die Jahre um 1880. Bei anfänglicher teilweiser Ablehnung, wie das vor allem im Brief an seine Frau,[110] den gleichzeitig entstandenen Pantenius-Aufzeichnungen,[111] und in der Besprechung von "Neuland"[112] zum Ausdruck kommt, gelangt Fontane später zu einem differenzierteren Urteil über Turgenjew.[113] Es sind vor allem die "Phrasenlosigkeit" und die "Schärfe der Beobachtung", die er bewundert, dabei aber das "Versöhnliche", "Wohltuende" und die "Verklärung" der Dinge vermisst. Später spricht Fontane in einem Brief an Pietsch "als erster deutscher Dichter" aus, dass "ein russischer Autor nachhaltig" auf ihn gewirkt habe.[114]

Bereits zwei Jahre früher hat er das für ihn eindrückliche Gespräch mit Rudolf Lindau festgehalten. Hier tritt er dafür ein, dass der Erzähler, "der eben nicht alles sagen und schildern" könne, oft dennoch "momentan, und wenn es in einem Wort oder einer halben Zeile wäre, aus seiner rein schöpferischen Rolle heraustreten" müsse und "auf Augenblicke auch die Rolle des Erklärers nicht verschmähen" dürfe. (H III, 1. S. 559) Eine Ansicht, die durch die Untersuchungen Turners bestätigt wird. Lindau gibt Fontane darin prinzipiell recht und weist darauf hin: "Das Prinzip, nach dem ich verfahre, ist das von Turgenjew, mit dem ich vor fünfundzwanzig Jahren und länger über ebendiese Dinge oft gesprochen habe. Wenn Sie Turgenjew verehren, wie ich es tue, so werden Sie sich von unserer modernen Novellistik, auch speziell von unserer deutschen, wenig angeheimelt fühlen. Es fehlt ihr an Wahrheit, Objektivität, Realität. Die Menschen tun und sagen beständig Dinge, die sie, wie sie nun mal sind, nie tun und sagen könnten." (H III, 1. S. 559)

Was nun den direkten Einfluss Turgenjews auf die formal-ästhetischen Aspekte in Fontanes Werk betrifft, hat Erich Hock auf eigentümliche Parallelen in der Komposition und im Stil hingewiesen. Auffallend an der Komposition sei beispielsweise eine Art szenisches Prinzip, in dem die erzählten Szenen so ineinandergreifend aufgereiht werden, dass ein Detail der einen Szene gleichsam wie ein Funke in die folgende hinüberfliege, und so diese entzünde. Einer solchen Szene entspreche äusserlich meistens die Einteilung in Kapitel. Auch die Kunst des Auslassens und Andeutens bei Fontane sei der Uebung Turgenjews auffallend ähnlich.[115]

Auch diese Ausführungen zu Turgenjew zeigen, dass Fontanes Stellung zu gewissen Aspekten der inneren Form, zu einer Erzählhaltung, wie sie von Spielhagen, Turgenjew und Lindau vertreten wird, zustimmend und kritisch zugleich ist. Er will sich nicht nur seine künstlerische Freiheit und Unabhängigkeit bewahren, sondern er spürt auch die Fragwürdigkeit und Unstimmigkeit einer Theorie, die mit dogmatischem Eifer und Anspruch vorgetragen wird.[116] Doch ist zu sagen, dass Fontane, zwar immer im Bewusstsein eigener künstlerischer Selbständigkeit, im Prinzip der Spielhagenschen Theorie gefolgt ist. Die vielbesprochene und mühsam angestrebte "Objektivität" ist bei Fontane aber vergeblich in "reiner Ausprägung" zu suchen. Das liegt weniger an der kritischen Praxis Fontanes, als vielmehr an der Theorie selbst. Hellmann weist in seiner Untersuchung über Spielhagens Theorie deutlich genug nach, dass die Forderung nach "objektiver Darstellung" im Grunde ein Paradoxon ist.[117] Sie werde zum "Täuschungsmanöver", denn sie möchte "die Welt abbilden, wie sie ist, ohne dazu imstande zu sein; und sie bemüht sich, der erzählten Wirklichkeit ein Sein zu vermitteln, durch das sie in der Phantasie wie die reale Wirklichkeit selbst gegeben zu sein scheint, erzählt aber nur eine Wirklichkeit, die von der Weltanschauung und 'Gemütsverfassung' des Erzählers abhängt - ohne dass diese subjektive Gebrochenheit dichterisch eingestanden und formal realisiert wird, realisiert werden kann."[118] Im historischen Zusammenhang zeige die Theorie Spielhagens, "dass sich das Subjektive im Erzählten geltend macht [...] und als Weltanschauung 'da ist', und zuletzt spricht sie aus, dass der Dichter jedes Objekt, das er darstellt, 'durch' seine Weltanschauung und Gemütsverfassung sehen muss. Sie steht damit an dem Punkt, an dem etwas episch Wirkliches sich in der Theorie bereits auswirkt, ohne doch schon so bewusst zu sein, dass es auch zum theoretischen Problem der epischen Gestaltung" werden kann.[119]

Fontane selbst hat die Subjektivität des künstlerischen Schaffens deutlich erkannt; sie gelangt nicht nur als "autobiografische Spiegelung im Roman" zum Ausdruck,[120] sondern die Erkenntnis findet ihren deutlichen Niederschlag in seinem Dichterverständnis. Seine Auffassung vom Künstler wird zeigen, dass eine Einsicht in die

Subjektivität und Objektivität dichtungsgeschichtlich in demselben Zusammenhang
zu sehen ist, wie Spielhagens Theorie des "objektiven" Erzählens.

c)   DAS STILVERSTAENDNIS

Fontanes Stilverständnis im engeren Sinn steht in innerem Zusammenhang mit seiner Auffassung von Spielhagens Theorie. Wie er hier versucht hat, in der Praxis
auf eigene Weise einen Ausgleich zu schaffen zwischen der theoretisch geforderten
Objektivität und der Subjektivität des Künstlers, so schwankt auch seine Stilauffassung zwischen der traditionellen Stildefinition und dem "modernen", von Spielhagens Theorie und dem Naturalismus beeinflussten "Sachstil".
Wiederum ist zu bemerken, dass verhältnismässig wenig theoretische Aussagen
vorliegen, die sich direkt und eingehend auf Probleme des Stils beziehen. Und die
wenigen Aussagen haben, ähnlich denjenigen über Begriffe wie "Kunst", "Schönheit" und "Wahrheit", ausgesprochen aphoristischen und scheinbar zufälligen Charakter. Es ist aber dennoch möglich, gewisse feste Tendenzen und einen Wandel
des Stilverständnisses festzustellen; eine individuelle Stilistik, eine normative
"Stillehre" mit praktischen Richtlinien ist indessen nicht zu erwarten.
Fontanes Auffassung vom Stil ist zunächst geprägt von dem traditionellen Verständnis der Dichtung "als einem bewusst 'gemachten' und mit bestimmten Mitteln auf-
geputzten Stück Sprache."[121] Ausserdem steht sie in der stilgeschichtlichen Tradition von Buffons Theorem: "Le style c'est l'homme même", womit im allgemeinen
angenommen wird (anders als von Buffon ursprünglich gemeint), "dass jedes Individuum seinen eigenen Stil habe."[122] Eine kurze Bemerkung in einem Brief von
1878 an seine Frau zeigt, dass Fontane zu dieser Zeit noch von der Richtigkeit des
Buffonschen Theorems überzeugt ist: "Habe besten Dank für Deinen freundlichen
Brief vom Sonnabend, in dem Du die Frage Th. F. und L. P. so freundlich und
schmeichelhaft für den erstren behandelst. Es mag auch alles so sein, es liegt
aber auch noch an manchem andren, am Stil. Freilich ist es wieder wahr: le style
c'est l'homme."[123] Fontane hat eben seinen ersten Roman "Vor dem Sturm" beendet und ist damit, wie bereits gezeigt wurde, von der aktuellen Theorie Spielhagens
noch nicht entscheidend beeinflusst. Wenn er in der Folgezeit das Prinzip Buffons
teilweise verwirft, die entscheidende Aeusserung fällt im Jahre 1883, so ist es vorerst erstaunlich, dass er 1894 in einem Brief an Friedländer die Formel Buffons
wieder anführt: "Dass man der Sache nicht recht froh wird, das liegt [...] nicht
an Dove's Talent, Geschick, Stil, oder doch an letzterem nur insoweit, als es
heisst: l e   s t y l e   c ' e s t   l ' h o m m e . Wenn dies je zutraf, so hier.
Der Stil ist die Persönlichkeit und die Persönlichkeit, die aus dem Buche spricht,
gewinnt nicht. Deshalb berührt alles frostig und das Lachen, mit dem man Pinki-
lino (!), Cortopasso, Asdente begleitet, ist auch frostig."[124] Es scheint also, dass
Fontane bestimmte Aspekte der traditionellen Stiltheorie nie ganz aufgegeben hat,
und zwar hält er gerade das fest, was er auch gegenüber der Theorie Spielhagens
betont, nämlich den engen subjektiven Zusammenhang zwischen dem Künstler und
seinem Werk. Wenn schon dieser Sachverhalt durch Fontanes Dichterverständnis
näher zu begründen ist, so kann damit auch gleichzeitig seine Bewahrung bestimmter Aspekte der traditionellen Stilauffassung begründet werden.
Bevor sein Wandel des Stilverständnisses näher erörtert wird, ist ein weiterer

Aspekt des Zusammenhangs zwischen Künstler und Stil zu betrachten. Eine vermutlich 1889 entstandene kleine Skizze stellt für die beiden Richtungen "Realismus" und "Idealismus", den Fontane hier als "Romantizismus" bezeichnet, zwei Forderungen auf: beide Richtungen müssen "die Echtheit" und "ihren Stil" haben. Eigentlich falle dies zusammen. "Ist eine Sache echt, so hat sie auch den Stil, der ihr zukommt, und hat sie den Stil, der ihr zukommt, so ist sie auch echt. Der Unterschied ist nur der: Das Echte gibt sich unmittelbar aus dem Gefühl und trifft's, ohne zu wissen, dass es getroffen. Der S t i l ist ein Kunstprodukt, Sache der Erkenntnis, ein Etwas, dem der Künstler bewusst nachstrebt; und erreicht er's, so hat er - indem er den richtigen Stil fand - die Echtheit gefunden. Dasselbe Ziel auf zwei verschiedenen Wegen." (AZL S. 171) Leider hat Fontane dieses "Etwas" nicht ausführlicher beschrieben, immerhin ist hier ein Anknüpfungspunkt zu andern poetologischen Kategorien gegeben. Der bereits aufgezeigte Zusammenhang des Unechten und Phrasenhaften mit dem "Wahren" und dem "Schönen" erfährt von der stilkritischen Seite eine entsprechende Erweiterung. Dass nämlich das Echte aus dem rechten Gefühl auch den echten Stil ergibt, zeigt nicht nur die entscheidende Bedeutung der dichterischen Subjektivität für den künstlerischen Stil, sondern auch den Einfluss des subjektiven Empfindens auf das "Wahre" und das "Schöne". Fontane rettet sich damit aus der alten Stilformel Buffons einen gültigen Kern, der von Nietzsche beschrieben worden ist: "Dies wird die Lehre vom besten Stile sein: er entspricht dem guten Menschen."[125]

Bereits aus dieser einen, ganz von der dichterischen Subjektivität her begründeten Stilauffassung lässt sich folgern, dass damit fast, oder überhaupt jeder Stoff in der Kunst zulässig ist, Hauptsache, er wird echt empfunden, womit ein Abgleiten in Phrase und Stillosigkeit im Vornherein vermieden ist.[126] Reuter hat darauf hingewiesen (AZL S. 376), dass die Entstehung dieser kleinen Skizze schon deshalb ins Jahr 1889 fallen muss, weil auffällige inhaltliche Parallelen mit den gleichzeitig entstandenen Kritiken und Briefen zu Hauptmanns Drama "Vor Sonenaufgang" festzustellen sind. Fontane bewundert in seiner Kritik vom 20. Okt. 1889 an Hauptmanns Stück vor allem andern "den Ton", der gleichbedeutend sei "mit der Frage von Wahrheit und Nichtwahrheit. Ergreift er mich [...] so hat ein Dichter zu mir gesprochen." (H III, 2. S. 819) Im Gegensatz zu Ibsen sei Hauptmann nicht angekränkelt von "philosophisch romantischen Marotten", sondern ein "stilvoller Realist" (H III, 2. S. 820), ein "völlig entphraster Ibsen."[127] Der "Ton" ist es schliesslich, der die Kunst des Stils ausmacht, er ist dieses "Etwas", das auch dem naturalistischen Stoff die poetische Echtheit verleiht.

Schliesslich ist noch der andern Möglichkeit des Stils nachzugehen, die Fontane in dieser Skizze von 1889 erwähnt. Neben dem gefühlsmässig getroffenen echten Stil kann der Stil auch "ein Kunstprodukt" sein, "Sache der Erkenntnis, ein Etwas, dem der Künstler bewusst nachstrebt". Diese zweite Auffassung vom Stil entspricht im Grossen dem Bild, wie es von Wolfgang Kayser als gängige Auffassung des 19. Jahrhunderts beschrieben worden ist, das Dichtung als "bewusst gemachtes" und mit bestimmten Mitteln "aufgeputztes Stück Sprache" verstanden hat.[128] Interessant ist, dass diese technische Seite eines scheinbar bewussten Geschäftes von Fontane mit einem festen Ausdruck benannt worden ist, der in verschiedenen Briefen sich wiederfindet: "'Stil wird angeputzt.' Bei den Architekten gilt dies als Schrecknis und niedrigster Grad, bei uns ist es schliesslich alles."[129] Kurt Schreinert schreibt

dazu, es sei dies eine "für die Gründerjahre höchst bezeichnende Aeusserung, die
F. in einem Brief vom 4. April 1873 (LA I, S. 269) den 'modernen Architekten' in
den Mund legt. "[130] Fontane hat aber diesem "Anputzen der Façade" grösste Bedeutung beigemessen. Unter Berufung auf ein Zitat von Lamartine, wonach es "auf
die kleinen Wörter und Wendungen" ankomme, behauptet er, dass in diesen Klei-
nigkeiten die Kunst stecke, "wodurch man sich vom ersten besten Schmierarius"
unterscheide.[131] Auch sei es "ein Strich, eine Interpunktion, eine Wortstellung,
die über den Wert eines lyrischen Gedichtes" entscheide. (N XXII, 1. S. 549)[132]

Bereits diese wenigen theoretischen Aeusserungen zu Fragen des Stils haben gezeigt, dass Fontane gewisse Aspekte der traditionellen Auffassung vom Stil nicht
aufgegeben hat. Immerhin bleibt die seit 1879 zunehmende Auseinandersetzung mit
Spielhagens Theorie des "objektiven" Erzählens nicht ohne Einfluss auf sein Stilverständnis. Obgleich nur eine einzige bedeutsame Ausführung über Kellers Stil
diesen direkten Einfluss belegt, können doch von diesem Punkt her andere Aussagen entsprechend gedeutet werden. In der Besprechung von Otto Brahms literari-
schem Essay über Gottfried Keller streitet Fontane dem Schweizer rundweg den
künstlerischen Stil ab. Fontane begründet so: "Versteht man unter 'Stil' die sogenannte c h a r a k t e r i s t i s c h e Schreibweise, deren Anerkenntnis in dem
Buffonschen 'le style c'est l'homme' gipfelt, so hat Keller nicht nur S t i l ,
sondern hat auch mehr davon als irgendwer. Aber diese Bedeutung von 'Stil' ist
antiquiert, und an die Stelle davon ist etwa die folgende, mir richtiger erschei-
nende Definition getreten: 'Ein Werk ist um so stilvoller, je o b j e k t i v e r
es ist', d. h. je mehr nur der Gegenstand selbst spricht, je freier es ist von zufälligen oder wohl gar der darzustellenden Idee widersprechenden Eigenheiten und
Angewöhnungen des Künstlers. Ist dies richtig (und ich halt' es für richtig), so
lässt sich bei Keller eher von Stilabwesenheit als von Stil sprechen. Er gibt eben
all und jedem einen ganz bestimmten allerpersönlichsten Ton, der mal passt und
mal nicht passt, je nachdem. Passt er, so werden, ich wiederhol' es, allergröss-
te Wirkungen geboren, passt er aber nicht, so haben wir Dissonanzen, die sich
gelegentlich bis zu schreienden steigern. Er kennt kein Suum cuique, verstösst
vielmehr beständig gegen den Satz: 'Gebet dem Kaiser, was des Kaisers, und
G o t t w a s G o t t e s i s t . ' Erbarmungslos überliefert er die ganze
Gotteswelt seinem Keller-Ton. " (H III, 1. S. 501/02) So weit Fontanes Begründung;
gleich anzuschliessen wäre, wie dies fast unvermeidlich geworden ist, die Kom-
mentierung Thomas Manns. Nicht nur diese Kritik Fontanes an Keller sei im
schönsten Fontane-Ton geschrieben, auch sonst habe er selbst "die ganze Gotteswelt seinem Fontane-Ton überliefert; und wer möchte es anders wünschen? Der
Einwand ist kein Einwand, und Fontane's naturalistisch beeinflusste Stiltheorie
ist nicht auf der Höhe seiner Praxis. "[133]
Betrachtet man Fontanes "moderne" Stildefinition näher, so zeigt es sich, dass
tatsächlich nichts entscheidend Neues ausgesagt wird, als was er bereits in früheren Rezensionen vom Dichter immer wieder fordert, dass nicht der Künstler,
sondern die Sache sprechen soll, und dass ausserdem die Sprache der Sache ge-
mäss sei. Neu aber ist die Beschreibung dieser alten Erkenntnis mit der "modernen" Terminologie. Eine genauere Prüfung dieser Stildefinition auf ihren poetologischen Gehalt wird zugleich auch zeigen, wie Fontane die Buffonsche Formel ver-

steht und in welchen Punkten er sie ablehnt.

Fontanes Urteil über Kellers Stil, den eigentlichen "Keller-Ton", darf unbestritten als das auffälligste, um nicht zu sagen "bedeutendste" Fehlurteil in seiner Praxis als Literaturkritiker bezeichnet werden, sofern man von einzelnen Aeusserungen über die deutsche Klassik absieht. Im allgemeinen bezieht sich Fontanes Kritik auf stilistische Aspekte im Werk Kellers (seine Haltung gegenüber dessen Person steht hier nicht zur Diskussion), wobei ausdrücklich zu betonen ist, dass er die künstlerische Bedeutung Kellers nie unterschätzt hat; wenige Monate vor seinem Tod bezeichnet er ihn als den "bedeutendsten deutschen Erzähler [...] seit Goethe."[134]

Die Haupteinwände nun, die im Essay über Brahms Aufsatz angeführt werden, sind im Kern bereits in allen früheren Aufzeichnungen zum Werk Kellers vorhanden; sie haben also nicht etwa zufälligen Charakter, sondern man kann sagen, dass Fontane sich mit dem Werke des Zürchers eingehend auseinandergesetzt hat. Umso erstaunlicher ist die Tatsache, dass er dessen Dichtung in gewissen Punkten gründlich missverstanden hat. Es scheint dies an der subjektiven Interpretation von Kellers Sprache, seinem "Ton" zu liegen; und so zwingt er Keller und sein Werk auf die Formel: "er ist der Mann des Märchens; der Märchenton ist seine Tugend und seine S c h u l d . " (H III, 1. S. 504) Unter diesem Gesichtspunkt werden bereits früher, also vor 1883, die Arbeiten Kellers kritisiert. In der Rezension der "Leute von Seldwyla" (1875) wird Keller, "au fond ein Märchenerzähler", wegen der " i m   w e s e n t l i c h e n   s i c h   g l e i c h b l e i b e n d e n   M ä r c h e n - s p r a c h e " gerügt. (H III, 1. S. 494) Misslich sei dabei nicht die Sprache an sich, sondern die Tatsache, dass sie ohne Rücksicht auf Stoff, Ort und Zeit, auf "Historie, Kultur- und Sittengeschichte" immer gleich bleibe. Keller lege sich "nicht die Frage vor, ob all das, an gegebenem Ort und zu gegebener Zeit, überhaupt möglich war." (H III, 1. S. 494) Damit führt Fontane ein Argument an, das für seine eigenen Arbeiten von immer zunehmender Bedeutung wird. Aus ähnlichen Gründen verwirft er ein Jahr später Spielhagens "Sturmflut".[135] Im Kern scheitert Fontanes Verständnis für Kellers Prosa an der unterschiedlichen Auffassung der Beziehung von Kunst und Wirklichkeit. So erkennt er denn Kellers Arbeiten oft nur dort an, wo sie nicht "Wirklichkeit" darstellen, sondern eben "Märchen" sind und damit die Form dem Inhalt entspricht. Es wird deutlich, dass Fontane die "Sieben Legenden" als "stillos" verurteilen muss, wenn er aus Kellers Sprache einen "Märchenton" heraushört. Denn wie historische Erzählungen im Märchenton zur "Unwahrheit" werden (H III, 1. S. 494), so sind auch auf den Märchenton gestimmte Legenden ein Fehler und "stillos". Denn "die Legende, solange sie sich Legende nennt, verträgt diesen Ton   n i c h t ;   sie hat vielmehr ihren besonderen   S t i l ,   und diesen vermiss' ich hier." (H III, 1. S. 503) Ausserdem kritisiert Fontane in einer früheren Aufzeichnung zu den "Sieben Legenden" die "ganze schlechte Intention des Verfassers", was sich auch auf die poetische Qualität auswirkt, da sich "der frivole Unglauben des Verfassers und seine poetische Naturanlage beständig befehdeten." (H III, 1. S. 497) Die Stillosigkeit Kellers besteht also bei gewissen Arbeiten nach Ansicht Fontanes darin, dass er ohne Rücksicht auf den Inhalt und die entsprechende "Gattung" immer dieselbe Sprache spricht, eben seine allerpersönlichste Keller-Sprache.[136]

Diese ganze Diskussion um formalästhetische Probleme gipfelt nach Reuter in

Fontanes Behauptung, Keller habe, so "hervorragend" er sei, nirgends "den Vorhang von einer neuen Welt fortgezogen. " (H III, 1. S. 505) In diesem Kernsatz ist für Reuter "alles enthalten, wodurch sich der alte Fontane von Keller abgrenzte. "[137] Ohne auf den poetologischen Gehalt der ganzen Auseinandersetzung näher einzugehen, führt er weiter aus, wie hinter diesem literarischen Urteil das "Suchen nach der 'neuen Welt' ", die "Dialektik von Provinz und Welt", "von alt und neu" verborgen ist. [138] Diese "Metapher von der 'neuen Welt' in der Keller-Kritik" werde später wirksam "als es galt, dem ä s t h e t i s c h e n Postulat die s o z i a l e Erkenntnis zuzuordnen. "[139] Dann folgt einmal mehr das von der marxistischen Fontane-Literatur so überstrapazierte Zitat aus dem Brief an James Morris (22. 2. 1896) von der "neuen, besseren Welt", die "erst beim vierten Stand" anfängt. Reuter konstruiert somit aus einem rein ästhetischen Teilaspekt eine Entwicklung, an deren Ende schliesslich der "eigentliche" Fontane steht, und wo "Literatur und Leben, Kunst, Ideologie und Gesellschaft" zusammenfallen. [140] Betrachtet man jedoch Fontanes Zitat im weiteren Kontext, so hat Keller aber nur im Vergleich zu Dante, Shakespeare und Goethe diesen "Vorhang von einer neuen Welt" nicht fortgezogen. Verglichen mit dem ganzen Kontext könnten Reuters Ausführungen die wohl etwas verstiegene Annahme insinuieren, Fontane sei nun, im Gegensatz zu Keller, in diesem Dreigestirn der Vierte.

Fontanes Stildefinition, wie er sie im Brahm-Essay vorträgt, ist aber nicht nur unter dem einen Gesichtspunkt der Kritik an Kellers Stil zu sehen. Abgesehen von der Tatsache, dass Fontane sich an alte Forderungen der Poetik hält, wonach eben jeder Gattung ihr Stil zukommt, [141] ist im weiteren poetologischen Kontext mit dieser Stiltheorie noch ein Anderes gemeint. Die Kritik ist vorerst im Zusammenhang mit der Aufzeichnung seines Besuches bei Rudolf Lindau zu sehen, der in die gleiche Zeit fällt. Nicht nur wird hier wie dort auf Lindaus Novelle "Gordon Baldwin" Bezug genommen, sondern es wird an beiden Orten von "objektiv" und "Objektivität" gesprochen. Im Brahm-Essay heisst es, ein Werk sei um so stilvoller, je objektiver es ist, d. h. je mehr nur der Gegenstand selbst spreche. (H III, 1. S. 501) Und im "Besuch" bei R. Lindau steht, es fehle der deutschen Novellistik "an Wahrheit, Objektivität, Realismus. Die Menschen tun und sagen beständig Dinge, die sie, wie sie nun mal sind, nie tun und sagen könnten. " (H III, 1. S. 559) Damit sind im Grunde alte Forderungen, die in verschiedenen Besprechungen und Aufsätzen früherer Jahre regelmässig auftauchen, in "zeitgemässer" Terminologie vorgetragen. Bereits im zweiten Kapitel ist im Abschnitt über den Fiktionscharakter der Dichtung darauf hingewiesen worden, dass die unsachgemässe Sprache der dichterischen Personen die Illusion des Lesers zerstöre. Das Fiktionsverständnis wird damit auch von der Auffassung des "objektiven" Erzählens beeinflusst; insofern wird eine Fiktion erst dann glaubhaft und wahr, als die "richtige", an der Wirklichkeit orientierte Sprache auch glaubhaft und wahr ist. Eine so verstandene "Objektivität" ist nicht nur verhältnismässig früh von Fontane, sondern auch bereits von Ludwig[142] und Keller[143] gefordert worden. Eine Auseinandersetzung mit dem Verleger Karpeles zeigt deutlich genug, worum es Fontane im Grunde geht: "Ich bilde mir nämlich ein, unter uns gesagt, ein Stilist zu sein, nicht einer von den unerträglichen Glattschreibern, die für alles nur e i n e n Ton und e i n e Form haben, sondern ein wirklicher. Das heisst also ein Schriftsteller, der den Dingen nicht seinen altüberkommenen Marlitt- oder Gartenlaubenstil aufzwängt, sondern umgekehrt einer, der immer wechselnd seinen Stil aus der Sache nimmt, die er behandelt. Und so kommt es denn, dass ich Sätze schreibe, die vierzehn Zeilen lang sind und dann wieder andre, die noch lange nicht vierzehn Silben, oft nur vierzehn Buchstaben aufweisen. Und so ist es auch mit den 'Unds'. Wollt' ich alles auf den Undstil stellen, so müsst' ich als gemeingefährlich eingesperrt werden. Ich schreibe aber Mit-Und-Novellen und Ohne-Und-Novellen, immer in Anbequemung und Rücksicht auf den Stoff. Je moderner, desto Und-loser. Je schlichter, je mehr sancta simplicitas, desto mehr 'und'. 'Und' ist biblisch-patriarchalisch und überall da, wo nach dieser Seite hin liegende Wirkungen erzielt werden sollen, gar nicht zu entbehren."[144]

Theoretisch gilt also nicht mehr der Charakter des Autors, sondern die Sache als massgebender Richtpunkt für die Art des Stils. Unter diesen stiltheoretischen Voraussetzungen wird auch Kellers Stil als antiquierte "charakteristische Schreibweise" abgelehnt, werden gewisse Arbeiten als "stillos" verworfen. Fontane hat aber, wie das bereits gezeigt worden ist, einen engen subjektiven Zusammenhang zwischen dem Werk und dem Künstler nie geleugnet und die populäre Buffonsche Formel im verbreiteten üblichen Sinn angenommen. Man kann also nicht unbedingt von einer "starren Alternative von 'Le style c'est l'homme' und 'objektivem Stil'"sprechen, wie dies Reuter getan hat.[145] Schliesslich kreisen Fontanes ganze stiltheoretische Ueberlegungen um die Frage der organischen Einheitlichkeit des Kunstwerkes. "Stil vacat", aber wenn ein Lustspiel zur Posse werde, oder eine Posse Lustspielambitionen habe, dann entbehre ein solches Stück "jener äusseren und inneren Einheitlichkeit, die man eben Stil nennt, und das rächt sich." (N XXII, 2. S. 515)

d)   DER GESPRAECHSSTIL

Der Gesprächsstil Fontanes ist der vielleicht auffälligste Teilaspekt innerhalb der verschiedenen stilistischen Kategorien. Fontane hat sich aber über irgendwelche poetologischen Funktionen des Gesprächs kaum geäussert. Umso mehr ist sein Gesprächsstil Gegenstand eingehender Untersuchungen geworden, die vor allem hier den wirklichen "Fontane-Ton" hören wollen.[146] Im vorliegenden Zusammenhang ist aber nur die dichtungstheoretische Seite von Fontanes Gesprächsstil von Bedeutung.

Unter diesen Gesichtspunkten ist das Gespräch in engem Zusammenhang mit der Theorie des "objektiven" Erzählens und den damit verbundenen Auswirkungen auf den Fiktionscharakter und die Stiltheorie zu sehen, wie das im vorhergehenden Abschnitt aufgezeigt worden ist. Das Gespräch, und natürlich das geistreiche Gespräch, ist für Fontane Gegenstand fast ehrgeizigen Strebens; denn bereits sehr früh, schon während der Beschäftigung mit "Vor dem Sturm", hat er die entscheidende Bedeutung des Gesprächs für eine "wirklichkeitsbezogene" und das "Leben" schildernde Dichtung erkannt. Scott ist ein wichtiges Vorbild, ausgestattet mit der Gabe, "Menschen das Natürliche, immer Richtige sagen zu lassen, die, wenn wir Shakespeare und Goethe aus dem Spiel lassen, kein anderer hat. Ich finde dies das Grösste."[147] Doch kommt es schliesslich nicht auf die "Richtigkeit" des Sprechens allein an, das ist bloss erste Bedingung für den "objektiven Stil", sondern für den Kunstcharakter ist dazu auch die Art dieses Sprechens wichtig. Denn "richtig gezeichnete Figuren werden zwar auch immer richtig sprechen, da nicht richtiges Sprechen auch die Richtigkeit der Zeichnung aufhebt. Aber innerhalb der Richtigkeit des Dialogs existiert doch ein linker und ein rechter Flügel, ein linker Flügel, der auf der Trivialität, und ein rechter, der auf dem Esprit steht." (AZL S.108) Ueberflüssig zu sagen, zu welchem Flügel Fontane sich selbst zählt, er hat es klar genug ausgesprochen, ausführlich und selbstbewusst im Brief an seine Tochter: "Es hängt alles mit der Frage zusammen: 'wie soll man die Menschen sprechen lassen?' Ich bilde mir ein, dass nach dieser Seite hin eine meiner Forcen liegt, und dass ich auch die Besten (unter den L e b e n d e n die Besten) auf diesem Gebiet übertreffe. Meine ganze Aufmerksamkeit ist darauf gerichtet, die Menschen s o sprechen zu lassen, wie sie w i r k l i c h sprechen. Das Geistreiche (was ein bisschen arrogant klingt) geht mir am leichtesten aus der Feder, ich bin - auch darin meine französische Abstammung verratend - im Sprechen wie im Schreiben, ein Causeur, aber weil ich vor allem ein Künstler bin, weiss ich genau, wo die geistreiche Causerie hingehört und wo n i c h t [...] Deshalb kann ich moderne Salon-Novellen meistens nicht lesen, weil alles was gesagt wird, so langweilig, so grenzenlos unbedeutend ist."[148] Dieses Bekenntnis ist auch als poetologische Ausführung aufschlussreich. Es ist an die Forderung zu erinnern, die Fontane an die künstlerische Qualität der fiktiven Welt gestellt hat. Die fiktiven Gestalten nämlich sollen so sein, "dass wir in Erinnerung an eine bestimmte Lebensepoche nicht mehr genau wissen, ob es gelebte oder gelesene Figuren waren." Die Fiktion soll, so irreal es auch ist, nach bester Möglichkeit den Unterschied "zwischen dem erlebten und erdichteten Leben" verwischen, oder gar aufheben. Dies kann nirgends besser als im Gespräch geschehen, denn das Gespräch gewährt, "und zwar im besonderen die unprogrammatische gesellige Plauderei, eine realistische Annäherung an die Wirklichkeit, die den Sprung zwischen Wirklichkeit und Kunst, den Unterschied zwischen der Seinsweise von Kunst und Wirklichkeit auf e i n e r Ebene, in e i n e m Bereich, auf ein Minimum einzuschränken scheint, bis zu indifferenter Nähe, wenn auch nicht zur Identität."[149] Auf den Zusammenhang zwischen der Zunahme des Gesprächs in der Dichtung und der Romantheorie von Spielhagen hat bereits Martini hingewiesen; man versuchte, mit dem Uebergang vom Bericht zur Darstellung, "den Erzähler auszuschalten und fand im direkt mitgeteilten Gespräch, seiner pseudo-dramatisch-dialogischen Form ein Hauptmittel der psychologisch-mimischen, zeitgeschichtlichen und sachgebundenen Vergegenwärtigung."[150] Als auffällige Eigenart von Fontanes Gesprächsstil ist das Aphoristische und Sentenzenhafte bezeichnet worden. Adolf Sauer hat in einer Untersuchung über "Das aphoristische Element bei Theodor Fontane" diesen Aspekt seines Stils beschrieben und ist dabei vor allem den Unterschieden zwischen Goethe und Fontane nachgegangen. Während bei Goethe "die oftmals keineswegs in dem epischen Gewebe organisch erwachsenen Reflexionen und Sentenzen den Charakter ständiger Einschaltung des Dichters (und Aphoristikers)" haben[151] und als "persönliche Zwischenrede" die Subjektivität betonen, ist bei Fontane eine weitgehende "Objektivierung" festzustellen. Er beachtet beim Aphorismus nicht nur "sein organisches Erwachsen aus dem Geist einer Gestalt, aus dem Verlauf des Gesprächs",[152] sondern er gibt in den früheren Romanen auch "die differenzierende Charakterisierung der einzelnen Gestalten im Gespräch durch das bei aller Schwierigkeit doch ein-

fachere Mittel der T h e m e n w a h l . In den späteren jedoch [. . .] bevorzugte
und erreichte er individualisierende Charakteristik durch die F o r m der R e -
d e . "[153] In gewissem Sinn werden also für Fontane Aphorismus, Sentenz und
Anekdote eine Form der Mimesis, denn in ihnen, und nicht in den "Staatspapieren",
steckt "die wahre Kenntnis einer Epoche und ihrer Menschen, worauf es doch
schliesslich ankommt. "[154]

3.   INHALT UND FORM

In den wenigen frühen Aeusserungen über die Wechselbeziehung von Inhalt und
Form spricht Fontane entweder vom Missverhältnis[155] oder vom gelungenen
künstlerischen Zusammenwirken bei dem Inhalt und Form "sich decken". [156] Im
ersten Fall geht es denn auch meistens um Epigonenliteratur, wo das Phrasenhafte, Bombast und Trivialität Gegenstand der Kritik sind. Noch im programmatischen Essay von 1853 wird das Verhältnis von Inhalt und Form aus diesem Gesichtspunkt betrachtet; der Realismus sei der geschworene Feind aller Phrase
und Ueberschwänglichkeit, und "keine glückliche, ihm selber angehörige Wahl
des Stoffes kann ihn aussöhnen mit solchen Mängeln in der Form, die seiner Natur zuwider sind. " (H III, 1. S. 239) In den spätern Aeusserungen, die auffällig mit
der eigenen dichterischen Produktion einsetzen, geht es weniger um dieses Missverhältnis von Inhalt und Form, als vielmehr um die Qualität der künstlerischen
Behandlung im Verhältnis zur Art des Inhalts, das heisst, "nicht die Grösse der
Aufgabe entscheidet, sondern das 'Wie', mit dem wir die kleinste zu lösen verstehen. "[157]
Es ist bereits gezeigt worden, wie dieser Gesichtspunkt des Verhältnisses von
Inhalt und Form für Fontanes Auffassung der Tendenz bedeutsam wird. Indem er
im "Wie" die eigentliche und zentrale künstlerische Aufgabe sieht, ist letztlich
eine ausserdichterische Absicht, eine spezifische Tendenz ausgeschlossen, da
für die Tendenzdichtung im allgemeinen der Stoff, die Fabel ungleich bedeutsamer
ist. [158]
Im folgenden soll die Bedeutung des Formalen vor allem im Zusammenhang mit
den spezifisch inhaltlichen Aspekten des Typischen und des Details erörtert werden. Denn mit der zunehmenden Betonung der Bedeutung des Kleinen und Nebensächlichen, des Unbedeutenden und der Nebenfiguren wird der ästhetische "Durchgangsprozess" immer entscheidender. Dieser "gewaltige Unterschied zwischen
dem Bilde, welches das Leben stellt und dem Bilde, das die Kunst stellt" ergibt
sich aus einer "rätselhaften Modelung und an dieser Modelung haftet die künstlerische Wirkung, die Wirkung überhaupt. "[159] Man könnte dies tatsächlich als "die
banalste der Fragen im Gewerbe des Kunstrichters" betrachten, "keine Fontane-
sche Spezialität", aber in der jeweiligen Beurteilung dieser auf verschiedene Art
gelösten "Modelung" zeigt sich eine Eigenart Fontanes, "in seinem Fragen nach
dem schöpferischen 'Wie' ist er völlig frei, durch keinen 'Schulterror' behindert",
er will einzig "den Durchgangsprozess von Mal zu Mal begreifen. "[160] Und dieser

Durchgangsprozess und damit die künstlerische Wirkung ist eben, je unbedeutender der Inhalt, umso schwerer zu bewerkstelligen. Hier zeigt sich "die Macht des S t i l s und dass das, was gesagt wird, eigentlich gleichgültig ist, wenn es nur gut und klar gesagt wird. "[161] Fontane ist überzeugt davon, dass in Deutschland sehr viele Leute "ein bedeutendes Buch und einen inhaltsreichen Roman" schreiben könnten, denn dazu brauche man bloss gescheit zu sein, viel gelernt und viel gesehen zu haben, aber das alles "hat mit 'Kunst' sehr wenig zu tun, mit der Gabe, aus ein bisschen Brotkrume, sagen wir den Raub der Sabinerinnen im Kate-Greenaway-Stil humoristisch herauszukneten. Das können die Deutschen nicht, das ist ihr Mangel, ihr Barbarenrest, und jedes Zeichen, dass es mit dieser Barbarei mal aufhören wird, begrüsse ich mit herzlicher Freude. "[162] Fontane wählt, was bei andern Dichtungstheoretikern wie Keller oder Ludwig auch zu beobachten ist, den Vergleich mit der Malerei. Denn seiner Ansicht nach gelten in der erzählenden und in der bildenden Kunst dieselben Gesetze. Zwischen der Darstellung in Worten und in Farben sei kein Unterschied. Es komme nicht darauf an, "dass ein Napoleon in der einen Schlacht, ein Meeressturm, ein Finster Aarhorn gemalt wird, ein Bauer der pflügt, eine Bucht am Tegler See, eine Kuppe der Müggels [-] oder Kranichsberge hat denselben Anspruch. Die Kunst der Darstellung, ihre Wahrheit und Lebendigkeit ist das allein entscheidende. " Man könne allerdings dem Kunstwerk noch den Zauber des stofflich Neuen dazu geben, das Anziehende und die Wirkung würden wachsen, "aber für den eigentlichen Kenner wird dies nur einen geringen Unterschied abgeben, so gering, dass er neben der g e r i n g - s t e n U e b e r l e g e n h e i t an darstellender Kraft, an Kunst, immer verschwindet. Es gibt nichts so Kleines und Alltägliches, das nicht, durch künstlerische Behandlung geadelt, dem grössten aber ungenügend behandelten Stoff überlegen wäre. " (H I, 5. S. 819/20)
Hier ist allerdings eine für Fontanes Aesthetik bezeichnende Einschränkung vorzunehmen. Es ist bereits angetönt worden, dass Fontane mit dieser Ansicht grundsätzlich mit seinen Zeitgenossen, vor allem dem progressiven Hermann Bahr, mit Otto Brahm und den Brüdern Hart auf derselben Linie steht. Gerade Bahr argumentiert ähnlich, doch markiert er mit seinem vitalnaturalistischen Standpunkt gleichzeitig die entscheidenden Differenzen zu Fontane. Weit extremer als dieser betont Bahr die Form und dass Kunst von Können komme, es sei "nur die Form, nichts als die Form, einzig und allein, die schöne Form. "[163] Schliesslich wählt auch er das Beispiel aus der bildenden Kunst: "ein Maler ist, wer malen kann. Was er male, Heilige oder Sünder, Prinzessinnen oder Ochsen, verzückte Madonnen oder trunkene Bauern, Nymphenhaine oder Schweineställe, Rosen oder Rüben, und wie er es male, hell oder schwarz, im künstlichen oder freien Licht, farbig oder blass, reinlich oder fleckig, breit und gewaltthätig oder fein und gestrichelt - das ist ganz gleichgültig für seinen Wert, darnach wird dann die Aesthetik, die wir von seinen Tafeln lesen; aber welche es auch sei, er ist ein Künstler, wenn er nur malen kann: darauf allein kommt es an, beim Maler, beim Musiker, beim Dichter, in aller Kunst und das Können ist das grosse Erkennungszeichen dieses freien, mächtigen Geheimbundes. "[164] In einer späteren Kritik über ein in der Münchner Secession ausgestelltes Bild "Ruhe im Saugarten" handelt Bahr diese Theorie nochmals ab. Die Meinung, dass es Dinge gebe, die man nicht malen dürfe, sei unkünstlerisch. Er beruft sich sogar auf ein Gespräch Goethes mit Eckermann,

wonach im Grunde kein realer Gegenstand unpoetisch bleibe, sobald der Dichter ihn gehörig zu gebrauchen wisse. Und so hätte Goethe "denn wohl gewiss nicht zögern dürfen, auch Schweine als malerisch gelten zu lassen."[165] Bahr sehnt sich "nach dem grossen Zauberer, der auch im Hässlichen, das unsere Seele betrübt, die strahlende Seele wecken wird, bis nichts mehr leer, nichts mehr stumm, nichts mehr dunkel, rings nur Pracht, Jubel und Licht ist."[166] Hier setzt Fontanes Kritik ein. Seine ästhetische Kategorie der Verklärung bestreitet, in ihrer einen Bedeutung, die Berechtigung des Hässlichen und Gemeinen in der Kunst, und wäre es auf Kosten der Wirklichkeit. Das folgende Kapitel wird zeigen, wie sich Fontane gerade hier vom Naturalismus deutlich unterscheidet. Wohl rühmt er in einem Brief an Kletke die "geniale Bravour", mit der Zola in "Le ventre de Paris" einen "unterirdischen Käseladen zu beschreiben weiss",[167] eines der petits détails wie er sie liebt. Aber zwei Jahre später schreibt er seiner Frau, wieder in Bezug auf Zola: "Es ist ein Unterschied, ob ich die Morgue male oder Madonnen, auch wenn das Talent dasselbe ist."[168]
Der Inhalt ist im Verhältnis zur Form für Fontane nicht ganz so gleichgültig wie es zunächst scheinen möchte. Er ist Teil des ästhetischen Normengefüges und hat, auch wenn er im Verhältnis zur Form scheinbar unbedeutender wird, diesem ganzen Gefüge zu entsprechen. Fontane selbst kommt dem Versuch einer möglichen Ueberbetonung der Form zu ungunsten des Inhalts zuvor: "Ich gehe nicht so weit zu behaupten, dass in der Kunst das Dargestellte gleichgültig und die Darstellung a l l e s sei, so viel aber ist sicher, dass die meisterhafte Behandlung auch des Kleinen und Alltäglichen mich alle Kleinheit und Alltäglichkeit vergessen lässt und mir ein Behagen schafft, das einem, in den höheren Semestern wenigstens, ein lieberes Gefühl ist als die Bewunderung des bloss Gewollten." (N XXII, 2. S. 36/37) Fontanes Betonung des Formalen ist mit seiner zunehmenden Vorliebe für das inhaltlich Kleine, Bedeutungslose und Alltägliche zu sehen. Denn weil jede spannende Story an sich schon des Interesses sicher ist, stellt eben das belanglose Detail, um Interesse und Wirkung zu erzielen, an den "Durchgangsprozess", die "Modelung" eminent grössere künstlerische Anforderungen. Fontanes Vorliebe für das Detail und das Kleine bleibt im Alter vorherrschend und wird für das Werk der allerletzten Jahre bestimmend; schliesslich wird auch der Handlungsfaden auf ein Minimum eingeschränkt. Bei der Durchsicht alter Korrekturbogen interessieren ihn, wie er an Spielhagen schreibt, "nicht mehr die Liebes- und Heldenballaden", sondern "nur noch Robin Hood, der seinen alten Onkel Gamel besucht, zusieht, wie Festkuchen gebacken wird, ungeheuer viel isst und trinkt, und zuletzt mit einer schwer-zöpfigen Jenny zur Stadt hinauswalzt, wieder in seinen Sherwoodwald hinein. Da haben Sie meine Stimmung, meinen gegenwärtigen Geschmack."[169]

Diese Details sind tatsächlich im Vergleich mit "dem 'zu Bett' der Lady Macbeth und den Flüchen der Deborah" weniger interessant und wirkungsvoll. Aus der Sicht von Fontanes poetologischem Programm werden sie aber höchst bedeutsam, indem sich im Kleinen das Alltägliche und Allgemeintypische der Wirklichkeit, das Menschliche des Lebens zeigt. Als ein Ausschnitt der erlebten Wirklichkeit ist dieses "Unbedeutende" als Inhalt im Verhältnis zur Form nicht weniger bedeutend. Ausserdem ist mit der dialektischen Konzeption der Wechselbeziehung von Inhalt und Form eine qualitative Differenz nicht gegeben. Doch darum geht es Fontane nicht.

Sein Problem ist, wie dieses Unbedeutende und Kleine interessant und wirkungsvoll, eben poetisch wird. Denn das Grosse spricht für sich selbst, braucht weniger "Apparat und Inszenierung". Es ist richtig gesehen worden, dass Fontane in seinen früheren Jahren annahm, ein poetischer Stoff könne durch unzureichende Bearbeitung eher seiner Poesie entkleidet werden, als dass blosse Gestaltungskraft einen poesielosen Inhalt zu einem Kunstwerk erheben könnte. Später revidierte er nicht ohne Einfluss des Naturalismus diese eher inhaltsbezogene ästhetische Anschauung und kam zu einer ungleich höheren Einschätzung des künstlerischen Formwillens.[170] Es ist der Standpunkt des eigentlichen Künstlers. Denn für Menschen, um es mit Hofmannsthal zu sagen, "die das Stoffliche nicht vom Künstlerischen zu unterscheiden wissen, ist die Kunst überhaupt nicht vorhanden."[171]

Die ästhetischen Kategorien des Hässlichen, der Verklärung und des Humors sind in der Poetik Fontanes nicht voneinander unabhängige Einzelphänomene, sondern sie stehen in enger wechselseitiger Beziehung. Ausserdem sind sie in besonderem Zusammenhang mit der Kategorie des Schönen zu sehen, die in der Verklärung und im Humor in spezifischer Weise in Erscheinung tritt. Wie alle andern Kategorien sind auch Fontanes Ansichten über das Hässliche, die Verklärung und den Humor der Ausdruck seiner individuellen Auffassung vom Verhältnis zwischen Kunst und Wirklichkeit. Insofern können sie als zentrale dichtungstheoretische Aspekte seiner Kunst- und Realismusauffassung gelten. Diese Korrelationen sind zu beachten, auch wenn die einzelnen Kategorien im folgenden gesondert erörtert werden.

Die direkten theoretischen Aeusserungen Fontanes zu den einzelnen Kategorien sind rein quantitativ sehr unterschiedlich. Am ausführlichsten reflektiert er das Problem des Hässlichen in der Kunst, was unter anderem auf seine intensive Auseinandersetzung mit den poetologischen Anschauungen des Naturalismus zurückzuführen ist. Es werden hier nicht nur die Grenzen zur naturalistischen Kunsttheorie deutlich, sondern zugleich auch Fontanes Gebundenheit an die traditionelle Poetik. Diese Bindung an die Tradition wird in der Kategorie der Verklärung offenkundig, wenn auch der Begriff, vor allem mit den spärlichen Aeusserungen Fontanes, nicht eindeutig klärbar ist. Jedenfalls aber hängen die Verklärungstendenzen in der Dichtung mit dem Humor eng zusammen. Der Humor hat, allgemein gesagt, unter anderen die eine Funktion der Verklärung des Hässlichen. Doch kommen in der Kategorie des Humors mit den ästhetischen auch ethische Funktionen zum Ausdruck.

Dass Fontane als ein letzter Vertreter des ästhetischen Programms des Realismus im 19. Jahrhundert gelten kann, zeigt sich im Zusammenhang dieser drei Kategorien besonders deutlich.

1.   DAS HAESSLICHE

Die Darstellung des Hässlichen in der Kunst ist ein traditionelles Problem der Aesthetik. Es wird nach 1850 mit der Rückbesinnung auf die Formkräfte der deutschen Klassik im Realismus erneut aufgegriffen. Der Hegel-Schüler Franz Rosenkranz veröffentlicht 1853 in Königsberg seine "Aesthetik des Hässlichen". Er legt dar, dass in Dichtung und Malerei das Hässliche ein Teil der Gesamtidee der Kunst sei, das aber "nach dem Mass seiner ästhetischen Bedeutung gestaltet" und "idealisiert" sein muss. [1] Eine Rezension in den "Grenzboten" über dieses vielbesprochene Werk hält fest, der Zweck der Kunst sei zwar unstreitig die

Hervorbringung des Schönen, aber die theoretische Erörterung des Hässlichen sei insofern bedeutsam, als "namentlich in unserer Zeit [...] in der Malerei, in der Poesie und in der Musik ganz unzweifelhaft diese Berechtigung der Kunst übertrieben" werde.[2]

Im gleichen Jahr 1853 erscheint in zwei Bänden die "Geschichte der deutschen Nationalliteratur" von Julian Schmidt. In der Einleitung dieses einflussreichen Werkes heisst es, noch stünden "trotz alles scheinbaren Wechsels in den Formen, die Principien des Wahren, Guten und Schönen unerschütterlich fest."[3] Der Programmatiker des Realismus sagt aber deutlich, er verstehe unter Realismus "nicht die Neigung, alle möglichen Stoffe, auch die unschönen und ekelhaften, in das Gebiet der Poesie zu ziehen. Es ist das ein sehr zweifelhaftes Verdienst und hat ausserdem noch etwas Künstliches und Gezwungenes."[4] Die Anstrengungen, mit denen eine klassizistische Aesthetik aufrecht erhalten wird, sind nicht zu übersehen: einerseits stehen die ästhetischen Ideale des Schönen und Wahren der Klassik noch "unerschütterlich" fest, gleichzeitig aber wird ein Kampf gegen das hereinbrechende Hässliche und Niedrige in der Kunst ausgefochten.

Vor diesem Hintergrund sind Fontanes entsprechende Ausführungen in seinem Essay "Ueber unsere lyrische und epische Poesie seit 1848" zu sehen, der ebenfalls 1853 erscheint. Bezeichnenderweise, möchte man fast sagen, gibt er zuerst eine negative Bestimmung dessen, was er unter Realismus versteht: "Vor allen Dingen verstehen wir   n i c h t   darunter das nackte Wiedergeben alltäglichen Lebens, am wenigsten seines Elends und seiner Schattenseiten. Traurig genug, dass es nötig ist, derlei sich von selbst verstehende Dinge noch erst versichern zu müssen. Aber es ist noch nicht allzu lange her, dass man (namentlich in der Malerei)   M i s e r e   mit Realismus verwechselte [...] Diese Richtung verhält sich zum echten Realismus wie das rohe Erz zum Metall: die Läuterung fehlt." (H III, 1. S. 240/41) Es sind keine Hinweise bekannt, die eine direkte Beschäftigung Fontanes mit der "Aesthetik des Hässlichen" von Rosenkranz bezeugen. Seine Ausführungen zu diesem ästhetischen Problem brauchen aber nicht darauf zurückzuführen sein, da die Darstellung des Hässlichen und Niedrigen in der Kunst ein allgemeiner Gegenstand der dichtungstheoretischen Diskussion war. Hingegen hat Keller auf die Theorie von Rosenkranz polemisch reagiert, schon die Problemstellung sei falsch und drohe, die überkommene Trennungslinie von "schön" und "hässlich" zu durchbrechen. Als ästhetische Grundtatsache gelte: "Schön ist schön und hässlich ist hässlich."[5] Für Fontane liegen die Probleme differenzierter, sie werden weniger ausgesprochen mit dem Blick auf die deutsche Klassik als vielmehr in der Auseinandersetzung mit dem Naturalismus erörtert.

Was ist hässlich? Die Antwort wird bei Keller und bei Fontane, bei jedem Dichter überhaupt im einzelnen anders ausfallen. Entsprechend verschieden wird die stilistische Konsequenz im poetischen Verklären dieses Hässlichen sein. Marie Louise Gansberg hat in einer ausgezeichneten Arbeit über den "Prosa-Wortschatz des deutschen Realismus" die praktischen Auswirkungen, die stilistischen Konsequenzen der Verklärungstendenz des Hässlichen untersucht. Als hässliches, unpoetisches Faktum gelten im Realismus ganz allgemein unangenehme, rohe oder grausame Tatbestände, unerfreuliche Ereignisse wie Kriegserlebnisse, Armut, wirtschaftlicher Ruin, schlechte Ehe- und Familienverhältnisse, Trunkenheit, Krankheit, Alterserscheinungen, Sterbeszenen und Begräbnisse, usw.[6] Das ästhetische

Problem besteht für den Künstler darin, wie er diesen prosaischen Zuständen und Ereignissen die gültige Poesie verleiht. Fontane hält sich selten an einem bestimmten hässlichen Faktum auf.[7] Für ihn ist die grundsätzliche Frage weit entscheidender, ob die Wirklichkeit in ihren Prozentsätzen von gut und böse, von schön und hässlich, richtig und kunstvoll gezeichnet ist. Immer geht es ihm letztlich um den Realismus, und damit um die Kunst. Dies wird in seiner Auseinandersetzung mit den Werken von Emile Zola, Max Kretzer, Paul Lindau und Karl Frenzel besonders deutlich.

Fontanes Beschäftigung mit Zola fällt in die erste Zeit seiner eigenen dichterischen Tätigkeit. Seine Kritik des Franzosen hält die Waage zwischen Annahme und Ablehnung, schliesslich bleibt es bei einer wenn auch eingeschränkten Bewunderung des grossen Talents.[8] Hauptgegenstand seiner Ablehnung ist die "Gesamtanschauung von Leben und Kunst", deren Niedrigkeit im Ueberwiegen des Hässlichen und der Misere deutlich wird. Fontanes Briefe an die Frau sind laufende Kommentare seiner gleichzeitigen Zola-Lektüre und entsprechen durchwegs dem Bild der privaten Notizen. Vieles sei gewandt, unterhaltlich, oft witzig und erheiternd, "alles in allem aber doch eine traurige Welt."[9] Fontane betont zwar, darauf lege er kein grosses Gewicht, das sei Anschauungs-, nicht Kunstsache. In Anschauungen sei er sehr tolerant, aber in Sachen Kunst verstehe er keinen Spass. Genaueres berichtet der nächste Brief, dessen Ausführungen sich vor allem auf "La fortune des Rougon" beziehen. "Das Talent ist gross aber unerfreulich." Wiederum wird der Witz hervorgehoben und ausdrücklich betont, dass von "Unsittlichkeit oder auch nur Frivolitäten k e i n e S p u r " sei, und selbst von "Cynismus" sei "kaum etwas zu finden."[10] Fontane scheint sich damit bewusst von gewissen Vorwürfen der Zola-Gegner zu distanzieren, die eben Anschauung und Moral von Kunst nicht zu trennen wissen.[11] Seine entscheidende Kritik an Zola bezieht sich auf ein eminent künstlerisches Problem, nämlich die Art der Wirklichkeitsbetrachtung. Von da her sei Zolas Buch "durchaus n i e d r i g in der Gesamtanschauung von Leben und Kunst. So i s t das Leben nicht, und wenn es so wäre, so müsste der verklärende Schönheitsschleier dafür geschaffen werden. Aber dies 'erst schaffen' ist gar nicht nöthig, die Schönheit ist d a , man muss nur ein Auge dafür haben oder es wenigstens nicht absichtlich verschliessen. Der ä c h t e Realismus wird auch immer schönheitsvoll sein, denn das Schöne, Gott sei Dank, gehört dem Leben gerade so gut an wie das Hässliche. Vielleicht ist es noch nicht einmal erwiesen, dass das Hässliche präponderiert." Doch dann gelingt auch Fontane nicht mehr die eindeutige Trennung zwischen Kunst und Anschauung: Zola sei der Verkünder einer "nackten Gesinnungs-Gemeinheit", und was "von 'Idealität' daneben herläuft (Miette und Silvester) ist Verzerrung, Poesie mit Albernheit verquickt."[12] Selbst wenn man diese "Gesinnungs-Gemeinheit" nicht auch als ethische, sondern als rein ästhetische Qualifikation des subjektiven Bezugs zur Wirklichkeit betrachten will, wird doch deutlich, dass Fontane die Wirklichkeit grundlegend anders sieht als Zola. Kunst ist in jedem Fall schönheitsvoll. Aus dieser ästhetischen Perspektive betrachtet, gibt es im Leben, in der Wirklichkeit, Schönes und Hässliches. In der Kunst darf dieses Schöne nicht übersehen und darf das Hässliche nicht überbetont werden. In den privaten Aufzeichnungen zu Zola heisst es, er gebe "alles mögliche Gute, nur nicht Realismus. Er gibt gelegentlich Hässlichkeiten, aber diese Hässlichkeiten sind nicht Realismus. Realismus ist die k ü n s t -

l e r i s c h e   W i e d e r g a b e   (nicht das blosse Abschreiben) des Lebens. Also Echtheit, Wahrheit. " (AZL S. 137) Damit wendet sich Fontane nicht gegen die Darstellung von eigentlich hässlichen Tatbeständen in der Kunst, sondern gegen die Art der Darstellung. Denn mit dem "blossen Abschreiben" bleibt das Prosaische der Wirklichkeit bestehen, wo doch gerade das Hässliche einer höchst künstlerisch-verklärenden Wiedergabe bedarf, um Poesie zu werden.

Die Aufzeichnungen zu "La Conquête de Plassans" bringen einen weiteren Aspekt der Berechtigung des Hässlichen in der Kunst. Fontane fragt, ob eine Frau von der Art und dem Charakter der Frau Martha Mouret überhaupt vorkomme, und wenn ja, ob der Realismus in der Kunst eine solche Darstellung dann zulasse. Er selbst glaubt, dass dergleichen als Ausnahmefall vorkommt, aber die Kunst habe nicht Ausnahmefälle, sondern Durchschnittscharaktere zu zeichnen, die als Individuen typisch sind für das allgemeinmenschliche Mittelmass. Frau Martha Mourets hässlicher Charakter könnte eine Krankheitserscheinung sein, dann aber gehörte die Beschreibung in "ein mediz [inisches] Buch über Nervenkrankheiten, aber nicht in einen Roman. " (AZL S. 148) Fontane geht noch weiter und setzt den Fall, dass "gewisse Krankheitserscheinungen" dennoch im Roman dargestellt werden dürften. In diesem Fall kann aber "doch nie zugegeben werden, dass das absolut Verletzende, Dégoûtante ein Recht auf solche Darstellung hat. Man muss in   s o   weit immer im Schönheitlichen bleiben, dass man freudig mitgeht. Die Schönheit, die dies 'freudige Mitgehn' gestattet, kann eine Grause-Schönheit, ja in gewöhnlichem Sinne (im Gegensatz zu dem ästhetischen Begriff des Schönen) sogar eine Hässlichkeit sein, aber man muss 'freudig folgen' können. Kann man dies nicht mehr, wirft man sich hin und sagt: 'Nein, keinen Schritt weiter', so ist der Fehler da, so ist bewiesen, dass   d a s   nicht in die Kunst hineingehört. " (AZL S. 148) Diese Ausführungen zeigen deutlich, dass es Fontane nicht um die Negation des hässlichen Faktums in der Kunst geht, sondern letztlich um das "Wie" der Darstellung. Genügt die Darstellung nicht den poetischen Anforderungen, geht man nicht mehr "freudig" mit, dann ist die Grenze erreicht. Allerdings sei "hier wie überall die Grenzlinie schwer zu bestimmen, weil das ästhetische Fühlen so verschieden ist. " Abgesehen davon, dass Fontane damit einmal mehr die Subjektivität aller ästhetischen Wertung betont, wird mit dieser Grenze auch die Echtheit und Wahrheit des Kunstwerkes festgelegt. Indem Zola das Hässliche überbetont und an Ausnahmefällen darstellt, wird diese dargestellte Wirklichkeit nach Meinung Fontanes unglaubwürdig. Das abschliessende Urteil zu "La Conquête de Plassans" lautet denn auch: "M a n   g l a u b t   n i c h t   d r a n . Dieser Grundfehler der Zolaschen Produktion [...] tritt einem in der zweiten Hälfte des Romans auf jedem Blatt entgegen. " (AZL S. 149)

Zwei Jahre nach dieser Auseinandersetzung mit dem Werk Zolas bespricht Fontane zwei Werke von Eduard Engel, die "Geschichte der französischen Literatur" und die "Psychologie der Französischen Literatur". Fontane betont in der ersten Rezension, die Zitate seien "überall mit Vorbedacht ausgewählt worden. " (H III, 1. S. 526) Seine Meinung stimme, abgesehen von dem Urteil über Diderot und Voltaire, inhaltlich in allen Fällen mit dem Verfasser überein. Fontanes Auswahl der Passagen über Zola können nicht erstaunen, sie bestätigen, dass seine Ansichten nicht nur über Zola, sondern über das Hässliche in der Kunst überhaupt gleich geblieben sind. [13] Zudem zeigt sich auch eine Uebereinstimmung mit der tonangebenden Literaturkritik. Denn nicht nur Engel, auch Julian Schmidt urteilt über Zola in den 1878 erschienenen "Portraits aus dem neunzehnten Jahrhundert" ähnlich wie Fontane. Auch er rühmt Zolas "dichterische Potenz" und die "dichterische Kraft". Seine Moral sei nicht schlecht, aber was für ein "colossales Talent arbeitet sich hier an einem widerwärtigen Stoff ab! Je tiefer man aber diese Macht des Künstlers bewundert, um so peinlicher berührt es, sie rein auf das Hässliche gerichtet zu sehn."[14] Ein direkter Einfluss der Auffassung Schmidts auf Fontane ist nicht nachweisbar.[15] Er ist auch nicht notwendig gegeben, da Fontanes Ansicht über das Hässliche im Werk Zolas mit seinen übrigen Aeusserungen zu dieser ästhetischen Kategorie übereinstimmen.

Bereits 1872 hat er Kleists "Marquise von O." auf Grund derselben Kriterien beurteilt. Schon hier wird wie beim Werk Zolas gefragt, ob die geschilderten Personen und Umstände möglich und also glaubwürdig seien. Was auf der Zitadelle geschieht, wird nicht nur unter Berufung auf ein "Conclusum von einer halb aus Don Juans und halb aus Frauenärzten zusammengesetzten Körperschaft" als physisch möglich erachtet, sondern auch moralisch entdecke man "die M ö g l i c h k e i t dazu im eigenen Herzen. Damit, da man das eigene Fühlen als Massstab nimmt, fällt alles Hässliche fort." (AZL S. 46) Für Fontane ist die Erzählung eine Meisterarbeit, das Glänzendste und Vollendetste, was Kleist geschrieben hat.[16]

Letzte grundsätzliche Sätze zur Kategorie des Hässlichen fallen im Zusammenhang mit dem "deutschen Zola", Max Kretzer, dem zu seiner Zeit bedeutendsten Vertreter des deutschen naturalistischen Romans. Im Jahre 1886 erscheint in zwei Bänden der Roman "Drei Weiber", wie Fontane schreibt, "die neuste Leistung dieses furchtbaren Menschen, der angestellt scheint, um Flaubert, Zola und den echten Realismus zu diskreditieren." (AZL S. 111) Das Buch ist, wie das Tagebuch vermerkt, "eine Schweinerei". Doch auch hier geht es Fontane nicht um den gemeinen und hässlichen Inhalt - ein Assessor lebt mit Mutter, Stieftochter und Dienstmädchen a tempo auf dem Liebesfuss - sondern um die künstlerisch glaubwürdige Darstellung. Aber er will nur "einem Dichter, der sittlicher Mensch und Genie zu gleicher Zeit ist, die Behandlung solcher Dinge gestatten, ja, es kann dann von erschütternder Wirkung sein, Kretzer ist aber bloss ein talentierter Saupeter."[17] Fontane betont im selben Jahr, es genüge nicht, und sei nicht Aufgabe des Romans, "Dinge zu schildern, die vorkommen oder wenigstens jeden Tag vorkommen k ö n - n e n ." Aufgabe des modernen Romans sei es, "ein Leben, eine Gesellschaft, einen Kreis von Menschen zu schildern, der ein unverzerrtes Widerspiel d e s Lebens ist, das wir führen." (AZL S. 335)

Es tritt klar in Erscheinung, dass es Fontane um mehr geht als etwa bloss um den "Primat des Schönen". Mit dieser Umschreibung hat Biener das Phänomen des Hässlichen in der Kunstanschauung Fontanes so unterbewertet, dass ihm auch eine richtige Einschätzung seines Wirklichkeitsbezugs unmöglich wird. Fontane leugnet weder in der Wirklichkeit noch in der Kunst die Existenz des Hässlichen. Wohl fordert er hier eine künstlerische Wiedergabe, die seinen ästhetischen Ansprüchen genügt, entscheidend aber ist zugleich auch, ob dieses dargestellte Hässliche in der Kunst den "Prozentsätzen" des Lebens entspricht. In diesem Sinn ist die Kategorie des Hässlichen auch eine folgerichtige Ergänzung seiner Ausführungen über die Aspekte des Inhalts. Hier hat Fontane Individuen und Zustände verlangt, die weder absolut gut oder böse, schön oder hässlich, sondern für den menschlichen

Durchschnitt bezeichnend sind. Insofern wird jede Ueberbetonung oder künstlerisch unglaubwürdige Darstellung des Hässlichen oder auch des Schönen nur ein Zerrbild der Wirklichkeit.[18] Schon in der Smollet-Rezension von 1878 hat Fontane eine so "karikierte Wirklichkeit" nicht mehr als Realismus anerkannt, weil ihr jede Wahrheit abgehe. Der Zusammenhang der verschiedenen ästhetischen Kategorien mit dem Hässlichen wird deutlich.[19] Fontane gewinnt in seiner Auseinandersetzung mit dieser Kategorie, in grossem Stil ausgelöst durch die naturalistische Produktion,[20] ein Kriterium, das für seine Betrachtung des Verhältnisses von Kunst und Wirklichkeit von entscheidender Bedeutung wird, nämlich die Frage: Ist es möglich? An diese Möglichkeit ist zugleich die Glaubwürdigkeit gebunden, die ihrerseits auch von der Qualität der künstlerischen Darstellung abhängt.

Es ist allerdings ausdrücklich zu betonen, dass das Hässliche nur in der künstlerischen Verklärung eine poetische Berechtigung hat, was der Tradition der realistischen Dichtungstheorie entspricht wie sie sich hauptsächlich in Deutschland entwickelt hat.[21] Was etwa Russland anbetrifft, und aus dieser Sicht sind auch die Urteile Fontanes über Turgenjew zu betrachten, so hat Erich Auerbach darauf hingewiesen, dass hier "die Möglichkeit, das Alltägliche auf ernste Weise zu begreifen, von vornherein gegeben war; dass eine klassizistische Aesthetik, die eine literarische Kategorie des Niedrigen grundsätzlich von ernster Behandlung ausschliesst, in Russland niemals sichern Boden zu gewinnen vermochte."[22] Die "ernsthafte" und unvoreingenommene Behandlung des Hässlichen und Niedrigen wird in Deutschland erst mit dem Naturalismus möglich, der in dieser Beziehung ein Abgesang ist auf klassizistische ästhetische Prinzipien des Realismus. Der Realismus seinerseits aber hat sich in seinen Anfängen, im Verhältnis zu den Vorstellungen der deutschen Klassik gesehen, ähnlich "emanzipiert" gebärdet. Julian Schmidt zeigt in seiner Literaturgeschichte diese Entwicklung auf. Mit deutlichem Blick auf die "Aesthetik des Hässlichen" von Rosenkranz weist er auf die Unsinnigkeit der neuen Reaktion hin; habe man früher das Schöne als nicht wirklich und das Wirkliche als nicht schön aufgefasst, so sei man jetzt im Gegenteil geneigt zu behaupten, alles Wirkliche, d.h. alles in der zufälligen Erfahrung Wahrgenommene sei schön, und dann weiter, nur das sei schön, was den gewöhnlichen Begriffen von Schönheit widerspreche. Von da bis zu dem Hexenspruch, "Schön ist hässlich, hässlisch ist schön", sei nur noch ein Schritt, und in der Tat habe eine nicht unbedeutende Schule im Hässlichen den ausschliesslichen Gegenstand der Kunst gesucht.[23] Fontane hat mit diesem Spruch der Hexen aus "Macbeth" ein vergnügliches und zugleich auch ernsthaftes Spiel getrieben. Das paradoxe "Le laid c'est le beau" bekommt im "Schach von Wuthenow" eine symbolhaft tiefere Bedeutung[24] deren ästhetische Richtigkeit Fontane noch in seinem Tagebuch unterstreicht.[25] Eine witzige Parodie dieses ernst gemeinten Paradoxons, in dem der Wandlungsprozess ästhetischer Anschauungen der fünfziger Jahre deutlich wird, kann sich später niemand besser erlauben als der alte Dubslav von Stechlin.[26]

In der Kategorie des Hässlichen geht es nicht eigentlich nur um das einzelne Faktum, sondern ganz allgemein auch um die ethische Grundhaltung des Dichters, wie sie in seinem Werk zum Ausdruck kommt. Es entspricht daher dem bisherigen Bild, wenn sich Fontane gegen einen überhandnehmenden Pessimismus in der Kunst wehrt. Was ihn selbst betrifft, weiss er sich völlig frei von zwei Dingen: "von Uebertreibungen überhaupt und vor allem von Uebertreibungen nach der Seite des Hässlichen", [27] er sei kein Pessimist, gehe dem Traurigen nicht nach, befleissige sich vielmehr, alles in jenen Verhältnissen und Prozentsätzen zu belassen, die das Leben selbst seinen Erscheinungen gebe. [28] Fontane unterscheidet deutlich zwischen dem Wirklichkeitsbezug des Dichters und dem, wie er in einem Werk in Erscheinung tritt. Alexander Kiellands Roman "Arbeiter" macht ihm einen unerquicklichen und im einzelnen einen hässlichen Eindruck. Doch das ist nicht die Aufgabe der Kunst. Er glaube nicht, "dass der Pessimismus überhaupt eine besondere Berechtigung hat. Aber ich habe schliesslich nichts dagegen, dass er sich dem einzelnen als Lebenserfahrung und Lebensweisheit aufdrängt, nur das bestreite ich, dass diese Trostlosigkeitsapostel irgendein Recht haben, sich im sonnigen Reiche der Kunst hören zu lassen. "[29] Hier kommen Fontanes ästhetische Ansichten gewissen Aussagen Nietzsches über die Kunst recht nahe. Für diesen ist Kunst "wesentlich B e j a h u n g , S e g n u n g , V e r g ö t t l i c h u n g d e s D a - s e i n s . . . Was bedeutet eine p e s s i m i s t i s c h e Kunst? Ist das nicht eine c o n t r a d i c t i o ? " [30] Für Nietzsche waren die französischen Naturalisten, vor allem Zola und die Goncourts, Vertreter dieses Pessimismus in der Kunst.

Das Hässliche hat, gewissermassen als negative Kategorie, im Normengefüge von Fontanes Poetik eine feste Funktion. Weil es Teil der Wirklichkeit ist, kann es in der Kunst nicht vollkommen ignoriert werden. Dazu aber muss dieses Hässliche in einer Weise verklärt werden, dass es sich in die Poesie des "schönen Scheins" in rechtem Masse einfügt. Es ist von den Kategorien der Verklärung und des Humors nicht zu trennen.

2.   DIE VERKLAERUNG

Die ästhetische Kategorie der Verklärung nimmt in Fontanes Poetik eine nicht unbedeutende Stellung ein. Hier zeigt sich nicht nur Fontanes Gebundenheit an die Tradition des deutschen Realismus, sondern gleichzeitig auch eine entscheidende Differenz zur naturalistischen Dichtungstheorie. Trotz dieser Bedeutung in der poetologischen Konzeption bleibt der Begriff alles andere als eindeutig bestimmbar. Fontanes eigene Aussagen sind - es überrascht kaum mehr - zu dürftig, als dass sich aus ihnen allein ein klares Bild ergeben könnte. Ihre isolierte Betrachtung, ohne jeden Bezug zur literaturgeschichtlichen Tradition des Begriffes, scheint der Grund zu sein für Bieners einseitige Ueberbewertung im ästhetischen Gefüge, was unter anderm zur Behauptung eines "Primats des Schönen" führte. Andererseits aber reichen die Erklärungsversuche vom rein ästhetischen bis zum fast ausschliesslich ethischen Verständnis dieser dichtungstheoretischen Kategorie. Die verbindliche Bedeutung wird, wenn auch trotz allem nicht genau bestimmbar, in der Mitte liegen, treten doch alle Aspekte dieser verschiedenen Bedeutungsschichten in Fontanes Aeusserungen in Erscheinung.

Das Verklärungsphänomen, das um 1850 zu einem festen Bestandteil der realistischen Dichtungstheorie wird, steht in gewissem Gegensatz zu den poetologischen

Vorstellungen der Jungdeutschen, die "jegliche Idealisierungsnuancen" und jede "Verschönerungsabsicht" im Kunstwerk ablehnten.[31] Die "Schriftstellerei" ist, wie Wienbarg verkündet, "kein Spiel schöner Geister, kein unschuldiges Ergötzen", denn die "Dichter und ästhetischen Prosaisten stehen nicht mehr wie vormals allein im Dienst der Musen, sondern auch im Dienst des Vaterlandes [...] sie können nicht immer so zart und ätherisch dahin schweben."[32] Einen Wechsel bewirkte auch hierin die gescheiterte Revolution von 1848. Die historischen und geistesgeschichtlichen Hintergründe des neuen realistischen Postulates der Verklärung hat Marie Louise Gansberg aufgezeigt. Danach spielt das neue Selbstbewusstsein der aufsteigenden bürgerlichen Klasse keine unerhebliche Rolle. Die revolutionären Impulse machen "in den fünfziger Jahren einem guten Tatsachensinn, nüchterner Tatkraft und - die metaphysische Frage betreffend - einer gelassen abwartenden Haltung Platz."[33] Dieser neugewonnene Bezug zur Wirklichkeit beeinflusst auch die künstlerische Zielsetzung. Der Antrieb, das Diesseits umzuformen, es zum Besseren zu verändern, wird im neuen Stilideal deutlich. Dabei ist der scharfe Blick für die Wirklichkeit, auch für die Missstände des zeitgenössischen Lebens, verbunden mit einem "grundsätzlichen V e r t r a u e n z u r W e l t ."[34] Man will nicht nur die Realität, die differenzierte Vielfalt der Welt genau wiedergeben, sondern zugleich haben die Dichter die "Tendenz, die 'Schönheit', den 'Sinn', die W e r t i m m a n e n z dieser Welt in dem von ihnen geschaffenen poetischen Kosmos leuchtend herauszustellen."[35]
Gansberg sieht in der "Verklärungstendenz" das künstlerische Ordnungsprinzip, mit dem der Dichter "die Welt ins Rechte rückt, sie 'noch einmal' schafft, und zwar indem er 'die gemeine Wirklichkeit' reinigt und veredelt, indem er hässliche, brutale Tatbestände ihrer Härte entkleidet, ihren vollen negativen Gehalt abmildert, durch Humor oder Resignation auffängt."[36] Fontane ist dieser Tradition des frühen Realismus - er erscheint beim jungen Keller beispielhaft - klar verpflichtet. Wie für Ludwig, Keller, Storm, Raabe und Freytag ist auch für ihn in der v e r k l ä r t e n Wirklichkeit erst Poesie, echte und wahre Kunst. Die Begeisterung für die neuen Kunstideale und das neue Weltgefühl klingt in den frühen Schriften Fontanes durch. "Wie wird sich's entwickeln?", so fragt er am Schluss des ersten Teils der Wanderungen; und optimistisch heisst es weiter: "Eine neue Macht hat sich hier etabliert: das intelligente, dem Mittelalterlichen ab-, dem Fortschrittlichen zugewandte Bürgertum, das, aus Ueberlieferung und Vorurteil gelöst, um d i e s e r Welt willen lebt und das Glück im Besitz und in der V e r k l ä r u n g des Diesseitigen sucht."[37] Es wird deutlich, dass der Begriff Verklärung für mehr steht als eine bloss theoretische oder dichtungsimmanente Kategorie; er ist auch Metapher für eine Welthaltung.
In dieser "vagen" Bedeutung des Begriffes, dessen häufigste Synonyme bei den deutschen Realisten "poetisch", "Poesie" sind,[38] spielen zudem "Vorstellungen von Harmonie und Mass aus Restbeständen klassischer oder älterer Aesthetik" eine Rolle.[39] Dabei ist aber nochmals deutlich hervorzuheben, dass für die "poetischen" Realisten die ganze Wirklichkeit, auch das Hässliche, Niedrige und Triste Gegenstand der Kunst ist. Eichendorffs beständige Sonntags-Poesie wirkt zum Teil ermüdend, und man sehnt sich auch nach Staub und Nebel, "nach etwas derber, hausbackener Prosa".[40] Verklären bedeutet nicht unredliche Verschönerung oder rosiges Verschleiern, ist aber auch in keinem Fall Idealisierung im Sinne

der Klassik oder auch Stifters.[41]

Einen wesentlichen Aspekt des Verklärungsphänomens im Realismus hat Wolfgang Preisendanz beschrieben.[42] Am Beispiel Fontane weist er nach, dass mit Verklärung "in allererster Linie eine Verwandlung" gemeint ist, "die der dargestellten Wirklichkeit den Charakter des Gebildes, den Charakter des 'Gedichts' sichert."[43] Fontanes Auseinandersetzung mit Turgenjew lässt deutlich erkennen, dass der wesentliche Unterschied zwischen "poetisch" und "prosaisch", zwischen Kunstwerk und Abhandlung mit der Verklärung erst in Erscheinung tritt. Fontane bewundert bei Turgenjew die scharfe Beobachtung, das hohe Mass an phrasenloser Kunst, aber es langweilt ihn, weil er "so grenzenlos prosaisch, so ganz u n v e r k l ä r t die Dinge wiedergibt. Ohne diese Verklärung giebt es aber keine eigentliche Kunst, auch dann nicht, wenn der Bildner in seinem bildnerischen Geschick ein wirklicher Künstler ist. Wer s o beanlagt ist, muss E s s a y s über Russland schreiben, aber nicht Novellen. Abhandlungen haben ihr Gesetz und die Dichtung auch."[44] Verklärung ist der "Durchgangsprozess", die "rätselhafte Modelung", das "Wie" im weitesten Sinne, welches die Kunst des Künstlers ausmacht; es ist damit jene Schreibweise gemeint, "die den Unterschied zwischen dem vom Leben gestellten Bilde und dem dichterischen Gebilde nicht verwischt, sondern verbürgt."[45]

Damit soll der grosse Einfluss Turgenjews auf Fontane in keiner Weise in Frage gestellt werden, Fontane hat ihn wiederholt hervorgehoben, vielmehr zeigt sich hier eine ähnliche Situation wie bei Keller, dass Fontane bisweilen schon im Ansatz den Zugang zu einem Werk verfehlt. Turgenjew habe etwas "von einem photographischen Apparat in Aug und Seele",[46] heisst es 1881, in jener Zeit also, da sich Fontane eingehender mit der Theorie der "Objektivität" von Spielhagen auseinandersetzt, der auch Turgenjew stark verpflichtet ist. Ausserdem ist die Diskussion um die Dichtungstheorie vor allem der französischen Naturalisten im Gange, die in ihrer Art, Wirklichkeit zu sehen und darzustellen, naturwissenschaftlichen Erkenntnisweisen sich verpflichtet fühlen. Unter diesen Gesichtspunkten betrachtet, ist das Postulat der Verklärung ein fast leidenschaftlicher Einsatz für die Kunst. In die Kritik einer unpoetischen, photographisch-objektiven Darstellung mischt sich auch die Befürchtung, die "Darstellung stehe nicht unter einem eigentlich poetischen Strukturgesetz, sondern werde zur Funktion wissenschaftlichen Wirklichkeitsbezugs."[47]

Dieser von Preisendanz am Beispiel Fontane abgehandelte und für den ganzen poetischen Realismus geltende Bedeutungsinhalt der Verklärung ist bei Fontane nicht nur im Zusammenhang mit Turgenjew ersichtlich. Stellt man dieser Beurteilung von literarischen Werken etwa Besprechungen von Gemälden gegenüber, so zeigt es sich, dass für Fontane, wie übrigens auch bei andern Realisten, die künstlerischen Probleme in der Malerei nicht grundsätzlich anders gelagert sind. In der Besprechung des "Krönungsbildes" von Menzel, nebst Turgenjew sein zweiter vorbildlicher Meister, sagt Fontane, die Hauptschwierigkeit bleibe immer die, "etwas ganz bestimmt Gegebenes in realistischer Treue und zugleich in künstlerischer Verklärung darzustellen. Erst wo diese Verschmelzung glückt, da wird aus dem blossen Tableau ein h i s t o r i s c h e s Bild." (N XXIII, 1. S. 260) In dem längeren Aufsatz über "Ein Bild Karl Gussows", eines Portrait- und Genremalers, werden die literaturtheoretischen Postulate noch eingehender abgehandelt. Gussow

wolle "die wahrheitsvolle Wirklichkeit der Dinge", das eigentliche Ziel der Realisten. Er erreicht es, denn er gehört nicht zu jenen Künstlern, die "launenhaft oder rücksichtslos" die "Zufälligkeiten" hegen und pflegen, "die meist schon an der Grenze des Unschönen liegen"; diese Künstler langen "schliesslich bei einer Natur an, die vielleicht noch als allerwirklichste Wirklichkeit, aber nicht mehr als wahrheitsvolle Wirklichkeit gelten kann. Der verklärende Zauber des Künstlerischen, jenes Idealitätsmass, dessen auch die vom sogenannten 'Ideal' sich abwendende Schule nicht entbehren kann, ist auf dem Wege nach dem Ziele verlorengegangen." (AZL S. 355/56) Mit dieser unwahren Einseitigkeit geht in der vom Maler dargestellten Wirklichkeit "der schöne Sinn" der Welt verloren. Das Idealitätsmass, das in der künstlerischen Verklärung erst in Erscheinung tritt, ist nicht eine unwahre und erzwungene rosige Harmonie. Es ist auch nicht das "sogenannte Ideal", denn alles das hat mit Realismus und Kunst nichts zu schaffen.[48] Im echten und künstlerisch erstrebenswerten Ideal, das im Durchgangsprozess der Verklärung erreicht wird, zeigt es sich, "dass zwischen dem erlebten und erdichteten Leben kein Unterschied ist, als der jener Intensität, Klarheit, Uebersichtlichkeit und Abrundung und infolge davon jener Gefühlsintensität, die die verklärende Aufgabe der Kunst ist."[49] Die abgerundete Stimmigkeit des Kunstwerks also ist das künstlerisch Ideale, das in der künstlerischen Verwandlung, in der Verklärung sich von der tatsächlichen Wirklichkeit unterscheidet. In diesem Sinn brauchte schon früher Julian Schmidt die beiden Begriffe, wenn er von Jean Paul sagt, er sei kein Realist, der das Detail um seiner selbst willen und aus blosser Freude am Stoff darstelle, sondern seine "Intention ist immer die Verklärung, die Idealisierung des Lebens", also die künstlerische Bewältigung des Stoffes durch das "Wie".[50] Bemerkenswert ist, dass Julian Schmidt die Begriffe anschliessend ausdrücklich gegen die klassische und romantische Bedeutung abgrenzt, und er Jean Paul aus der realistischen Sicht beurteilt.[51]
Die Auseinandersetzung mit dem Naturalismus kann als eigentliche Belastungsprobe für diese eine wichtige Bedeutungsschicht des Begriffes betrachtet werden, bezeichnet er doch ein Phänomen, das unabhängig von literarischen Strömungen und individueller Kunstauffassung in jeder Kunst von entscheidender Bedeutung ist. Wichtigste Voraussetzung ist allerdings die subjektiv-kritische Fähigkeit, es trotz einer andersgearteten ästhetischen Ansicht zu erkennen, was Fontane teilweise bei den Naturalisten in erstaunlichem Masse gelungen ist.
In Karl Gussows Malerei hat er den "verklärenden Zauber des Künstlerischen" gefunden, er findet ihn wieder in Ibsens "Wildente", wo das Leben "seinen künstlerischen Triumph" feiert, und er betont, dies sei "das Schwierigste was es gibt (und vielleicht auch das Höchste), das Alltagsdasein in ein Beleuchtung zu rücken, dass das, was eben noch Gleichgültigkeit und Prosa war, uns plötzlich mit dem bestrickendsten Zauber der Poesie berührt." (H III, 2. S. 775) Poesie oder Verklärung, die Begriffe sind austauschbar, sie sind auch zu ersetzen mit dem, was Fontane als den "Ton" bezeichnet hat. Denn dieser Ton ist es, der ihn bei Hauptmann aufhorchen lässt. Wie die Verklärung wird er "gleichbedeutend mit der Frage von Wahrheit oder Nichtwahrheit. Ergreift er mich, ist er so mächtig, dass er mich über Schwächen und Unvollkommenheiten, ja selbst über Ridikülismen hinwegsehen lässt, so hat ein Dichter zu mir gesprochen, ein wirklicher, der ohne Reinheit der Anschauung nicht bestehen kann und diese dadurch am besten bekundet,

dass er den Wirklichkeiten ihr Recht und zugleich auch ihren N a m e n gibt.
Bleibt diese Wirkung aus, übt der Ton nicht seine heiligende, seine rettende
Macht, verklärt er nicht das Hässliche, so hat der Dichter verspielt. " (N XXII,
2. S. 713) Poesie, Verklärung oder Ton, Begriffe für das, was die Kunst von der
Wirklichkeit, vom Unkünstlerischen und der blossen Abhandlung unterscheidet.

Der Aufsatz von Irma v. Troll-Borostyani über die französischen Naturalisten in
der "Gesellschaft", der Zeitschrift der naturalistischen "Münchener Gruppe",
zeigt nicht nur, wie diese Begriffe aus der Aesthetik des Realismus ein allgemeines Phänomen der Kunst bezeichnen, sondern auch, wie die junge naturalistische
Schule sich ihrer ganz ähnlich bedient. Alphonse Daudet und Turgenjew [!] würden, so heisst es, "über die rohe Nacktheit der Wirklichkeit das goldene Licht
poetischer Verklärung" giessen, "wodurch sie - statt wie ein hohler Idealismus
mit dem Lügenschleier der Illusion über die Wahrheit des Lebens hinwegzutäu-
schen und statt mit mechanischer Nachbildung der rohen Realität abzustossen und
zu verletzen - das einzig wahre, unverrückbare Ziel aller Kunst erreichen: durch
den künstlerisch zum Ausdruck gebrachten Gedanken geistig zu erheben und zu er-
quicken und durch die schöne Form der Darstellung mit des Lebens öder Wirklichkeit poetisch versöhnen. "52 Mit dieser Aussage, in dieser Formulierung, ist die
Grenze zwischen naturalistischer und realistischer Aesthetik, wie sie Fontane
vertritt, zumindest was die Beschreibungsweise dieses einen zentralen Phänomens
der Kunst betrifft, kaum mehr genau festzustellen.
Die Kategorie der Verklärung weist aber noch andere Bedeutungsschichten auf.
Hat sich bisher gezeigt, dass der Begriff als ästhetisches Postulat des Realismus
in bestimmter Weise auch für den Naturalismus brauchbar ist, so deuten andere
Aspekte eher auf entscheidende Unterschiede hin. Die Unterschiede erwachsen
in erster Linie der verschiedenen Art, Wirklichkeit zu sehen und darzustellen.
Neigen die Naturalisten allgemein gesagt, dazu, das äusserliche und moralische
Elend, das Hässliche und Niedrige mit zum Teil sozialrevolutionärer Absicht in
ihrer Dichtung darzustellen, so zielt der Realismus eher darauf ab, die Werthal-
tigkeit der Welt, deren Sinn und Schönheit in der dargestellten poetischen Wirklichkeit aufleuchten zu lassen. Indem man aber um der Wahrheit willen die ganze Wirklichkeit einzufangen trachtet, also auch das Hässliche und Niedrige in rechtem Masse darstellt, zeigt sich die Aufgabe, diese Schattenseiten des Lebens in die verklärte Fiktion einzufügen. Dies hat stilistische Konsequenzen, die für die Litera-
turprosa der fünfziger Jahre "im vermehrten Gebrauch von d ä m p f e n d e m ,
m i l d e m , womöglich s c h ö n e m und e d l e m W o r t m a t e r i a l "
zum Audruck kommen. 53 Dieser zweite Aspekt des Verklärungsphänomens, den
Marie Louise Gansberg beschrieben und ausführlich belegt hat, will besagen, dass
der poetische Realist bemüht ist, "in der Poesie die 'gemeine' Realität zu reini-
gen" und so "das Unerträgliche erträglich zu machen. "54 Ihre Untersuchung dieses verklärenden Stilwillens beschränkt sich folgerichtig auf jene Fälle, wo "ein
u n a n g e n e h m e r , h ä s s l i c h e r , r o h e r o d e r g r a u s a m e r
T a t b e s t a n d in wesentlich abgedämpftem, womöglich schönem Wortmaterial
wiedergegeben, eine graduelle stilistische Milderung des faktischen Gehalts erreicht wird. "55 Gansberg nennt "dies künsterische Ordnungsprinzip, in Anlehnung
an Fontane, die V e r k l ä r u n g s t e n d e n z " ,56 wobei sie nicht auf die

andere, von Preisendanz beschriebene und bei Fontane ebenfalls vorhandene Bedeutungsschicht des Begriffes eingeht. Dennoch zeigen ihre an Keller, Storm, Raabe, Kurz und Freytag festgestellten Beobachtungen einen wichtigen Teilaspekt des Begriffes auf. Diese Art der Verklärungstendenz äussert sich bei den vorgenommenen Autoren in einer jeweils individuellen und charakteristischen Wortwahl, "als mild-schöne Stil-Indizien im Wortschatz" und "geht häufig über ein mögliches V e r m e i d e n von hässlicher, grotesk-niedriger, pathetisch-krasser Darstellung, über ein blosses A u s s p a r e n naturalistischer Szenen nicht hinaus. "[57] Es ist deutlich zu bemerken, dass diese Beobachtungen an Texten der frühen und mittleren Zeit des poetischen Realismus gemacht sind; ausserdem hat Gansberg zwar einzelne theoretische Aeusserungen Fontanes als Beleg dieser Verklärungstendenz genommen, nicht aber auch in seinem Werk diesen spezifischen stilistischen Verklärungswillen untersucht.

Im Rahmen dieser Arbeit kann es im folgenden nur darum gehen, diese besondere Bedeutungsschicht der Kategorie der Verklärung in ihrer theoretischen Grundlegung und damit als Teil der Poetik näher zu betrachten. Entsprechende Aeusserungen Fontanes sind allerdings selten genug. Am eindrücklichsten ist seine viel zitierte Bemerkung im Zusammenhang mit der Zola-Lektüre, die aber zu unrecht als stellvertretend für das g a n z e Verklärungsphänomen steht. Wenn Fontane angesichts der trostlos-traurigen Welt in Zolas Romanen schreibt, "so i s t das Leben nicht, und wenn es so wäre, dann müsste der verklärende Schönheitsschleier dafür geschaffen werden",[58] dann ist damit tatsächlich jene spezifische, von Gansberg beschriebene Verklärungstendenz angedeutet. Denn Fontane schreibt weiter, dieses "erst schaffen" sei gar nicht nötig, die Schönheit sei da, man müsse nur ein Auge dafür haben. Der "verklärende Schönheitsschleier" der dämpfenden, milden und schönen Worte ist also nur zu weben, wenn die Schönheit des Lebens fehlte und es lediglich aus Hässlichem bestünde. Ueber das Hässliche, das "absolut Verletzende, Dégoûtante" wird der verklärende Schleier geworfen, "die Schönheit, die dies 'freudige Mitgehn' gestattet". (AZL S. 148) Es wird deutlich, dass Fontane jenen harmonisierenden Aspekt der Verklärung, wie er in den fünfziger Jahren postuliert und praktiziert worden ist, auch in den achtziger Jahren entgegen den Tendenzen des Naturalismus noch beibehält. Andere Bemerkungen weisen ausserdem darauf hin, dass er ebenso das Aussparen und Vermeiden hässlicher Szenen als Teil dieser Verklärungstendenz betrachtet, zumindest erfüllt das Andeuten diese Funktion. [59] Im Hinblick auf Fontanes eigene Praxis ist aber zu bemerken, dass dieses Andeuten nicht bloss auf das Hässliche sich bezieht und nicht nur Aspekt einer harmonischeren Fiktion ist, denn ebenso deutlich ist die Andeutung ein Zeichen für seine "Scheu vor grossen Dingen, seine Höflichkeit vor dem Grössten", denn auch für "das Grosse schreibt Fontanes Poetik das Beiläufige vor. "[60]

Ebensowenig hat die überfeinerte Sensibilität des Zuschauers die dargestellte Hässlichkeit auf der Bühne ertragen. [61] Dies steht in einem scheinbaren Gegensatz zu einem Bericht aus London aus dem Jahre 1858, wo Fontane auf Shakespeares "Sturm" aufmerksam macht, in dem zwar wohl zwei Burschen "fünf Akte lang betrunken sind, und als dritter im Bunde ein rotbraunes, haariges Scheusal, ein Monstre-Ideal, das einem der beiden Trunkenbolde zu verschiedenen Malen die Füsse leckt"; dies sei zwar mehr als man auf dem Theater gewohnt sei, und trotzdem meint er, "dass wir die Vorführung dieser Szenen wagen müssen. [...] Was mich trotz aller Bedenken diese Forderung stellen lässt, das ist der Glaube an die wirkliche Autorität Shakespeares und die Besorgnis, dass wir mit unserm Raffinement auf falschen Wegen des Geschmackes sind. Mal prüde, mal frivol, haben wir den Sinn für das Humoristisch-Derbe verloren." (SZL S. 141) Damit will Fontane keineswegs der baren Hässlichkeit das Wort reden. Denn diese Shakespeare-Besprechung ist genauer Ausdruck für seine Empfindung in England, wo er, dem faden Aesthetizismus des Tunnel entronnen, das eigentliche Leben findet. Ein Jahr früher hat er von der Erleichterung gesprochen, aus "dem Rayon des Sirenengesanges glücklich herausgekommen" zu sein. [62] Diesem falschen Weg des Geschmacks wird aber dem Bericht aus London nicht das Hässliche als solches, sondern das "Humoristisch-Derbe" als kunstberechtigt gegenübergestellt. Damit ist genau die Weise angetönt, in der das Hässliche in der Aesthetik des poetischen Realismus künstlerisch tragbar wird, im Humoristischen und Grotesken.

Die bisherigen Ausführungen über die Kategorie der Verklärung haben eine Uebereinstimmung Fontanes mit den üblichen Ansichten der realistischen Aesthetik gezeigt. Nach deren Terminologie bezeichnet Verklärung auch für ihn jene seinsmässige Qualität, die jedes Kunstwerk, das realistische wie das naturalistische, von allen ausserdichterischen Texten und der prosaischen Wirklichkeit unterscheidet. Aus dem Bestreben, im Kunstwerk die ganze Wirklichkeit zu zeigen, deren "Sinn" und die "Wertimmanenz" der Welt durchscheinen zu lassen, erwächst ausserdem der Tendenz, das Hässliche und Niedrige dieser Wirklichkeit in der Andeutung zu belassen, es mit schönem Wortmaterial zu verklären. Diese zwei verschiedenen Bedeutungsschichten der Verklärung sind in Fontanes Aeusserungen deutlich zu unterscheiden. Bieners "Primat des Schönen" resultiert aus einem einseitigen Verständnis des ganzen Verklärungsphänomens, das als "das unberechtigte Verlangen nach dem Nur-Schönen" verstanden wird. [63] Das aber ist in der Aesthetik des poetischen Realismus und in der Poetik Fontanes mit Verklärung nicht gemeint. Die Bezeichnung "Primat des Schönen" ist insofern verfänglich, als damit ein Aesthetizismus angetönt ist, der in Fontanes Dichtungstheorie kaum existiert, oder aber man will mit dem Primat des Schönen jene spezifische Qualität bezeichnen, die jedes Kunstwerk zu einem ästhetischen Gebilde macht und es von allem Nicht-Poetischen unterscheidet. Das allerdings zieht Biener nicht in Betracht. Es spiegelt die Mehrdeutigkeit der Kategorie der Verklärung wieder, wenn ihr gerade bei Fontane auch eine eher ethische Komponente zugesprochen wird. Aus der subjektiven Intention des "Dichter-Ichs", eine Geschichte nicht nur aufzuzeichnen, sondern "sie in ihrer menschlichen Relevanz sichtbar" zu machen, deutet Brinkmann die Verklärung auch als "Transparentmachen der blossen Tatsächlichkeit auf ihren menschlichen Gehalt hin, ihre humanen Möglichkeiten als Sein und Tun." [64] In eine ähnliche Richtung weist die Interpretation von Thanner, der den Begriff Verklärung "durch den Ausdruck 'ungezwungene, freie Menschlichkeit' ersetzen" will, [65] da Fontane das "Vermenschlichen" meist einer "Läuterung durch 'poetische Verklärung' gleichsetzt." [66]

Eine solche Bedeutungsschicht der Kategorie der Verklärung ist vor allem im Hinblick auf das dichterische Werk Fontanes nicht auszuschliessen, denn "das eigentlich Poetische ist zumeist auch das eigentlich Menschliche." [67] Diesem Menschlichen wird in der Dichtungstheorie insofern Rechnung getragen, als es eine wesentliche Funktion der Kunst ist, zu erheben, zu erfreuen und vor allem zu versöhnen. Wenn Kunst auch "aus der Misere des Gewöhnlichen erheben soll", [68] dann nur, indem sie in der verklärten Wirklichkeit als Poesie die Dissonanzen der Realität versöhnlich mildert und das Bedeutende, das Menschliche durchscheinen lässt. Wie Fontane bemüht ist, "das L e b e n zu geben, wie es liegt", so ist er auch bemüht, "das U r t e i l zu geben, wie es liegt. Das heisst im Letzten und [bei L'Adultera] nach lange schwankender Meinung, freundlich und versöhnlich. "[69]

Es hat sich gezeigt, dass das Verklärungsphänomen, wie es dichtungstheoretisch bei Fontane in Erscheinung tritt, von der rein ästhetischen bis zur eher ethischen Bedeutung verschiedene Schichten aufweist. Aber keine dieser Bedeutungsschichten ist als einzelne und isoliert für das g a n z e Phänomen gültig. Als kunsttheoretischer Begriff des Realismus bezeichnet Verklärung ganz allgemein auch in Fontanes Poetik vorab die besondere Güte und jene Beschaffenheit eines Kunstwerkes, die es von allem Ausserkünstlerischen unterscheidet. Der Kategorie der Verklärung kommt, auch wenn sie alles andere als eindeutig klar ist und letztlich "vage" bleibt, in Fontanes Dichtungstheorie eine so entscheidende Bedeutung zu, weil sie wesentlich das bezeichnet, was das Werk des Dichters zur Kunst erhebt, und folglich wird durch sie erst die eigentliche Funktion der Kunst erreicht. Als Kunstpostulat ist die Verklärung nicht ein "ästhetisches Romantisieren". [70] Denn für Fontane zeigt die bare Wirklichkeit ein Gesicht, "das sich nur durch die Illusion, die die Kunst schafft, ertragen lässt", und insofern spricht aus der Verklärung "eine Selbstverteidigung des Künstlers gegen die Desillusionen der aufgedeckten Wirklichkeit. "[71] Die Resignation, welche in dieser Flucht in den ästhetischen Raum zum Ausdruck kommt, scheint in einem Gegensatz zu stehen zum Humor, der mit der Kategorie der Verklärung in engem Zusammenhang steht.

3.   DER HUMOR

Bei der Bestimmung der Bedeutung und der Funktion des Humors in der Literatur des poetischen Realismus zeichnen sich deutlich zwei Positionen ab. Die eine Richtung, vertreten vor allem durch Fritz Martini, betont eher die geistesgeschichtlichen Aspekte des humoristischen Erzählens. Aus der erfahrenen Widersprüchlichkeit des Daseins drängt sich dem Dichter der Humor als eine Korrektur im Poetischen auf. Er ist "eine Form der subjektiven, abschirmenden Befreiung vom Druck der desillusionierten Wirklichkeit, eine Form, das Leben in allen seinen Fraglichkeiten und Trübungen zuzugeben und sich zugleich von ihm zu distanzieren, seine Gegensätzlichkeiten aufzudecken und sich mit ihnen, gelassen resignierend, abzufinden, es zu demaskieren und doch mit liebevoller und toleranter Gerechtigkeit ins Gleichgewicht zu bringen. "[72] Fontanes Humor im besondern neigt durch die Rationalität des Dichters und die dadurch gewonnene grössere "Objektivität" eher zur humoristischen Ironie, während der "Ausgleich" und die "Versöhnung" weniger durch Humor als durch das "Elegisch-Rührende" bewirkt wird. [73] Die ent-

scheidende Feststellung Martinis besagt, Fontanes Humor habe nicht die "Eigen-
mächtigkeit wie bei Keller, nicht die Vielschichtigkeit wie bei Raabe. Er ist mehr
ein Mittel im Gestalten als ein erzählerisch konstituierendes, strukturbildendes
Element."[74] Damit setzt Martini sich deutlich ab von der andern, vor allem durch
Wolfgang Preisendanz vertretenen Richtung, die eher die dichtungsgeschichtlichen
Aspekte des Humors betont. Im Humor manifestiert sich für ihn eine Formproble-
matik des Erzählens, das "besonders stark von dem problematischen Verhältnis
zwischen Poesie und umstellender Wirklichkeit betroffen wird."[75] Diese von Preisendanz im Hegelschen Sinne verstandene Entzweiung in einen poetischen und prosaischen Weltzustand begreift den "objektiven Humor" als "das ästhetische Korre-
lat jener Entzweiung von Poesie und Wirklichkeit."[76] Aufgabe des Humors als ästhetische Kategorie und als "angewandte Phantasie" ist es demnach, diese Entzweiung aufzuheben und damit das Dichterische zu garantieren. Preisendanz wehrt sich
dagegen, den Humor "gleich von einer Weltanschauung" abzuleiten, oder "auf die
jeweiligen religiösen, ethischen, philosophischen oder ideologischen Hintergründe"
zurückzuführen; er ist ihm "nicht als Symptom, sondern als Gewähr einer poetischen Welt" wichtig.[77]

Im Hinblick auf Fontanes theoretische Aeusserungen zum Humor ist zu bemerken,
dass keine dieser beiden Bestimmungen des Humors und seiner Funktion ausschliessliche Gültigkeit beanspruchen kann. Gerade bei ihm sind die ethischen und die ästhetischen Aspekte eng miteinander verwoben und nicht strikte zu trennen. Hubert
Ohls Kritik an den im übrigen äusserst aufschlussreichen Darlegungen von Preisendanz ist gerade in Bezug auf Fontane durchaus berechtigt.[78] Der Humor war für
Fontane, wie sich zeigen wird, keineswegs etwa die zentrale Kategorie eines dichterischen Weltbezugs; ausserdem versteht er ihn eher als Ausdruck einer bestimmten Welthaltung.

Die folgende Darstellung von Fontanes Ansichten zur Kategorie des Humors zeigt
im Vergleich etwa zu andern Kategorien extrem deutlich, wie allen theoretischen
Ueberlegungen die praktische Entfaltung im dichterischen Werk selbst weit überlegen ist. Bereits früh kommt Fontane zur Ueberzeugung, durch Erfahrung belehrt, wie er sagt, dass "die Geschmäcker über nichts so verschieden sind wie
über   g u t e n   H u m o r.   Storm fand die köstlichsten Partien in 'Soll und Haben' albern, nüchtern, gesucht; vielen ist Jean Paul ein Greuel; andere behaupten,
nie ein langweiligeres Buch gelesen zu haben, als die 'Pickwicker' von Dickens."[79]
Es ist dies sozusagen ein abschliessendes Resümee zu bereits früher gemachten
Beobachtungen. Schon in der Rezension des Romans "Soll und Haben" von 1855 bemerkt er, dass der Humorist unter allen Schriftstellern den schlimmsten Stand
habe und zwar deswegen, weil die Meinungsverschiedenheiten darüber so gross seien,
"was Humor sei und was nicht." (H III, 1. S. 300) Hier ist bereits nicht mehr von
der früher geäusserten aber nicht näher erörterten Auffassung die Rede, dass
"überhaupt jeder Gebildete von 'Humor' eine doppelte Auffassung hat - eine vul-
gäre und eine doktrinäre."[80] Jedoch gibt Fontane anschliessend an die erstmals
festgehaltene Beobachtung von den unterschiedlichen Auffassungen des Humors
seine eigene Definition: Er sei "doch fast der Meinung, dass 'Humor' ganz bündig
in dem Spruch 'Ride si sapis' charakterisiert ist. Das Leben muss einen so weit
geschult haben, dass man für die tollsten und schlimmsten Sachen nur das bekannte 'alles schon dagewesen' und ein Lächeln in Bereitschaft hat. Es ist das göttliche

Durcheinanderschmeissen von gross und klein, ein keck lustiges auf den Kopf stellen unserer Satzungen: der König ist eine Puppe und die Puppe ist König. " Damit und dazu noch in diesem ziemlich abgegriffenen Epigramm des Martial ist mit Humor wenig anderes als eine Weltanschauung gemeint. Das geflügelte Wort wird zur Kennmarke einer Lebenshaltung. In zahlreichen späteren Aeusserungen führt Fontane das Wesen dieser humoristischen Weltbetrachtung näher aus. So heisst es im Alexis-Essay: "Der Humor hat das Darüberstehen, das heiter-souveräne Spiel mit den Erscheinungen dieses Lebens, auf die er h e r a b blickt, zur Voraussetzung. W. Alexis hatte den Kleinhumor, aber nicht den grossen. Er wandelte in der Ebene, und was zufällig unter ihm lag, dafür hatte er eine humoristische Betrachtung. Scott aber [...] war der Grosshumorist, weil er persönlich gross und frei war. Wo W. Alexis eine ähnliche Position einzunehmen versucht, bleibt er, als Kind seiner Zeit und seines Landes, in der I r o n i e stecken. Er spöttelt, er persifliert, aber seine Seele bringt es zu keinem olympischen Lachen. Er war eben kein Olympier. " (H III, 1. S. 461)[81] Die "heitere Freiheit" wäre demnach der Kern dieser Welthaltung. Sie ist aber nur im souveränen Uebersehen alles Widersprüchlichen möglich. Deswegen auch kann "ein ganzer voller Humor [...] mit und vor der Kritik selten bestehn. Es gehört eine wenigstens momentane Kritik l o s i g k e i t dazu einerseits um humoristisch zu sein, andrerseits um den Humor andrer zu geniessen. "[82] Mit andern Worten, der Humorist versteht es, " f ü n f e g e - r a d e s e i n z u l a s s e n. Diese Nachsicht, diese heitere Milde, diesen guten Humor" hat er zeitweise nicht nur seiner Frau,[83] sondern dem weiblichen Geschlecht im allgemeinen abgesprochen.[84] Mit dieser ziemlich unoriginellen Bestimmung des Humors unterscheidet sich Fontane nicht wesentlich von der Humortheorie Ludwigs, der Humor ebenso allgemeinverbindlich als "die überlegene Gemütsstimmung des Betrachters" definiert; zudem ist er auch für ihn eine Möglichkeit, die Widersprüche des Lebens zu lösen.[85]
Diese eher ethisch orientierten Aspekte des Humors zeigen deutlich, dass er gewissermassen als "Weltanschauung" für Fontane eine entscheidende Möglichkeit der Wirklichkeitsbetrachtung darstellt. Nicht zufällig wandelt er das Bonmot von Friedrich Wilhelm ab und sagt, nicht dem Mut, sondern dem Humor gehöre die Welt, vielleicht auch falle beides, Mut und Humor zusammen.[86] Der Humor ist zumindest für Fontane keine unbedingte Selbstverständlichkeit. Zumal in späteren Jahren, wo Skepsis und Resignation immer ausgeprägter in Erscheinung treten, und er den Widerspruchscharakter der Wirklichkeit empfindlicher erfährt, wird der Humor nicht selten zu einer bewusst Distanz schaffenden "Heiterkeit trotz allem". Er wird schliesslich zu einem "Mittel der Lebenshilfe und der Verwandlung in die höhere Seinsstufe der Kunst. "[87]
Diese beiden Aspekte, die ethisch-weltanschauliche Funktion als Lebenshilfe und die ästhetische Bestimmung des Humors als Mittel künstlerischer Verwandlung sind nicht deutlich zu trennen. Verschiedene Aussagen Fontanes scheinen ausserdem darauf hinzudeuten, dass er selbst die beiden Bereiche nicht strikte auseinandergehalten hat. Was 1851 im Brief an Witte als Ausdruck einer Welthaltung in Erscheinung getreten ist, versehen mit der Etikette "ride si sapis", taucht 1872 in der Besprechung eines literarischen Werkes wieder auf. In Alexis' Roman "Die Hosen des Herrn von Bredow" hebt er das Fehlen einer zu intimen "Herzensstellung" des Autors zu seinem Stoff lobend hervor. Alexis wisse in diesem Roman

"vollkommen, welche Position diesen Dingen gegenüber die allein berechtigte ist. Die heitere Ride si sapis. " (H III, 1. S. 435) Hier tritt der Humor als "ergötzlich-gemütliche Weise" in Erscheinung, die dem Stoff wie den Dingen des Lebens gegenüber die notwendige Distanz verrät. Genau dieses Fehlen der Einheit, wo das Gesagte nicht auch der Ausdruck einer inneren Haltung ist, versucht Fontane seinem Brieffreund Friedländer auseinanderzusetzen. Er gebe lästigen "Quisquilien" nur allzu oft "eine Ehre und Auszeichnung, die sie nicht verdienen. [...] Sie sind ein scharfer, witziger und auch humoristischer Beobachter, aber Sie treten nur so zu sagen literarisch humoristisch auf; Sie bringen es zu einer Sie selber amüsieren-den humoristischen Form, aber Ihre Seele bringt es zu keiner humoristischen Stellung den Albernheiten und Kleinlichkeiten des Lebens gegenüber. "[88] Fontane fordert das für ihn Selbstverständliche, dass der "literarische Humor", die verbale Manifestation eines Sachverhaltes, auch zugleich Ausdruck einer inneren Lebenshaltung ist.

Es ist schon darauf hingewiesen worden, dass erst die nachrevolutionäre Zeit den Humor zu allgemeinem Ansehen brachte, während "die revolutionären Aesthetiker des Vormärz die harmonisierende, das Kleinliche gelten lassende Art des Humors nicht geschätzt" haben. [89] Diese Auffassung bleibt nach 1848 ein gültiger Teil der poetologischen Konzeption des Realismus. Noch 1891 wird in der "Freien Bühne" ein Aufsatz unter dem Titel "Humor und Naturalismus" veröffentlicht, der im Humor einen der wesentlichsten Unterschiede zwischen Realismus und Naturalismus sieht. Dieser von Ernst v. Wolzogen veröffentlichte und an sich wenig spektakuläre Aufsatz ist insofern bedeutungsvoll, als in diesem Zusammenhang Fontane erstmals in Briefen ausdrücklich zu einer bestimmten theoretischen Arbeit Stellung nimmt. Es ist zu bemerken, dass Preisendanz in seiner Bestimmung des Humors bedauerlicherweise ausgerechnet auf diese Auseinandersetzung nicht eingeht. Denn gerade hier zeigt sich deutlich, dass der Humor für Fontane nicht das alleingültige "Darstellungsprinzip" und vor allem nicht eine rein ästhetische Kategorie ist.

Wolzogen schreibt in den wichtigsten Passagen: "Von den angeblich hochmoralischen Tendenzdichtungen der neuesten Naturalisten aber will man nichts wissen, weil das inzwischen an wirklichen Meisterwerken geschärfte Auge erkennen gelernt hat, dass es eben gerade um die Naturwahrheit bei jenen unberufenen Nachahmern meist sehr schlecht bestellt sei. Und das liegt meiner Meinung nach in der t r a u r i g e n H u m o r l o s i g k e i t der betreffenden Künstler. Es hat sich bei mir allmählich die Ueberzeugung herangebildet, dass ohne eine starke Dosis Humor eine tief eindringende und gerechte Beurteilung menschlicher Dinge gar nicht möglich sei. Denn Humor bedeutet als Weltanschauung Vorurteilslosigkeit, als Gemütsverfassung allgemeine Menschenliebe. "[90] Nach der Auffassung von Wolzogen haben Holz-Schlaf in ihrer "Familie Selicke" seine an den Naturalismus gestellten Forderungen erfüllt, "indem sie ihr trauriges Wirklichkeitsbild nicht mit der grausamen Freude des Vivisektors aus dem Leben herausschälten, sondern mit dem Glauben und der Menschenliebe des Humoristen. "[91] Kaum eine Woche nach Erscheinen des Aufsatzes gesteht Fontane in einem Brief an Wolzogen: "Mir aus der Seele gesprochen, auch alles, was Sie über den Humor und seine verklärende Macht sagen, und nur darin, dass Sie das geflügelte Wort Zolas ändern und Humor für Temperament setzen wollen, nur darin möchte ich abweichen dürfen. Mir persönlich ist die humoristische Betrachtung auch die liebeste, aber es gibt doch auch andere, sehr respektable Betrachtungen, und das 'Temperament' umschliesst alle, lässt jede ran, gibt jeder ihr Recht."[92] Bereits diese Interpretation Fontanes ist interessant genug, wenn man bedenkt, dass Wolzogen in keiner Weise Zolas berühmtes Theorem anführt; Fontane hat aber damit die Intentionen Wolzogens treffend charakterisiert. Und es ist genau der zweite Teil dieser zitierten Briefstelle, die Preisendanz nicht mehr beachtet, wo Fontane sich strikte weigert, die humoristische Betrachtungsweise als einziges konstituierendes Mittel des Erzählens gelten zu lassen. Nicht nur die bisherige Darstellung der Ansichten Fontanes zum Humor zeigt eine Uebereinstimmung mit Wolzogen, sondern Fontane selbst bestätigt in zwei weiteren Briefen dies. Der Tochter schreibt er, der Aufsatz sei "das Beste, was bis jetzt in dieser Frage gesagt wurde."[93] Und am gleichen Tag berichtet er auch seinem Freund Heyse nach München, es sei wohl das Beste, was bisher in dieser nachgerade etwas langweilig werdenden Frage gesagt worden sei.[94] Diese ausgeprägte ethisch-weltanschauliche Komponente in Fontanes Humorverständnis, die deutlich mit Problemen des Dichterischen sich vermengt, ist zu bedenken, wenn im folgenden die eher ästhetisch-dichtungsgeschichtlichen Aspekte beleuchtet werden.

Die ästhetische Funktion des Humors besteht nach Fontanes Ansicht darin, das Hässliche und Gemeine der Wirklichkeit im Kunstwerk zu verklären. Er nennt in diesem Zusammenhang jeweils verschiedene formale Möglichkeiten, das Komische, das Groteske[95], oder das Burleske,[96] ohne die einzelnen Formen oder deren Unterschiede näher zu erörtern. Es scheint, dass damit Postulate aus der "Aesthetik des Hässlichen" von Rosenkranz nicht unwirksam geblieben sind, ohne etwa damit einen direkten Einfluss auf Fontane zu vermuten. Immerhin hat Rosenkranz das "Komische" als "die Aufheiterung des Hässlichen ins Schöne" definiert.[97] Dass das Hässliche und auch der Humor in gewissem Sinn als neue ästhetische Kategorien empfunden werden, zeigen die Aeusserungen von Julian Schmidt. Den dogmatischen Kunstgesetzen der Klassik und des Idealismus, die es in ihrer "Einseitigkeit" nicht gewagt hätten, das "Dissonierende" in die Kunst einzuführen, stellt die neue Zeit als "instinctartige Reaction" den Humor entgegen: "Die angemessene Kunstform [...] gegen die bisherige Exclusivität des Schönen, Guten und Wahren war der Humor."[98] Schmidt lässt allerdings Arnim und Jean Paul als Ausnahmen gelten. Dabei ist es bezeichnend, man möchte fast sagen wegweisend, wie er Jean Pauls Humor beschreibt. Dieser gehe "wie alle Humoristen, darauf aus, durch das anscheinend Komische zu rühren, durch das anscheinend Rührende zu belustigen, das anscheinend Bedeutende in seiner Kleinlichkeit zu analysiren, für das anscheinend Unbedeutende Interesse zu erregen u. s. w."[99] Es fällt auf, wie undeutlich hier das Komische vom Humor gesondert wird. Aehnlich bei Fontane, der in Bezug auf "die 'Niedrigkeiten' Shakespeares" lobend betont, die neue Zeit habe sich im Gegensatz zum vorigen Jahrhundert "von der Vorstellung befreit, dass das Komische, ja selbst das niedrig Komische, sobald es nur einer vollendeten Charakteristik dient, niedriger stehe, als das Tragische." (H II, 3. Anm. S. 157) So erstaunt es nicht, wenn er Sternes Roman "Tristram Shandy" als "das Produkt eines ausserordentlichen Genies" erkennt (AZL S. 121), ihn aber nur als einmaliges Meisterstück ohne normative Ansprüche gelten lässt. Es ist weniger der Inhalt, den er bewundert, als vielmehr die Form, die diesen gewagten Inhalt im

meisterhafter Weise bewältigt: "Die K ü h n h e i t , die k o m i s c h e
K r a f t und die G r a z i e [...] machen die Lektüre dieses Buches auch seinem I n h a l t e nach zu einem Genuss; aber in Wahrheit ist es doch eben nicht
der Inhalt, sondern die Kunst der Zubereitung und Servierung, die uns den Stoff
lieb machten. Unzweifelhaft haftet diesen dunklen Materien eine gewisse natürliche
Komik an, aber noch viel mehr haben sie vom Hässlichen und Dégoûtanten. Die un-
geheure Schwierigkeit besteht darin, all dies Hässliche in dem Komischen untergehn
zu lassen. Sterne hat dies vermocht, und so wird sein Roman immer ein Meisterstück bleiben. " (AZL S. 125) Es ist hier an Fontanes Aeusserungen zu Smollet zu
erinnern, die blosse Gemeinheit, ohne alles Erklärende und Versöhnende wirke
einfach hässlich, und das bloss Hässliche gehöre nicht in die Kunst. (AZL S. 114)
Demnach lässt sich schliessen, dass dem Komischen und auch dem Humor diese
erklärenden und versöhnende Macht zukommt. Versöhnend, weil das allem Har-
monischen Widersprüchliche des Hässlichen und Gemeinen im distanzschaffenden
Humor erst aufgehoben und erträglich wird. Es ist im Zusammenhang mit dem
Zweck und der Aufgabe der Kunst bereits darauf hingewiesen worden, dass der
Versöhnungsbegriff bei Fontane erst spät, mit dem Einsetzen der eigenen dichterischen Produktion auftaucht. Der Begriff aus der klassischen Aesthetik wird nicht
mehr im ursprünglichen Sinn gebraucht, sondern er nimmt eine weit mehr ethisch-
weltanschauliche Bedeutung an. Diese eine Funktion des Humors stimmt in diesem
Punkt mit jener der Kunst deutlich überein. Und weil die Kunst nicht nur versöhnen,
sondern zugleich auch erfreuen und erheben soll, so kann gerade das Hässliche der
Wirklichkeit mit dem Mittel des Humors diesen weitern Funktionen der Kunst und
gleichzeitig auch ihrem Wesen als "schöner Schein" gerecht werden. Bei einer Aufführung von Kleists "Zerbrochenem Krug" mit diesem "Greul von Dorfrichter" und
all seinen "Brutalitäten, Lügen und Pfiffigkeiten", dazu in der äussern "Schmuddel-
welt" der Gerichtsstube, findet Fontane nicht "einen einzigen Licht- und Schönheitsschimmer (denn der zutage tretende Humor ist au fond wenig erquicklich)". (N XXII,
2. S. 429)[100] Vom Befremdlichen dieses Urteils ist hier abzusehen, wichtig ist vielmehr, dass der Humor erst jene erquickliche Schönheit der Kunst vermittelt. Diese ästhetische Funktion betont Fontane als grundsätzliches Postulat in einem Brief
an Friedrich Stephany: "Der Realismus wird ganz falsch aufgefasst, wenn man von
ihm annimmt, er sei mit der Hässlichkeit ein für allemal vermählt. Er wird erst
ganz echt sein, wenn er sich umgekehrt mit der Schönheit vermählt und das neben-
herlaufende Hässliche, das nun mal zum Leben gehört, verklärt hat. Wie und wodurch? Das ist seine Sache zu finden. Der beste Weg ist der des Humors."[101]
Zwei Jahre später wird Fontane im Brief an Wolzogen nochmals von der "verklärenden Macht" des Humors sprechen.
Diese Ausführungen über die Kategorie der Verklärung haben die mehrschichtige
Bedeutung dieses Begriffes gezeigt. Neben einer gewissen Harmonisierungstendenz
bezeichnet Verklärung in der ästhetischen Theorie des poetischen Realismus wesentlich den spezifischen Kunstcharakter eines Dichtwerks. Wird nun dem Humor
die Aufgabe zugewiesen, das Hässliche zu verklären, das heisst, dieses Hässliche
im Kunstgebilde so zu modeln, dass es dem Kunstcharakter adäquat erscheint, so
wird der Humor zu einem "Darstellungsprinzip, das Gewähr einer eigenständigen
poetischen, d.h. einer erst durch Imagination und Sprache der Dichtung wahren
Wirklichkeit ist."[102] Mit dem humoristischen Erzählen ergibt sich die Möglichkeit,

das Mässliche und Gemeine der Wirklichkeit im "schönen Schein" kunstgemäss, das heisst verklärt darzustellen.

Es ist interessant, diese Auffassung Fontanes mit einer der frühesten, noch wenig differenzierten Aeusserung zu diesem Problem zu vergleichen. Im Essay von 1853 über "Unsere lyrische und epische Poesie sei 1848" bemerkt er zu Scherenbergs "ungeniessbarem" Humor, er, Fontane, wisse "jenen grossen Humor, der sich aus einer freien Betrachtung der Weltgeschichte ergibt, mit vollster Seele zu würdigen; wir erkennen selbst das Recht des s o l d a t i s c h e n H u m o r s bereitwillig an; aber darum wird das, was schwarz ist, nimmer weiss, das Hässliche und Widerwärtige nimmer schön." (H III, 1. S. 251) Der Wandel und auch die zunehmende Differenzierung in Fontanes Humorverständnis wird hier deutlich, ausserdem zeigt sich in diesem Wandel auch eine Uebereinstimmung mit den poetologischen Ansichten seiner Zeitgenossen. Julian Schmidt schreibt 1857 in einem in den "Grenzboten" veröffentlichten Aufsatz über Otto Ludwig, dieser hätte in seinem Roman "Zwischen Himmel und Erde" auch die "komische Seite" zeichnen müssen, denn "die einzige poetische Form, durch welche dieser Realismus seine Berechtigung in der Kunst erwirbt, ist der Humor; der Dichter muss im Stande sein, die Unreife der Bildung, die er darstellt, unserer Anschauungsweise dadurch zugänglich zu machen, dass er den komischen Contrast hervorhebt, ohne dadurch den innern Ernst seiner Erzählung abzuschwächen."[103] Klarer und noch übereinstimmender mit Fontanes theoretischem Konzept formuliert es Storm in einem Brief an E. Schmidt: "Das moralisch oder ästhetisch Hässliche wird [...] erst dadurch in Kunst, in specie Poesie verwendbar, dass der Künstler es im Spiegel des Humors zeigt, gleichsam es durch den Humor wiedergeboren werden lässt."[104] Diese theoretische Uebereinstimmung der Realisten scheint selbstverständlich, auffälliger ist, dass noch in Zeitschriften der frühen Naturalisten ähnliche Theorien vertreten werden. Wolzogens Aufsatz ist ein Beispiel dafür. Daneben haben jedoch auch die Brüder Hart in den "Kritischen Waffengängen" in ihrem Zola-Aufsatz eine ähnliche Auffassung vertreten, allerdings mit deutlicher Zustimmung zum Naturalismus.[105] Dies zeigt, wie die Grenzen zwischen der realistischen und der frühen naturalistischen Theorie zeitweilig fliessend sein können. Von einer ambivalenten Anerkennung theoretischer Standpunkte war schon Fontanes Brief an Wolzogen geprägt.

Im marxistischen Literaturverständnis, wie es Biener vertritt, wird wie allerorten "nicht vergessen, dass humoristischer Stil zu den Mitteln realistischer Kunst gehört", aber Biener umschreibt die ganze Bedeutung und Funktion des Humors etwas zu einseitig, wenn er für ihn "ideologisch und gestalterisch eine Inkonsequenz, ein Ausweichen, ein Alle-fünf-Finger-gerade-sein-Lassen und Zurückschrecken vor entschiedener Stellungnahme und radikaler Aufdeckung gesellschaftlicher Widersprüche bedeutet."[106] Damit erhält nicht nur die ganze poetologische Konzeption Fontanes, sondern auch die ganze ästhetische Intention des Realismus im 19. Jahrhundert eine Absage, da sie gewissen ideologisch begründeten Zielvorstellungen von Wesen und Funktion der Kunst nicht entsprechen. –

In der gegenseitigen Bedingung tritt der Zusammenhang der einzelnen ästhetischen Kategorien deutlich zum Vorschein. Einerseits kann das Hässliche als ein fester Teil der Wirklichkeit in der Kunst nicht vollkommen negiert werden. Als gewissermassen negative ästhetische Kategorie hat es seinen notwendigen Platz im dich-

tungstheoretischen Konzept. Eine andere Kategorie, diejenige der Verklärung, scheint dazu im Widerspruch zu stehen. Der in seiner Bedeutung mehrschichtige Begriff kann gewisse Harmonisierungstendenzen, auch ein Transparentmachen alles Menschlichen ausdrücken, bezeichnet aber als ästhetischer Terminus wesentlich jenes Poetische, welches den ästhetischen Raum in seiner Eigengesetzlichkeit und in seiner Wesenheit als Kunst von der prosaischen Wirklichkeit und allem Unkünstlerischen unterscheidet. Verklärung meint entscheidend das, was von Fontane als das "Wie" verstanden wurde, das im Verhältnis zum "Was" für die künstlerische Qualität des Dargestellten bedeutsamer ist. Diesen ästhetischen Postulaten fügt sich der Humor sinnvoll ein. Da das Hässliche nicht als solches, gewissermassen in prosaischem Zustand in die dargestellte poetische Wirklichkeit eingefügt werden kann, fällt dem Humor die Funktion zu, dieses Hässliche zu verklären, es also kunstgemäss zu "modeln", um so den eigengesetzlichen Kunstcharakter des Ganzen zu garantieren. Der mehrschichtigen Bedeutung der Verklärung entsprechen auch die verschiedenen Bedeutungsschichten des Humors. Er ist nicht nur ein ästhetisches Darstellungsprinzip, und als solches ein konstituierender Teil der Dichtung, sondern zugleich auch Ausdruck subjektiver, ethischweltanschaulicher Voraussetzungen. Wie der verklärte fiktionale Raum in seiner ästhetischen Harmonie eine Zuflucht vor der als widersprüchlich erlebten Wirklichkeit ist, so zeigt sich gleichzeitig auch im Humor als Lebenshaltung eine Möglichkeit zur Distanz und zum versöhnenden Ausgleich der Widersprüche.
Alle diese Kategorien sind eine folgerichtige Ergänzung dessen, was über das Wesen und die Funktion der Kunst bereits gesagt worden ist. Denn das eigentliche Wesen der Kunst, das als das "Wahre" und das "Schöne" in der Harmonie und im Mass als Fiktion und Illusion der Wirlichkeit in Erscheinung tritt, manifestiert sich erst in der v e r k l ä r t e n Fiktion, in der auch das im Humor verklärte Hässliche in rechtem Mass seinen Platz hat. [106] Davon abhängig ist auch die Funktion der Kunst, heitere, versöhnende und erhebende Unterhaltung zu sein und das menschliche Herz zu rühren und zu belehren. Mit diesem inneren Zusammenhang der einzelnen ästhetischen Kategorien sind zentrale Aspekte der Poetik Fontanes deutlich geworden. Sie ist als solche zwar nach aussen hin nicht systematisch gegliedert, lässt aber in ihrem immanenten Normengefüge gewisse Wechselbezüge zwischen den einzelnen ästhetischen Postulaten erkennen.

Fontanes Auffassung vom Künstlertum und besonders von der Individualität des
Dichters und dessen Verhältnis zur Gesellschaft ist eine notwendige Ergänzung
der bisher betrachteten ästhetischen Kategorien seiner Dichtungstheorie. Ver-
suchten diese in ihrem wesentlichen Kern und aus immer andern Gesichtspunkten
das Phänomen der Kunst in ihrem Verhältnis zur Wirklichkeit zu erhellen, so soll
im folgenden Fontanes Verständnis des Dichters aufgezeigt werden, der als Mitt-
ler zwischen den beiden Erscheinungsweisen steht und als solcher mit seiner dichterischen Individualität in wechselseitiger Abhängigkeit und Beeinflussung beide
Bereiche, Wirklichkeit und Kunst, mitbestimmt. Aus der Neigung des 19. Jahrhunderts, ein Kunstwerk als Ausdruck von etwas anderem, es "historisch" zu
verstehen, ergibt sich ausserdem die besondere poetologische Bedeutung der
"Kategorie der schaffenden Künstlerindividualität"[1] auch für die Poetik Fontanes.
Das überlieferte Bild vom würdevollen Dichterstand wird vor allem in der zweiten
Hälfte des 19. Jahrhunderts unter dem Einfluss der sich gewaltig verbreitenden
Presse erschüttert. Talentierte Literaten und Vielschreiber beherrschen den literarischen Markt und befriedigen die anspruchslosen Lesebedürfnisse der konsu-
mierenden Masse. Diese "Inflation des geschriebenen Wortes ersäufte allen geistigen Ernst und machte den Beruf des Dichters scheinbar hoffnungslos [...] Der
Literat galt als die zeitgemässe Verkörperung des Dichters."[2] Fontanes zahlreiche Aeusserungen über den Stand und die Würde des Dichters in der Gesellschaft,
dazu der zeitweilige Misserfolg seiner eigenen Werke, die im Schatten zweit- und
drittrangiger Produkte standen, spiegeln die zeitgenössischen deutschen Litera-
turverhältnisse deutlich. Als Journalist in Berlin wusste er um die Arroganz des
Literatentums, und er hatte Einblick in das oft fragwürdige Verlags- und Zeitungs-
wesen.

Der Umschichtungsprozess kommt nur schon in der zum Teil differenzierten Terminologie zum Ausdruck, wobei der vorsichtige und seltene Gebrauch des Wortes
"Dichter" auffällt. Fontane bedankt sich 1882 bei Otto Brahm für dessen Besprechung von "L'Adultera", die auch zum Ausdruck bringe, "dass man es mit einem
sein Metier ernsthaft übenden, anständigen Künstler zu tun hat. Den Künstler nehm
ich noch mehr für mich in Anspruch als den Dichter. [...] Ich bin nun seit beinah
vierzig Jahren Schriftsteller [...]."[3] Fontane braucht hier gleich drei Bezeich-
nungen für Verfasser literarischer Texte, die zugleich eine gewisse qualitative
Wertung erkennen lassen. Der Sammelbegriff "Schriftsteller" umfasst nicht nur
die Bereiche von einer eher journalistischen bis hin zur literarisch-künstlerischen
Tätigkeit, sondern er ist auch nach zeitgenössischem Verständnis eine Berufsbe-
zeichnung für jene, die das Schreiben als ein Mittel zum Lebensunterhalt betrei-
ben, wobei "Literat" die andere, oft abwertende Bezeichnung für den Berufsschrift-
steller ist.[4]

Fontane gibt im gleichen Jahr 1882 eine genauere Bestimmung seines eigenen
Selbstverständnisses als Schriftsteller: "Ich sehe klar ein, dass ich eigentlich

erst bei dem 70er Kriegsbuche und dann bei dem Schreiben meines Romans ein S c h r i f t s t e l l e r geworden bin d. h. ein Mann, der sein Metier als eine K u n s t betreibt, deren A n f o r d e r u n g e n er kennt. Dies letzte ist das Entscheidende. "[5] Und zehn Tage später schreibt er noch einmal: "ich bin erst in dem Unglücksjahr 76 e i n w i r k l i c h e r S c h r i f t s t e l l e r geworden; vorher war ich ein beanlagter Mensch, der was schrieb. Das ist aber nicht genug. "[6] Es wird deutlich, wie die Grenzen vom Schriftsteller zum Künstler fliessend sind, die beiden unterscheiden sich nicht nur im Grad der Begabung und der natürlichen Anlagen, sondern nach Fontanes Auffassung zeichnet den wirklichen Schriftsteller, oder eben den Künstler vor dem gewöhnlichen Schriftsteller und Literaten die Kenntnis und die besondere Fähigkeit der geistig-rationalen Meisterung der formalästhetischen Ansprüche aus. Mit dieser Erkenntnis und Meisterung der künstlerischen Anforderungen ist zugleich auch der wesentliche Unterschied zum eigentlichen "Dichter" gegeben. Wenn auch hier die Begriffe nicht streng zu trennen sind, so unterscheidet sich der Dichter vom rational arbeitenden Künstler vor allem durch seine ursprüngliche Phantasie und irrationale Schöpferkraft. [7] Fontanes Urteile über Turgenjew zeigen diese Unterschiede deutlich. Er habe "eine künstlerische Meisterhand, aber keine poetische Seele. "[8] Und weiter: "Der Künstler in mir bewundert alle diese Sachen, ich lerne daraus, befestige mich in meinen Grundsätzen und studire russisches Leben. Aber der Poet und Mensch in mir wendet sich mit Achselzucken davon ab. Es ist die Muse in Sack und Asche, Apollo mit Zahnweh. Das Leben hat einen Grinsezug. Er ist der richtige Schriftsteller des Pessimismus [...]. "[9] Es kommt hier zum Ausdruck, was Fontane schon 1853 etwas knapper noch formuliert hat, "es fehlt dem besten Techniker, wenn er weiter nichts ist als das, eben noch alles - es fehlt der Dichter. "[10] Der eigentliche Dichter hat, wie der Zusammenhang mit Turgenjew zeigt, durch seine originale Begabung entscheidend jene Fähigkeit, eine verklärte, das heisst poetische Wirklichkeit darzustellen. Es ist daher nur folgerichtig, dass wenn Fontane bei Turgenjew diese Verklärung vermisst, er ihm auch die "poetische Seele", das Dichterische abspricht. Klarer noch werden die Unterschiede zwischen dem Künstler und dem Dichter in der Rezension von Th. H. Pantenius' Roman "Das rote Gold". Pantenius sei ein bedeutender Künstler, "aber er ist, mein ich, mehr Künstler als Dichter. Nach d i e s e r Seite hin fehlt ihm etwas, und dies Fehlende beeinträchtigt die Freude an seinen Werken." (AZL S. 105) Der Roman sei eine treffliche Arbeit heisst es später, in Bau und Charakterzeichnung bedeutend, aber was ihm fehle, sei "Licht, Verklärung, und selbst der Humor ist mehr Sarkasmus als Humor. Seine Schreibweise hat etwas Verwandtes mit der T u r g e n j e w s . [...] Alles in allem ist es wieder ein Buch eines unserer hervorragendsten Schriftsteller." (AZL S. 107/08) Der Künstler wird auch hier als Schriftsteller begriffen. Er ist für Fontane die qualitative Spitze dieser journalistisch-literarisch-künstlerischen Berufsgattung und wird nur noch vom Dichter überragt, dessen eigenschöpferisch-geniale Fähigkeiten wiederum verschiedene Begabungsschichten aufweisen können. Die Grenzen vom Schriftsteller bis zum Dichter sind fliessend und werden von Fontane keineswegs genau festgelegt. Die Spannweite kommt vielleicht am extremsten in seiner Meinung über Gutzkow zum Ausdruck: "Er war ein brillanter Journalist, der sich das 'Dichten' angewöhnt hatte und es ähnlich betrieb wie Korrespondenzen und

Tagesartikelschreiben. Das hält aber die Dichtung nicht aus. D i e bedarf mehr Pflege und Liebe. "[11] Was nun Fontane selbst betrifft, versteht er sich als Künstler und als Dichter; wie er an Brahm schreibt, nimmt er den Künstler noch mehr für sich in Anspruch als den Dichter. Aus eigener Erfahrung behauptet Fontane, dass sein Künstlertum mehr durch die geistig-rationale Einsicht in ästhetische Forderungen und zudem durch ihn selbst ermüdende Fleiss- und Feilarbeit des Künstlers geprägt ist; weit seltener sind dagegen jene Augenblicke, in denen die "kritiklose", irrationale Schöpferkraft des Dichters die Arbeit leitet. Dieses durch die persönliche Erfahrung geprägte Selbstverständnis als Künstler und Dichter bleibt auf Fontanes allgemeine Auffassung von Genie und Künstlertum nicht ohne Einfluss.

1.   GENIE UND KUENSTLERTUM

Wesentliche Aspekte der ambivalenten Stellung Fontanes zum Genie und Künstlertum sind in der Arbeit von Ingeborg Schmeiser dargestellt worden. [12] Fontanes Positionen sind in ihrem Kern alles andere als originell. Sein Begriff vom Genie ist an die traditionelle Vorstellung von der intuitiv-schöpferischen und originalen Begabung gebunden. Neben diesen künstlerischen Aspekten des Genialen steht auf der andern Seite die menschlich-moralische Stellung des genialen Menschen in seinem Verhältnis zur Gesellschaft. Von diesem "Widerstreit der bürgerlichen und der künstlerischen Einstellung" sind die Aussagen Fontanes zum Genie geprägt. [13] Die Ausserordentlichkeit des Genies wird in jedem Fall anerkannt. Die Gründe für eine kritische und keineswegs vorbehaltlos positive Bewertung sind hauptsächlich im "Genietum" der ersten Jahrhunderthälfte zu sehen. Diese bewusst gepflegte "barocke Genialität", die als "Originalitäts-Inszenierung" zumindest bei Scherenberg "vielfach berechnet und g e w o l l t " war (H III, 1. S. 717), trug der bürgerlichen Vorstellung von der Besonderheit des "genialen" Menschen Rechnung. Es ist neben Fontanes bürgerlichem Sinn für Ordnung und Mass zudem seine Abneigung gegen alles Gekünstelte und Unechte, welche dieses genialische Image ablehnt, das auch teilweise die Münchner Eklektiker in malerischem Pathos zur Schau trugen. [14] Diese in den frühen Jahren geprägten Vorbehalte gegen alles ausserordentliche "geniale" Getue bleiben bis in die späten Altersjahre bestimmend. Er unterscheidet deutlich zwischen der genialen künstlerischen Begabung und der menschlichen und gesellschaftlichen Verhaltensweise dieses genial begabten Menschen. Eine Bemerkung in der autobiografischen Schrift "Von 20 bis 30" zeigt dies deutlich: "Man weiss jetzt, dass ein Philister ersten Ranges ein grosses Genie sein kann, ja, erst recht, während man sich ein solches, in den dreissiger und vierziger Jahren, ohne bestimmte moralische Defekte nicht gut vorstellen konnte. Jedes richtige Genie war auch zugleich ein Pump- und Bummelgenie. " (N XV, S. 34) Im Sinne dieser veränderten Vorstellung beurteilt er auch seinen Freund Pietsch, er sei, "wenn nicht der Stolz, so doch in eminentem Grade das 'Genie' der Zeitung und zu diesem seinem, in den Erscheinungsformen gelegentlich leider

kolossal ver a l t e t e n (dies wird er mir am meisten übelnehmen) 'Genietum'
gehören auch all seine Tollheiten, Ausschreitungen und Zynismen. "[15]
Fontane betont zwar deutlich, dass "geniale Persönlichkeiten" ihren "Massstab in
sich" tragen und nicht etwa mit der "englischen Sittlichkeits-Elle" gemessen werden dürfen (F II, 4. S. 118), aber in seiner Rezension von "Werthers Leiden" setzt
er auch hier Grenzen. Nach unverholener Bewunderung für das Werk, "alles eminent, alles trägt den Stempel des Genies", meldet er aber "nach der D i s k r e -
t i o n s s e i t e hin" Bedenken an; ein Genie solle zwar auch in diesen Dingen
nicht mit der Alltagselle gemessen werden, ganz abgesehen davon, dass alle
Schriftstellerei mehr oder minder von Indiskretionen lebe, "aber d i e s ist
zu viel. [...] So darf man nicht verfahren. Auch das grösste Genie hat kein Recht,
derartige bittere Verlegenheit zu schaffen und den Ruf einer liebenswürdigen Frau
mehr oder minder zu schädigen. Tut es ein Freund, so ist es doppelt verwerflich."
(H III, 1. S. 464/65) Diese moralisch-ethische Verurteilung hat genauso wie die kritische Bewertung der zum Teil ausserhalb der gesellschaftlichen Normen stehen-
den Erscheinungsformen des Genietums nichts mit der eigentlichen künstlerischen
Begabung zu schaffen. Fontane hat in seiner Bewertung des Genies die künstlerischen und die gesellschaftlich-menschlichen Gesichtspunkte immer deutlich voneinander geschieden. Beide Aspekte werden, beeinflusst "von einem immer stärker werdenden Bestreben nach Rationalisierung", [16] in gleicher Weise im Verlauf
der Jahre immer kritischer beurteilt.
In einem Brief an Merckel aus dem Jahre 1858 gibt Fontane die ausführlichste Bestimmung seiner Genieauffassung. [17] Es ist bezeichnend, dass ihn hier weniger die
künstlerischen Auswirkungen der genialen Schöpferkraft allein beschäftigen, sondern vielmehr noch die psychologische Seite des genial beanlagten Menschen. Gerade weil das Genie einen "nachhaltigen Einfluss auf die Gestaltung" der Literatur
ausübe, sei ihm auch das "eigentümliche Vorrecht" zuzugestehen, "eine grosse
Menge dummes Zeug zu sprechen und zu tun, was der anständige, gebildete Mensch
nie gesprochen und getan haben würde, aber diese Schulmeister-Superiorität hilft
dem letztern nichts, er wird mit all seiner Kritik, seinem Fleiss, seiner Respek-
tabilität und selbst seinem Talent vergessen, während das Genie fortlebt und von
kommenden Generationen selbst seine Quatschereien belacht, bewundert oder wenigstens entschuldigt sieht. " Diese Kraft liegt nach Fontanes Auffassung in der besonderen psychischen Struktur des Genies begründet, er definiert sie als "gestör-
tes Gleichgewicht der Kräfte" [dazu Fontanes Anmerkung: "Genau so wie Verrücktheit, dass beide Geschwister sind, wer leugnet es ?"], ein "echtes Genie" kann also "ein Wunder und ein Schafskopf zugleich" sein. Diese Herrschaft einer bestimmten Kraft auf Kosten anderer Kräfte mache das normale Genie. Es gebe freilich
noch abnorme Genies, die man vielleicht richtiger Halbgötter nennen sollte, Naturen von solcher allgemeinen Superiorität, dass ihnen überall hin die Bewunderung
folge und die das Perpetuum mobile entdeckt haben oder an einem Strick vom Mon-
de herabgeklettert sein würden, wenn sie es nicht vorgezogen hätten, den Hamlet
zu schreiben oder mit Elefanten über die Alpen zu ziehen. Eine gewisse Ratlosig-
keit im Erfassen der genialen Persönlichkeit scheint hier deutlich zu werden. Fontane hat denn auch diese, wie er sagt, "schwierige Frage" künftig nie mehr so ausführlich besprochen. [18] Später werden diese psychologischen Bestimmungen des
Genies im Zusammenhang mit der Beschäftigung mit Schopenhauer vorsichtiger

und vor allem kritischer beurteilt.[19] Ausserdem steht jetzt unter dem Einfluss der zunehmenden literaturkritischen und der beginnenden künstlerischen Tätigkeit weit mehr die Frage nach dem Wesen der dichterischen Begabung des Genies im Vordergrund. Nach Fontanes Ansicht ist das Dichterische die qualitative Spitze jeder literarischkünstlerischen Tätigkeit, wobei dieses Dichterische wiederum seinen vollendeten Ausdruck durch die geniale Begabung erfährt. Was für Fontane das eigentliche Kriterium dieses Genialen ist, zeigen vor allem drei Aufzeichnungen zu literarischen Werken, die er uneingeschränkt als Produkte einer genialen dichterischen Begabung erkennt. Es sind dies die Ausführungen zu den "Leiden des jungen Werthers", zu "Wilhelm Meisters Lehrjahre" und "Tristram Shandy".

Im Werther ist es die "leichte wie sichere Hand", mit der Goethe eigenes Erleben und die Nachricht vom Tode Jerusalems "so ungezwungen zu etwas Einheitlichem gestaltet", was "so recht eigentlich den Genius" bekundet; entscheidendes Kriterium dieses Genialen ist, dass Goethe "alles wie durch Intuition" hat und "in einfachsten und natürlichsten Worten [...] das Tiefste" sagt, zudem ist es "die weisheitsvolle, Leben und Menschenherz durchdringende   R e i f e " ,   welche für die eminente Bedeutung des Romans ebenso wichtig ist. (H III, 1. S. 464) Aehnliche Kriterien kennzeichnen die "genial geübte Kunst" im Wilhelm Meister. Es ist hier das "Sich-gehen- und -treibenlassen", das Fontane "am meisten" bewundert. Goethe "macht, was er will, folgt voll berechtigten Vertrauens zu seiner Natur deren Eingebungen, quält sich nicht von Seite zu Seite mit Fragen logischer Entwicklung", ausserdem verfügt der Autor durch "die Kunst der Erfindung und den Reichtum der Mittel" über eine Sicherheit, die in der "Sorglosigkeit" zum Ausdruck kommt. (H III, 1. S. 465/66) Neben der Intuition, Erfindung und natürlichen Eingebung sind es die ungezwungenen, sorglos gehandhabten schöpferischen Gestaltungskräfte, welche die Fähigkeit des Genies ausmachen, und die dessen Werk zu einem einheitlichen, organisch gewachsenen Ganzen werden lassen. Es erfüllt damit jene im Abschnitt über die Komposition erörterten Anforderungen, die Fontane an den inhaltlichen wie formalen Aufbau eines Kunstwerkes stellt.[20] In den Ausführungen zu "Tristram Shandy" kommen weitere Wesenszüge des Genialen hinzu. Auch dieser Roman sei das Produkt eines ausserordentlichen Genies, und trotz seiner Anlehnung an Cervantes und Rabelais wirke dennoch "alles vollkommen original [...] 'Tristram Shandy' ist also ein   O r i g i n a l r o m a n   wie wenige". Wie im Werther bewundert Fontane, dass "mit den einfachsten Mitteln, mit wenigen Strichen" die grössten Wirkungen erreicht werden. Hier zeige sich das volle Genie. Die tolle Erzählweise, die ein "hohen Mass von Methode" verrate, die alle "Gesetze des Erzählens" strikte inne halte, sei "genialisch durch und durch. Man kommt aus dem Wundern und Bewundern gar nicht heraus". Dennoch meint Fontane, so "kunstvoll und meisterhaft-genial" der Roman nach Form und Inhalt sei, "so   w e n i g   n a c h a h m e n s w e r t   i s t   e s   d o c h . "   Fontane hat in Laurence Sternes Roman als einen weiteren Wesenszug des Genialen die Originalität gefunden, sieht sie aber in einer solchen tollen Kühnheit ausgebreitet, dass er den Roman ein "Meisterstück, aber nicht Muster und Vorbild" nennt. (AZL S. 121-25) Diese Auffassung vom nicht unbedingt immer Vorbildlichen des Genialen hat er auch später beibehalten.[21] Schliesslich kennzeichnen den echten Dichter noch ein Mindestmass einer "echten, in Herz und Empfindung ruhenden Phantasie", jene "Instinkte", die das Richtige treffen. (H III, 1. S. 324)

Mit dieser Bestimmung der wichtigsten Wesenszüge des Genialen folgt Fontane den üblichen traditionellen Kriterien; als einzig typisch könnte bezeichnet werden, wie er nicht ausschliesslich von aussen, mit theoretischen Massstäben ein Werk misst, sondern in der Anlage des Werkes selbst das Wesen des Genialen wiederfindet und die Kriterien gewissermassen neu, aus dem Werk selbst gewinnt. Die Originalität, Phantasie, Intuition, natürliche Erfindungsgabe und schöpferische Gestaltungskraft sind als Kennzeichen des Genialen in der Literatur zugleich auch die Kennzeichen des Dichterischen. Insofern wird das Mass der genialen Begabung auch das Mass des Dichterischen bestimmen.

Der entscheidende Unterschied des Dichters zum Künstler ist für Fontane, dass im Schaffen des Dichters ein Intuitiv-Irrationales mitspielt, während der Künstler sein Werk mit "Kalkül", rationalkritisch schafft. Fontane nimmt damit zwei literarische Schaffensweisen an, die er 1875 in seinem Essay über Gustav Freytags "Ahnen" klarer festlegt. Die Fragwürdigkeiten dieses Romanwerkes "wären vielleicht in keinem Falle ganz, aber dennoch immerhin zu erheblichem Teile zu überwinden gewesen, wenn dies alles, stilvoll oder nicht, aus einer genialen Natur heraus, f r e i erwachsen wäre. Aber dies ist ganz entschieden n i c h t der Fall. Entsprossen ist hier nichts. Drei Bände Mosaik, von geschickter, aber kühler Hand zusammengestellt. Nirgends ein G e m u s s t e s , überall ein G e w o l l t e s . Der Verstand entwarf den Plan und ein seltener, durch Umsicht und Geschmack unterstützter Sammelfleiss schaffte die Quadern, oft auch schon fertigen Ornamente herbei. " (H III, 1. S. 321/22) Mit dieser Zweiteilung unterscheidet Fontane zwischen dem fast triebhaften, intuitivspontanen "Kunstmüssen" des Dichters und dem bewusst von Kunstgesetzen geleiteten und vom Fleiss getriebenen "Kunstwollen" des Künstlers. [22] Die vermutlich im gleichen Jahr 1875 geschriebene Aufzeichnung zu Frenzels Roman "Silvia" hält ebenso an diesen Positionen fest. Frenzel sei kein Dichter, "aber auch als Nicht-Poet, lediglich von Kritik und Verstandes wegen, hätte er's besser machen können, wenn er die Figuren länger liebevoll mit sich herumgetragen, sie sorglich-abwägender gestaltet, sie konsequenter durchgeführt hätte. Genies wie Walter Scott können rasch arbeiten, sie treffen, ihrem dunklen Drange folgend, immer das Richtige, wer aber kein Genie ist, wer alles durch den Kalkül gebiert, der muss durch Arbeit, Lagernlassen, immer erneute kritische Betrachtung seine Dichter-Manko balancieren. Das aber kostet Zeit, Jahre. " (AZL S. 86)[23] Auffallend ähnliche Gedanken waren bereits mehr als zwanzig Jahre früher in den "Grenzboten" nachzulesen. Sie bestätigen nicht nur, wie wenig originell Fontanes Auffassung ist, sondern wie unter dem Einfluss der zunehmenden naturwissenschaftlichen Erkenntnis das "Irrationale" des Schöpfertums kritischer betrachtet wird. Das Blatt schreibt: "Was wir den Instinct des Genius nennen, ist nichts Anderes, als die Beschleunigung des Naturprozesses, der sich bei uns Andern durch langsame und allmähliche Reflexion vermittelt. " Man gehöre nicht zu den Aesthetikern die im Genius eine übernatürliche Kraft, eine Inspiration, oder einen inkommensurablen Geist verehren, da alle Kräfte, die im Leben sich zeigen, "in der Naturwissenschaft ihre Stellung finden"; auch ein eigentlicher Schöpfer könne der Mensch nicht werden, auch der Genius nicht, denn eine Schöpfung im strengen Sinne wäre ein Akt des Wunders. Der unbekannte Verfasser scheint aber trotz seiner positivistischen Aufgeklärtheit nicht ohne eine "geringe Spur jenes elektrischen Funkens" auszukommen, der im "Instinct" vorhanden sei, und "den die gebildete Reflexion vergebens hervorzubringen strebt." Schliesslich macht er auf das "Missverhältnis" aufmerksam, "welches in unsern Tagen zwischen der Bildung und dem Talent besteht"; durch den Fortschritt der Technik in allen Künsten sei ein Mann von Bildung, feinem Urteil und Geschmack in Deutschland viel häufiger zu finden "als ein, wenn auch rohes und ungebildetes Talent, das aber wirklich producirt." Allerdings sei der Punkt, wo die Bildung, die angelernte Technik und Reminiszenz ins eigentliche Schaffen übergehen, sehr schwer zu bestimmen.[24]

Diese Auffassungen werden von Fontane in genau der umgekehrten Weise einige Jahre später vertreten. "Handwerksmässiges Können, das technische Geschick, die Arrangier- und Schreibroutine" bezeugen ihm "das rohe Talent", dem aber misst er wenig Bedeutung bei. "Wer heutzutage eine Kunst wirklich betreibt und in ihr was leisten will, muss natürlich vor allem auch Talent, gleich hinterher aber Bildung, Einsicht, Geschmack und eisernen Fleiss haben."[25] Noch einige Jahre später wehrt sich Fontane gegen die landläufige Phrase, Hauptmann sei talentiert.[26]

Damit sind die entscheidenden Wesenszüge des Künstlers deutlich geworden, der im Gegensatz zur "Intuition" der Dichter und Genies, mit Talent, Geschmack, Bildung, Einsicht in die Kunstgesetze und mit Fleiss, gewissermassen als "Artist" mit Kritik und Kalkül seine Kunst betreibt.[27] Dieser Auffassung entsprechen genau die bereits erörterten zwei Möglichkeiten, einen guten Stil zu erreichen, wonach der echte Stil entweder intuitiv, unmittelbar aus dem Gefühl, oder bewusst, aus der künstlerischen Erkenntnis erreicht werden kann.

Eine solche, etwas konstruiert anmutende Zweiteilung der Möglichkeiten im literarischen Schaffensvorgang scheint, zumindest was die Bedeutung der kritischen Reflexion des Künstlers anbetrifft, zu einem Gutteil auf eigener Erfahrung zu beruhen. Diese zeigt aber zugleich auch, dass die beiden Schaffensweisen nicht rein, sondern vielmehr noch gemischt und in wechselseitiger Wirkung in Erscheinung treten können.

Fontane hat in dem bereits zitierten Brief an Brahm betont, dass er den Künstler noch mehr für sich in Anspruch nehme als den Dichter. Das Zusammenspiel der beiden Schaffensweisen in seiner eigenen schöpferischen Tätigkeit hat Fontane mehrmals in besonderer und für ihn typischer Weise beschrieben, zum ersten Mal 1884 in einem Brief an die Frau: "Meine ganze Produktion ist Psychographie und Kritik, Dunkelschöpfung im Lichte zurechtgerückt."[28] Mit diesem Bild des Psychographen, einem Gerät zum Niederschreiben angeblich aus dem Unbewussten stammender Aussagen, umschreibt Fontane in überaus zurückhaltender Weise jenes Irrationale in seinem Schaffensprozess, das er sonst beim Dichter, und vielmehr noch beim Genie, unverhüllt als Inspiration und schöpferische Intuition bezeichnet. Vier Jahre später schreibt er etwas deutlicher an Paul Schlenther: "Ich schreibe alles wie mit einem Psychographen (die grenzenlose Düftelei kommt erst nachher) und folge, nachdem Plan und Ziel mir feststehen, dem bekannten 'dunklen Drange'. Ich darf ehrlich und aufrichtig sagen: es ist ein natürliches, unbewusstes Wachsen."[29] Bei keinem seiner Romane hat Fontane dieses "psychographische" Arbeiten so sehr betont wie gerade bei "Effi Briest", wie er auch über kaum ein anderes seiner Werke so viel Erklärungen abgegeben hat.[30] Er schreibt

117

dazu: "Vielleicht ist es mir so gelungen, weil ich das Ganze träumerisch und fast
wie mit einem Psychographen geschrieben habe. Sonst kann ich mich immer der
Arbeit, Mühe, Sorgen und Etappen erinnern - in d i e s e m Falle gar nicht. Es
ist so wie von selbst gekommen, ohne rechte Ueberlegung und ohne alle Kritik."[31]
Allein diese Ausführung zeigt, dass Fontane um die ausserordentliche d i c h t e -
r i s c h e Bedeutung dieses Romans im Vergleich zu den bis zu diesem Zeitpunkt
geschriebenen Werken gewusst hat, die Entstehungsgeschichte unterscheidet sich
aber nicht wesentlich von der seiner andern Produktionen. [32]
In dieser Erfahrung vom schöpferischen Arbeiten als einer Doppelfunktion von Intuition und Kritik, darin den Erfahrungen Hebbels nicht unähnlich, [33] scheint aber
Fontane dennoch dem rationalen Element die weit grössere Bedeutung zuzumessen.
Er beruft sich auf ein Zitat Goethes, die Produktion eines anständigen Dichters
und Schriftstellers entspreche allemal dem Mass seiner E r k e n n t n i s ,
fügt dem aber bei: "Man kann auch ohne Kritik mal was Gutes schreiben, ja vielleicht etwa s o Gutes, wie man später m i t Kritik nie wieder zu Stande
bringt. Das alles soll nicht bestritten werden. Aber das sind dann die 'Geschenke
der Götter', die, weil es Göttergeschenke sind, sehr selten sind, e i n mal im
Jahre, und das Jahr hat 365 Tage. Für die verbleibenden 364 entscheidet die Kritik, das Mass der Erkenntnis. "[34] Trotz dieser einseitigen und etwas willkürlichen
Berufung auf Goethe steht Fontane mit seinem Glauben an die "Geschenke der Götter" diesem näher als er selbst annehmen mag. Goethe hat mehrmals ausgesprochen, dass die höchste Produktivität eines Künstlers nicht immer in allen Teilen
in seiner Gewalt steht, er hat "den Augenblick der Konzeption, da dem Künstler
plötzlich das Bild der Gestalt aufgeht, in der Stoff und Gehalt von der Form durchdrungen sind, als geheimnisvollen Einbruch eines Ueberpersönlichen empfunden."[35]
Im Gespräch mit Eckermann bezeichnet er es geradezu als ein "Anwehen eines
befruchtenden göttlichen Odems. "[36] Fontanes Skepsis gegenüber aller behaupte-
ten Intuition und allem irrationalen Schöpfertum bricht trotz seiner Anerkennung
dieser möglichen Schaffensweise immer wieder durch. Ohne Zweifel beruht sie
auf der häufigen Beobachtung, dass naive Dilettanten und Versifexe ihre "Stimmung" für Intuition, ihre mittelmässigen Produkte für Dichtung und schliesslich
noch sich selbst für Dichter halten. Während Fontane eher ein Ueberhandnehmen
der ungebildeten Talente beobachtet, die ohne Einsicht in die Gesetze der Kunst
produzieren, haben die "Grenzboten" umgekehrt ein häufiges, rein auf gebildeter
Reflexion beruhendes Schaffen festgestellt, dem allzuoft die intuitive Begabung
fehlt. Beide Erscheinungsweisen sind unter anderem in jedem Fall für die ebenso
grosse wie unbedeutende Massenproduktion des 19. Jahrhunderts verantwortlich.
Diese Ursache versuchte bereits Goethe in einem kleinen Aufsatz über die "Epoche
der forcierten Talente" zu erklären, die durch eine "Masse der Dichtenden" gekennzeichnet ist. Durch die Erkenntnis der Bedeutung des Gehaltes in der Dichtung durch die Philosophen und ausserdem durch die Verfeinerung der Technik
sei es dazu gekommen, "dass jedermann glaubte, diesen Zwischenraum ausfül-
len und als Poet sein zu können. [...] Selbst Schiller, der ein wahrhaft poetisches Naturell hatte, dessen Geist sich aber zur Reflexion stark hinneigte und
manches, was beim Dichter unbewusst und freiwillig entspringen soll, durch Gewalt des Nachdenkens zwang, zog viele junge Leute auf seinem Weg mit fort, die
aber eigentlich nur seine Sprache ihm nachlernen konnten. "[37] Goethe nennt ins-

besondere Schillers ästhetische Briefe, die Abhandlung "Ueber naive und senti-mentalische Dichtung" und die Rezension "Ueber Bürgers Gedichte", welche ins-gesamt auf diese Entwicklung nicht ohne Einfluss blieben. Es ist unschwer zu er-kennen, dass Fontane, wie etwa auch Spielhagen[38] und vor allem die Münchner Dichter,[39] mit ihrer Betonung von Kritik und Reflexion in diesem dichtungsge-schichtlichen Zusammenhang stehen.

In der 1871 in der Vossischen Zeitung erschienenen Rezension von Karl Heigels Roman "Ohne Gewissen" führt Fontane nicht nur erstmals die Psychographen-Me-tapher an, sondern es sind hier im Wesentlichen alle seine später vertretenen Positionen zur Schaffensweise zusammengefasst: "Wir haben es Seite um Seite mit einem P o e t e n zu tun, mit einer produktiven Kraft, die das kritiklose Sichgehenlassen verschmäht, vielmehr daran gewöhnt ist, sich über jedes Wort Rechenschaft zu geben. Ein Kunstwerk also. Jenes psychographenhafte Produzie-ren, wo der Schriftsteller, einem dunklen Drange hingegeben, die Feder einfach laufen lässt, so dass er am Schlusse seines Buches selber keine Vorstellung da-von hat, was er geschrieben und was nicht, diese Art des Schaffens hat einmal unter zehntausend eine Berechtigung (Walter Scott hat einiges in dieser Weise ge-schrieben); es ist aber gefährlich - wie so viele tun - diesen Ausnahmefall zur Regel erheben zu wollen. Nichts ist seltener als Inspiration; als Regel gilt: alles Tüchtige will errungen sein. ' D e r   F l e i s s   i s t   d a s   G e n i e . ' "[40]

Es ist interessant zu sehen, wie Fontane diese psychographisch-intuitive Arbeits-weise in diesem Jahrzehnt skeptisch und mit grossen Vorbehalten beurteilt, wäh-rend er in der Zeit nach 1880, also in den Jahren seiner eigenen intensiven dich-terischen Produktion, dem Intuitiv-Schöpferischen grössere Bedeutung beimisst. Umgekehrt kann der in diesem Kontext gebrauchte Spruch vom Fleiss, der das Genie ausmache, als die extremste Formulierung einer Ansicht gelten, für die Kritik und ästhetische Erkenntnis ein Aequivalent zur schöpferischen Phantasie sein kann.[41]

Diese verschiedenen Aspekte von Genie und Künstlertum lassen erkennen, dass Fontanes Ansichten sowohl durch die persönliche Erfahrung seiner eigenen Schaf-fensweise als auch durch traditionelle Vorstellungen geprägt sind. Nicht nur die Kriterien für eine geniale, intuitiv-ursprüngliche Dichterbegabung, sondern auch die Ansichten eines auf Kunstverstand und Reflexion beruhenden Künstlertums sind dichtungsgeschichtlich vorgeprägt. Dabei ist nicht zu übersehen, dass Fon-tane eher die Tendenz hat, die kritische, nach den Kunstgesetzen ausgerichtete und hochbewusste Darstellungsabsicht gegenüber dem Intuitiven und spontan Schöpferischen zu überschätzen, dass er umgekehrt aber im Allgemeinen das rationale Element dann zu unterschätzen scheint, wenn er geniale schöpferische Originalität anerkennt. Erst die Aeusserungen über seine Schaffensweise zeigen, dass sein eigenes Dichtertum auf einer Doppelfunktion von Intuition und Kritik beruht. Es dürfte damit die verbindliche Mitte darstellen gegenüber der etwas konstruiert und allzu theoretisch anmutenden Zweiteilung in die rationale Schaf-fensweise des Künstlers und das intuitive Schöpfertum des Dichters.[42] Der Fleiss aber ist immer und in allen Fällen, auch für das "Originalgenie" jenes zusätzlich Notwendige, welches eine ursprüngliche dichterische Begabung erst recht entfal-ten hilft. Wird indessen die Linie weitergezogen, so zeigt sich, dass Fontanes Betonung der kritischen Schaffensweise Teil einer Entwicklung ist, die erst im

20. Jahrhundert grössere Bedeutung erlangt. Es ist bezeichnenderweise gerade Thomas Mann, der das "kritische Element" in der Romankunst hervorhebt. Nach einem Wort Mereschkovskis repräsentiert für ihn der moderne Roman die Entwicklungsstufe des "schöpferischen Bewusstseins", die als Phase der Reflexion dem intuitiven Dichten gefolgt ist.[43] Dieselbe Entwicklungsstufe repräsentiert aber zugleich auch die Krise des Romans im 20. Jahrhundert.

2. DIE INDIVIDUALITAET DES DICHTERS

Für alle die verschiedenen Dichtertypen, deren jeweilige Besonderheit unter anderm in ihrer Schaffensweise auffällig in Erscheinung tritt, ist die Individualität des Dichters insofern von gleichrangiger Bedeutung, als nach der Auffassung Fontanes die Qualität eines literarischen Werkes mit der menschlich-sittlichen Eigenart des Dichters in enger Beziehung steht. Fontane steht damit, wie andere Dichter und Kritiker des 19. Jahrhunderts auch, unter dem nachhaltigen Einfluss der deutschen Klassik. Schiller hatte in seiner Rezension "Ueber Bürgers Gedichte" nicht nur seine Auffassung vom Wesen der Kunst, sondern auch vom Beruf und von der Verantwortung des Dichters deutlich genug formuliert: "Alles was der Dichter uns geben kann, ist seine I n d i v i d u a l i t ä t . Diese muss es also wert sein, vor Welt und Nachwelt ausgestellt zu werden. " Die Veredelung dieser Individualität wird das erste und höchste Geschäft des Dichters. Somit ist es der höchste Wert eines Gedichtes, "dass es der reine vollendete Abdruck einer interessanten Gemütslage eines interessanten vollendeten Geistes ist. "[44] Diese Auffassung hat das poetologische Verständnis der Dichtung fast im ganzen 19. Jahrhundert im Sinne der am Anfang dieses Kapitels erwähnten "historisch-biographischen" Betrachtungsweise beeinflusst. Dichtung als Ausdruck der Dichterindividualität gestattete scheinbar zwingende Rückschlüsse vom einen auf das andere. So sieht etwa Stifter die Abhängigkeit so eng, dass für ihn "eine nicht unergiebige Quelle schlechter Schriftsteller (eigentlich der unwürdigen) die C h a r a k t e r - l o s i g k e i t oder gar u n s i t t l i c h e r C h a r a k t e r , d.h. ohnmächtige Hingabe an Leidenschaften" ist; "während die höhere sittliche Abklärung und Ruhe fehlt, die erst dem Ganzen des Werkes die Weihe, die menschliche Rundung, die Erhebung und Versöhnung (selbst im tragischen Geschicke) gibt. "[45] Die Literaturkritik des Realismus hat diese Auffassung ebenso beibehalten, wenn auch Julian Schmidt zum Beispiel etwas differenzierter als Stifer sich ausdrückt. Wenn bei jeder Gattung der Poesie das, was der Charakter des Dichters genannt werde, einen entscheidenden Einfluss auf die Wirkung ausübe, so sei das am meisten beim Roman und der Novelle der Fall, denn hier müsse der Dichter seinen Lesern in der verschiedensten Weise zu erkennen geben, wie er selbst das Leben verstehe, und wie er die von ihm gefundenen Charaktere beurteile und leite. Ueberall werde an ihm selbst geprüft, mit welcher Sicherheit und Freiheit er zu empfinden im Stande sei. "Durch die Lectüre gewinnen wir nicht nur Kenntnis von dem Zusammenhang der Erzählung, sondern auch von dem Erzähler selbst [...] so sehr ist der Charakter des Dichters beim Romane massgebend, dass auch mässige Erfindungskraft im Einzelnen uns nicht stört, wenn der Erzähler durch die innere Haltung seines Gemüthes zu fesseln weiss. "[46] Schmidt hat denn auch nichts gegen eine subjektive Dichtung einzuwenden, die sich mit der eigenen Person des Dichters beschäftigt, aber doch nur unter der Bedingung, "dass die Persönlichkeit, mit der wir uns beschäftigen sollen, eine schöne, oder wenigstens interessante und bedeutende ist. "[47] Mit dieser Beschreibung der Individualität des Dichters und deren Bedeutung für die Dichtung kommt Schmidt wieder nahe an die ursprünglichen Gedanken Schillers heran.

Was Fontane selbst betrifft, steht er durchaus in dieser Tradition, auch darin, dass er in nur allgemeiner Weise auf die Bedeutung der Individualität des Dichters eingeht. Der früheste Hinweis auf eine Beschäftigung mit diesem Problemkreis ist in einem Brief Bernhard von Lepels an Fontane zu finden, 1855 geschrieben, steht er in unmittelbarer Nähe der Ausführungen von Julian Schmidt. Lepel schreibt an Fontane: "Deine Ansicht über den Zusammenhang zwischen Leben und Kunst [...] theil ich vollkommen. Der Kenner wird immer die Congruenz zwischen dem Leben, Charakter und der Produktion eines Dichters nachweisen können. Mir, der ich mich nicht rühmen will, viel von solcher Kennerschaft zu besitzen, leuchten die Analogien zwischen den Menschen und ihrem Geschriebenen oft unverkennbar ein. "[48] Fontane selbst fügt in den späteren Jahren seine Anforderungen an die Persönlichkeit des Dichters den übrigen Anforderungen an Begabung, Talent und ästhetische Erkenntnis hinzu. Die Relevanz der Persönlichkeit wird insofern entscheidender, als die übrigen Anforderungen "nicht ausreichen, ein tolerables Buch herzustellen. " (AZL S. 88) Diese Erkenntnis beruht offensichtlich zu einem Gutteil auf Erfahrungen, die er mit Schriftstellern und ihren Werken gemacht hat. Denn je länger man lebt, so schreibt er in einer Rezension, "desto klarer erkennt man, dass in allem Geschaffenen der Geist seines Schöpfers lebt, und dieser Geist ist es, der anmutet oder widerstrebt, der tötet oder lebendig macht. Was in sich krank und hohl ist, das degoutiert zuletzt, wie vollkommen auch das Kleid sein mag, in dem es einherstolziert, was aber umgekehrt aus einem gesunden Keime spross, das bewährt allen zufälligen Strömungen zum Trotz eine gesunde Innerlichkeit. Dies Endgültige ist die Gesinnung, die aus dem Leben ebenso wie aus dem Kunstwerk spricht. " (H III, 2. S. 262) Die Bedeutung dieser menschlich-ethischen Komponente im Ganzen der poetologischen Konzeption Fontanes darf nicht unterschätzt werden, sie wird im letzten Kapitel ausführlicher zu behandeln sein.

Fontanes umfangreiche Korrespondenz im Zusammenhang mit der Entstehung und Veröffentlichung seines ersten Romans zeigt deutlich, dass er dieses Werk als "Ausdruck" seiner Persönlichkeit versteht: "[...] alles, was ich gegeben habe, ist nichts als der Ausdruck meiner Natur. "[49] Dieser Natur, hier im weitesten Sinn verstanden, schreibt er die Unterschiede zu, die zwischen seinem Roman und dem von Alexis bestehen. Beide haben zwar aus derselben Quelle geschöpft: " E r hat aus Marwitz den Isegrimm gemacht, i c h den Vitzewitz. Auch darin zeigt sich der Unterschied unsrer Naturen. Er war Melancholikus, ich bin ganz Sanguiniker. "[50] Schliesslich erhofft er sich von einer Rezension Julian Schmidts, dass dieser eines, für Fontane die "Hauptsache", anerkennend hervorheben werde, nämlich, dass das Buch "der Ausdruck einer bestimmten Welt-

und Lebensanschauung" sei, die eintrete für "Religion, Sitte, Vaterland".[51] Dass im Roman gerade das zum Ausdruck kommt, hat vor allem Rodenberg in seiner Besprechung lobend hervorgehoben.[52] Fontane hat die Behauptung von der engen Beziehung zwischen Dichtung und Dichter-Ich grundsätzlich immer beibehalten, dem widerspricht auch nicht, dass er Ausnahmen gelten lässt.[53] Das Problem wird am Anfang der achtziger Jahre, also in der Zeit seiner intensiven Auseinandersetzung mit Spielhagens Theorie des "objektiven" Erzählens, erneut und ausführlich erörtert. In der Erkenntnis, dass jede Kunstschöpfung nicht losgelöst vom Schöpfer entstehen und damit nicht "objektiv" sein kann, dass also der Dichter in der Mitte des Durchgangsprozesses von der Wirklichkeit zur poetischen Wirklichkeit steht, konzentriert sich für Fontane alles auf die Frage nach der Qualität dieses spezifischen "Ich" des Dichters. Anlässlich einer Kunstausstellung kommt er darauf zu sprechen, wobei die Ausführungen keineswegs nur auf die Malerei sich beziehen, sondern für jede Kunst ihre Gültigkeit beanspruchen können. Fontane erwartet auf seine Frage nach "dem innersten Leben" und der "Seele" einer technisch hervorragend gearbeiteten Schöpfung gleich die nächste Frage: "ist das vollendete Können alles, und ist es gleichgültig, ob ein Engel oder ein Teufel, ein Kluger oder ein Dummer, ein Feiner oder ein Grober den Pinsel führt? Ist aber diese Frage mal gestellt und in ihrer Berechtigung zuzugeben, so wird auch die seither gewaltsam zurückgedrängte Frage nach dem poetischen Wert der Kunstwerke wieder lebendig werden. Es gibt kein Kunstwerk ohne Poesie, wobei nur zu bemerken bleibt, dass die v o l l e n d e - t e   W i e d e r g a b e   d e r   N a t u r   auch allemal einen höchsten Grad poetischer Darstellung ausdrückt. Nichts ist seltener als dieser höchste Grad, der absolute Gegenständlichkeit bedeutet. Die Regel ist, dass der Künstler in seinem Nachschaffen eben kein Gott, sondern ein Mensch, ein Ich ist und von diesem 'Ich' in seine Schöpfung hineinträgt. Und von dem Augenblick an, wo das geschieht, dreht sich alles um die Frage: ' W i e   i s t   d i e s e s   I c h ? '   Nach meinem unmassgeblichen Dafürhalten ist das 'Ich' Wereschtschagins [des ausstellenden Malers] kein höchstes Ich. Etwas in ihm ist sonderbar. Es ruht etwas in seiner Seele, das nicht gesund ist. Daher sind alle seine Bilder, mehr sensationell als poetisch. Auch die, die poetisch sind, sind wenigstens angekränkelt."[54] Von der Subjektivität dieses Urteils über den Maler und sein Werk ist hier abzusehen. Entscheidend ist vielmehr die Erkenntnis, dass die "vollendete Wiedergabe der Natur", das heisst für Fontane vollkommene Kunst und damit vollkommener Realismus, äusserst selten ist, genau genommen so selten, wie ein vollkommenes Künstler-Ich. Diese Einsicht in die enge Abhängigkeit des literarischen Werkes von der Individualität des Künstlers hat Fontane mit der naturalistischen Theorie Zolas gemeinsam. Dessen Theorem, "L'oeuvre d'art est un coin de la nature, vu à travers un tempérament", hat er nachdrücklich verteidigt.[55]
Aus dieser Sicht ist auch eine weitere Bestimmung von Fontanes Verhältnis zur Theorie Spielhagens möglich. Müller-Seidel hat darauf hingewiesen, dass er sich dieser Theorie ebenso nähere, wie er ihr widerspreche. Zwar mische er sich als Erzählerpersönlichkeit tatsächlich nur selten unmittelbar ein. Aber mit einer Art Einmischung habe man es bezüglich der autobiographischen Spiegelungen im Roman zu tun, welche die versteckte Subjektivität seines "objektiven" Erzählens bezeugen.[56] Diese Beobachtung der dichterischen Praxis bestätigt genau den dich-

tungsgeschichtlichen Standort, den Hellmann der Theorie Spielhagens in seiner
Kritik zuweist. Die "objektive" Darstellung möchte zwar die Welt "abbilden, wie
sie ist, [...] erzählt aber nur eine Wirklichkeit, die von der Weltanschauung und
'Gemütsverfassung' des Erzählers abhängt - ohne dass diese subjektive Gebrochenheit dichterisch eingestanden und formal realisiert wird, realisiert werden kann."[57]
Mit dem Zugeständnis, dass der Dichter jedes Objekt, das er darstelle, "durch"
seine Weltanschauung und Gemütsverfassung sehen müsse, stehe Spielhagens Theorie an dem Punkt, an dem etwas episch Wirkliches sich in der Theorie bereits aus-
wirke, ohne doch schon so bewusst zu sein, dass es auch zum theoretischen Problem der epischen Gestaltung werden könne. [58] Diese Wiederholung von Hellmanns
Ergebnissen ist notwendig, denn sie zeigen im Zusammenhang mit Fontanes Auffassung von der Individualität des Künstlers deutlich, dass dieser mit seinen theoretischen Ueberlegungen dichtungsgeschichtlich mehr oder weniger an demselben
Punkt wie Spielhagen steht. Die Subjektivität und der Einfluss der Persönlichkeit
des Dichters auf sein Werk wird theoretisch erkannt, ohne aber diese Erkenntnis
ebenso bewusst in der dichterischen Praxis als formale Gestaltungsweise in Erscheinung zu bringen. Trotz der Erkenntnis, dass eine "vollkommene" und damit
"objektive" Wiedergabe der Wirklichkeit letztlich an der Unvollkommenheit der
Individualität des Dichters scheitert, wird das Unmögliche dennoch theoretisch
gefordert und in der epischen Praxis beharrlich angestrebt. Es ist aber zu bemerken, dass Fontane im Unterschied zu Spielhagen der Subjektivität grössere
Bedeutung beimisst und der Möglichkeit einer streng "objektiven" Erzählweise
stets eher skeptisch gegenüberstand, wenngleich auch er sich, zumindest nach
seinem ersten Roman, im Ganzen gesehen an die zeitgenössische "objektive" Dar-
stellungsweise der Wirklichkeit gehalten hat.
Fontanes Auffassung von der Individualität des Dichters ist damit durch zwei wesentliche Aspekte gekennzeichnet. Einmal ist für ihn die Relevanz der menschlich-
sittlichen Persönlichkeit des Dichters unbestritten. Dessen ethische Qualität hat
auf die Poetizität des literarischen Textes einen nachhaltig bestimmenden Einfluss,
womit Fontane deutlich in der von der Klassik ausgehenden poetologischen Tradition des 19. Jahrhunderts steht. Allerdings belässt er es bei der allgemeinen Feststellung dieses Verhältnisses zwischen Dichter und Dichtung und gibt keine näheren Bestimmungen der dichterischen Individualität. Es hat sich sodann gezeigt,
dass diese Behauptungen zu einem innern Widerspruch zu gewissen formalästhetischen Kategorien der übrigen Dichtungstheorie führen. Das Streben nach einer
"vollendeten Wiedergabe der Natur" scheitert gerade an der "unvollendeten" Individualität des Dichters, dessen Subjektivität immer auch eine "objektive" Darstellung verunmöglicht. Das Paradoxon besteht darin, dass ein künstlerisches
Ziel angestrebt wird, das der Dichter im Vornherein nie erreichen kann. Die
Folge ist eine dichterische Praxis, die, mehr unbewusst noch als bewusst, zur
Theorie im Widerspruch steht. Thomas Mann hat dazu bereits 1910 bemerkt,
dass die "naturalistisch beeinflusste Stiltheorie" Fontanes "nicht auf der Höhe
seiner Praxis" steht. [59] Erst das Bewusstwerden dieses Widerspruchs wird in
der Folgezeit die entsprechenden formalästhetischen Konsequenzen bringen.

Neben den eher poetologischen Aspekten hat Fontane in gleichem Mass vor allem
die gesellschaftliche Stellung des Schriftstellers beschäftigt. Seine Aeusserungen
zum Verhältnis von Staat und Gesellschaft zum Schriftstellerstand sind oft von
Bitterkeit und Resignation geprägt und lassen erkennen, wie er selbst von den Auswirkungen dieses Verhältnisses unmittelbar betroffen war. Fontane schreibt 1853,
also in der bedrückendsten Zeit seines Lebens, die durch "materielle Sorgen, politische Resignation und Zweifel an der Berufung als Schriftsteller" geprägt ist,[60]
dass nach seinen Erfahrungen die "besondere, jenseits des Gewöhnlichen liegende
Fähigkeit" des Schriftstellers "nur auf einer oft haarbreiten Linie zu Hause" sei.[61]
Diese Einsicht bleibt auch für die kommenden Jahre gültig, denn noch 1882 bemängelt er an einem Theaterstück, es laufe auf die Versicherung und gleichzeitige de-
monstratio ad oculos hinaus, dass der Dichter alles könne. Nach seinen in den betreffenden Kreisen gemachten Erfahrungen treffe dies aber durchaus nicht zu: "Der
Dichter   d i c h t e t ,   was auch gerade genug ist, im übrigen kann er in der Regel sehr wenig." (N XXII, 2. S. 166) Fontane wehrt sich immer häufiger gegen "die
Vorstellung, dass ein Dichter, ein Maler oder überhaupt ein Künstler etwas besonderes sei," während die ganze übrige Gesellschaft auf der niedrigsten Stufe
stehe."[62] Dieser Vorwurf ist an die Schriftsteller selbst gerichtet. Deren eigene
"Dichterverherrlichung" ist ihm verhasst, ebenso findet er es, wie er im gleichen
Brief an die Frau schreibt, widerwärtig, diese "Mischung von Blödsinn, Sitten-
frechheit und Arroganz" der Künstler auch noch zu feiern. Einen der Gründe für
die Verherrlichung des Dichters durch die Dichter sieht Fontane darin, dass diese aus einer gewissen Reaktion auf das mangelnde Interesse der Gesellschaft be-
gonnen haben, "sich um sich selber, ihren Stand und ihren Beruf zu kümmern,
etwa wie man anfängt, sich selber zu loben, wenn andere nicht recht wollen. Psy-
chologisch begreiflich wird dadurch freilich die jetzt herrschende Mode, trotzdem
ist zu wünschen, das sie nicht Dauer hat. Der Dichter soll von der Menschheit
sprechen und unter Umständen allerdings auch von sich selbst, aber nie von seinem   M e t i e r . "[63]
Diese Aeusserungen Fontanes spiegeln in grossen Zügen die gesellschaftliche Problematik des Schriftstellerstandes vor allem in der zweiten Hälfte des 19. Jahrhunderts. Wie die beiden vorhergehenden Abschnitte gezeigt haben, liegt Fontane jede
unreflektierte Genie- und Dichterverherrlichung fern. Seine kritischen Vorbehalte
sind hauptsächlich gegen allfällige vom Dichter beanspruchte menschlich-ethische
und gesellschaftliche Sonderrechte gerichtet. Die Ursachen für die Tendenzen zu
einer gewissen "Selbstverherrlichung" und Arroganz der Schriftsteller sieht Fontane in der besondern gesellschaftlichen Stellung, allgemein gesagt, in der Missachtung des Schriftstellerstandes. Die Position des Schriftstellers in der Gesellschaft und die Gründe für seine Missachtung haben Fontane ständig beschäftigt.
Wenn er sich auch nicht in seinen Dichtungen gross über sein Metier ausgelassen
hat, dann umso mehr in Briefen und Notizen, vor allem aber in einem 1891 veröffentlichten Aufsatz.
Dieser 1891 unter dem Titel "Die gesellschaftliche Stellung der Schriftsteller"

anonym veröffentlichte und zum Teil von der Redaktion ergänzte Aufsatz ist selbst in seiner eigenen Unausgewogenheit ein repräsentatives Bild für die unklare Position der Schriftsteller in Deutschland. Fontane schreibt, die Stellung eines Schriftstellers, vorab in "Preussen-Deutschland" sei "miserabel", einzig wer mit Literatur und Tagespolitik handle, werde reich, wer sie dagegen mache, hungere oder schlage sich durch. Der Schriftsteller sei schlecht dran, weil er arm ist, aber selbst die gesellschaftliche Stellung der "Schriftsteller-Aristrokratie" lasse "sehr viel zu wünschen übrig." Dennoch würden Glück und Erfolg die Sache nicht erheblich bessern, da der "Respekt" vor dem ganzen Metier fehle. Am besten gestellt sei der Schriftsteller, wenn er gefürchtet ist. Alles liege "an einem gewissen Detektivcharakter des Meisters, an einer gewissen Furcht des Publikums vor Indiskretionen, und am meisten daran, dass man die Schriftstellerei als Kunst nicht gelten lässt und davon ausgeht, all das am Ende ebenso gut oder auch noch ein bisschen besser machen zu können. Schreiben kann jeder." Ausserdem sei das Schriftstellern nutzlos, das einzige Metier, das ganz überflüssig dastehe. Um das Ansehen des "missachteten Stiefkindes" der Kunst zu heben, schlägt Fontane schliesslich vor, mit "kleinen und grossen Auszeichnungen" dem Schriftsteller "eine gute gesellschaftliche Stellung" zu garantieren. "Approbation ist das grosse Mittel, um dem Schriftstellerstand aufzuhelfen. Versagt es, so müssen wir nach einem noch besseren Umschau halten. Auch ein solches ist da. Es heisst: Grössere Achtung vor uns selber." (H III, 1. S. 573-77) Nürnberger hat im Zusammenhang mit diesem kleinen Aufsatz und an Fontanes eigenem Weg zum Schriftsteller und Dichter die soziologischen Hintergründe des Schriftstellertums ausführlich aufgezeigt. [64] Zu recht bemerkt er, der Aufsatz wirke, wenn auch scharfsinnig und geistreich, noch mehr hilflos, und was er zur Abhilfe vorschlage, sei "merkwürdig unabgeklärt". [65] Gerade dieser Vorschlag einer staatlichen Approbation der Schriftsteller steht im Gegensatz zu allem, was Fontane über den Staat, seine Orden, Titel und Examen gesagt hat. Der hier trotz allem ernst gemeinte Vorschlag bleibt zwar nur eine flüchtige Hoffnung, er dokumentiert aber eindringlich, für wie bedenklich Fontane die Stellung des Schriftstellers in Deutschland gehalten hat.

Der episodische Charakter dieses höchst fragwürdigen Vorschlags zur Verbesserung des Berufsansehens der Schriftsteller wird erst im Zusammenhang mit einem um zehn Jahre älteren Aufsatz deutlich. Vermutlich aus dem Jahre 1881 [66] liegen verhältnismässig umfangreiche Notizen vor zu einem Aufsatz über "Die gesellschaftliche Stellung des Schriftstellers in Deutschland". Diese Aufzeichnungen scheinen in keinem unmittelbaren Zusammenhang mit dem 1891 veröffentlichten Aufsatz zu stehen. Sie sind aber insofern eine notwendige Ergänzung, als hier, vom Gedanken der Approbation abgesehen, alle wesentlichen Positionen der späteren Veröffentlichung bereits enthalten sind. Es sei "keine glückliche, keine gesellschaftlich bevorzugte Stellung, welche die Dichter und Schriftsteller" in der Gesellschaft einnehmen, sie erinnere "wenigstens an die der Bohème". Selbst einer der erfolgreichsten unter ihnen, Paul Heyse, hätte eine noch bessere Stellung, "wenn er gar kein Schriftsteller wäre"; es gebe keine andere Erklärung, "als man hat keine rechte Achtung vor dem, was ein Dichter vertritt. Kunst ist Spielerei, ist Seiltanzen." Dabei möchte Fontane dem Dichter und Künstlertum nur eine "gerechte" und nicht "eine besonders erhabene, eine exzeptionelle Stel-

lung anweisen." Es fehle an dem Respekt vor der Sache, und weil die Sache keinen
Respekt einflösse, so falle auch nicht viel auf die Träger dieser Sache. Ausserdem
liege der Grund zu "nicht unerheblichem Teil in den Schrifstellern s e l b s t."
Denn alle bildenden Künstler und Musiker würden weit besser behandelt als Dichter
und Schriftsteller. Es müsse daran liegen, dass die Schriftsteller "so schlecht zu
repräsentieren verstehen", sie wirkten "wie B e r l i n e r ", d.h. "[h]aselan-
tenartig", dazu seien sie lebhaft, reizbar, eitel und immer mit sich selber beschäftigt, "den Schriftstellern fehlt es an Würden, weil es ihnen an Würde fehlt." Schliesslich wünscht Fontane, dass nicht auf Grund von "Feierlichkeitsallüren" und "zwei
Litzen und drei Sterne", sondern nach dem Mass der Kraft und Fähigkeit der Persönlichkeit das gesellschaftliche Ansehen gegeben werde. (AZL S. 177-190) Obgleich
diese Ausführungen einen andern Ansatzpunkt haben als der jüngere und auch knapper formulierte Aufsatz und sie die gesellschaftliche Stellung des Schriftstellers
eher historisch entwickeln, wirken sie dennoch verhältnismässig unausgewogen.
Beide Texte müssen indessen als Ganzes gesehen werden, nicht nur weil sich die
jeweiligen Positionen gegenseitig ergänzen und korrigieren, sondern weil sie im
historischen Kontext gesehen den Teil einer Entwicklung darstellen. In ihrem Kern
zeigen sie nicht nur eine Situation auf, sondern sie dokumentieren einen Wandlungsprozess im Verhältnis zwischen Kunst und Künstler und Gesellschaft. Es ist also
nicht allein die Stellung des Künstlers in der Gesellschaft, welche Fontane beschäftigt, sondern zugleich und immer auch das Ansehen der Dichtkunst in dieser Gesellschaft.
Das schwindende Ansehen der Dichtkunst und des Schriftstellertums in der Gesellschaft ist der eine zentrale Punkt in Fontanes Kritik. Er vermisst den Respekt vor
der Sache und die notwendige Achtung vor dem ganzen Metier. Die verbreitete Auffassung von der Kunst als Spielerei, von der Dichtkunst als einem überflüssigen
Metier kommt für Fontane letztlich aus dem naiven Glauben, schreiben könne jeder. Es ist dies eine direkte Auswirkung der "Inflation des geschriebenen Wortes",
die in der zweiten Hälfte des 19. Jahrhunderts sich bemerkbar macht, wobei diese
oft mehr als mittelmässige Massenproduktion talentierter Literaten und Vielschreiber zudem ein Epigonentum fördert, das allem künstlerischen Ernst und Respekt
abträglich ist. Hinzu kommt für Fontane etwas "Fatales und in gewissem Sinne Ver-
nichtendes für Schriftsteller und Dichter, dass beständig Nicht-Fachleute Dinge
schreiben, die viel viel besser sind als das, was von den Fachleuten geleistet wird.
Das ist in keiner andern Kunst so, weil jede andere mehr schwer zu erlernende
Technik fordert; schreiben kann Jeder und ist der Betreffende klug und hat seine
glückliche Stunde, so schiesst er den Vogel ab."[67] Auffällig ähnliche Gedanken hat
bereits Stifter 1848 festgehalten. Jede Beschäftigung habe eine technische Seite,
von der auch der Anmassendste zugeben müsse, dass er in Ermangelung der tech-
nischen Kenntnisse nicht zu dieser Gilde gehören könne, "während es bei der
Schriftstellerei nur darauf anzukommen scheint, dass man schreiben könne, dass
man Feder, Papier und Tinte habe, und dass man etwas wisse, das man schreibe.
Schreiben kann jeder [...] Wenn nun zu der grossen Leichtigkeit, in diesen Stand
zu treten, noch der kleinst antreibende Umstand hinzukommt", wie etwa Begabung
und Ausbildung, dann sei der Eintritt in die Schriftstellerei getan.[68]
Von dieser Tendenz bleibt auch das Bild der Gesellschaft vom Dichter und Schriftsteller nicht unbeeinflusst. Nicht nur die Flut der Massenproduktion und ein talen-

tiertes Epigonentum verschleiern den Blick für die wirkliche und echte schriftstellerische Begabung, sondern ebensosehr literarischer Autoritätsglaube und ein sentimentales Dichterverständnis. Heyse galt fast einem halben Jahrhundert als "Dichterfürst" und Scherenberg empfing für seine patriotischen Gesänge nach einem Leben als "Komödiant und Mansardenpoet" die Belohnung des Königs.[69] Diese verbreitete Vorstellung vom Dachkammerpoeten à la Spitzweg hat Fontane in einem Gedicht beschrieben, das zwar "so furchtbar und malitiös" war, dass an ein Abdruck gar nicht zu denken war.[70] Das romantisch-theatralische Gebaren der "wilden Genies" wird der bürgerlichen Gesellschaft suspekter denn je. Die Vorstellung von der Kunst als unnütze Spielerei teilt auch den Dichter und Schriftsteller in die Reihe der "Bohèmes" und "reisenden Schauspieler" ein.[71]

Diese bedrückenden Beobachtungen Fontanes werden kaum durch erfreuliche Feststellungen erhellt. Selbst das bisschen Respekt, den ein Schriftsteller einflösse, sei nicht Achtung, sondern Furcht, denn der Schriftsteller sei "so zu sagen 'Press-Detektiv'."[72] Damit ist ein Gedanke vorweggenommen, den er im Aufsatz von 1891 nochmals anführt. Der "Detektivcharakter des Metiers" und eine gewisse "Furcht des Publikums vor Indiskretionen" verbessern zwar nicht die gesellschaftliche Stellung und Achtung des Schriftstellers, aber "am besten gestellt ist der Schriftsteller, wenn er gefürchtet ist." (H III, 1. S. 574) Weit weniger bitter als Fontane hat auch schon Keller ähnliche Erfahrungen in einem Brief an Freiligrath festgehalten.[73]

Im Erscheinungsjahr seines Aufsatzes über "Die gesellschaftliche Stellung der Schriftsteller" schreibt Fontane in einem Rückblick auf sein Leben, er komme sich vor "wie der 'Reiter über den Bodensee'", indem er das Unmöglichste versucht habe, ohne Vermögen, Stellung, Wissen und starke Nerven von der Dichtkunst zu leben.[74] Seine Beurteilung der Stellung und des Ansehens von Kunst und Schriftsteller in der Gesellschaft ist zweifellos stark subjektiv gefärbt. Auch wenn zwar seine persönlichen Erfahrungen diese Tendenzen überdeutlich bestätigen, so darf nicht übersehen werden, dass noch zu seinen Lebzeiten die jungen naturalistischen Schriftsteller bereits unter veränderten Bedingungen produzieren. Nürnberger hat auf diese Entwicklung hingewiesen, an deren Ende mit dem zunehmenden Ansehen der Schriftsteller im 20. Jahrhundert schliesslich das Publikum und die Gesellschaft die öffentlich Beschimpften sind.[75] Das neue Selbstbewusstsein der jungen Generation kommt in Karl Bleibtreus Worten deutlich zum Ausdruck, mit denen er die ursprüngliche Macht der Begabung bekräftigt und jede Abhängigkeit der Dichtkunst vom Staat zurückweist: "Staatssubvention und was weiss ich und Interessen erbetteln wir von Bismarck und seinen Preussen nicht. Die Literatur bedarf derselben nicht, denn sie ist kein erlernbares Handwerk, wie so vieles in Kunst und Musik. Ob ein Dichter erzeugt wird, hängt von so tief verborgenen Quellen ab, dass kein Staat und kein Staatsmann ihr irgend dienlich sein kann."[76] Diese bereits 1886, also fünf Jahre vor Fontanes Veröffentlichung geschriebenen Sätze zeigen nicht nur ein begeistertes neues Selbstgefühl und die Unterschiede zwischen den Dichtergenerationen, sondern sie relativieren auch Fontanes Aussagen. Denn seine geforderte grössere Achtung der Schriftsteller vor sich selbst ist im Selbstbewusstsein der jüngern Generation mehr als vorhanden. Mit einem veränderten Selbstverständnis der Dichter und mit den neuen Vorstellungen vom Wesen und der Funktion der Kunst verändern sich auch die Vorstellungen von der gesellschaftlichen Stellung der Schriftsteller. In diesem Sinn sind Fontanes zum Teil bedrückende Aeusserungen Ausdruck historischer Zustände, die aber, einem Entwicklungsprozess unterworfen, oft nur eine relative und keine absolute Gültigkeit haben.

Alle bisher erörterten ästhetischen Kategorien sind bezeichnende Aspekte der Poetik Fontanes. Dabei hat die Konfrontation mit poetologischen Aeusserungen anderer Dichter und Theoretiker gezeigt, dass die dichtungstheoretischen Postulate Fontanes nicht sonderlich originell oder gar in irgend einer Weise revolutionär sind. Die Erkenntnis ist grundsätzlich nicht neu, dass Fontane mit seinen ästhetischen Ansichten der gleichen geistes- und dichtungsgeschichtlichen Grundsituationen verpflichtet ist wie die übrigen sogenannten Realisten, doch war ihre Richtigkeit für Fontane zu überprüfen und im einzelnen nachzuweisen. Vor allem galt es, das zunächst immanente, in zahlreichen Briefen, Essays und Notizen aphoristisch verborgene Normengefüge seiner Aesthetik aufzudecken und "systematisch" darzustellen. Die einzelnen ästhetischen Kategorien dieses Normengefüges versuchen in ihrem wesentlichen Kern, aus immer andern Gesichtspunkten das Phänomen der Kunst und des Künstlers in seinem Verhältnis zur Wirklichkeit zu erhellen. Man kann sagen, das sei seit jeher das eigentliche Problem der Dichtkunst und jeder neuzeitlichen, auf Aristoteles sich besinnenden Poetik gewesen. Innerhalb der verschiedenen theoretischen und auch praktischen Möglichkeiten, welche die Dichtungsgeschichte als Deutung dieses Verhältnisses von Kunst und Wirklichkeit anbietet, ist der dargestellte Versuch Fontanes klar dem sogenannten Realismus verpflichtet.

Es braucht hier nicht näher auf die Diskussion um die Begriffsbestimmung des Realismus eingegangen zu werden, wie er vor allem in der zweiten Hälfte des 19. Jahrhunderts in Deutschland sich manifestiert. Die Missverständnisse und Differenzen sind, wie auch diese Arbeit gezeigt hat, schon innerhalb der Fontane-Forschung deutlich genug, wo mit westlichem und marxistischem Verständnis des Begriffes das Bild des Dichters und seines Werkes gezeichnet und verzeichnet wird. Innerhalb der Poetik Fontanes ist ausserdem durch den axiomatischen Zusammenhang von Kunst und Realismus eine Diskussion um den Begriff Realismus als solchen insofern weniger bedeutsam, als jede Bestimmung der Kunst auch eine Bestimmung des Realismus ist, und alle Kunstpostulate gleichzeitig und immer auch Postulate des Realismus sind. "Der Realismus in der Kunst ist so alt als die Kunst selbst, ja, noch mehr: e r i s t d i e K u n s t . " (H III, 1. S. 238) Auf diesem 1853 im programmatischen Essay über "Unsere lyrische und epische Literatur seit 1848" aufgestellten Axiom beruht die Dichtungstheorie Fontanes. Aber selbst dieses Axiom ist keineswegs eine singuläre Erscheinung, die nur für die Poetik Fontanes Gültigkeit hätte. Noch 1886 schreibt Julius Hillebrand in der "Gesellschaft": "Während der Realismus so alt ist wie die Kunst, ist der Naturalismus etwas Neues, so wenig schon dagewesen, wie etwa die Darwin'sche Abstammungslehre oder die moderne Industrie."[1] Rückblickend glauben wir zwar zu wissen, dass auch der Naturalismus eher die konsequente Fortsetzung des Realismus ist als etwa die "newtoneske Entdeckung" der Alberti und Bleibtreu.[2] Für Fontane waren bereits Shakespeare und zeitweise auch Goethe und Schiller "entschiedene Vertreter des Realismus", doch ist für ihn der Unterschied zwischen dem Realismus seiner Zeit und dem des vorigen Jahrhunderts der, "dass der letztere ein blosser Versuch (wir sprechen von der Periode nach Lessing), ein Zufall, im günstigsten Falle ein unbestimmter Drang war, während dem unsrigen ein fester Glaube an seine ausschliessliche Berechtigung zur Seite steht. " (H III, 1. S. 239) Eine ähnliche Auffassung vertritt auch Wolzogen in seinem 1891 von Fontane mehrmals positiv beurteilten Aufsatz. Der Realismus als Weltanschauung und als Bezeichnung eines künstlerischen Stils sei seit dem Altertume her bekannt und habe immer als etwas Wohlberechtigtes und Unanstössiges gegolten. Man könne ruhig behaupten, "dass alle die Meisterwerke der Dichtkunst, welche durch die Jahrhunderte hindurch ihre Frische bewahrt haben, der realistischen Gattung angehörten. Denn nur wer die Wirklichkeit seiner Zeit mit überzeugender Treue darzustellen versteht, darf hoffen, über seine Zeit hinaus seinen Wert zu behalten. "[3] Damit führt Wolzogen das erste und entscheidende Kriterium realistischer Dichtung an, nämlich deren eindeutige Beziehung zur vorgegebenen Wirklichkeit. Dasselbe hat Fontane als "unbedingten Fortschritt" begrüsst, dass es "des W i r k - l i c h e n zu allem künstlerischen Schaffen bedarf" (H III, 1. S. 241), und auch Julian Schmidt geht es beim neuen "Princip des Realismus" um die "Uebereinstimmung mit der sogenannten Wirklichkeit. "[4] Doch mit fast denselben Worten haben naturalistische Kunsttheoretiker betont, es sei "doch Realismus nichts anderes als die künstlerische Z u r ü c k s p i e g e l u n g des Seienden, was ja die echten, grossen Dichter von jeher bewusst oder unbewusst als ihre Aufgabe anerkannten. "[5] Trotz dieser propagierten scheinbar zeitlosen Gültigkeit des Realismus im Altertum über die Klassik bis zum Naturalismus, ist die Zeit des sogenannten Realismus im 19. Jahrhundert durch mehr oder weniger eindeutige, besondere und typische Merkmale gekennzeichnet. Laut Julian Schmidt spricht man ohnehin erst seit den grossen Erfolgen der Dorfgeschichte auch in Deutschland von einer realistischen Schule.[6]

Realismus als Kunst bezeichnet demnach in einer bestimmten Zeitspanne des 19. Jahrhunderts eine neue "künstlerische Optik",[7] er ist nicht nur eine "Verfallserscheinung der Klassik", sondern es geht in dieser Kunst, die sich realistisch nennt, "mehr noch um eine neue Erkenntnisweise und um eine neue geistige und künstlerische Haltung. "[8] Diese neue, vom Positivismus nicht unbeeinflusste Sehweise hält sich vorerst an das Gegebene und Tatsächliche, an die der Erfahrung zugängliche Wirklichkeit. Der realistische Künstler versucht in seiner Dichtung, unter Berücksichtigung bestimmter ästhetischer Kategorien, in der fiktiven, dichterischen Wirklichkeit sein Bild dieser empirischen Wirklichkeit darzustellen.

In diesem Sinn beinhaltet Fontanes Poetik alle jene dominierenden Postulate einer Kunst, die als Realismus verstanden wurde. Als wichtigste Merkmale sind zu nennen: 1. Die Dichtung als Fiktion und "schöner Schein" ist die "Widerspiegelung alles wirklichen Lebens". 2. Auch das Hässliche dieser Wirklichkeit hat in der Fiktion unter bestimmten Bedingungen seinen Platz. 3. Im Dargestellten soll das Typische der Wirklichkeit in Erscheinung treten. 4. Mit der Metapher "Verklärung" wird eine bestimmte ästhetische Qualität der Fiktion bezeichnet. 5. Der Erzähler hat sich an den "objektiven Stil" zu halten. Gleichzeitig bleiben aber immer noch ästhetische Traditionen der deutschen Klassik gültig, die hauptsächlich in der For-

derung nach Harmonie und Mass zum Ausdruck kommen.
Diese besondere, als eigenständig und neu empfundene künstlerische Erkenntnisweise wird selbst als fortschrittlich und vor allem auch als Reaktion auf frühere
künstlerische Sehweisen aufgefasst. Fontane selbst schreibt, die neue realistische
Kunstanschauung schliesse nichts aus "als die Lüge, das Forcierte, das Nebelhafte, das Abgestorbene - vier Dinge, mit denen wir glauben, eine ganze Literaturepoche bezeichnet zu haben. "[9] Gemeint sind teilweise die Romantiker, die Literaten des Vormärz und das Junge Deutschland, Lenau, Freiligrath, Herwegh und
auch Heine. Dieses deutliche sich Absetzen von "aller Phrase und Ueberschwänglichkeit" (H III, 1. S. 239) ist aber gleichzeitig auch eine Absage an jeden falschen
Idealismus und eine verlogene Romantik. Die Auseinandersetzung mit den Extremen - Idealismus, Materialismus, Romantik und Naturalismus - hat die realistischen Theoretiker und auch diejenigen des frühen Naturalismus eingehend beschäftigt. Den Realismus kennzeichnet in gewissem Sinn eine ambivalente Haltung, indem er als Mittelweg zwischen den sich antithetisch gegenüberstehenden, extremen Möglichkeiten aufgefasst werden kann. [10] Stifter bemerkt 1865, die Wissenschaft habe noch nicht ermittelt, wie weit die sachliche Wirklichkeit in einem Kunstwerk zu gehen habe, und da dies bisher dem Gefühle des einzelnen Künstlers überlassen blieb, sei "in neuer Zeit der Streit über 'Realismus und Idealismus' entstanden". [11] Diese Auseinandersetzung kommt in Otto Ludwigs theoretischen Schriften deutlich zum Vorschein. Für ihn ist der künstlerische Realismus zugleich auch
die künstlerische Mitte zwischen den Einseitigkeiten der Idealisten und Naturalisten,
so verfährt denn der künstlerische Realist sowohl idealistisch wie naturalistisch. [12]
Das erinnert deutlich an den Brief Schillers an Goethe, wo er vom Poeten und
Künstler verlangt: "dass er sich über das Wirklichliche erhebt und dass er innerhalb des Sinnlichen stehen bleibt. Wo beides verbunden ist, da ist ästhetische
Kunst. "[13] Diese Gedanken bleiben grundsätzlich auch für die Kunst des Realismus gültig. Julian Schmidt selbst hat dieses Verhältnis von Idealismus und Realismus in mehreren Aufsätzen und Besprechungen erörtert. Auch er hält dafür,
dass jeder "echte Dichter" sowohl Realist als auch Idealist sei. [14] In einem grösseren Aufsatz über "Schiller und der Idealismus" weist er vorerst darauf hin,
dass Goethe und Schiller selbst die Ausdrücke Realismus und Idealismus auf sich
angewandt haben, stellt dann aber fest, dass in seiner Zeit die Begriffe eine Wandlung erfahren hätten. Der wahre Realismus zeige sich in der Fähigkeit, im wirklichen Leben die charakteristischen Züge und den wahren Inhalt der Dinge heraus-
zufinden, dass also der Künstler nicht nur bei der blossen Technik und Virtuosi-
tät bleibe, sondern auch die Idee und den inneren Zusammenhang der Dinge auf-
zeichne. Insofern sei ein Unterschied zwischen Realismus und Idealismus nicht
mehr vorhanden, als diese Idee der Dinge auch ihre Wirklichkeit sei. Immer
aber sei der Gegensatz der Realität entweder das Ideal oder aber die Lüge, der
Unsinn. [15] Dieser auf die zeitgenössische Ideenwelt verdünnte Idealismus wird
von den naturalistischen Theoretikern nicht entscheidend aufgewertet. Auch sie
lassen, sofern das Problem noch diskutiert wird, einen Gegensatz zwischen
Realismus und Idealismus nicht gelten, auch wenn für sie die Realisten teilweise
zu "idealistisch" sind. [16]
Fontane selbst hat bezeichnenderweise zu dieser ganzen, etwas akademisch anmutenden Auseinandersetzung kaum Stellung genommen. Eine frühe Bemerkung,

dass der Realismus der ideellen Durchdringung bedürfe, sagt nicht viel aus. (N XX, 1. S. 244) Und die verhältnismässig späten, äusserst fragmentarischen Notizen der achtziger Jahre tendieren auf einen offensichtlichen Ausgleich der gegensätzlichen Meinungen hin. Im Grunde hält er das Ganze für eine müssige Spitzfindelei, kommt es doch schliesslich für ihn nur darauf an, ob das Geschaffene nach seinem Gefühl Kunst ist oder nicht. In einer mit "Realismus und Romantizismus" überschriebenen Notiz setzt er sich bewusst von der üblichen Gegenüberstellung von Realismus und Idealismus ab: "Denn der Idealismus ist auch etwas Reales oder beschäftigt sich auch mit Realem, denn wer will der Idee und dem Idealen die Realität absprechen?" Fontane argumentiert hier auffällig ähnlich wie Julian Schmidt. Im übrigen haben für ihn beide Richtungen ihr Recht, entscheidend sei nur, ob sie echt seien, was am besten im Stil zum Ausdruck komme. [17] In einer nur wenige Jahre früher verfassten Aufzeichnung "Ueber das Gemeinsame im Realismus und Idealismus der modernen Kunstbestrebung" vertritt er die Auffassung, das, was "jetzt überall in der Kunst" unter den verschiedensten Namen "Realismus", "Naturalismus", "Impressionismus" usf. laufe, sei "au fond nichts als ein Protest gegen die G l e i c h g ü l t i g k e i t s p r o d u k t i o n " , alle diese zum Teil sich befehdenden Richtungen, "die von den äussersten Flügeln rechts und links", wollten "auf I h r e Art" genau dasselbe: "Protest gegen das Alltägliche, Herkömmliche. "[18] Beide Aufzeichnungen sind im Zusammenhang mit Fontanes Auseinandersetzung mit dem französischen und deutschen Naturalismus zu sehen. Obwohl er selbst in seiner eigenen dichterischen Praxis gegenüber den neuen ästhetischen Entwürfen keine wesentlichen Konzessionen machte, nimmt er umgekehrt als Kritiker für alles Neue eine entschieden offene und verhältnismässig fortschrittliche Stellung ein. Entscheidend geht es ihm nicht um Programme, sondern um die Dichtung selbst. Dies kommt in seinem Brief an Fritsch deutlich zum Ausdruck: "Sie kennen mich zu gut, als dass Sie nicht wissen sollten, dass der ganze streitsüchtige Krimskrams von Klassizität und Romantik, von Idealismus und Realismus, beinah möchte ich auch sagen von Tendenz und Nichttendenz [...] weit hinter mir liegt. A l l e s ist gut, wenn es gut ist. "[19]

In diesem Zusammenhang muss das eigentümliche Verhältnis Fontanes zur Romantik genannt werden. [20] Er unterscheidet zwischen "echter, g e s u n d e r Romantik" und "jener falschen und krankhaften romantischen Richtung, die sich die eigentliche nannte", wobei für ihn Scott der bedeutendste Repräsentant der echten Romantik ist. (N XXI, 1. S. 418) Scott, der "Altromantiker", hielt es mit der englisch-schottischen Ballade, dem Volkslied, den Romanciers des Mittelalters und mit Bürger, während etwa Alexis, der "Neuromantiker", Tieck und Hoffmann als Vorbild hatte. Für Fontane ist die Altromantik "ein Ewiges, das sich nahezu mit dem Begriff des Poetischen deckt", während die Neuromantik ein "Zeitliches" ist, "das kommt und geht", Phantasie und Wahrheit stehen der Ueberspanntheit und Marotte gegenüber. (N XXI, 1. S. 210/11) Reuter hat bemerkt, dass Romantik, und in diesem Sinn "Altromantik", für Fontane keine historische, sondern eine poetische Kategorie ist. (SZL S. VIII) Fontane selbst führt diese bis in die Jugendzeit zurückgehende Vorliebe für das "romantisch Phantastische" auf seine "eigenste südfranzösische Natur" zurück. [21] Ein grösserer Exkurs in der Rezension vom 1. Okt. 1889 bestätigt die Bedeutung dieser Romantik für die Kunstanschauung Fon-

tanes. Sie bleibe seine "Lieblingsgattung", und alles Vergnügen, das er der realistischen Schule, sowie Zola, Turgenjew, Tolstoi und Ibsen verdanke, verschwin-
de neben seiner Freude an Bürgers "Lenore", Goethes "Erlkönig", dem "Herz von
Douglas" und der "Jungfrau von Orleans". Der Realismus schaffe nur die falsche
Romantik aus der Welt, wohingegen die mittelalterlichen Stoffe und das Rittertüm-
liche nie verloren gehen, da ihnen der Stempel des Poetischen im vornherein auf-
gedrückt sei. (H III, 2. S. 315/16)
Man kann in dieser Romantik-Auffassung tatsächlich eine Besonderheit Fontanes
sehen, die nicht nur seine Beziehung zur Geschichte bestimmt, sondern vor allem
seine eigene Balladendichtung beeinflusst hat. Umgekehrt ist aber zu bemerken,
dass Julian Schmidt in seinen Aufsätzen zur englischen Literatur des 19. Jahrhunderts gerade Scott in der gleichen Weise betrachtet. Seine Auffassung über diese
englische Romantik unterscheidet sich nicht wesentlich von derjenigen Fontanes.
Bezeichnenderweise wird Scott im Aufsatz über "Die Nationalen Romantiker" erörtert. Scott habe unter ihnen die meiste Tiefe entwickelt und zugleich das grösste Mass, wobei der Gegenstand seiner Romane die Romantik seiner epischen Gedichte sei, Seeräuber, Zigeuner und Schmuggler. In der Darstellung der Geister-
und Hexengeschichten, der Nornen und Zigeunermütter habe er das spezifisch
Romantische getroffen. [22] Man wird unwillkürlich an einen der letzten Romanpläne
Fontanes, "Die Likedeeler", erinnert. Die Darstellung dieser kommunistischen
Seeräuber sollte eine "Aussöhnung" sein zwischen seinem "ältesten und roman-
tischsten Balladenstil" und seiner "modernsten und realistischsten Romanschreiberei". [23] Schon diese knappen Hinweise auf die geplante "Phantasmagorie" lassen
erkennen, dass für Fontane tatsächlich seine Altromantik und der Realismus keine Gegensätze sind. Hingegen bleiben für ihn die Dichtungen der üblicherweise als
Romantiker bezeichneten Dichter ein Gegensatz zur realistischen Kunstanschauung,
steht doch die Phantasiewelt etwa des romantischen Romans wie ein Traumbild
über der Wirklichkeit, das deren Gesetzen nicht unterworfen ist. (N XXI, 1. S. 243)
Es erstaunt nicht, wenn er in dieser Romantik etwas Unwirklich-Märchenhaftes
sieht, und sie, nicht immer abwertend, als Romantizismus bezeichnet. [24]

Von grundlegender Bedeutung für Fontanes Poetik bleibt die Erkenntnis, "dass ein
Unterschied ist zwischen Realwelt und Buchwelt, zwischen Wirklichkeit und Dichtung. " (AZL S. 152) Diese Einsicht kommt vorrangig in seiner Bestimmung der
Seinsweise der epischen und dramatischen Fiktion als "schöner Schein" zum Ausdruck. Damit unmittelbar verbunden ist die Forderung nach der Unterordnung der
Wirklichkeit unter bestimmte dichterische Strukturgesetze, welche die kategorialen Unterschiede garantieren. Auch für eine im besonderem Masse auf das Tatsächliche, auf die Erfahrung der Wirklichkeit bezogene künstlerische Sehweise
bedeutet dies, dass das "Richtige" der Wirklichkeit "nicht immer das in der Kunst
Zulässige ist. "[25] Aus diesen Gründen auch wehrt sich Fontane mit einer für seine
Zeit typischen Umschreibung gegen die sogenannte "photographische Treue" der
Darstellung, [26] dieser "exakte Bericht" und das "Reportertum in der Literatur"
hätten diese zwar von falscher Idealität befreit, doch wollte "dieser erste Schritt
auch schon das Ziel sein, soll die Berichterstattung die Krönung des Gebäudes
statt das Fundament sein oder wenn es hochkommt seine Rustika, so hört alle
Kunst auf, und der Polizeibericht wird der Weisheit letzter Schluss. "[27] Diese

gegen scheinbare Tendenzen der naturalistischen Kunst gerichteten Einwände werden von den Naturalisten selbst heftig zurückgewiesen, dieser "ewige Vergleich mit der Photographie" sei unzutreffend, könne doch auch der radikalste Realist die Wirklichkeit nicht anders abspiegeln, als sie sich in seiner Individualität reflektiert. Die Photographie sei aber nur deswegen kein Kunstwerk, weil an Stelle der geistigen Konzeption die Technik trete und nicht, weil sie die wirkliche Wirklichkeit darstelle. [28] Einmal mehr werden hier die Unterschiede und die Auseinandersetzung zwischen einer jeweils anders gearteten künstlerischen Optik deutlich.

Das künstlerische Grundproblem, um das es eigentlich geht, findet Fontane in einem Brief Schillers an Goethe präzis formuliert. In seinen Paraphrasen zur Lektüre des Briefwechsels hat er den entscheidenden Satz notiert: "Es geschähe den Poeten und Künstlern schon dadurch ein grosser Dienst, wenn man nur erst ins klare gebracht hätte, was die Kunst von der Wirklichkeit wegnehmen (soll heissen nehmen oder entlehnen) oder fallenlassen muss. "[29] Es ist dies ein Problem, das die Diskussion um eine "wahre" Wirklichkeitsdarstellung ständig beschäftigt. Fontane wehrt sich gegen den Vorwurf, die Realisten würden aus dem Leben ein b e - l i e b i g e s Stück herausschneiden und präsentieren. Selbstverständlich genüge "ein solches willkürliches Herausschneiden" nicht, wichtig sei, "dass es vielmehr, was den 'Schnitt' angeht, auf eine glückliche Stellenwahl, hinterher aber auf eine geschickte Retouschierung ankomme. [...] In dieser W a h l und dieser R e - t o u s c h i e r u n g steckt eben die Kunst. Vielleicht a l l e Kunst! 'Le choix c'est le génie' ". [30] Wahl und Retusche, das heisst, künstlerisches Verklären und Modeln der ausgewählten Wirklichkeit nach bestimmten ästhetischen Gesetzen, das ist, auf die knappste Formel gebracht, die Kunst des Dichters. Dabei aber ist es immer das Ziel des realistischen Künstlers, seine Dichtung "als eine Welt der Wirklichkeit erscheinen" zu lassen, wobei dieser "Schein" der Wirklichkeit durchaus nicht in allen Teilen streng der tatsächlichen Wirklichkeit entsprechen muss. Fontane selbst ist einer solchen naiven und irrigen Vorstellung von realistischer Kunst entgegengetreten. Die bereits angeführten Verwirrungen um "Schloss Wuthenow", die auf einer solchen Realismusauffassung beruhen, haben gezeigt, dass es Fontane vorrangig um die Authentizität des gefundenen Stoffes und weniger um die Uebereinstimmung aller Details mit der Wirklichkeit geht. In einem ausführlichen Brief an Emil Schiff geht er einige Jahre später nochmals auf diese wichtige Frage ein. [31] In dieser "kleinen Blumenlese" von Irrtümern beschäftigt ihn vorerst die Dialektfrage. Sein Verfahren, durch Eingeweihte den echten Dialekt herstellen zu lassen, habe sich als unbrauchbar erwiesen, alles wirke tot oder ungeschickt, so dass er vielfach sein Falsches wieder hergestellt habe. "Es war immer noch besser als das 'Richtige'. "[32] Er führt weiter verschiedene Einwände von Orts- und Sachkundigen an, die Anachronismen und Fehler beanstanden. Schliesslich sei er selbst überzeugt, dass auf jeder Seite etwas Irrtümliches zu finden wäre. Und doch sei er ehrlich bestrebt gewesen, das wirkliche Leben zu schildern. "Es geht halt nit. Man muss schon zufrieden sein, wenn wenigstens der Totaleindruck der ist: 'Ja, das ist Leben. '"[33] Das schliesst allerdings nicht aus, dass sich Fontane, im Bestreben nach möglichst grosser Glaubwürdigkeit, um die lokale und sachliche Richtigkeit in seinen Dichtungen bemüht. Davon zeugen nicht nur die Briefe, [34] sondern auch die vorhandenen Zeichnungen

und Skizzen zu einem Teil seiner Werke. [35]
Das in Bezug auf die reale Wirklichkeit "Unrichtige" kann in der fiktiven Wirklichkeit das "Richtige" sein, und umgekehrt. Die übliche, zeitgenössische und meta-
phorische Umschreibung der Dichtung als "Widerspiegelung", "Spiegelbild" oder
"Abspiegelung" bedeutet nicht eine gewissermassen wörtliche Uebereinstimmung
zwischen realer, historischer und fiktiver Wirklichkeit. Ob nun die dichterische
Fiktion im Verhältnis zur realen Welt ein "Spiegelbild", eine "Parallele"[36] oder
"Analogie"[37] sein soll, immer ist eine eigengesetzliche Welt mit einer eigenen
inneren Wahrheit gemeint. Auch wenn die Theoretiker und die Dichter des sogenannten Realismus die Darstellung der Wirklichkeit als Ziel und Aufgabe der Kunst
ihrer Zeit auffassten, so kann dennoch "nicht von objektiver Wirklichkeitsaufnahme
ins mimetische Kunstwerk" die Rede sein. [38] Dem Künstler und auch dem Kritiker
Fontane geht es vorerst um die Eigengesetzlichkeit und den Kunstcharakter der
Darstellung. Dies kommt in der kleinen Kontroverse um eine an sich unbedeutende Novelle klar zum Vorschein. [39] Fontane anerkennt "den Kunstwert als ein Ding
an sich", das auch in der realistischen Kunst nicht entscheidend an das objektiv
und sachlich Richtige der Wirklichkeit gebunden ist. Wer das verlange, und das
sind im Fall dieser Novelle die Eingeweihten und tatsächlich Beteiligten, werde
"schon einfach aus Gründen, die mit Wert oder Unwert der Geschichte nichts zu
schaffen haben, gegen die Geschichte sein." Ernster allerdings als diese Gegner
seien jene zu nehmen, welche "die psychologische und physiologische Wahrheit
der ganzen Sache bestreiten" und an das Geschilderte entweder "nicht glauben wollen", oder es als tragikomische Krankheitserscheinung betrachten, "mit der man
sich als künstlerischer Aufgabe nicht zu beschäftigen hat." Diese Gegner sind deshalb ernst zu nehmen, weil sie mit gewichtigen, an der realistischen Kunstauffassung orientierten Kriterien an der Novelle Kritik üben. Denn mit der mangelnden
Glaubwürdigkeit der Darstellung wird gleichzeitig nicht nur deren innere Wahrheit,
sondern in Bezug auf das reale Leben auch der "Möglichkeitscharakter" des Geschilderten bezweifelt. Diese beiden Aspekte sind schwer zu trennen. Dichtung
als intentionales Gebilde hat ihre "eigene Glaubwürdigkeit", die auf der Einheit
und inneren Geschlossenheit ihrer Struktur beruht, [40] dieser Glaubwürdigkeit aber
soll nach der Ansicht Fontanes ein hoher Grad an tatsächlicher "Möglichkeit" eigen
sein. Dieser "Möglichkeitscharakter" ist für ihn, entgegen den Ansichten anderer
Kritiker, in der besprochenen Novelle vorhanden; ihm "persönlich steht es ganz
bummsfest, dass solche fünfzehnjährige Jungens vorkommen, auch gar nicht so
furchtbar selten."
Damit wird für den Kritiker die "Möglichkeit" zu einem ästhetischen Kriterium,
das allerdings zu einem nicht geringen Teil auf seinem subjektiven Empfinden beruht. Innerhalb einer Dichtungstheorie, welche den Bezug zum Tatsächlichen und
Gegebenen der erfahrenen Wirklichkeit als zentralen Aspekt der künstlerischen
Optik betrachtet, nimmt die "Möglichkeit" als ästhetisches Kriterium einen bedeutenden Platz ein. In seiner Gebundenheit an die Subjektivität des Kritikers und
Dichters enthüllt es aber gleichzeitig auch den subjektiven Bezug des Individuums
zur Wirklichkeit und damit die Relativität der künstlerischen Optik und des künstlerischen Urteils. [41]
Die Bedeutung dieses Kriteriums für die Poetik Fontanes kommt in seiner kritischen Auseinandersetzung mit dem literarischen Werk anderer Dichter klar zum

Vorschein. Die Frage nach dem "Möglichkeitscharakter" der dichterischen Fiktion wird 1872 anlässlich der Beschäftigung mit Kleist erstmals ernsthaft gestellt, was auch im Hinblick auf Fontanes Stellung zur Romantik bezeichnend ist. Insgesamt ist zu beobachten, dass die Frage auffällig häufig im Zusammenhang mit scheinbar ästhetisch Fragwürdigem auftritt, dass also das Kriterium des "Möglichen" dichtungstheoretisch mit der Kategorie des Hässlichen im Zusammenhang steht. Auf diese Wechselbeziehungen ist am entsprechenden Ort bereits hingewiesen worden. Es zeichnen sich vor allem zwei Fragenkomplexe ab, nämlich die Frage nach der Möglichkeit von bestimmten Situationen und die Frage nach der Glaubhaftigkeit von bestimmten Charakteren, wobei die Antworten Fontanes, wichtig gerade im Hinblick auch auf die Kategorie des Hässlichen, sowohl positiv als auch negativ ausfallen. Bei Kleists Novelle "Die Marquise von O..." hat er über die " 'Exposition des Stückes' " positiv entschieden, er hält sie "für s e h r g u t möglich" und mit der glänzenden Entwicklung und Durchführung wird die Novelle etwas vom "Besten und Liebenswürdigsten", zu einer "Meisterarbeit". (AZL S. 46/47) Hingegen ist in Kretzers Roman "Drei Weiber" alles " z e r r b i l d l i c h ", immerhin, alles, was er schildert "kommt vor (was kommt überhaupt nicht vor?), aber es kommt nicht s o vor, nicht in solchen Schichten, nicht bei solchen Menschen, vor allem nicht in solchem Grade, nicht in solcher Ausschliesslichkeit. " (AZL S. 111) Kretzers Unfähigkeit, " M e n s c h e n u n d g e s e l l s c h a f t - l i c h e Z u s t ä n d e zu schildern" hat auch Frenzel, dessen "Zeitbild" im Roman "Silvia" ebenso ein "Zerrbild" ist. (AZL S. 86/87) Beide Romane sind gerade deshalb keine realistischen Romane, und entsprechen deshalb den künstlerischen Anforderungen nicht, weil sie die Proportionen verzerren und in der fiktiven Wirklichkeit nicht "alles in jenen Verhältnissen und Prozentsätzen" belassen, die "das Leben selbst seinen Erscheinungen gibt. "[42] Es geht primär um das "Mögliche", aber dieses "Mögliche" muss, damit es im Sinn der realistischen Kunsttheorie Fontanes glaubhaft und wahr ist, jenem mittleren Mass entsprechen, das gleichzeitig die Anforderungen des Typischen erfüllt. Dies eben hatte Fontane an Zolas Arbeiten vermisst. Zwar hält er auch die Vorkommnisse und Charaktere in "La Conquête de Plassans" für möglich, doch sind sie atypisch und "gehören nicht in die Kunst. " (AZL S. 147/48) Auch die Glaubwürdigkeit der einzelnen Charaktere ist an ihre Typizität gebunden. Die Frage bleibt, wie 1883 bei Zola, noch sechs Jahre später anlässlich der Besprechung von Ibsens "Die Frau vom Meere" fast wörtlich gleich: "Gibt es Gestalten wie Ellida? Ja. Gibt es ihrer viele, so dass von einem 'Ausnahmefall' nicht mehr die Rede sein kann? Auch ja. Und damit ist die Berechtigung, einen solchen Stoff und solche Heldin zu wählen, ein für allemal gegeben. " (N XXII, 2. S. 610)[43]
Dieses literaturkritische und künstlerische Kriterium des "Möglichen" ist primär auf die reale Wirklichkeit bezogen, es wird aber durch die ästhetischen Kategorien der übrigen Poetik eingeschränkt. Menschen und Situationen müssen sich nicht nur "ebensosehr innerhalb des gesunden Menschenverstandes wie der Wahrscheinlichkeitsgesetze halten", sondern neben dem Vermeiden von "Unsinnigkeiten und Willkürlichkeiten"[44] bedarf es "einer ausreichenden Motivierung im Detail", denn auch "das Richtige hat sich unter Innehaltung bestimmter Mittel und Wege zu vollziehen. " (N XXII, 2. S. 17) Schliesslich ist Fontane davon überzeugt, "dass es sehr wesentlich darauf ankommt, wann und wo man das bloss Mögliche eintre-

ten lässt, ob als Inzidenzfall oder als Ausgangspunkt, ob gelegentlich oder fundamental. "[45] Davon ausgenommen sind allerdings das Unterhaltungsstück, sowie das Traum- und Märchenspiel. Nicht nur im bereits aufgezeigten Fall von Grillparzers "Der Traum ein Leben", sondern auch bei dem künstlerisch anspruchslosen Unterhaltungsstück hat Fontane, wenn auch nach Widerständen, seine allzu wirklichkeitsbezogene Sehweise aufgegeben und die Berechtigung auch des Lustspiels auf der Bühne anerkannt. "Es ist bare Philisterei, sich diesen Sachen gegenüber die Frage vorzulegen: ob das sein kann? ob das alles stimmt? oder wohl gar, ob die höheren Gesetze der Kunst innegehalten seien oder nicht? Der Dichter, wenn wir ihn so nennen dürfen, will uns einige Kunststücke vormachen und uns dadurch unterhalten. [...] All diesem burlesken Wesen gegenüber, das die Wirklichkeit der Dinge mit souveräner Verachtung behandelt, ernsthaft von Kunst sprechen zu wollen, wäre Torheit, und doch repräsentiert dieser Uebermut auch eine Kunst. Die der Unterhaltung. "[46]

Fontane hat mit der Frage nach der "Möglichkeit" primär ein gültiges Kriterium zur Beurteilung von bestimmten Situationen und Charakteren gefunden; es gilt in diesen Sachen zuerst seine "Lieblingswendung 'ja, möglich ist alles'. "[47] Dieser Einsicht des Menschen folgt aber gleich die Einschränkung des Künstlers. Denn nicht alles, was im Leben möglich ist, vor allem als Besonderheit und Ausnahmefall, hat nach Fontanes Auffassung von Kunst und Realismus seine Berechtigung in der Dichtung. Diese ganzen grundlegenden und schwierigen Fragen nach dem Verhältnis von Kunst und Wirklichkeit werden in der Aufzeichnung zu Lindaus Roman "Der Zug nach dem Westen", in der Fassung aus dem Nachlass, gewissermassen "abschliessend" und noch einmal grundsätzlich erörtert. Bei der "Anspiegelung" der Wirklichkeit in den Romanen von Frenzel, Lindau, Mauthner und Kretzer liegt das Unrealistische nicht darin, dass das Geschilderte nicht vorkommt. Im Gegenteil: "Es kommt vor, es kommt alles vor. Aber das ist nicht Aufgabe des Romans, Dinge zu schildern, die vorkommen, oder wenigstens jeden Tag vorkommen k ö n n e n . Aufgabe des modernen Romans scheint mir die zu sein, ein Leben, eine Gesellschaft, einen Kreis von Menschen zu schildern, der ein unverzerrtes Wiederspiel d e s Lebens ist, das wir führen. " (H III, 1. S. 568) Unverzerrt, das heisst entsprechend den Verhältnissen und Prozentsätzen einer durchschnittlichen und typischen Wirklichkeit, das heisst aber auch mit allen sachlichen und psychologischen Motivierungen im Detail, so dass eine lebendige und glaubwürdige Welt entsteht. Mit dieser Glaubwürdigkeit des Kunstwerks ist dann nicht nur eine gewisse Lebenswahrheit in Bezug auf die Wirklichkeit gegeben, sondern auch, und das vor allem, die eigene Geschlossenheit und Wahrheit. Dabei wird der Fiktionscharakter dieser angestrebten "wahrheitsvollen Wirklichkeit" durchaus erkannt. Die Fiktion hat aber dennoch, will sie Anspruch auf Kunst erheben, so glaubhaft und massvoll zu sein, "dass wir in Erinnerung an eine bestimmte Lebensepoche nicht mehr genau wissen, ob es gelebte oder gelesene Figuren waren, ähnlich wie manche Träume sich unserer mit gleicher Gewalt bemächtigen, wie die Wirklichkeit. " (H III, 1. S. 568)

Damit wird mit aller Deutlichkeit die Problematik einer künstlerischen Optik offenbar, die dem Dichter aufträgt, das Leben zu schildern, wie es geführt wird. Denn durch den subjektiven Bezug des einzelnen Künstlers zu einer auch objektiv beschränkt zugänglichen Wirklichkeit wird seine Darstellung immer ein subjektiv

begrenzter Ausschnitt aus der realen Wirklichkeit sein, wobei über das theoretisch
geforderte Typische und Durchschnittliche kaum ein gültiger Konsens möglich ist.
Insofern ist die Forderung nach " s o z i a l e r Repräsentanz und Gültigkeit der
Dichtung"[48] theoretisch fragwürdig. Es besteht vielmehr die "Gefahr, eine b e -
s t i m m t e A u s l e g u n g der Wirklichkeit als d i e Wirklichkeit zu geben."[49] Diese Diskrepanz zwischen dem subjektiv Möglichen und dem objektiv und
künstlerisch Angestrebten ist kaum oder nur dann aufzuheben, wenn die Subjektivität und das Fragmentarische des Dargestellten auch in der Dichtung zugegeben und
sichtbar gemacht werden. Doch wäre das bereits der Anfang neuer künstlerischer
Intentionen. Wenn auch in Fontanes dichterischer Praxis diese Subjektivität seiner
Optik bereits teilweise sichtbar gemacht wird, [50] bleibt doch für ihn theoretisch
die Forderung bestehen, "dass zwischen dem erlebten und erdichteten Leben kein
Unterschied ist, als der jener Intensität, Klarheit, Uebersichtlichkeit und Abrundung und infolge davon jener Gefühlsintensität, die die verklärende Aufgabe der
Kunst ist." (H III, 1. S. 568/69) Damit steht Fontane in der Tradition der künstlerischen Erkenntnisweise des sogenannten Realismus. Denn mit der angestrebten
"Abrundung" ist wesentlich jene "Totalität" intendiert, in der die fiktive Welt in
ihrer künstlerischen Geschlossenheit, Glaubwürdigkeit und Wahrheit als "vollendete Wiedergabe der Natur" erscheint, wobei dann für den Leser "der Totaleindruck der ist: 'Ja, das ist Leben.' "[51] Eine solche fiktive Welt soll sich gegenüber
der Wirklichkeit dadurch auszeichnen, dass sie in ihrer "Klarheit" und "Uebersichtlichkeit" alle jene Gesetzmässigkeiten und Bedingungen des Seins durchsich-
tig macht, die sie als funktionierende Welt legitimieren, wodurch die Fiktion als
ein Abbild der wirklichen Welt erscheint. [52] Mit dieser "totalen" abgerundeten
Uebersicht über eine eigengesetzliche und in sich stimmige "Welt", wäre dann
die "Gefühlsintensität" und damit das Ziel der Kunst erreicht.
Hier schliesst sich der Kreis. Denn die Aufgabe und Funktion der Kunst, heitere,
versöhnende und erhebende Unterhaltung zu sein und das menschliche Herz zu
rühren, ist vorerst entscheidend an deren wesensmässige Erscheinungsweise als
Fiktion und Illusion von Wirklichkeit gebunden. Diese Funktion wird in einer bestimmten Zeitspanne des 19. Jahrhunderts mit der Forderung nach spezifischen
künstlerischen Qualitäten dieser Fiktion verbunden, der zufolge die Kunst erst im
Zusammenspiel bestimmter ästhetischer Kategorien ihre Aufgabe als Kunst erfüllt. Fontanes Poetik, die zwar als immanentes Normengefüge erscheint, ist ein
Versuch, diese ästhetischen Bedingungen theoretisch festzuhalten. Sie ist in ihren
wesentlichen Punkten jener dichtungsgeschichtlichen Grundsituation verpflichtet,
die sich als Realismus verstanden hat. Zugleich aber ist diese Poetik ein individueller Ausdruck seiner künstlerischen Optik. Als theoretische Manifestation seines Kunstwillens kann diese Dichtungstheorie grundsätzlich von der dichterischen
Praxis nicht getrennt werden. Damit wird keine vollständige Kongruenz behauptet,
wohl aber, dass in Theorie u n d Praxis die entscheidenden und charakteristischen Intentionen des Künstlers Fontane ihren Niederschlag finden. Diese umfas-
sende Absicht des Künstlers, die als das eigentliche Anliegen des Menschen Fontane in den Werken wie in den ästhetischen Aeusserungen erscheint, ist das Sicht-
barmachen der Realität des Humanen. In seiner Dichtung mehrfach beobachtet,
ist diese Realität des Humanen immer wieder anders, sei es als "Primat der Innerlichkeit",[53] als "Kategorie des Herzens"[54] als "Symbol des Herzens"[55] um-

schrieben worden. Dabei erscheinen dieses Humane und die Werte individuellen menschlichen Empfindens und Handelns als Gegenspiel zu allem Gesetzmässigen, zu den Zwängen inhumaner Intellektualität. Das "Symbol des Herzens" steht in der Dichtung "gewissermassen als Gegensymbol zu den Symbolen der Nemesis".[56] Diese ambivalente Struktur der Dichtung kennzeichnet auch Fontanes Theorie und Literaturkritik, auch hier sind "Herz und Gesetz, Empfindung und Theorie" nicht zu trennen.[57] Die Literaturkritik, Voraussetzung und Ausgangspunkt der poetologischen Ueberlegungen, ist als wertende Erörterung literarischer Werke teils am subjektiven Empfinden und an der persönlichen Geschmackslage orientiert, teils aber auch ausgerichtet nach bestimmten ästhetischen Massstäben und Gesetzen. Diese Ambivalenz in der sich wechselseitig bedingenden Kritik und Theorie entspricht im Grunde jener Erkenntnis Goethes, wonach "der Kopf kein Kunstwerk als nur in Gesellschaft mit dem Herzen" erfassen kann.[58] Eine wichtige Voraussetzung für jede Beschäftigung mit einem Dichter und seinem Werk ist das Interesse. Fontane sieht darin die erste und entscheidende Anforderung an die Kunst überhaupt: "das schlimmste Urteil bleibt immer: 'Es interessiert mich nicht'; davon ist kein Appell möglich."[59] Diese Bedeutung des Interesses wird auch von andern Dichtern des Realismus hervorgehoben.[60] Es ist damit nicht nur eine lediglich durch den Stoff hervorgerufene Spannung gemeint, sondern vielmehr noch jene auf der künstlerischen Qualität und Ganzheit beruhende Bewegung von Gemüt und Empfinden, welche die Vorbedingung ist für die angestrebte "Gefühlsintensität". Mindestens seit Schiller sind die Zusammenhänge zwischen "einer interessanten Gemütslage eines interessanten vollendeten Geistes" und dem Wert seines dichterischen Produkts bekannt.[61] Wenn für Fontane feststeht, "dass es in aller Kunst, wenn sie mehr sein will als Dekoration [...] auf etwas Seelisches, zu Herzen Gehendes ankommt, und dass alles, was nicht erhebt oder erschüttert oder erheitert oder gedanklich beschäftigt [...], keinen Schuss Pulver wert ist",[62] dann heisst das nichts weniger, als dass der Dichter selber zu dieser tiefen menschlichen Empfindung fähig sein muss, dass er zum "Dichtertalent" auch ein "Dichterherz" braucht. Als konkrete theoretische und im bisherigen Sinn ebenso ambivalente Erkenntnis bedeutet das für den Dichter, "dass Wissen, Geist, Kenntnis aller möglichen ästhetischen Regeln, guter Stil und brillante Episoden nicht ausreichen, ein tolerables Buch herzustellen. Die Hauptsache fehlt schliesslich doch: poetisches und überhaupt richtig menschliches Empfinden."[63] Eine auffällig hohe Wertung alles Gemüthaft-Innerlichen, die das Eigentliche und Wesentliche nicht im Rational-Gesetzmässigen, sondern im individuellen Empfindungsbereich des Irrational-Menschlichen sieht, bestimmt in gleichem Mass Fontanes Dichtung, Literaturkritik und Kunsttheorie. Dabei ist in allen Bereichen eine Ambivalenz zwischen Intellekt und Herz, zwischen Gesetz und Empfindung festzustellen.

In der vorrangigen Bedeutung des Humanen, das für Fontane letztlich in der Innerlichkeit des Menschen seinen Grund hat, und das auch seine Forderung nach dem versöhnenden Ausgleich der Gegensätze bestimmt, zeigt sich der ethische Aspekt seiner Kunstanschauung am Auffälligsten. Hier liegt denn auch die nahtlose Verbindung zwischen seiner Theorie und Praxis. Es ist bereits darauf hingewiesen worden, dass Fontanes Dichtung mit ihrer Betonung der Innerlichkeit und Symbolik des Herzens in einer aus der Empfindung stammenden Tradition steht.[64]

Seine ästhetisch und ethisch begründete Provokation des Menschlichen erreicht er in der Dichtung vorzugsweise durch die "Rührung",[65] die aber als Appell an das Herz nicht selten ins Sentimentale abgleitet.[66] Allerdings ist seine von hoher Intellektualität und Kunsterkenntnis geprägte Dichtung in gleicher Weise ambivalent wie die Theorie. Das zeigt sich nicht nur in der distanzierenden Ironie, auf die Böschenstein und Martini hinweisen, sondern auch in der dichterischen Gestaltung der Antithesen Intellekt und Herz, Empfindung und Nicht-Empfindung. Als wichtigstes Beispiel sei das Melusine-Motiv erwähnt.[67] Diese ursprüngliche Sagengestalt, in einem der Fragmente "Oceane von Parceval" (H I, 5. S. 794-808), im andern "Melusine" (H I, 5. S. 627-629) benannt, verkörpert bei Fontane das Elementare, Distanz und Gefühlsunfähigkeit. Er hat das Motiv, das ihn zeitlebens beschäftigt, erst in seinem letzten Roman dichterisch ausgestaltet. Hier steht die Gräfin Melusine "in der Schwebe zwischen elementarischer Kühle und liebender Menschlichkeit; sie legitimiert sich durch dieses Schweben als eine der 'eigentlichsten' Figuren Fontanes."[68] Armgart und Dubslav von Stechlin sind insofern Gegenfiguren zu Melusine, als beiden uneingeschränkt tiefe menschliche Empfindungen eigen ist. Ursprüngliche Güte prägt Armgarts Wesen, und die Gestalt des alten Stechlin ist geradezu das Symbol echter und wahrer Humanität. Denn er hat das, wie Lorenzen in der Grabrede sagt, "was über alles Zeitliche hinaus liegt, was immer gilt und immer gelten wird: ein Herz." (H I, 5. S. 377) Doch zeichnet auch diese beiden Gestalten, neben ihrer grossen Gefühlsfähigkeit, jene gesunde, auf das Tatsächliche und eine illusionslose Wirklichkeit gerichtete Vernunft und Denkfähigkeit aus. In dieser Einheit zählen sie mit zu den charakteristischen Gestalten in Fontanes Dichtung.

Von diesem umfassenden und hervorstechenden Bemühen sind Fontanes Literaturkritik, Poetik und Dichtung geprägt, nämlich die Realität des Humanen transparent zu machen, Innerlichkeit und Empfindung gegenüber jedem Zwang und inhumaner Gesetzlichkeit zu verteidigen, sie aber auch mit Verstand und Vernunft sinnvoll zu einer Synthese zu verbinden. Als Ergebnis seiner Erfahrung und Lebensschau,[69] als Ausdruck seiner eigensten Persönlichkeit, wirkt die Humanität als Medium poetischer Mimesis. Sie ist das umgreifende Ganze, in dem die entscheidenden Zusammenhänge zwischen dichterischer Theorie und Praxis, zwischen Dichter und Dichtung erscheinen. Eingehende Einzeluntersuchungen würden allerdings neben weiteren Zusammenhängen nicht unerhebliche Differenzen festzustellen haben.[70] Für sich betrachtet bleibt Fontanes Poetik, nicht zuletzt auf Grund ihrer vorwiegend aphoristischen und immanenten Erscheinungsweise, fragmentarisch. Fontanes Sinn war stets mehr auf die Kunst als auf ihre Gesetze, mehr auf die Dichtung als auf ihre Theorie gerichtet. So steht denn einer umfangreichen und bedeutenden Dichtung eine fragmentarische und wenig originelle Kunsttheorie gegenüber, welche als Ganzes von den Konturen und Traditionen der geistes- und dichtungsgeschichtlichen Situation des sogenannten Realismus geprägt und durchaus auf der Höhe der Zeit ist. Das gesamte poetologische Bemühen Fontanes ist in seinem Kern darauf gerichtet, auf immer neue Weise und aus immer anderer Sicht jenen Durchgangsprozess zu beschreiben und zu begreifen, der aus "Prosa" wirkliche "Poesie" werden lässt. Auf dieser Suche nach dem Wesen der Kunst findet er keine letzte gültige Antwort, und er ist bereit, diese Unsicherheit zuzugeben: "Es ist das Schwierigste, was es gibt (und vielleicht auch das Höchste), das Alltagsdasein in eine Beleuchtung zu rücken, dass das, was eben noch Gleichgiltigkeit und Prosa war, uns plötzlich mit dem bestrickendsten Zauber der Poesie berührt. [...] 'Und vielleicht das Höchste' sagte ich; freilich, vielleicht auch n i c h t . Diese schwierigen letzten Fragen sind eben in der Schwebe. Der, für den sie abgeschlossen sind, erscheint mir wenig beneidenswert. " (N XXII, 2. S. 696)

ANMERKUNGEN

Die Numerierung der Anmerkungen beginnt in jedem Kapitel neu. Bei allen Anmerkungen wird durchgehend nur der Autor, dazu die Band- und Seitenzahl angegeben. Sind vom gleichen Autor mehrere Werke herangezogen worden, wird zur eindeutigen Identifizierung ein Schlagwort aus dem jeweiligen Titel beigefügt. Die ausführlichen bibliographischen Angaben befinden sich im Literaturverzeichnis. Die Siglen werden im Literaturverzeichnis erklärt.

EINLEITUNG

1) Allemann, ars poetica, Vorwort, S. VIII.
2) Luck, S. 6. Auch Preisendanz spricht von einer "aphoristischen, meist in Briefen verstreuten Poetik" Kellers. (Preisendanz, Keller, S. 76).
3) Meyer Albert, S. 2.
4) Ingarden, S. 177.
5) Bertram, S. 49.
6) Reuter, in: Fontane, Von Dreissig bis Achtzig, S. 8. Vgl. auch Fontanes Brief an Wichmann vom 2. Juni 1881, wo er bemerkt, dass "ein solcher 10 Seiten langer Brief mit einer Fülle von Lokal- und Menschen-Schilderung, auch als ein 'Manuskript', als eine kleine literarische Arbeit angesehen sein will." (Wichmann, Frohes u. Ernstes, S. 16).
7) Reuter, in: SZL, S. LI.
8) Thomas Mann, Der Alte Fontane, S. 484; vgl. allgemein: Wellek, Grundbegriffe, S. 182.
9) Böschenstein, Bd. II, S. 157.
10) Reuter, in: SZL, S. LI; vgl. ebenso Weber, Klassiker der Kritik, Bd. I, S. XII und Bd. II, S. V. F. Sengle hat grundsätzlich auf die komplizierte Wechselwirkung zwischen Theorie und Praxis hingewiesen. (Sengle, S. 138).
11) Jean Paul, Vorschule (Vorrede z. 2. Aufl. 1812), 1. Abt., Bd. 1, S. 10.
12) Geffcken, S. 345.
13) Nürnberger, Der frühe Fontane, S. 45. Reuter, Fontane II, S. 910.
14) Lukács, Der alte Fontane, S. 137.
15) Lukács, Der alte Fontane, S. 139.
16) Ich erwähne hier, mit dem Verweis auf das Literaturverzeichnis, nur die wichtigsten Publikationen, die bisher Unbekanntes zugänglich gemacht haben: SZL 1960; AZL 1969; Der Junge Fontane 1969.
17) Hans-Heinrich Reuter, Fontane.
18) Helmuth Nürnberger, Der frühe Fontane.

19) Als wissenschaftlich zuverlässig können nur die folgenden Ausgaben gelten: FL, FFR, AUF, FR, FK, PROP, FHZ. Neben Reuter ist vor allem Gotthard Erler auf die Qualität der verschiedenen Brief-Editionen näher eingegangen, vgl. Erler, Fontane-Blätter, Bd. 1, Heft 7, S. 326ff.

20) Reuter, in: AZL, S. 262/63; ebenso Reuter, in: FR, S. 148/49.

21) Martini, Poetik, Sp. 224.

22) Martini, Poetik, Sp. 223.

I.   LITERATURKRITIK UND AESTHETISCHE ERKENNTNIS

1) Wellek, Grundbegriffe der Literaturkritik, S. 33.

2) Reuter, in: SZL, S. XXIV.

3) Wellek, Grundbegriffe der Literaturkritik, S. 24-34.

4) Milch, S. 3.

5) An die Frau, Brief vom 13. April 1880, PROP 1, S. 129.

6) Reuter, in: AZL, S. 238.

7) An die Frau, Brief vom 17. Aug. 1882, PROP 1, S. 178/79.

8) Vgl. dazu: FK, S. 68; An Wichmann, Brief vom 2. Juni 1881 (Wichmann, Frohes und Ernstes, S. 16); An die Frau, Brief vom 14. Mai 1884, PROP 1, S. 254; Rezension von Spielhagens Roman "Sturmflut": ein Roman ist kein "kritikloses Sichunterhaltenlassen", sondern eine Kunstform (SuF S. 713).

9) Keller, Jeremias Gotthelf, Bd. 7, S. 360. Keller bemängelt an Gotthelf, dass er das, "was man Technik, Kritik, Literaturgeschichte, Aesthetik, kurz Rechenschaft von seinem Tun und Lassen nennt in künstlerischer Beziehung" verachte.

10) Wellek, Grundbegriffe der Literaturkritik, S. 11.

11) Fontane schreibt im Brief vom 17. Juli 1849 an Bernhard von Lepel: "Ich bin in Kunstgesetzen schlecht bewandert, und lass in solchem Falle gewöhnlich ein Dutzend Kunst w e r k e an mir die Revue passiren, um beim Anblick des Werkes das G e s e t z kennen zu lernen." (FL, I, S. 187).

12) Wellek, Grundbegriffe der Literaturkritik S. 12. Ludolf Wienbarg schreibt in seinen "Asthetischen Feldzügen", die Fontane möglicherweise gekannt hat (N XV, S. 20): "Da aber der Aesthetiker nicht eigentlich Gesetze gibt, sondern nur zurückgibt, sie nur entdeckt und nicht erfindet, kurz, da sie [die Aesthetik] zu den geschichtlichen Wissenschaften gehört, so wird ihm die kritische Betrachtung vorhandener Kunstwerke, des Lebens, der Sitten, der Zeitdichtungen und überhaupt der Produkte der Genies den Beschluss jener Kunstlehre bilden, wie sie in der Tat auch i h r e n A n f a n g erst möglich machte." (Wienbarg, Feldzüge, S. 85/86).

13) Wellek, Grundbegriffe der Literaturkritik, S. 33.

14) An Paul Lindau, Brief vom 2. Jan. 1872 (Fontane an P. Lindau, S. 239).

15) Reuter, Entwicklung der Grundzüge, S. 183-223.

16) Charlotte Jolles, F's literarische Entwicklung, S. 400-424.

17) Reuter, in: SZL, S. XVI.
18) An Th. H. Pantenius, Brief vom 14. August 1893 (A I, S. 332); An Ernst Gründler, Brief vom 11. Februar 1896 (A I, S. 350).
19) Nürnberger, Der frühe Fontane, S. 53.
20) An Ludwig Pietsch, Brief vom 13. Sept. 1874 (Fontane-Blätter, Bd. 2, Heft 1, S. 32); ebenso an Maximilian Ludwig, Brief vom 2. Mai 1873 (BR I, S. 308).
21) N XXII, 1. S. 66; ebenso N XXII, 1. S. 882: "Aber Kritiken und Gerichtshöfe sind nun mal nicht Freude halber da, sie sollen die Wahrheit sagen, und zu trösten und aufzurichten, zählt immer nur ausnahmsweise - und bedingungsweise zu ihren Pflichten."
22) N XXII, 2. S. 116; ebenso N XXII, 2. S. 307: "Ein Kunstinstitut ist keine Probieranstalt."
23) N XXII, 1. S. 101; vgl. ebenso H III, 1. S. 252; N XXII, 1. S. 703.
24) Zitiert nach: Markwart, Poetik, Bd. 4, S. 167.
25) Zitiert nach: Markwart, Poetik, Bd. 4, S. 168.
26) Goethe, Ueber Wahrheit und Wahrscheinlichkeit der Kunstwerke, Hamburger-Ausgabe, Bd. 12, S. 70.
27) Goethe, ebd. Bd. 12, S. 70.
28) Vgl. dazu auch: Knudsen, Theaterkritiker, S. 76 u. 77; ebenso: Körner, Zwei Formen des Wertens, S. 12.
29) An die Frau, Brief vom 5. April 1880 (PROP 1, S. 120/21).
30) ebd.: PROP 1, S. 120/21; vgl. ebenso: N XXI, 1. S. 442/43: "Das Buch zu schreiben, war schwer, und es zu besprechen, ist wenigstens nicht leicht. Ein Kritiker soll alles wissen, womöglich gründlicher und besser als der Schriftsteller selbst, und hat eine Art Verpflichtung, von seiner Hochkanzel herab entweder zu segnen oder zu verdammen. Aber wer hätte einer solchen Arbeit ungeheuren Fleisses gegenüber das Recht dazu? Doch nur d e r , der imstand wäre, morgen ein ähnliches Buch zu schreiben oder gar ein drüberstehendes. Und als ein solcher fühlt sich Referent entschieden nicht. Er kann also nur liebevoll nachgehen und, soweit es ihm Raum und Gelegenheit gestatten, auf einige der Stellen hinweisen, die sein Interesse vorzugsweise in Anspruch genommen haben." Das ist, will mir scheinen, ein treffliches Beispiel dafür, wie Fontane auf respektvolle Art etwas Unbedeutendes bespricht, indem er das mindeste lobt, was zu loben ist, den Fleiss des Autors.
31) Man vergleiche dazu etwa Fontanes fragmentarische Skizze: "Hat der Laie, der Kunstschriftsteller eine Berechtigung zur Kritik über Werke der bildenden Kunst oder nicht?" (AZL, S. 175/76) Dieses Recht des Laien wird hier grundsätzlich verteidigt, wie auch Fontane generell das Laienurteil höher schätzt als etwa das Urteil der akademischen Kritik.
32) Zitiert nach: Luck, S. 267.
33) Zitiert nach: Luck, S. 267.
34) An Bernhard von Lepel, Brief vom 4. 9. 1851 (FL I, S. 371).
35) Bernhard von Lepel an Fontane, Brief vom 26. 4. 1849 (FL I, S. 168).
36) An Friedländer, Brief vom 5. Febr. 1890 (FFR S. 121). Vgl. ebenso Fontanes Besprechung von Alexis' Roman "Ruhe ist die erste Bürgerpflicht", wo Fontane schreibt, dass ein Roman "doch zunächst nach ästhetischen Ge-

setzen beurteilt sein will. " (N XXI, 1. S. 201).

37) Haacke, S. 61.

38) An die Frau, Brief vom 12. Juni 1883 (PROP 1, S. 198). Diese Haltung kommt auch später in dem "Entwurf einer Charakteristik" von Henrik Ibsen zum Ausdruck: "Wer Ibsen beurteilen will, muss an ihn glauben und seine Welt als ein entweder Vorhandenes oder ein Berechtigtes ansehen. Er muss über Dinge wie die landläufige Moral sehr frei denken und vor dem Gedanken nicht erschrecken, ja sich dadurch angezogen finden, dass das, was uns heute noch als Verrücktheit gilt, morgen Verständlichkeit und übermorgen Alltäglichkeit sein kann. Diese Gabe bringe ich mit, und insoweit kann sich Ibsen keinen besseren Beurteiler wünschen als mich. Ich habe die Fähigkeit, auch auf das anscheinend Schrullenhafte einzugehen und vor Wahnsinn - d. h. vor dem, was momentan als Wahnsinn gilt - nicht zu erschrecken. " (AZL S. 159).

39) An Friedländer, Brief vom 1. Aug. 1894 (FFR S. 267).

40) An Friedrich Haase, Brief vom 5. März 1877 (N XXII, 3. S. 225). Vgl. ebenso Fontanes Brief an Lepel Herbst 1853 wo er schreibt: "Es ist nichts, wenn man um der Freundschaft willen alles loben muss; Kritiker müssten allemal Einsiedler sein. " (FL II, S. 80) Diese Aeusserung überrascht nicht, waren doch Fontanes Kritiken aus dieser ersten Periode oft durch persönliche Beziehungen befangen; vgl. auch den Alexis-Essay (H III, 1. S. 413); vgl. ebenso FHZ, S. 152/53.

41) An Wilhelm Hertz, Brief vom 15. Jan. 1879 (BR I, S. 406/07).

42) An Friedländer, Brief vom 1. August 1894 (FFR S. 266). Vgl. ebenso: N XV, S. 391.

43) Otto Brahm schreibt in der Neuen deutschen Rundschau: "Fontane war ein freier Einzelner, keiner Partei und keiner Schablone zugeschworen. " (Zitiert nach Herding, S. 286/87) Die Unvoreingenommenheit und Selbständigkeit im Urteil als Grundhaltung des Kritikers Fontane zeigt sich auch in seiner Beschäftigung mit den Kunstdenkmalen. Sonja Wüsten weist in ihrem Aufsatz, der mit Sachkenntnis bisher unbeachtetes Material verwertet, darauf hin, dass Fontanes Betrachtungsweise "im Widerspruch zum offiziellen Kunstgeschmack und zur Praxis der Restaurierungen in der damaligen Zeit" stand, wobei Fontane die zeitgenössische Fachliteratur durchaus bekannt war. (Sonja Wüsten, Hist. Denkmale, S. 189).

44) Zitiert nach: Luck, S. 269.

45) Zitiert nach: Luck, S. 269; ähnliches gilt für die Münchener Dichter, (vgl. Burwick, S. 80/81).

46) H III, 2. S. 470; vgl. ebenso Fontanes Brief an Schlenther vom 10. Febr. 1886 wo er schreibt: " [...] auf diesen sichern Hammerschlag, der weiter nichts ist als die natürliche Konsequenz eines frischen, gesunden und starken Empfindens, kommt es einzig und allein an. D a s macht den Kritiker, n u r das. Alles andre, vor allem das Ausmessen mit irgendeiner Elle, die Elle hiesse nur Tieck oder Lessing oder gar Aristoteles, ist Mumpitz. Hinter solcher Defensive, von der aus Vorstösse 'mit Binden und Bandagen' gewagt werden, lauert immer Ohnmacht. Ich freue mich herzlich, dass Sie sich selbst geben und ein Programm in der B r u s t und nicht bloss in der Brust t a s c h e haben. " (BR II, S. 108).

47) An die Frau, Brief vom 13. April 1880 (PROP 1, S. 129).
48) An Friedrich Stephany, Brief vom 16. April 1886; Fontane schreibt hier: "Ich brauche wohl nicht erst zu versichern, dass ich an dem Ueberheblichkeitstone des jüngsten Deutschlands, an dem Allesbesserwissen der Schererschen Schule (deren die Sache aufs Philologische hin ansehende Berechtigung mir ausserdem noch zweifelhaft ist), dass ich, um meinen höchsten Trumpf auszuspielen, an der Karl-Bleibtreuerei der modernen Kritik Anstoss nehme." (BR II, S. 111) Vgl. auch den Brahm-Essay (H III, 1. S. 504-508).
49) An Guido Weiss, Brief vom 14. Aug. 1889 (BR II, S. 207); ebenso: An Friedrich Stephany, Brief vom 16. April 1886 (BR II, S. 111).
50) An Wilhelm Hertz, Briefe vom 24. Nov. 1878 (BR I, S. 393), vom 27. Nov. 1878 (FHZ S. 200) und vom 23. Febr. 1879 (FHZ S. 212).
51) Brief Kellers an Heyse vom 10. Aug. 1882 (Briefwechsel Storm-Keller, S. 208/09).
52) An Erich Sello, Brief vom 26. Aug. 1898; Fontane schreibt hier: "[ich] ordne mich gern unter, weil ich das natürliche Gefühl für das Echte, Dauernde mitbringe. Dies Gefühl haben aber unsere 'Gebildeten' als Regel nicht. Und das bedrückt mich, wenn ich auch persönlich ganz gut dabei wegkomme. Aber Person bedeutet nichts. Sache ist alles [...] " (LA II, S. 631). Vgl. ebenso Fontanes Rezension von Geibels "Brunhild": "Es ist allerpersönlichst unsere Schwäche, aber auch unsere Stärke, uns um Doktrinen nicht allzuviel zu sorgen und in letzter Instanz den Mut zu einem einfachen Appell an unser Herz zu haben." (H III, 2. S. 81).
53) Knudsen, Theaterkritiker, S. 62.
54) Reuter, in: AZL, S. LXVII.
55) Schmidt, C. F. Meyer, S. 265.
56) Schmidt, Historische Romane, S. 611.
57) Wienbarg, Aesthetische Feldzüge, S. 120.
58) An Maximilian Ludwig, Brief vom 2. Mai 1873 (BR I, S. 308).
59) Vgl. etwa Brief an Karl Zöllner vom 19. Jan. 1889 (BR II, S. 177) und Brief an Mete vom 13. April 1889 (PROP 2, S. 114).
60) An Friedländer, Brief vom 14. Aug. 1896 (FFR S. 301). Dieser subjektiven Einsicht, die generell stimmen mag, wären allerdings verschiedene Fehlurteile entgegenzuhalten, worunter vor allem seine Keller-Kritik fällt. Auf diese Fehlurteile wird an der gebotenen Stelle noch zurückzukommen sein, denn sie sind nur im Zusammenhang mit den spezifischen ästhetischen Anschauungen Fontanes verständlich.
61) Knudsen, Theaterkritiker, S. 62.
62) An Otto Franz Gensichen, Brief vom 30. Aug. 1889 (LA II, S. 457/58). Vgl. u. a. auch: An Stephany, Brief vom 6. Juni 1893 (BR II, S. 300); An Carl Zöllner, Brief vom 23. Juli 1870 (LA I, S. 237).
63) SuF S. 712 (=AZL S. 62).
64) An Maximilian Ludwig, Brief vom 2. Mai 1873 (BR I, S. 308/09).
65) Goldammer, Storm im Urteil Fontanes, S. 250; Körner hebt in diesem Zusammenhang vor allem zwei Kernpunkte hervor, die das kritische Bewusstsein Fontanes kennzeichnen: Das eigene Gefühl und die Skepsis, die um die Subjektivität allen Kunsturteils weiss. (Körner, S. 22); Dieses Wissen um die Rela-

tivität aller Urteile kommt vor allem in den Friedländer Briefen immer wieder zum Ausdruck: u.a. im Brief vom 4. Okt. 1896 (FFR S. 303) oder im Brief vom 1. Aug. 1894, wo sich Fontane auf einen Aufsatz Montaignes "über die Unsicherheit des menschlichen Urtheils" beruft. (FFR S. 266/67).

66) Spielhagen, Theorie des Romans, S. 255.
67) AZL S. 107 zum Wort 'juris' vgl. Anm. ebd.: AZL S. 110 .
68) An Karl Zöllner, Brief vom 3. Nov. 1874 (Fontane-Blätter, Bd. 1, Heft 5, 1967, S. 209); vgl. ebenso: N XXII, 1. S. 167.
69) An Mete, Brief vom 21. Febr. 1891 (PROP 2, S. 169); vgl. ebenso: N XV, S. 392.
70) Hermand, Synthetisches Interpretieren, S. 23.
71) Scherer, Wilhelm: Vorträge und Aufsätze zur Geschichte des geistigen Lebens, Berlin 1874, S. 411, zitiert nach: Hermand, Synthetisches Interpretieren, S. 25 .
72) Maria Theresia Körner zeigt in ihrer Arbeit "Zwei Formen des Wertens" die grundsätzlichen Unterschiede der beiden Kritiker, Kerr und Fontane, sehr schön auf. Ein bedeutender Unterschied liegt vor allem im Anspruch, mit dem sie auftreten: Für Kerr gilt "Kritik als Kunst, das zu Kritisierende als Anregung für ein neues Kritisches Werk sind die Gedanken, die man immer wieder in seinen theoretischen Aeusserungen wiederfindet. [...] Nie tritt Fontane mit dem Anspruch auf, mit dem Kerr seine Grundsätze begleitete: dem absoluten Glauben an sich selbst, an die Gültigkeit und die Möglichkeit seines Anspruchs, Kritik zur Kunst zu erheben." (Körner S. 115/16).
73) Milch, S. 14.
74) Staiger, Kunst der Interpretation, S. 13. Das schliesst allerdings eine in diesem Sinn verstandene wissenschaftliche Richtigkeit gewisser Urteile Fontanes nicht unbedingt aus.
75) Reuter, in: SZL S. VI.
76) Reuter, Fontane I, S. 291.
77) Biener, S. 105; Neben Friedrich Engels vergleicht Biener den Literaturkritiker Fontane mit "konsequent materialistischen Literaturkritikern wie Dobroljubow und Tschernyschewski. " (S. 105).

II.   WESEN UND FUNKTION DER KUNST

1) Wellek, Theorie, S. 19.
2) Mit ausserdichterischer Wirklichkeit ist hier und im folgenden im Gegensatz zur dichterischen Wirklichkeit, zur Illusion, "nichts als die Wirklichkeit des menschlichen Lebens [...] im Gegensatz zu dem, was wir als den 'Inhalt' von Dichtungen erleben", gemeint. Damit ist ein Doppeltes ausgesagt, das auch für den Realismus Fontanes entscheidend wird, nämlich, "dass Dichtung etwas anderes als Wirklichkeit ist, aber auch das scheinbar Entgegengesetzte, dass die Wirklichkeit der Stoff der Dichtung ist. " (Hamburger,

Logik der Dichtung, S. 15).

3) Helmuth Nürnberger zeigt diese Hintergründe für den Wandel Fontanes und die damit verbundene Hinwendung vom aktuell Politischen zum rein Poetischen ausführlich auf. An Stelle der Politik steht das Ausweichen ins Historische. (Nürnberger, Der frühe Fontane, v. a. S. 69-76 und S. 118/19). H. - H. Reuter betont zudem den entscheidenden Einfluss Bernhard von Lepels auf diesen Wandel in Fontanes Kunstauffassung. Er führt Fontanes schroff ablehnende Haltung gegenüber der politischen Dichtung des Vormärz auf den unmittelbaren Einfluss Lepels zurück, der dem Tunnel angehörte und jede ausserdichterische, also auch politische Funktion der Kunst ablehnte. (Reuter, Fontane I, S. 172/73).

4) An Theodor Storm, Brief vom 14. Febr. 1854 (FS v. a. S. 101); An Bernhard von Lepel, Brief vom 7. Jan. 1851 (FL I, S. 293): Hier ist dieser Rückzug ins Private in aller Deutlichkeit aufgezeigt und begründet: "Man muss Pessimist werden; den Weg der Reform hat man verschmäht, die Revolution tritt in ihr Recht. [...] Doch kein Zeitungs-Raisonnement. Es bleibt einem nichts übrig, als sich mit dem Geist in die Vergangenheit und mit dem Herzen in den Freundes- und Familienkreis zu flüchten, - das geschieht denn auch und geschehe immer mehr."

5) Martini, Bürgerl. Realismus, S. 7.

6) Reuter, Fontane I, S. 292.

7) Fontanes Stellung zu dieser Frage, vor allem seine Aufsätze "Realismus-Idealismus" und "Realismus-Romantizismus" werden im Hinblick auf diese Tradition im letzten Kapitel näher erörtert.

8) Vgl. dazu etwa Jørgensen, S. 222/23.

9) Sie werden, soweit sie zur Klärung anderer poetologischer Normen herangezogen werden und für diese Bedeutung erlangen, am entsprechenden Ort weiter ausgeführt. Erst dort wird sich zeigen, dass sie bei der Beschreibung anderer Aspekte eine differenziertere Bedeutung erlangen können, was vor allem beim Begriff des "Wahren" deutlich wird.

10) An Friedländer, Brief vom 6. Mai 1895 (FFR S. 284).

11) An Henriette von Merckel, Brief vom 12. Dez. 1856 (BR I, S. 158).

12) An Alexander Gentz, Brief vom 19. Jan. 1874 (BR I, S. 320).

13) "Die Kunst ist frei; sie duldet keine Fessel,
All ihr Gesetz ist Schönheit und Natur;
[...]
Wohlan denn, Fürst, sei du der Kunst Erretter,
Nimm ihr das Joch, daran sie schuldlos litt,
Frei sei der Dichter und die Welt der Bretter,
[...]
Doch wie die Blume, Fürst, im Erdreich immer,
So wurzelt in der F r e i h e i t alle Kunst." (H I, 6. S. 758/59).
Bereits hier zeigt sich die Tendenz, dass tagespolitische, aktuelle Fragen in historischem Gewande vorgetragen werden.

14) Fontane, Unbekannte Wanderungen, S. 283; vgl. ebenso: (N XXII, 2. S. 229/30).

15) An Wilhelm Hertz, Brief vom 11. Dez. 1889 (BR II, S. 234). Fontane stellt vor allem die in dieser Beziehung unkluge Haltung seines Freundes Heyse

dem weit geschickteren Verhalten von Eugene Scribe gegenüber.

16) H III, 1. S. 528.
17) N XXII, 2. S. 357; vgl. ebenso Fontanes zweite Besprechung von Ibsens "Gespenster" vom 29. Sept. 1889 (N XXII, 2. S. 707-709).
18) vgl. u. a. bes. H III, 2. S. 809/10; H III, 2. S. 776; An Stephany, Brief vom 6. Juni 1893 (BR II, S. 300).
19) An Mete, Brief vom 30. Aug. 1895 (PROP 2, S. 244); in gleicher Weise äussert er sich tags darauf in einem Brief an Karl Zöllner (Reuter, Fontane II, S. 795).
20) Reinhardt, S. 51.
21) Kaufmann, Heines Schönheitsbegriff, S. 269.
22) Reinhardt, S. 31. [Hervorhebung von mir.]
23) Schiller an Goethe, Briefe vom 2. Juli 1796 u. v. 3. Juli 1796.
24) An Mete, Brief vom 24. April 1891 (PROP 2, S. 181).
25) H III, 1. S. 727; wobei hier schwer zu entscheiden ist, wieweit diese Meinung nicht eine Konzession an seinen Freund Friedrich Scherenberg darstellt.
26) An Mete, Brief vom 5. Mai 1883 (PROP 2, S. 49); An seine Frau schreibt Fontane Jahre später ganz ähnlich: "Im Letzten hängt es mit etwas Schönem und Weisem zusammen, mit der Erkenntnis, dass alle äusserlichen Dinge nur Tand oder wenn nicht Tand so gleichwertig sind. " (Brief vom 10. Juli 1887: PROP 1, S. 325). Die beiden Textbeispiele zeigen ganz deutlich die Tendenz einer Vermischung der ethischen und ästhetischen Kategorien, die für die Aesthetik Fontanes typisch ist.
27) An die Frau, 9. Aug. 1875 (Fontane, Unbekannte Wanderungen, S. 294/95).
28) An Maximilian Harden, Brief vom 13. Dez. 1895 (Merkur, S. 1096).
29) Brinkmann, Verbindlichkeit des Unverbindlichen, S. 39.
30) Biener, v. a. das Kapitel: "Der Primat des Schönen in der Aesthetik Theodor Fontanes", S. 52-64.
31) Biener, S. 39.
32) Biener, S. 55.
33) Biener, S. 56.
34) Biener, S. 62.
35) Biener, S. 64.
36) Richters Nachwort in: H III, 2. S. 1047, 1052/53.
37) Reuter, in: AZL S. 309.
38) Hock, S. 329; Hock bezeichnet mit dem "Primat des Schönen" ausschliesslich die Kategorie der "Verklärung". Ein Einfluss Bieners ist nicht ausdrücklich festzustellen.
39) Kayser, Wahrheit der Dichter, S. 52.
40) Kayser, Wahrheit der Dichter, S. 28.
41) Kayser, Wahrheit der Dichter, S. 27. (Goethe, Versuch einer Witterungslehre, 1828).
42) Kayser, Wahrheit der Dichter, S. 36.
43) Kayser, Wahrheit der Dichter, S. 51. Ein Beispiel für Fontanes frühe Wahrheitsbegeisterung gibt der Brief an Lepel vom 16. Juli 1849 (FL I, S. 186): "Jeder Schriftsteller, wenn er diesen Namen verdienen will, sei ein Apostel der Wahrheit; das Interessantsein ist ein schön Ding, ich habe nichts dagegen,

[...] rückt man aber, sei's Person oder Sache, dem wirklich Bestehenden auf den Leib, so fechte man im Dienste der Wahrheit [...] Es versteht sich von selbst, dass wenn ich von Wahrheit spreche, nur die s u b j e k t i v e gemeint sein kann. "

44) Kayser, Wahrheit der Dichter, S. 38.
45) An Mete, Brief vom 16. März 1884 (PROP 2, S. 57). Fontanes Bemerkung bezieht sich hier vor allem auf Heines Memoiren.
46) Reuter, Fontane I, S. 293. Fontanes Kritik an früheren Stilformen, v. a. am Pathos der Jungdeutschen und der Dichter des Vormärz, ist nur aus seiner eingeschränkten, zeitbedingten Sicht besser zu verstehen. Es entspricht durchaus den ästhetischen Vorstellungen der Realisten, dass die besondere Stilebenen, die vom besonderen Inhalt her von der früheren Aesthetik vorgeschrieben waren, nicht mehr entsprechend beurteilen, sondern alle künstlerischen Phänomene nur durch die Brille ihrer eigenen realistischen Aesthetik betrachten. Dass so Fehlurteile gesprochen werden ist nicht nur an Beispielen Fontanes zu sehen. Da vor allem der Wahrheitsbegriff an der Wirklichkeit orientiert ist, wird generell als Pathos, Lüge und Phrase, als unecht und unwahr also bezeichnet, was nicht dieser Wirklichkeitsauffassung entspricht. Vgl. dazu v. a. Fontanes Aufzeichnungen zu "Hermann und Dorothea"; seine Kritik ("So spricht kein pfälzisches Mädchen") ist nur auf diesem besondern Hintergrund zu verstehen. (H III, 1. S. 462-64).
47) H III, 2. S. 418; vgl. ebenso: Brief an Lepel vom 4. Sept. 1851 (FL I, S. 372).
48) An Mete, Brief vom 18. 4. 1884 (PROP 2, S. 63).
49) An die Frau, Brief vom 23. 6. 1883 (PROP 1, S. 209).
50) Reuter, Fontane I, S. 430.
51) Meyer Albert, S. 10.
52) Kayser, Wahrheit der Dichter, S. 51.
53) Reuter glaubt, diesen Einfluss Julian Schmidts mit Fontanes Brief an Rodenberg vom 4. Jan. 1872 datieren zu können (FR S. 5). Dazu schreibt Reuter: "Wahrscheinlich hatte es sich dabei für Fontane um eine nicht unbedenkliche 'Premiere' gehandelt; denn von einer einzigen Ausnahme abgesehen, war Schmidt zuvor weder in Fontanes Werken noch in den bisher bekannt gewordenen Briefen und Tagebüchern je genannt worden. " (FR S. 148) Diese eine Ausnahme, die Gutzkow-Rezension vom 12. Jan. 1871 (N XXII, 1. S. 25), scheint Reuter u. E. zu unterschätzen, denn sie deutet auf eine bereits gute Schmidt-Kenntnis Fontanes hin. Es ist kaum übertrieben anzunehmen, dass Fontane mindestens die bedeutendsten Aufsätze Schmidts in den "Grenzboten" gekannt hat. Das ist nicht eindeutig nachzuweisen, aber seine offensichtliche Uebereinstimmung in ästhetischen Ansichten mit diesen frühen Aeusserungen Julian Schmidts scheint darauf hinzudeuten. Die spätere, ausdrücklich intensivere Beschäftigung mit Julian Schmidt läuft parallel mit seiner eigenen dichterischen Produktion und der entsprechend eingehenderen Betrachtung poetologischer Probleme.
54) Schmidt, Prinzip des Realismus, S. 468.
55) Schmidt, Prinzip des Realismus, S. 470.
56) Meyer Albert, S. 158.
57) An Stephany, Brief vom 22. März 1898 (BR II, S. 459/60).

58) An Friedländer, Brief vom 12. Okt. 1887 (FFR S. 81). [Hervorhebung von mir.]

59) An Lepel, Brief vom 17.7.1849 (FL I, S. 189).

60) Reuter, in: AZL S. 339.

61) AZL S. 114; diese Position wird von Fontane auch später eindeutig festgehalten, und zwar immer noch unter Berufung auf Wirklichkeit und Mass: "Ich glaube nicht, dass solche Danielas vorkommen, gibt es ihrer aber, so gehören sie nicht auf die Bühne, denn es sind Krankheitserscheinungen, mit denen sich der Psychiater, aber nicht der Dramatiker zu beschäftigen hat. Zuviel Tugend, Edelmut und Opferlist verdriest uns, und zwar noch mehr als zuviel Laster und Sünde. Denn zuviel Laster und Sünde lässt sich kaum heranschleppen, auch das genialst Erfundene bleibt in der Regel noch hinter der Wirklichkeit zurück, während wir bei Vorführung unentwegter Tugendherrlichkeit leicht das Mass und damit die Natur überschreiten." (N XXII, 2. S. 426).

62) Lukács, Der alte Fontane, S. 135.

63) Schmidt, Prinzip des Realismus, S. 471.

64) An Hermann Pantenius, Ende Febr. 1891 [Entwurf] (LA II, S. 486).

65) An Friedländer, Brief vom 26. Dez. 1892 (FFR S. 205/06): "Zugleich regen sich auch allerlei Bedenken, ich weiche ganz von dem Ueblichen ab und erzähle nur Kleinkram. Meine Ueberzeugung, dass das das Richtige sei, ist unerschüttert, aber daneben bleibt doch die Frage, ob ich's im Mass richtig getroffen habe."

66) Reinhardt, S. 136.

67) Fontane spricht im zweiten Teil der Rezension vorerst vom "modernen Roman"; dieser "soll ein Zeitbild sein, ein Bild   s e i n e r   Zeit". An die von Scott übernommene Grenze der "Sixty years ago" hat sich Fontane in "Vor dem Sturm" und in "Schach von Wuthenow" gehalten. Als Ausnahmen des "Zeitromans" gelten ihm der dramatische, der romantische und der historische Roman. Seine an den "historischen" Romanschreiber gerichtete Forderung, dass er gleichsam geistig in seiner historischen Zeit leben müsse, wirkt konstruiert; er hat diese Anforderung bereits 1872 im Aufsatz über "Wilibald Alexis" aufgestellt (H III, 1. S. 431). Auch hier stehen neben den missglückten deutschen Versuchen von Alexis und Freytag die nach Fontanes Meinung gelungenen historischen Romane Scotts. Fontanes Bemerkungen zum romantischen Roman entsprechen seiner spezifischen Romantik-Auffassung die im Kap. VI dieser Arbeit näher erörtert wird. Das Wesen des dramatischen Romans wird vom Drama her bestimmt, speziell vom "leidenschaftlichen" Drama. Fontane geht ein einziges Mal auf verschiedene "Dramen-Typen" ein, die er ausserdem noch von der Spielrolle her bestimmt (H III, 2. S. 609-611). Danach gibt es "nur drei grosse Rollengruppen, alltägliche, leidenschaftliche, historische." Der alltäglichen Rolle entspräche das Drama mit zeitgenössischem Inhalt, der leidenschaftlichen Rolle die klassisch zeitlosen Inhalte. Die historische Rolle tritt nicht nur in historischen, sondern auch in kulturhistorischen Stücken auf. Eine vierte Gruppe bildet das "klassisch-romantische" Drama. Fontane hat diese Systematisierungsversuche zu Roman und Drama zu keiner Zeit weiter ausgearbeitet. Vor allem

die Ausführungen zum Roman sind in Zusammenhang mit seiner eigenen beginnenden Produktion zu sehen. Im näheren Umkreis der Ahnen-Rezension stehen die Auseinandersetzungen mit den Prosawerken von Goethe, Jean Paul, Achim von Arnim, Kleist, Smollet, Fielding, Zola und Alexis.

68) Hamburger, S. 169/70.
69) Otto Ludwig, Bd. 6, S. 300-302 (Dramatische Aphorismen).
70) Hamburger, S. 55.
71) Sander, S. 226.
72) Mittenzwei, S. 238.
73) Freytag, Ges. Werke, Bd. 8, S. 194.
74) Freytag, Technik des Dramas, S. 46.
75) Schmidt, Buchdrama, S. 429: "Jede Welt ist jetzt darüber einig, dass der Dichter wenigstens insofern realistisch sein muss, als er den Vorgang glaubhaft, äusserlich erkennbar und innerlich begründet, darstellt."; Vgl. ebenso: Schmidt, Neue Romane, S. 481: "das M i t t e l der Kunst ist der Realismus, d. h. , eine der Natur abgelauschte Wahrheit, die uns überzeugt, so dass wir an die künstlerischen Ideale g l a u b e n . "
76) Otto Ludwig, Bd. 6, u. a. S. 161, 302.
77) Otto Ludwig, Bd. 6, S. 88.
78) Zitiert nach: Burwick, S. 62.
79) Burwick, S. 58.
80) Burwick, S. 59.
81) Burwick, S. 59.
82) Fontane spricht von Freytags Frauengestalten, die "Abhandlungen sprechen, wie sie nie ein Mädchen gesprochen hat und mutmasslich (die Gouvernanten abgerechnet) auch nie sprechen wird. " (H III, 1. S. 323).
83) "Darin versieht es der Verfasser, dass er seine Personen alles sagen lässt, was er gerade auf der Seele hat, ohne sich mit der Frage zu behelligen, ob es zu den Personen passt oder nicht. " (SZL S. 106/07).
84) Vgl. etwa: Gustav Freytag, Ges. Werke, Bd. 8, S. 221; Otto Ludwig, Bd. 6, S. 159, 349 (Dramatische Studien).
85) Burwick, S. 60.
86) Burwick, S. 63.
87) Entscheidend für die Münchner bleibt der Satz Goethes, den Heyse in seinen Jugenderinnerungen anführt: "Die höchste Aufgabe einer jeden Kunst ist, durch den Schein die Täuschung einer höheren Wirklichkeit zu geben. Ein falsches Bestreben aber ist es, den Schein solange zu verwirklichen, bis endlich nur ein gemeines Wirkliche übrigbleibt. " (Burwick, S. 60).
88) Schmidt, Neue Romane, S. 485.
89) H II, 3. S. 666; Die "Welt-Metapher" ist ein von Fontane häufig gebrauchtes Bild und kennzeichnet eine charakteristische Auffassung, dass im Kleinen eine Welt steckt, Welt als in sich geschlossene und funktionierende fiktionale Wirklichkeit. Vgl. u. a. : Brief an Heyse vom 25. Juni 1885 (A 3, S. 515); H I, 2. S. 278, 288, 303; H I, 1. S. 652.
90) Curtius, S. 471-472.
91) Hegel sagt zu diesem Horazischen Kernspruch, er enthalte "in wenigen Worten das konzentriert, was später in unendlichem Grade ausgeführt, verwässert

und zur flachsten Ansicht von der Kunst in ihrem äussersten Extrem geworden ist." (Hegel, Aesthetik, I, S. 60).

92) Wellek, Theorie, S. 30-31.
93) Wellek, Theorie, S. 24.
94) An die Frau, Brief vom 17. Aug. 1882 (PROP 1 S. 178).
95) An Otto Brahm, Brief vom 23. Juni 1882 (A 3, S. 562).
96) An Storm, ungedruckter Brief vom 22. Mai 1868 [Schleswig-Holsteinischen Landesbibliothek, Kiel] in: Fontane-Blätter, Bd. 1, Heft 6, S. 247.
97) An die Frau, Brief vom 15. Juni 1883 (PROP 1, S. 202).
98) Fontane, Unbekannte Wanderungen, S. 283.
99) Wellek, Theorie, S. 22.
100) An Wilhelm Hertz, Brief vom 17. Juni 1866 (BR I, S. 247): "Ich beabsichtige nicht zu erschüttern, kaum stark zu fesseln. Nur liebenswürdige Gestalten, die durch einen historischen Hintergrund gehoben werden, sollen den Leser unterhalten, womöglich schliesslich seine Liebe gewinnen, aber ohne allen Lärm und Eklat. Anregendes, heiteres, wenn's sein kann geistvolles Geplauder, wie es hierlandes üblich ist, ist die Hauptsache an dem Buch." Vgl. auch den Brief an Hertz vom 8. 8. 1868 (FHZ S. 135/36).
101) "Es ist beständig etwas da, was einen ärgert und verstimmt oder gar degoutiert. Es fehlt Schönheit, Poesie, Frieden und Versöhnung. [...] Man scheidet beunruhigt, nicht bewegt." (SZL S. 108).
102) "Es fehlt das Versöhnliche darin, das Milde, das Heitere, das Natürliche." (SZL S. 110).
103) An die Frau, Brief vom 14. Juni 1883 (PROP 1, S. 200); ebenso: An die Frau, Brief vom 26. März 1880 (PROP 1, S. 116).
104) Fontane schreibt in Bezug auf den Prinzen von Homburg: "Die Schaustellung solcher Kleinheit und Misere, in Gestalten, die e r h e b e n sollen, gehört nicht in die Kunst." (AZL S. 38).
105) N XXII, 1. S. 658. Hält man dagegen Hegels Ausführungen, die scheinbar das gleiche sagen, so zeigt sich auch hier, wie Begriffe aus der klassischen Aesthetik zwar ähnlich gebraucht, aber mit neuen Inhalten belegt werden: "Dies ist die epische Gerechtigkeit im Felde des Geschehens, die allgemeine Versöhnung blosser Ausgleichung! Die höhere tragische Aussöhnung hingegen bezieht sich auf das Hervorgehen der bestimmten sittlichen Substantialität aus ihrem Gegensatze zu ihrer wahrhaften Harmonie." (Hegel, Aesthetik, II, S. 568).
106) N XXII, 1. S. 898; Vgl. auch Brief an Gensichen vom 30. Aug. 1889 (LA II, S. 457/58).
107) N XXII, 2. S. 301; Vgl. u. a. ebenso: H III, 2. S. 521; N XXII, 1. S. 931.
108) Gotthelf schreibt in der Vorrede an die Leser der zweiten Ausgabe des "Bauernspiegel", dass seine Absicht, "den Spiegel ihnen vorzuhalten," teilweise mit Dank aufgenommen worden sei, er selbst hätte "den Glauben gehabt, dieses Vorhalten führe zur Besserung und nicht zu eitlem Zorn." (Gotthelf, S. 380).
109) Keller, Jeremias Gotthelf, Bd. 7, S. 360.
110) SZL S. 145; Vgl. auch Fontanes Brief an Lepel vom 29. Aug. 1851 (FL I, S. 364): "Volkstümlichkeit [...] deren Criterium eigentlich darin besteht,

dass das Kunstwerk, vom König bis zum Bettler, jedem nach seiner Art genügt. "

111) An Mathilde von Rohr, Brief vom 30. März 1872 (Fontane, Unbekannte Briefe, S. 39).
112) An Maximilian Ludwig, Brief vom 3. Mai 1878 (BR I, S. 385).
113) Keller, Jeremias Gotthelf, Bd. 7, S. 321.
114) Martini, Bürgerl. Realismus, S. 739.
115) Martini, Bürgerl. Realismus, S. 739.
116) Martini, Bürgerl. Realismus, S. 753.
117) Martini, Theorie des Romans, S. 278.
118) Hegel wird, so weit zu sehen ist, nur einmal in einem Brief an die Frau erwähnt, als jemand mit "ein paar höchst fragwürdigen Redensarten aus Hegels oder Vischers Aesthetik" aufwartete. (An die Frau, Brief vom 5. April 1880 (PROP 1, S. 120)).
119) Hegel, Aesthetik, II, S. 586.
120) In ihrem Aufsatz über "Die Wahrheit im modernen Roman" betrachtet Irma von Troll Borostyani den Realismus im Verhältnis zum radikalen Naturalismus als idealistische Haltung und kommt aus der Sicht des Naturalismus zum Schluss: "Der Idealist ist bestrebt, uns mit dem Leben zu versöhnen, dessen verletzende Dissonanzen harmonisch ausklingen zu lassen. Der Realist verschmäht die befriedigende Lösung mit der Begründung, dass das Leben selbst sie auch selten oder niemals biete. " (Troll-Borostyani, S. 216).
121) Hock, S. 315.
122) Diese zum Cliché erstarrten Formulierungen kommen z. B. so zum Ausdruck, indem die Funktion der Kunst im Allgemeinen, sei es Dichtung oder Malerei, mit denselben theoretischen Kriterien beurteilt wird. Wie einem Dichtwerk verdankt Fontane beispielsweise den Menzelschen Bildern "Erhebung, Belehrung, Erheiterung" (N XXIII, 1. S. 252); Oder Fontanes Wanderungen werden von Julian Schmidt nicht ausdrücklich als Kunst verstanden, sondern lediglich als Feuilleton-Artikel, von denen aber jeder einzelne "ebenso anziehend wie belehrend" ist. (Schmidt, Spreeland-Rez. , S. 639).
123) Schiller, Zerstreute Betrachtungen, Bd. V, S. 543.
124) Schiller, Ueber Bürgers Gedichte, Bd. V, S. 987.
125) Wienbarg, Feldzüge, S. 187/88.
126) Wienbarg, Feldzüge, S. 188.
127) Schmidt, Neue Romane, S. 481.
128) Freytag, Ges. Werke, Bd. 8, S. 282; Böschenstein weist darauf hin, dass das Mitleid vor allem im Naturalismus wieder entscheidende Bedeutung erlangt. (Böschenstein, Gefühlskultur, II, S. 298).
129) Freytag, Ges. Werke, Bd. 8, S. 220.
130) Schmidt, Neue Romane, S. 482: "Homer [...] ist das Erzeugnis einer ungebrochenen Bildung, d. h. einer Bildung, in der man, um I d e a l e zu schaffen, nur in die Realität greifen durfte. Gebrochene Bildungsperioden dagegen, d. h. Perioden, in denen man die Gestalten, Bilder, Thaten, Empfindungen, Gedanken u. s. w. , denen man zu begegnen wünscht, um erhoben zu werden, nicht in der Wirklichkeit findet oder nicht zu finden weiss, werden dem einen oder dem andern jener Begriffe das Uebergewicht geben. "

131) Otto Ludwig, Bd. 6, S. 420/21 (Epische Studien).
132) Otto Ludwig, Bd. 6, S. 421; vgl. dazu auch Julian Schmidt, Neue Romane, S. 487/88: "Der Dichter kann verschiedene Zwecke haben: uns rühren, erschüttern, erheben, belustigen u. s. w.; aber eins von diesen muss er wirklich wollen; er kann sich nicht darauf beschränken, uns blos zu unterrichten."
133) Otto Ludwig, Bd. 6, S. 59 (Dramat. Studien).
134) Otto Ludwig, Bd. 6, S. 59 (Dramat. Studien).
135) Mittenzwei, S. 238.
136) Martini, Bürgerl. Realismus, S. 37.
137) Reuter, in: AZL S. 277-298; vgl. ebenso: Reuter, Fontane II, S. 648-655.
138) Brinkmann, Verbindlichkeit des Unverb., S. 27; Reuter äussert sich vor allem im Vorwort von SZL in der von Brinkmann kritisierten Weise; vgl. auch Biener, S. 49, 94, 95, 89.
139) Brinkmann, Verbindlichkeit des Unverb., S. 32, 36, 38, 47.
140) An Fritsch, Brief vom 26. März 1894 (BR II, S. 315).
141) Vgl. Schlenthers Rezension (A 5, S. 550/51) mit den Aeusserungen von Conrad Alberti (A 5, S. 553) und Maximilian Harden (A 5, S. 553), oder Otto Pniower, der auf der Linie von Brahm liegt (A 5, S. 554/55).
142) Fontane, Plaudereien über Theater, S. 256ff. (zitiert nach: Biener, S. 20).
143) Fontane, Plaudereien über Theater, S. 256ff. (zitiert nach: Biener, S. 20).
144) An Stephany, Brief vom 16. Juli 1887 (A 5, S. 538).
145) Wie übrigens auch Schlenther in seiner Rezension von "Irrungen, Wirrungen" den Begriff in gleicher Weise gebraucht: "Auf ein Glück verzichten zu können, um des Anspruches willen, den das Allgemeine an das Besondere erheben muss, damit die bestehende Weltordnung im Gefüge bleibt - das ist die grosse ethische Tendenz, die aus den Vorgängen dieser Berliner 'Alltagsgeschichte' und ihrer realistischen Symbolik hervorleuchtet." (A 5, S. 551); ebenso kann auch "Grundgedanke" dasselbe aussagen. (H III, 1. S. 472).
146) An Schlenther, Brief vom 2. Juni 1887 (A 4, S. 578).
147) "[...] und die Tendenz: geht dahin, den p i e t i s t i s c h e n Konservativismus, den Friedrich Wilhelm IV. aufbrachte, und der sich bis 1866 hielt, in Einzelexemplaren (Potsdam) auch noch vorhanden ist, in seiner Unechtheit, Unbrauchbarkeit und Schädlichkeit zu zeichnen." (An G. Karpeles, Brief vom 24. Juni 1881, BR II, S. 46).
148) "Tendenz-Roman: Adelsstolz gegen Königtum. (Anklänge an Warwick the kingsmaker.) Ehrgeiz unterliegt; Schlauheit triumphiert." (H I, 5. S. 851).
149) "Zeit des Regiments Gensdarmes. Inhalt: Eitlen, auf die Ehre dieser Welt gestellten Naturen ist der Spott und das Lachen der Gesellschaft derartig unerträglich, dass sie lieber den Tod wählen, als eine Pflicht erfüllen, die sie selber gut und klug genug sind, als Pflicht zu erkennen, aber auch schwach genug sind, aus Furcht vor Verspottung nicht erfüllen zu wollen." (An Karpeles, 14. März 1881, A 3, S. 615).
150) An den Sohn Theodor, Brief vom 9. Mai 1888 (A 6, S. 524).
151) An Mete, Brief vom 5. Mai 1883 (PROP 2, S. 48).
152) An Schlenther, 21. Dez. 1895 (A 8, S. 444). An Heilborn, Brief vom 12. Mai 1897 (A 8, S. 445).
153) Der Begriff "Mache" findet sich, so weit zu sehen ist, nur noch im Brief an

Lepel vom 3. April 1851 (FL I, S.313), doch hat er hier eher eine formalästhetische Bedeutung: "Als ob das Künstlerische immer im K ü n s t l i -
c h e n läge; gerade da liegt es n i c h t ; [...] Schlicht und wahr sei
der Stoff und dann - 'die gute Mache'; so glückt es." In ähnlicher Bedeutung
wie hier wird der Begriff auch von Julian Schmidt gebraucht. (Vgl. Schmidt,
Buchdrama, S.428; Schmidt, C.F.Meyer, S.264).

154) Briefentwurf an die Redaktion vom Mai oder Juni 1897 (A 8, S.446).
155) Vgl. bei: Julian Schmidt, Neue Romane, S.484; ebenso seine Ausführungen
über Keller: "Ich stelle mir die T e n d e n z des grünen Heinrich immer
so vor, dass der Dichter das Traumwesen der Romantik an einer besonders
dazu angelegten Individualität kritisieren wollte. Aus dieser Tendenz wäre ein
Erziehungsroman hervorgegangen etwa wie der Anton Reiser. Aber die geniale novellistische Anlage drängte beständig die didaktische Tendenz zurück und
so fühlt sich der Leser wiederholt versucht, von den leuchtenden Genrebil-
dern das Spinngewebe der Tendenz hinwegzuwischen." (Schmidt, Gottfried
Keller, S.94) Aehnlich wie Fontane und Schmidt braucht auch Freytag den
Begriff Tendenz wenn er etwa in einer Rezension schreibt: "Mit der Tendenz
des Romans wollen wir nicht rechten. Wer den Dichter selbst lieb hat [...]
der wird mit einer gewissen Wehmut empfinden, dass die Grundstimmung
des ganzen Romans die einer schwärmenden Resignation ist." (Freytag, Ges.
Werke, Bd.8, S.167).
156) In seinem Essay von 1853 z.B. schreibt Fontane: "Der 'Katholizismus' ist's
keineswegs, woran wir Anstoss nehmen, ja sogar nicht einmal die katholi-
sche T e n d e n z ." (H III,1. S.247) Vgl. u.a. auch: H III,1. S.304.
157) Burwick, S.130/31.
158) Otto Ludwig, Bd.6, S.94 (Dramatische Studien).
159) Brief Kellers an Heyse vom 27.7.1881 (Keller, Gesammelte Briefe, Bd.3,
S.57).
160) An Hertz, Brief vom 12. Febr. 1862 (BR I, S.232/33).
161) "Die Poesie soll sich in den Dienst der Zeit stellen, wenn sie nicht ein blosser
Luxus, ein müssiges Spiel sein wolle? Nein, werte Herren, das Höchste, was
der Dichter tun kann, um an den grossen Aufgaben der Kultur mitzuhelfen,
wird nur immer die Klärung und Vertiefung der sittlichen Begriffe sein, die
Erziehung des Herzens, mit welcher der Einzelne sich an den Kämpfen der
Zeit beteiligt." (Zitiert nach: Burwick, S.131).
162) "Wenn man sagt, dass die Erfindungen des Dichters doch immer zuletzt auf
das wirkliche Leben zurückführen, so kann man mit demselben Recht behaupten, dass diese Erfindungen auch wieder das wirkliche Leben beeinflussen.
Was man mit Teilnahme liest, damit beschäftigt man sich dann in seinen Gedanken und Empfindungen, und wenn das von Vielen geschieht, so bildet sich
endlich daraus eine Atmosphäre, die wie ein Naturprozess behandelt sein
will." (Schmidt, Historische Romane, S.609).
163) Keller an Baechtold, Brief vom 9.4.1880 (Keller, Ges.Briefe, Bd.3$_1$,
S.306/07).
164) "Als Kulturfaktor aber hat sie [die Kunst] einen bestimmten Zweck. Dieser
besteht nicht in der Verbreitung eines wesenlosen Vergnügens, eines unrealen,
ästhetischen, scheinhaften Lustgefühls, eines blossen Nervenkitzels, einer

leeren Erhöhung der Stimmung [...] sondern es ist ein realer Zweck: die Förderung und Fortbildung der menschlichen Kultur, deren letztes Endziel die Erkenntnis des Wesens der Welt, die Erkenntnis unserer selbst ist." (Lit. Manifeste des Naturalismus, S.131).

165) Nach Immermann ist letztes Ziel des Künstlers die "anmutige Lösung des schweren Rätsels, welches wir Welt, Geschick, Herz, Glück, Unglück zu nennen gewohnt sind." (Zitiert nach: Reinhardt, S.31); Für Otto Ludwig steht die Kunst insofern "im Dienst einer umfassenden pädagogisch-ethischen Aufgabe," als sie Selbsterkenntnis, Kenntnis des Lebens, der Welt und der Menschen lehrt. (Meyer, Albert, S.9).

166) Brief an Unbek. vom 27. April 1894 (LA II, S.525).

167) Fontane formuliert so: "Gegenüberstellung von Adel, wie er bei uns sein s o l l t e und wie er i s t." (Brief an Lessing vom 8. Juni 1899, A 8, S.426).

168) Martini, Bürgerl. Realismus, S.800.

169) Als der junge Fontane, für den Kunst und Politik noch vereinbar waren, im vorwiegend konservativen und unpolitischen Tunnel den ersten Akt seines Dramas "Carl Stuart" vorlas, rief ihm Merckel zu: "[...] was den Journalisten f r o m m e n mag, steht u n t e r dem Dichter. Er diene der Kunst, nicht der Parthey!" (Tunnelprotokoll vom 21. Okt. 1849; zitiert nach: Schmeiser, S.36).

170) An Lepel, Brief vom 25. April 1853 (FL II, S.60): "'Der Dichter' und die Adler-Ztng stehen auf der bekannten 'höheren Warte'." Diese Metapher von der "höheren Warte" geht auf die vielzitierten und von Herwegh bekämpften Verse aus dem Gedicht "Spanien" von Freiligrath zurück: "Der Dichter steht auf einer höheren Warte / Als auf den Zinnen der Partei." (FL II, Anm. Nr.216, S.395).

171) Nürnberger, Der frühe Fontane, S.202.

172) Nürnberger, Der frühe Fontane, S.118.

173) Nürnberger, Der frühe Fontane, S.119, vergl. auch Anm.56, S.378, wo das entsprechende Tunnelprotokoll widergegeben ist.

174) Reuter, Fontane I, S.172/73.

175) An den Sohn Theodor, Brief vom 8. Sept. 1887 (A 5, S.545).

176) In einem Widmungsgedicht für ein Tombola-Exemplar von "Irrungen, Wirrungen" schrieb Fontane:
"Eine Geschichte von Botho und Lene,
Wohl zu beherzigen nota bene;
Höchst moralisch meo voto
Ist die Geschichte von Lene und Botho." (A 5, S.544).

177) Vgl. etwa die Wirkungsgeschichte von "Irrungen, Wirrungen" (A 5, S.543-558) und "L'Adultera" (A 3, S.559-565). Zu "Vor dem Sturm" vgl. Fontanes Brief an Hertz vom 5. Nov. 1878 (FHZ S.196).

178) Wilhelm Jensch in der "Magdeburgischen Zeitung" vom 11. Jan. 1882 (A 3, S.559).

179) An Mete, Brief vom 5. Mai 1883 (PROP 2, S.48).

180) An Paul Pollack, Brief vom 10. Febr. 1891 (A 3, S.564).

181) In Bezug auf "L'Adultera" schrieb Fontane in einem Brief vom 27. April 1894

an J. V. Widmann: "Verwunderlich war nur, dass auch in Bezug auf die Nebenpersonen alles, in geradezu lächerlicher Weise, g e n a u zutraf. Aber das
erklärt sich wohl so, dass vieles in unserm gesellschaftlichen Leben so typisch
ist, dass man, bei Kenntnis des Allgemeinzustandes, auch das einzelne mit
Notwendigkeit treffen muss." (A 3, S. 559); diese Feststellung wird durch eine
Episode in Bezug auf "Irrungen, Wirrungen" in einem Brief vom 20. Sept.
1887 an Schlenther bestätigt: "Eben, während ich diese Zeilen schrieb, war
eine Dame von sechsundvierzig bei mir, die mir sagte, 'sie sei L e n e ;
ich hätte ihre Geschichte geschrieben'. Es war eine furchtbare Szene mit
Massenheulerei. Ob sie verrückt oder unglücklich oder eine Schwindlerin
war, ist mir nicht klargeworden." (A 5, S. 547).

182) Lübbe, S. 230.

183) Pantenius-Rezension (AZL S. 106). In diesem Zusammenhang sagt Fontane;
es sei "poetisch ratsamer, es mit Stoffen aus der Reihe 'So seid!' zu versuchen, als mit Stoffen aus der Reihe 'So seid nicht!' Es ist poetischer, Vorbilder aufzurichten als Warnungstafeln." (AZL S. 1105/06).

184) Brinkmann, Verbindlichkeit des Unverb., S. 84-115.

185) Auerbach, Mimesis, S. 461; Allerdings rechtfertigt dies noch nicht die Behauptung Auerbachs, Fontane käme "nicht über den halben Ernst eines liebenswürdigen, teils optimistischen teils resignierten Geplauders hinaus." (Auerbach,
Mimesis, S. 461).

186) Vgl. dazu Fontanes Notizen zum Briefwechsel zwischen Schiller und Goethe
(AZL S. 10-16). Im ersten Band der von Fontane benutzten Ausgabe des Briefwechsels [Stuttgart 1870, 2 Bde.], den er knapp zu Ende gelesen hat, findet
sich der entsprechende Brief Schillers an Goethe vom 7. August 1797: "Er
[Diderot] sieht mir bei ästhetischen Werken noch viel zu sehr auf fremde
und moralische Zwecke, er sucht diese nicht genug in dem Gegenstande und
in seiner Darstellung. Immer muss ihm das schöne Kunstwerk zu etwas anderm dienen usf. "

187) Schmidt, Streifzüge III, S. 507; Julian Schmidt beruft sich vor allem auf die
besonderen Gesetze der Novelle, nach denen "jede echte Novelle [. . .] im
gewissen Sinne ein Protest gegen die Moral" und "moralische Novellen zu
schreiben [. . .] ein Missgriff" ist. (Schmidt, Keller, S. 87/88) In diesem
Sinn hat nach Auffassung Schmidts vor allem Heyse gegen das Novellenge-
setz verstossen.

188) Geffcken, S. 347; In Bezug auf diesen Sittlichkeitsstandpunkt schreibt Fontane
im Brief vom 22. Juni 1888 an Paul Schlenther: "Denn dass der alte sogenannte Sittlichkeitsstandpunkt ganz dämlich, ganz antiquiert und vor allem ganz
lügnerisch ist, d a s will ich mir wie Mortimer auf die Hostie beschwören."
(AUF 2, S. 204); Allerdings haben die Naturalisten die Moral aus ganz andern
ästhetischen Gründen abgelehnt als die Dichter des Realismus. Aus einer andern Auffassung des Kunstbegriffes ergab sich auch eine andere Bedeutung der
Funktion der Moral, wie die These von Fulda in der "Freien Bühne" zeigt:
"Sie [die Kunst] will und soll die Natur wiederspiegeln; deshalb darf sich
zwischen sie und die Natur nichts Fremdes hineindrängen, auch nicht die
Moral. [. . .] Moral und Unmoral fangen also genau dort an, wo die Kunst
aufhört, wo sie nicht mehr rein und unvermengt ihre Zwecke in sich selber

sucht. " (Lit. Manifeste des Naturalismus, S. 59).

189) Herding, S. 286; Herding schreibt im Folgenden, es handle sich hier "um
einen der wesentlichen Berührungspunkte zwischen ihrer eigenen Weltanschauung und derjenigen Fontanes, hier treffen sich beide am selben Punkt
der geistesgeschichtlichen Entwicklung ihrer Zeit: an dem Wendepunkt von
sittlicher Gebundenheit zu ethischem Relativismus. " (Herding, S. 286/87).

190) An die Frau, Brief vom 12. Juni 1883 (PROP 1, S. 198).

191) Neben diesen rein ästhetischen Aspekten der Gesinnung ist Fontanes Skepsis
gegenüber jeglicher Art von Moral- und Gesinnungsfragen zu beachten; vgl.
u. a. Brief an Friedländer vom 7. Nov. 1893 (FFR S. 239); Brief an Moritz
Lazarus vom 21. Febr. 1889 (BR II, S. 181/82); an James Morris vom 8. Feb.
1897 (BR II, S. 417); Brief an Schlenther vom 22. Juni 1888 (BR II, S. 155/56).

192) Reuter schreibt: "Fontane übersieht die historische Berechtigung von Zolas
Tendenz völlig - und zwar ironischerweise aus einigermassen 'historischen'
Gründen. " (AZL S. 350) Die anschliessenden umfangreichen kulturpolitischen
Ausführungen legen diese 'historischen' Gründe dar und versuchen aus einem
andersgearteten Verständnis des Begriffes Tendenz zu begründen, was von
Fontane hier nicht gemeint sein konnte.

193) Lukács, Der alte Fontane, u. a. S. 131, 133, 136, 137, 139.

194) Biener, S. 49.

195) Biener, S. 49; vgl. u. a. ebenso: Biener, S. 50, 94, 95; Reuter, in: SZL S. VI,
XII, XLVI. Wie bereits erwähnt, hat sich Brinkmann mit dieser ungerecht-
fertigten Ueberbetonung auseinandergesetzt.

196) Biener, S. 22; Biener bemerkt S. 19 richtig, dass mit der Funktion des Theaters,
Bildungsmittel zu sein, ein gesellschaftlicher Auftrag gegeben sei, aber es
ist zu betonen, dass Fontane diesen Auftrag nicht im Sinn irgendwelcher ideo-
logischer Bildung verstanden hat.

197) Biener, S. 50; vgl. ebenso: Lincke, S. 211; Knudsen, Theaterkritiker, S. 293.

198) Diese ethisch-menschliche Ausrichtung von Fontanes Aesthetik kommt u. a.
in den Spielhagen-Rezensionen gut zum Ausdruck. (SZL S. 108 und SuF S. 713/14).

199) Lübbe, S. 230.

200) Keller, Jeremias Gotthelf-Rezensionen, Bd. 7, S. 311.

201) An Zöllner, Brief vom 3. Nov. 1874.

202) In der "Romantischen Schule" schreibt Heine: "Das Volk verlangt, dass die
Schriftsteller seine Tagesleidenschaften mitfühlen, dass sie die Empfindungen
seiner eigenen entweder angenehm anregen oder verletzen: Das Volk will bewegt sein. " (Heine, Romantische Schule, S. 165); Der ganz alte Fontane kommt
wieder zu einem Bekenntnis, das an die Kunstbegeisterung seiner jungen Jahre
und an die Ideale der Jungdeutschen zurückerinnert: " S o beglücken zu
können, enthusiastische Gefühle zu wecken, das ist doch das Schönste an der
Kunst. Und nach der Seite hin, steht das Theater oben an. " (FFR S. 249); vor
allem Markwart hat in seiner "Geschichte der deutschen Poetik" darauf hingewiesen, dass die Jungdeutschen, vor allem Herwegh, dem Fontane in jungen Jahren begeistert nachgedichtet hat, Herz und Gemüt gegen den Geist aus-
spielen. Begeisterung spielt eine entscheidende Rolle: "Das Herz ist auch
ein Faktor der Weltgeschichte". Herweghs Programmatik reicht damit nahe
an Wienbargs Forderungen in dessen "Aesthetischen Feldzügen" (Markwart,

Poetik, Bd.4, S.231).

203) An Lepel, Brief vom 17. Juli 1849 (FL I, S.189).
204) Schiller an Goethe, Brief vom 25. April 1797.
205) A 7, S.596; die Rezension von Brachvogels "Narziss" zeigt, dass der Gedanke immer lebendig ist. (H III, 2. S.400).
206) An Schott, Brief vom 14. Febr. 1897 (A 7, S.597): "Das Buch ist kein Roman und hat keinen Inhalt, das "Wie" muss für das "Was" eintreten - mir kann nichts Lieberes gesagt werden."
207) Schlenther hat den Roman am 8. Nov. 1896 in der "Vossischen Zeitung" referiert, und er unterscheidet scharf zwischen dem unbedeutenden Stoff und dem hohen künstlerischen Naturalismus der Form (A 7, S.594/95).
208) An Friedländer, Brief vom 4. Jan. 1897 (FFR S.307/08).
209) An Adolf Hoffmann, Brief vom Mai/Juni 1897 (AUF 2, S.424/25); Die Kritik, vor allem Wandrey, hat dieses Zurücktreten des Inhalts als "Versagen der Gestaltungskraft" beurteilt, indem im "Stechlin" die künstlerische Idee zurücktrete und der Roman in der Form zum reinen Selbstzweck werde. (A 8, S.456).
210) " W a s der Dichter darstellt, ist ganz gleichgültig, es kommt allein darauf an, dass er a l s D i c h t e r darstellt. Wohlverstanden, schon in der Stoffwahl kann sich des öftern ein höheres oder niederes Talent beweisen [...] Das ist es! auf das W i e , nicht auf das W a s kommt es an." (Lit. Manifeste des Naturalismus, S.29).
211) Bahr, Ueberwindung des Naturalismus, S.31.
212) Vgl. dazu auch Bachmann, S.216/17.

III.   DIALEKTIK VON INHALT UND FORM

1) Einen Ueberblick über den Wandel der Begriffe "Form und Struktur" gibt etwa Wellek. (Wellek, Grundbegriffe, S.46-56).
2) Szondi, S.10/11.
3) Fontane hat diese Grundposition auch später beibehalten. In der Besprechung von Rodenbergs "Studienreisen in England" heisst es 1873: "Wir produzieren sehr viel, aber vielfach nicht das Richtige. Romane und Novellen werden aus dem Finger gesogen und -, 'ringsumher liegt schöne grüne Weide'. Die grüne Weide des w i r k l i c h e n Lebens. Was wir e r l e b e n , das lassen wir verfliegen, aber was wir t r ä u m e n , das schreiben wir gewissenhaft auf." (SuF, S.449) Jahre später wird das Bild von 1853 noch einmal lebendig: "Die Realisten, die vorgestern scheinbar eine Niederlage davongetragen haben, haben in Wahrheit einen Triumph gefeiert. Was wirft man den Realisten vor? Dass sie mit einer Riesenpapierschere an das sich wandbildartig vorbeibewegende Leben herantreten, ein beliebiges Stück herausschneiden und uns präsentieren. [Hinzu kommt] dass es vielmehr, was den 'Schnitt' angeht, auf eine glückliche Stellenwahl, hinterher aber auf eine geschickte Retouchierung

ankomme. Und sie werden hinzusetzen dürfen: In dieser W a h l und dieser R e t o u c h i e r u n g steckt eben alle Kunst." (H III, 2. S. 432); vgl. ebenso N XXI, 1. S. 24 und SZL, S. 108/09.

4) Spielhaben, Beiträge zur Theorie und Technik d. R. , S. 34; ähnliche Gedanken äussert auch G. Freytag in "Die Technik des Dramas". (Freytag, S. 46).

5) An Friedländer, Brief vom 6. Febr. 1888 (FFR S. 87).

6) Selbstverständlich sind Fontanes Behauptungen, dass ausser der Fabel alles erfunden sei, nicht wörtlich zu nehmen. Es ist noch zu zeigen, dass auch die Einzelelemente der Wirklichkeit entnommen sind. Man vgl. dazu etwa Fontanes Aeusserungen über das Verhältnis von Wirklichkeit und Kunst in Bezug auf die äussere Erscheinung von Effi Briest. (An Hertz, Brief vom 2. März 1895, A 7, S. 536/37).

7) An die Frau, Brief vom 28. Aug. 1882 (PROP I, S. 187/88).

8) An W. Friedrich, Brief vom 19. Jan. 1883 (BR II, S. 84).

9) Wertvolles Material brachte erstmals Rosenfeld in seiner Arbeit "Zur Entstehung Fontanescher Romane".

10) Vgl. zu "Unwiederbringlich" den Brief an S. Samosch vom 18. Sept. 1891 (BR II, S. 274) und zu "Effi Briest" den Brief vom 12. 6. 1895 (A 7, S. 551).

11) An Widmann, Brief vom 27. April 1894 (A 3, S. 559); Nicht nur Fontane, auch Keller hat sich nicht gescheut, "handfeste" Personen dichterisch zu behandeln. Nach der Veröffentlichung von "Martin Salander" habe man in Zürich "mit Fingern auf die Originale" gezeigt. (Storm an Petersen, Brief vom 8. Juni 1886, Briefwechsel Storm-Keller, S. 247).

12) Seifert, S. 255/56; Bei seiner Lektüre von "Werthers Leiden" (1876) macht Fontane in seiner unverholenen Bewunderung für die geniale Geschichte eine Einschränkung. Die Arbeit sei nach der " D i s k r e t i o n s seite" eine "schwere Versündigung". So dürfe man nicht verfahren. Auch das grösste Genie habe kein Recht, derartige bittere Verlegenheiten zu schaffen und den Ruf einer liebenswürdigen Frau mehr oder minder zu schädigen. (H III, 1. S. 464/65).

13) An M. v. Rohr, Brief vom 15. Mai 1878 (BR I, S. 389); Aehnlich hat sich Fontane bereits früher geäussert, hier aber weniger die Fabel, als vielmehr die Idee des Ganzen gemeint. Er glaube, dass "der Grundgedanke jeder epochemachenden Arbeit immer ein einfacher" sein müsse, der "gedankliche Inhalt jedes guten Dramas lässt sich fast ausnahmslos auf ein simples Sprichwort zurückführen. Das ist kein Nachteil, das ist ein Vorzug." (N XXI, 1. S. 225).

14) Novelle, S. 34.

15) Novelle, S. 36, 37, 41.

16) Novelle, S. 45 und S. 48.

17) Novelle, S. 68.

18) Novelle, S. 69.

19) Schlaffer, S. 394/95.

20) Eine ähnliche Ansicht, zumindest was die Reduktion der allgemeinen stofflich-inhaltlichen Kriterien auf Schuld und Sühne betrifft, ist bei Otto Ludwig festgestellt worden. (Vgl. Hahl, S. 239).

21) Aehnliche Gedanken treten bereits früher in der Ahnen-Rezension auf. Der dramatische Roman lege ähnlich wie das Drama das "Treiben" in die "gros-

sen Impulse weniger Gestalten. An die Stelle der äusseren Hergänge der durch Zeit und Ort bedingten Sondererscheinungen tritt die L e i d e n s c h a f t , die, von Anbeginn der Zeiten, immer dieselbe war. Hass-, Ehrgeiz- und Eifersuchtstragödien sind das Eigentum a l l e r Jahrhunderte. [...] Die Frage nach dem 'Wo' und 'Wann' geht unter in dem allgemein Menschlichen des 'Was'. " (N XXI, 1. S. 243); vgl. auch die Rezension von Scheffels "Ekkehard" (H III, 1. S. 405/06).

22) An Hettner, zitiert bei Luck S. 318.

23) Luck, v. a. S. 313; Keller selbst hat in seinem Vorwort zu "Romeo und Julia" auf die Motivtradition hingewiesen, betont aber, dass seine Geschichte auf einem wirklichen Vorfall beruhe. Es wird nicht nur das Bemühen deutlich, sich an die "Wirklichkeit" zu halten, sondern auch das Bewusstsein um überzeitlich gültige Grundstrukturen menschlicher Konflikte. (Luck, S. 314).

24) An Lepel, Brief vom 15. Mai 1852 (FL II, S. 14).

25) An Merckel, Brief vom 10./11. Jan. 1858 (Nürnberger, Der frühe Fontane, S. 392); vgl. auch N XXII, 1. S. 62.

26) Schmidt, Literaturgeschichte II, S. 31.

27) An F. Eggers, Brief vom 25. April 1856 (AUF I, S. 166). Noch ein Jahr später spricht er von der Erleichterung, aus "dem Rayon des Sirenengesanges glücklich herausgekommen" zu sein. (An Merckel, Brief v. 13. Jan. 1857, F II, Bd. 10, S. 165).

28) An K. und E. Zöllner, Brief vom 10. Oktober 1874 (AUF I, S. 399).

29) Biener, S. 16.

30) An Friedländer, Brief vom 5. Juli 1886 (FFR S. 40). Schon fünf Jahre früher hat Fontane geschrieben: "Das Leben wird aufs Schauspiel hin angesehn, in dem eine au fond ganz gleichgültige Rollenverteilung stattgefunden hat; es i s t niemand dies oder das, er agiert oder fingiert es nur. Es ist nicht zu leugnen, dass die Schriftstellerei zu verwandten Anschauungen verhilft. " (AZL S. 187).

31) E. R. Curtius hat die Tradition der "Schauspielmetaphern" im einzelnen aufgezeigt. (Curtius, S. 148-154).

32) An Mete, Brief vom 22. Aug. 1895 (PROP 2, S. 241).

33) H III, 1. S. 434; vgl. auch H III, 1. S. 437 und S. 567.

34) H III, 1. S. 430; vgl. auch H III, 1. S. 427 und S. 569.

35) H III, 1. S. 431; ganz im Gegensatz zu Alexis hat nach Auffassung Fontanes Viktor Scheffel im "Ekkehard" das erreicht, was er verlangt: "Diese Gestalten aus dem 10. Jahrhundert sind a u c h Menschen, Menschen von Fleisch und Bein, ausgerüstet mit denselben Zügen, gut und schlecht wie wir selber. Die Unterschiede liegen im 'Kostüm', in der Welt der äusserlichen Dinge, nicht im Innerlichen. " (H III, 1. S. 405) Aus dieser Sicht wird Fontanes erstaunlich positives Lob verständlicher. Allerdings steht diese Feststellung in einem gewissen Gegensatz zur obigen Behauptung, dass das Erfinden individualisierender Züge unzulässig sei, weil sie nicht überliefert worden sind.

36) H III, 1. S. 324; Spielhagens "Problematische Naturen" werden schliesslich aus denselben Gründen unglaubwürdig (vgl. SZL S. 106).

37) Hellmann, S. 106. Hellmann weist nach, wie die " k o n k r e t e D a r - s t e l l u n g , die als Plastik, Anschaulichkeit, Lebendigkeit des Erzählens und des Erzählten zu charakterisieren" sei, mit der Theorie des "objektiven"

Erzählens im Zusammenhang steht. (Hellmann, S. 105-107).

38) Schmidt, Literaturgeschichte I, S. 229.

39) Fontane schreibt: "So wundervoll die Weiberwelt ist, so wenig Begeisterung
wecken die Männer. [...] Im ganzen genommen wirken mir alle die männlichen Gestalten nicht plastisch genug; ich kann sie mir nicht deutlich vorstellen; sie haben etwas Schemenhaftes, sind Begriffe, die Rock und Hosen
tragen. Das Interesse leidet darunter. " Er gibt zu, dass Goethe durchaus
die Fähigkeit gehabt hätte, realistische Details zu geben, was er bestimmt
aus guten Gründen unterlassen habe. Er aber ziehe Gestalten vor, von denen
er glaube "die Knöpfe des Rockes und die Venen der Hand zählen zu können",
sie seien ihm lieber als diese "Richtungen und Prinzipien vertretenden Schatten. " (H III, 1. S. 467) Hinter Fontanes Kritik am "Wilhelm Meister" steht
weitgehend das Problem des "mittleren Helden", mit dem sich die Realisten
häufig befassen.

40) N XXI, 1. S. 130; wird aber "eine besondere, tiefgehende psychologische Aufgabe" nicht gelöst, so wird dieser Umstand bereits jetzt negativ kritisiert.
(Vgl. Brief an Merckel vom 10. /11. Jan. 1858. Nürnberger, Der frühe Fontane, S. 392) Obgleich Fontanes Beschäftigung mit Schopenhauer erst für die
Jahre 1873/74 belegt ist, zeigen doch diese frühen Aeusserungen der fünfziger
Jahre eine frappante Uebereinstimmung mit Gedanken Schopenhauers. Nach
diesem haben die grössten Romane, und selbst diejenigen Scotts, "ein bedeutendes Uebergewicht des inneren über das äussere Leben, und zwar tritt letz-
teres stets nur in der Absicht auf, das erstere in Bewegung zu setzen; während
in schlechten Romanen es seiner selbst wegen da ist. Die Kunst besteht darin,
dass man mit dem möglichst geringsten Aufwand von äusserem Leben das innere in die stärkste Bewegung bringe; denn das innere ist eigentlich der Gegenstand unseres Interesses. " (Zitiert bei Th. Mann, Die Kunst des Romans,
in: Ars poetica, S. 236).

41) An Lepel, Brief vom 15. Mai 1852 (FL II, S. 14); vgl. ebenso FL I, S. 374.

42) An die Frau, Brief vom 13. Aug. 1878 (Fontane, von 30-80, S. 251).

43) Das Problem des Individuellen und Typischen hat Fontane bereits in seinem
frühen dramatischen Versuch "Carl Stuart" beschäftigt. Er will in diesem
Drama eine Szene mit zwei Gestalten einfügen, die "pars pro toto" stehen,
"sie repräsentieren was, und der Zahl nach repräsentieren sie viel: ich dachte nämlich zwei Urphilister, zwei politik-begeisterte Kleinstädter [...] auf
die Bühne zu bringen. " (FL I, S. 188) Die beiden Gestalten müssen aber so
weit Individualitäten sein, als "zur Charakteristik des Philistertums durchaus   n o t w e n d i g   ist. " (FL I, S. 189).

44) An Moritz Lazarus, Brief vom 12. Sept. 1891 (BR II, S. 273).

45) Zitiert in Lucacs, Erzählen oder Beschreiben, S. 44; Mit genau denselben
Argumenten, mit denen Fontane Zolas Darstellungen und Charaktere verur-
teilt, hat Julian Schmidt 1860 Spielhagens "Problematische Naturen" abgelehnt: "Scenen wie die hier erzählten mögen wohl einmal vorkommen, aber
sie sind Ausnahmen", sind also nicht typisch. (Schmidt, Neue Romane,
S. 488). Hillebrand wiederum trennt eindeutig zwischen den diesbezüglichen
realistischen und naturalistischen Intentionen, denn der "Naturalismus stellt
Typen dar; aber er stellt nicht Durchschnittstypen dar, noch hat er das je

beabsichtigt". (Hillebrand, S. 235)

46) Martini, Bürgerl. Realismus S. 747.
47) Martini, Bürgerl. Realismus S. 748.
48) Biener, S. 22; Biener steht hier in direkter Abhängigkeit von den Einsichten Lukács'. (Vgl. Lukacs, Der alte Fontane, S. 159).
49) An Joseph Widmann, Brief vom 27. April 1894 (A 3, S. 559). Vgl. auch die Reaktionen auf "Irrungen, Wirrungen" v. a. im Brief an Schlenther vom 20. Sept. 1887 (BR II, S. 140).
50) An Paul Lindau, Brief vom 3. Nov. 1886 (Fontane an Lindau).
51) Schmidt, Literaturgeschichte I, S. 37; Der Einfluss Scotts auf Fontanes Erstlingsroman ist hinlänglich bekannt.
52) Zitiert bei Th. Mann, Die Kunst des Romans, in: ars poetica, S. 236.
53) H III, 1. S. 430; "Die Kunst ist kein Geschäft en gros, sondern en détail, auf den Einzelreichtum der Töne kommt es an; Klavier, nicht Pauke. " (N XXII, 2. S. 483); vgl. ebenso den Brief an Mete vom 1. Juli 1887 (PROP 2, S. 87).
54) Was hier im Zusammenhang mit der Lyrik von Alexis ausgesprochen ist, wird in genau der gleichen Weise schon früher in den Wanderungen, im Kapitel "Fehrbellin in Sage, Kunst und Dichtung" abgehandelt. (H II, 3. S. 414) Die Wanderungen können ganz allgemein als Bekenntnis Fontanes zum Kleinen gelten, wobei er die Grösse dieses Kleinen erst in der Fremde eigentlich erkannt hat. (Vgl. Vorwort zur 1. Aufl. 1861) Der Gedanke wird später wieder aufgenommen. Die Fremde lehre nicht nur richtig sehen, sondern gebe auch das Mass für die Dinge, "sie leiht uns die Fähigkeit, G r o s s   u n d   K l e i n   z u   u n t e r s c h e i d e n . " (H III, 1. S. 411).
55) An die Frau, Brief vom 8. Aug. 1883 (PROP 1, S. 237) vgl. auch den Brief an die Frau vom 12. Aug. 1883 (PROP 1, S. 238) u. H I, 6. S. 325; ebenso den Brief an Ludovica Hesekiel vom 19. 2. 1878 (PROP 4, S. 145).
56) Heine, Romantische Schule, S. 57/58.
57) Martini, Bürgerl. Realismus, S. 760.
58) Martini, Bürgerl. Realismus, S. 740.
59) N XXI, 1. S. 259; vgl. ebenso die Briefe an Menzel vom 2. Juli 1871 (LA I, S. 246) und an Th. H. Pantenius v. Ende Febr. 1891 [Entwurf] (LA II, S. 486).
60) Schmidt, Literaturgeschichte I, S. 426.
61) Seybold, Genrebild, S. 227.
62) Seybold, Genrebild, S. 210.
63) An Harden, Brief vom 20. Aug. 1890 (Fontane an Harden). Vgl. auch das Gedicht "Stine" (H I, 6. S. 326) und den Brief an Th. Wolff vom 24. Mai 1890 (BR II, S. 252).
64) An W. Hertz, Brief vom 17. Juni 1866 (AUF I, S. 331).
65) Buscher, S. 236.
66) Buscher, S. 236.
67) FR S. 58/59, 60/61/62, dazu Anm. S. 241/42.
68) FFR S. 205 und S. 221.
69) Reuter, Fontane II, S. 768-770; vgl. auch Reuters Hinweise zur Beziehung zwischen dem Detailrealismus und Fontanes Understatement, v. a. S. 348/49; ebenso wird "Kriegsgefangen" als wichtige Vorstufe gesehen, S. 451.
70) Reuter, Fontane II, S. 769.

71) An Otto Neumann, Brief vom 21. Juli 1894 (BR II, S. 323/24).

72) An die Frau, Brief vom 10. Juni 1862 (AUF I, S. 298/99).

73) AZL S. 104; Vgl. dazu auch Fontane Ahnen-Rezension von 1875, wo den Romanen Freytags ähnliche Mängel vorgeworfen werden. (H III, 1. S. 321/22).

74) Eine ganz ähnliche Auffassung hat A. Meyer auch bei Otto Ludwig nachgewiesen. (Meyer Albert, S. 14).

75) N XXII, 2. S. 582; vgl. dazu auch den Brief an M. v. Rohr vom 25. Aug. 1881 (BR II, S. 55).

76) An M. v. Rohr, Brief vom 3. Juni 1879 (BR I, S. 414).

77) An G. Karpeles, Brief vom 18. Aug. 1880 (BR II, S. 17).

78) Das entspricht in diesem Sinne auch dem Bild, das sich Fontane vom wirklichen Dichter macht, indem nämlich das echte Talent über seinen Stoff und damit auch die Form souverän und frei verfügt. Eine Eigenschaft, die er an Keller bewundert, dessen "Martin Salander" er 1886 "von Heft zu Heft mit grösstem künstlerischem Behagen" liest. Keller sei "einer der Wenigen, die einen nie im Stiche lassen, gleichviel, welche Wege sie gehen, an welchem Ziele sie landen. Das Martin Salander-Ziel war wohl ursprünglich ein andres, vielleicht mehr auf das 'Wohlwendsche' berechnet, aber das ist ganz gleich. Wie Sterne kann er tun, was er will, weil seine dichterische Persönlichkeit (er soll auch eine undichterische haben) alles siegreich herausreisst." (An Hertz, Brief v. 10. Dez. 1886, H III, 1. S. 903) Damit ist etwas aufgegriffen, was Fontane bereits zehn Jahre früher in seinen Aufzeichnungen zu "Wilhelm Meister" rühmend feststellt. Hier bewundert er, ohne dass er die Komposition in allen Stücken loben möchte, das "Sich-gehen-und -treibenlassen. Ich habe durchaus nicht den Eindruck, dass Goethe bei Beginn des Romans wusste, wie und wo er landen, ob er es auf vier, sechs oder acht Bücher bringen würde. Er fing eben an und wusste, ohne das Ende bestimmt zu kennen, dass er es zu einem g u t e n Ende bringen werde." (H III, 1. S. 465). Vgl. dazu auch: Fontane, literaturtheoret. Entwürfe, S. 373.

79) Goethes Bemerkungen zu Eckermann zeigen dies deutlich: "Wie kann man sagen, Mozart habe seinen 'Don Juan' componirt! - Composition! - Als ob es ein Stück Kuchen oder Biscuit wäre, das man aus Eiern, Mehl und Zucker zusammenrührt! - Eine geistige Schöpfung ist es, das Einzelne wie das Ganze aus e i n e m Geiste und Guss und von dem Hauche e i n e s Lebens durchdrungen, wobei der Producirende keineswegs versuchte und stückelte und nach Willkür verfuhr, sondern wobei der dämonische Geist seines Genies ihn in der Gewalt hatte, sodass er ausführen musste, was jener gebot." (Goethe zu Eckermann, am 20. 6. 1831) Damit ergibt sich ein gewisser Gegensatz etwa zu Otto Ludwig, der das "Organische durch Kalkül" erstrebt und auf den "Genius" verzichtet, der "das Werk der Bewusstheit erst zu einem organischen macht". (Vgl. dazu Hahl, S. 238).

80) An Schlenther, Brief vom 12. Febr. 1895 (AUF II, S. 363).

81) Thomas Mann, Die Kunst des Romans, S. 230.

82) An Storm, Brief vom 19. März 1853 (BR I, S. 62).

83) Entweder braucht er für ein und dasselbe Werk beide Begriffe (An Rodenberg, 25. Nov. 1888; FR S. 29), oder dann spricht er vom "Zyklus meiner Berliner Romane" (An Th. Fontane, 9. Mai 1888: AUF 2, S. 191), die er aber auch als

"Berliner Novellenschreiberei" bezeichnet (An F. Stephany, 1. Aug. 1887; BR II, S. 136. Vgl. auch an E. Dominik, 14. Juli 1887; AUF 2, S. 166/67). Jedenfalls bleibt ihm der "Name" einer Dichtung "Schall und Rauch" (An Friedländer, 26. Juli 1894; FFR S. 263).

84) Keller an Storm, Brief vom 16. Aug. 1881 (Briefwechsel Storm - Keller, S. 80).

85) Vgl. dazu die Briefe Kellers an Storm vom 26. März 1884 und vom 9. Juni 1884 (Briefwechsel Storm - Keller, S. 133 und S. 134). Auch Julian Schmidt bemerkt, der Unterschied zwischen Roman und Novelle sei, "zunächst nur ein quantitativer: Der Roman ist eine längere, die Novelle eine kürzere Erzählung. " Allerdings sei daran auch eine Veränderung der Kunstform gebunden. (Schmidt, G. Keller, S. 87) Weder Schmidt, noch Keller und Fontane gehen theoretisch auf die Erörterungen Spielhagens ein, in denen er dem Unterschied zwischen Roman und Novelle nachgeht. (Vgl. das entsprechende Kapitel in: Beiträge zur Theorie und Technik des Romans.)

86) Vgl. dazu v. a. A 3, S. 562, 590, 592, 628; A 4, S. 523, 577; A 6, S. 486; Brief an Hertz vom 8. 8. 1868 (FHZ, S. 135). Die auffälligste Parallele liegt wohl darin, dass das einzelne Kapitel eine in sich geschlossene grosse Szene bildet, und das jeweils folgende Kapitel, dem Stilgesetz der Ballade folgend, sprunghaft neu einsetzt und dadurch bestimmte Zwischenglieder im Handlungsablauf im Dunkel gelassen werden. "Die Ballade liebt Sprünge, ja, diese Sprünge sind ihr Gesetz, ihre Lebensbedingung. Sie geht davon aus: Lücken und Unbestimmtheiten, selbst wenn sie sich bis zum Fehler steigern, sind immer noch besser als Plattheiten und Alltäglichkeiten, die viel mehr als Nacht und Dunkel der Tod der Poesie sind. Dies balladeske Gefühl leitet mich bei allem, was ich schreibe, und ich fühle deutlich, dass ich mich, trotz der Salto mortales, die diese Führung mit sich bringt, doch keiner andern anvertrauen darf. " (N XXI, 1. S. 496) Es ist dies Fontanes entscheidendste poetologische Aeusserung zum Wesen der Ballade; zu seinem Hinweis im Brief an Lepel vom 3. April 1851, die Ballade sei ein "Drama in nuce", hat er nicht weiter Stellung genommen. (FL I, S. 314) Nach Fontanes keineswegs originären Auffassung beginnt die eigentliche Ballade, "wenn man vom Chronikund Volksliedartigen absieht", mit Bürgers "Lenore". (An Hertz, am 7. Juni 1864, BR I, S. 242) Die Berechtigung zur Behandlung moderner, zeitgenössischer Themen und Probleme werden im Brief an Schlenther vom 30. Juni 1889 kurz erörtert. (BR II, S. 203) Hier liegt auch eine von Fontanes besondern Leistungen innerhalb der Geschichte der Ballade. In der wissenschaftlichen Beschäftigung mit der Balladendichtung Fontanes bleibt die 1940 erschienene, ausgezeichnete Arbeit Ernst Kohlers bisher unübertroffen. Ingeborg Schmeiser hält sich in ihrer Arbeit über "Theodor Fontanes Auffassung von Kunst und Künstlertum" im Wesentlichen an die Ergebnisse Kohlers, von dem sie auch die Gattungsbegriffe übernimmt. Eine eingehende Untersuchung über die "Balladentechnik" Fontanes in den Romanen steht noch aus. Fontanes Briefe an Pol de Mont geben wenig neue Gesichtspunkte zur Theorie der Ballade, doch verdeutlichen sie seine Auffassung über die Volks- und Kunstballade. (Fontane, Briefe an Pol de Mont, S. 466-473).

87) Vgl. dazu v. a. Reuter, Fontane II, S. 786ff. ; Martini, Bürgerl. Realismus,

S. 748-750; Mittenzwei, S. 239f.; Turner, S. 265-281.

88) Zitiert bei Turner, S. 265.

89) Zitiert bei Turner, S. 268.

90) An Hertz, Brief vom 14. Jan. 1879 (BR I, S. 405-06).

91) An Spielhagen, Brief vom 15. Febr. 1896 (FR S. 269/70), vgl. dazu eine ähnliche Aeusserung aus den frühen achtziger Jahren, die bereits eine flexiblere Auffassung verrät. (Fontane, literaturtheoret. Entwürfe, S. 377).

92) Hellmann, S. 112.

93) Hellmann, S. 88.

94) Scherer, Kleine Schriften, S. 160; zu Scherers Position vgl. ebenso Hellmann, S. 122.

95) Hahl, S. 225.

96) Zum Einfluss Scotts auf die epische Technik Fontanes vgl. die Dissertation von Adolf P a u l . Vgl. auch Fontanes eigene Hinweise (A 1, S. 332).

97) Mittenzwei, S. 239.

98) Turner führt lediglich einen Beleg aus den Manuskripten zu "Allerlei Glück" an, wonach ein Kapitel geplant war, "das nur persönlich plaudert, indem der hinter der Wand stehende Puppenspieler hervorgetreten ist und sich nun an das Publikum adressiert." (Zitiert bei Turner S. 266) Als weitere Belege wären die Rezensionen von Freytags Roman "Soll und Haben" zu nennen, wo Fontane allerdings in umgekehrter Weise bemerkt: "Man will die Hände des Puppenspielers nicht sehen." (H III, 1. S. 302) Zwei Jahre später schreibt er in einem Brief an Heyse: " [...] doch hast Du recht getan, die Arbeit Deinem Mörike zu widmen, denn dieser Kühnheit des Humors, die vor dem Burlesken nicht erschrickt und wie der Puppenspieler mitten in der Aktion dazwischenspricht, begegnen wir nur bei ihm." (An Heyse, Brief v. 6. Jan. 1857, AUF I, S. 203) Noch in seinen Aufzeichnungen zu "Wilhelm Meister" aus dem Jahre 1876 bewundert er an Goethe, dass er macht, was er will, er quäle sich nicht "von Seite zu Seite mit Fragen logischer Entwicklung, sagt heute dies und morgen jenes, nimmt die Puppen, wie sie ihm zwischen die Finger kommen, und weiss dennoch jeden Augenblick, wie die Partie steht." (H III, 1. S. 466). Vgl. auch Fontanes Brief an L. von Hesekiel vom 19. Febr. 1878, wo er auf seinen ersten Roman zu sprechen kommt. (PROP 4, S. 145); ebenso: Fontane, literaturtheoret. Entwürfe, S. 377. Biener behauptet im Zusammenhang mit Fontanes Vorliebe zum "Puppenspieler", er bekenne "sich damit zur P a r t e i n a h m e des echten realistischen Schriftstellers, abhold jeder 'impassibilité' und 'impersonnalité' des in der Revolution gescheiterten Bürgertums." (Biener, S. 24) An diesem Beispiel wird deutlich, wie die marxistische Literaturwissenschaft leicht im ideologiegebundenen Begriffen ästhetische Phänomene verschleiert und verzerrt.

99) Turner, S. 275; Dass die Spielhagensche Theorie für Fontane nicht gänzlich neu war, scheint auch aus demselben Brief an Hertz hervorzugehen. Mit der Bemerkung, die "jetzt modische 'dramatische' Behandlung der Dinge" habe zum "Sensationellen" geführt, trifft Fontane einen zentralen Punkt der Theorie von Spielhagen, denn "Handlung, Handlung und noch einmal Handlung (oder auch 'Bewegung'): das ist Spielhagens - pseudodramatisches-episches Credo." (Hellmann, S. 91) Ebenso werden die folgenden Abschnitte zeigen, dass Fon-

tane die Spielhagensche Theorie während seiner Arbeit an "Vor dem Sturm" bereits gekannt hat.

100) Turner, S. 275.

101) Turner, S. 275.

102) Schon zu dem übernächsten seiner Werke, der 1881 erschienenen Erzählung "Ellernklipp", meint Th. Zolling in der "Gegenwart": "Fontane ist vielleicht der objektivste unserer Novellisten. Bei ihm finden sich keine Schilderungen und Beschreibungen, die er gleichsam in seinem Namen macht. Er schildert und beschreibt nur aus seinen Personen heraus, durch das Medium ihrer Individualität. [...] Wir sehen und erfahren nur, was sie sehen und erfahren können. [...] Die anscheinende Mystifikation entspringt also der strengsten Objektivität." (A 3, S. 590/91).

103) Turner, S. 276.

104) Reuter, Fontane II, S. 788.

105) Turner, S. 279.

106) Turner, S. 279. Dies beweist nicht allein der eingangs zitierte Brief an Spielhagen, sondern auch der Begleitbrief zu einem Exemplar der "Poggenpuhls", das Fontane an Spielhagen gesendet hat: "Gestatten Sie mir, diese Zeilen auch mit dem jüngsten Kinde meiner Laune zu begleiten. Ich säumte bisher damit, weil das Buch, wenn auch sehr ungewollt, fast wie ein Protest gegen die von Ihnen festgestellte Romantechnik wirkt, eine Technik hinsichtlich deren ich Ihnen gegenüber und hinter Ihrem Rücken immer wieder und wieder ausgesprochen habe, dass ich sie für richtig halte. So steh ich auch noch dazu. Mitunter aber gestaltet sich's doch anders, und hier ist solch Fall gegeben. Das Programmmässige, das Schemaaufstellen für die hinterher auftretenden Personen und nun gar das Abbrechen der Erzählung, um an Stelle derselben in Briefen fortzufahren, ist gewiss ein Fehler. [...] Natürlich: Regel ist Regel, das bleibt Paragraph 1. Aber der alte Witz, dass die Gesetze nur dazu da sind, um durchbrochen zu werden, enthält doch auch einen Gran Wahrheit." (An Spielhagen, Brief v. 24. Nov. 1896, BR II, S. 408) Bereits Scherer hat 1879 in seinem Aufsatz in der "Deutschen Rundschau" darauf hingewiesen, dass mit der Einführung eines Tagebuches oder von Briefen die Möglichkeit gegeben sei, die Theorie zu umgehen. (Scherer, Kleine Schriften, S. 160).

107) Preisendanz hat aufgezeigt, wie durch die Umarbeitung in der zweiten Fassung vor allem das Spannungsverhältnis zwischen Erzähler und Erzähltem erhöht wird; diese Spannung zwischen Subjektivität und Objektivität wird zum spezifischen Spielraum des Kellerschen Humors. (Preisendanz, Keller, S. 76-127).

108) Ich verweise auf Erich Hock, G. Jonas, Christa Schultze; Keine dieser Veröffentlichungen untersucht aber am eigentlichen dichterischen Text den Einfluss Turgenjews auf Fontane. Selbst Hock lässt es bei wenigen allgemeinen Beobachtungen bewenden.

109) Zum Verhältnis Fontanes zur russischen Literatur in dieser frühen Zeit vgl. v. a. Schultze, Fontane und die russ. Lit.

110) An die Frau, Brief vom 24. Juni 1881 (PROP 1, S. 154/55).

111) AZL S. 107.

112) H III, 1. S. 518-520. Hock weist darauf hin, dass Fontane mit seiner Besprech-

ung von "Neuland" allen damaligen Urteilen, selbst Julian Schmidt, entgegensteht. (Hock, S. 308).

113) Vgl. dazu die Besprechung von Ibsens "Wildente", wo Fontane den Roman "Neuland" lobend erwähnt. (H III, 2. S. 776).

114) Hock, S. 318; Gemeint ist der Brief an Pietsch vom 23. Dez. 1885: "Sie haben Menzel und Turgenjew genannt, und zu beiden blicke ich als zu meinen Meistern und Vorbildern auf. Es ist die Schule, zu der, soweit meine Kenntnis reicht, nur noch Rudolf Lindau gehört." (AUF II, S. 143).

115) Hock, S. 326f.

116) Man vergleiche dazu etwa den Briefwechsel Fontanes mit Otto Ernst, wo Fontane in Bezug auf die Erzählweise von Ernst schreibt: "Es ist etwas Neues, nicht stofflich, sondern dadurch, dass alles neu gesehn, neu angepackt ist, vor allem n e u   g e f ü h l t . Und das kommt daher, dass wir überall Sie selbst haben, dass es die subjektivsten Novellen sind, die ich kenne. Sie schneiden die Wurst vom andern Zipfel her an. Während im Ganzen genommen die Erzähler ihren Stolz darin setzen, ihre Gestalten nichts wie ihre Gestalten sein zu lassen, unter geflissentlicher Ausscheidung des Erzähler-Ich's, setzen Sie umgekehrt dies Erzähler-Ich an die Stelle Ihrer Dramatis Personae, die nichts sind als Verkleidungen von Otto Ernst, als Otto Ernst unter verschiedenen Namen und Berufen. Es ist ganz byronisch. Dass nicht Jeder dies darf, ist klar, verbietet sich auch weil's nicht Jeder kann; wer's aber ausnahmsweise kann und darf, der wird grosse Wirkungen damit erzielen, nicht beim eigentlichen Publikum (am wenigsten beim deutschen), aber bei Denen, auf die's ankommt, oder wenigstens bei Etlichen von diesen, denn unsere Kollegenschaft ist sehr getheilt und leider nicht immer aus reinsten Motiven." (An O. Ernst, Brief v. 16. Juni 1894, Fontane an Ernst); Heftige zeitgenössische Kritik erfährt Spielhagens Theorie durch K. Alberti, der in diesem Streben nach "Objektivität" eine Unsinnigkeit und v.a. den Grund für die Isolation der deutschen Literatur in der zweiten Hälfte des 19. Jahrhunderts sieht. (Alberti, v.a. S. 230/31).

117) Die Kritik der marxistischen Literaturwissenschaft an Spielhagens Theorie ist denn auch im Kern unbegründet. Vgl. dazu v.a. Reuter, Fontane II, S. 786 und Biener, S. 24.

118) Hellmann, S. 155, vgl. dazu auch S. 136/37, 142, 154.

119) Hellmann, S. 158/59; Werner Hahl hat darauf hingewiesen, dass in dem Glauben an eine objektive Darstellung der Wirklichkeit Harmonievorstellungen des jungen Humboldt nachwirken, indem eine "prästabilierte Harmonie zwischen Individuum und Welt" noch angenommen wurde. (Hahl, S. 230).

120) Müller-Seidel, Fontanes Autobiografik, S. 415.

121) Kayser, Sprachl. Kunstwerk, S. 272.

122) Kayser, Sprachl. Kunstwerk, S. 272.

123) An die Frau, Brief vom 10. Juni 1878 (AUF I, S. 454/55).

124) An Friedländer, Brief vom 26. Juli 1894 (FFR S. 262/63).

125) Nietzsche, Menschliches, Allzumenschliches, 2. Abt. Nr. 88. Diese Korrelation von echtem Gefühl, Wahrheit und Stil wird später noch einmal betont. Der Mensch könne in einer Sache nichts mehr tun als sein Herz und sein Leben einsetzen. "Ist   d a s   da, so kann von Phrase keine Rede mehr sein und

wenn sich die starke Empfindung einen über das Alltägliche hinausgehenden, getragenen Stil schafft, so ist das nur in der Ordnung. " (An G. Keyssner, Brief vom 8. Aug. 1889, LA II, S. 629) Ein ähnlicher Gedanke findet sich bereits 1875 in der Besprechung von Freytags "Ahnen", wo es von gewissen Stellen heisst, die Empfindung sei falsch, nicht das Wort, "das Wort wird es erst da, wo die falsche Empfindung voraufgegangen ist. " (H III, 1. S. 323).

126) Vgl. dazu auch Fontanes Brief vom 24. 7. 1884: "Es ist möglich, jeden Stoff, auch die Frage: 'Kanalisation oder Abfuhr' interessant zu behandeln, nicht durch jene in den Börsenberichten Mode gewordene Witzsprache, sondern einfach durch Kunst des Stils, durch 'Klarheit'. " (Zitiert bei Kieslich, S. 457) Der Hinweis, dass "Klarheit" ein Stilmerkmal ist, findet sich bereits früher in einer Rezension von Goethes "Götz": "Wo Kraft ist, ist Einfachheit, Klarheit, Bestimmtheit, und wo diese drei sind, ist S t i l . " (N XXII, 2. S. 68).

127) An Mete, Brief vom 14. 9. 1889 (H III, 2. S. 1032).

128) Kayser, Sprachl. Kunstwerk, S. 272.

129) An Rodenberg, Brief vom 22. Jan. 1894 (FR S. 63) vgl. ebenso: An Friedländer, Briefe vom 24. Juni 1886 und vom 12. Jan. 1887 (FFR S. 38 und S. 66).

130) FFR S. 337; gemeint ist der Brief an Alexander Gentz, ein Berliner Baumeister der Gründerzeit.

131) An R. v. Decker, Brief vom 16. März 1869 (BR I, S. 262).

132) Es ist daher wenig erstaunlich, dass sich Fontane gegen die Bemühungen der Puristen heftig wehrt, geben doch gerade die Fremdwörter vermehrt Möglichkeit zu stilistischer Nuance einer differenzierten Milieuschilderung. Fontane stimmt darin mit Schopenhauers Ausführungen in den "Parerga" überein, die er auch exzerpiert hat. (AZL S. 54) In einem wenig später entstandenen Brief schreibt er: "Gewiss leidet unsre Schreibweise an Sünden und Unarten, die wir abtun sollten. [...] Mit dem blossen Purifikationsdrang (denken Sie sich 'Reinigungsdrang' !) kommt man nicht weit. Corps de Logis ist durchaus nicht Wohngebäude, hat kaum eine Aehnlichkeit damit; Porträt ist nicht Bildnis (Bildnis greift weiter), Tableau ist nicht Gemälde, und Monument ist sicherlich nicht Standbild, meist was total andres. " (AZL S. 292/93) Vgl. auch Fontanes Brief an Rodenberg vom 29. Okt. 1891 (FR S. 49). Ausserdem hat Schorneck in einem Aufsatz die Beziehung Fontanes zur französischen Sprache untersucht.

133) Thomas Mann, Der alte Fontane, S. 484.

134) An Samuel Scott, Brief vom 17. 8. 1889 (H III, 1. S. 904).

135) Fontane spricht hier von der "Erzählungsweise einer Kindermuhme", "ohne jede Rücksicht auf die Wahrheit der Dinge, Personen und Situationen. " (SuF, S. 713).

136) Kurz nach dem Erscheinen seiner Kritik äussert sich Fontane in einem Brief an Otto Brahm nochmals zu seiner Kritik in einem Brief vom 11. 4. 1883 (H III, 1. S. 907) Wie unzuverlässig diese Festlegung auf bestimmte Formeln sind, zeigt der fast zehn Jahre später an Mete geschriebene Brief, wo er Keller und C. F. Meyer charakterisiert: "Conrad Ferdinand Meyers Sachen interessieren mich sehr, während bei Keller alles Legendenstil [sic!] ist, ist bei Meyer alles Chronik-Stil, den er, weil er ein Dichter ist, auf eine dichterische Höhe hebt. " (An Mete, Brief v. 27. 2. 1891, PROP 2, S. 172).

137) Reuter, Fontane II, S. 715.

138) Reuter, Fontane II, S. 715.

139) Reuter, Fontane II, S. 716.

140) Reuter, Fontane II, S. 716.

141) Ob Keller auf den Märchenton festgelegt werden darf ist eine andere Frage. Preisendanz weist darauf hin, wie seit Fontane, über Th. Mann bis zu Benno v. Wiese "immer wieder vom Märchenton, von der Märchenstimmung in Kellers Erzählkunst gesprochen" wurde. (Preisendanz, Keller, S. 116).

142) Vgl. Meyer Albert, S. 14.

143) Vgl. Luck, S. 319.

144) An G. Karpeles, Brief vom 3. März 1881 (BR II, S. 33) Vgl. dazu auch Fontanes Brief an Schlenther, wo er sich dafür rechtfertigt, dass "Stine" im "Stine-Stil statt im Lene-Stil" spricht. In "Stine" werden die "Sentimentalsprache zur Natürlichkeitssprache, weil das Stück Natur, das hier gegeben wird, eben eine kränkliche Natur ist." Man werde ihm lassen müssen, dass er "wie von Natur die Kunst verstehe", die "Personen in der ihnen zuständigen Sprache reden zu lassen." (An Schlenther, Brief v. 13. Juni 1888, AUF II, S. 202).

145) Reuter, Fontane II, S. 855.

146) Vgl. u. a. Martini, Bürgerl. Realismus, S. 767-770; Brinkmann, Verbindlichkeit des Unverb., S. 127-154; Strech, S. 38-68; Meyer, Das Zitat in der Erzählkunst, S. 155-185; Böckmann, S. 74/75.

147) An die Frau, Brief vom 2. Sept. 1886 (Zitiert bei Biener, S. 36). In den Notizen zu seiner Lektüre der "Kronenwächter" steht bezeichnend: "eine Schilderung der Küche- und Spülfrauen am Brunnen, die über das F e s t k l a t s c h e n. Hier ist wirklich Leben, hübscher Realismus." (AZL S. 27) Es ist zu beachten, wie Fontane bei Alexis die "petits comités" und die "vertraulichen Diners" als das "Glänzendste" bezeichnet. (H III, 1. S. 448).

148) An Mete, Brief vom 24. Aug. 1882 (PROP 2, S. 46) vgl. auch den Brief an die Frau vom 30. Aug. 1883 (PROP 1, S. 249) und N XXI, 1. S. 278.

149) Brinkmann, Verbindlichkeit des Unverb. S. 150.

150) Martini, Bürgerl. Realismus, S. 767/68; vgl. auch Ohl, Bild und Wirklichkeit, Anm. 8, S. 281; ebenso Osiander, S. 69.

151) Sauer, S. 64.

152) Sauer, S. 68; Goethe liess "von vornherein eine weitgehende Gleichheit solcher Sentenzen und Reflexionen zumal im Sinne und Munde geistesverwandter Gestalten zu." (Sauer, S. 77).

153) Sauer, S. 75.

154) An Wichmann, Brief vom 2. Juni 1881 (Fontane an Wichmann, S. 18) vgl. auch den Brief an M. Lazarus vom 12. 9. 1891 (BR II, S. 272/73).

155) Ueber Scherenberg, vgl. u. a. N XXI, 1. S. 78/79/80/81; über Freiligrath N XXI, 1. S. 17.

156) Zu Freytags "Soll und Haben" (N XXI, 1. S. 216) oder Freiligraths "Die Toten an die Lebenden" (N XXI, 1. S. 17/18).

157) N XXI, 1. S. 150; in dieser 1853 gemachten Aeusserung, sowie im Brief an Lepel vom 17. Juli 1849 (FL I, S. 189) ist die spätere Art der Problematik von Inhalt und Form bereits angetönt.

158) Vgl. Markwart, Poetik IV, S. 7.

159) H III, 1. S. 84; vgl. auch die Rezension der "Wildente" H III, 2. S. 775.
160) Weber, Klassiker, Bd. II, S. IX/X.
161) An Friedländer, Brief vom 5. Dez. 1884 (FFR S. 2); vgl. ebenso AZL S. 329;
    die Briefe an die Frau vom 17. Aug. 1882 und vom 21. Juli 1883 (PROP 1,
    S. 177 und S. 222), ebenso vom 26. Juli 1883 (PROP 1, S. 227); N XXII, 2.
    S. 254/55, S. 580/81; A 7, S. 596/97/98; Brief an Hch. Jacobi vom 5. Jan. 1895
    (BR II, S. 333/34).
162) An Rodenberg, Brief vom 9. Juli 1891 (FR S. 48).
163) Bahr, S. 30.
164) Bahr, S. 31.
165) Bahr, S. 178.
166) Bahr, S. 179.
167) An Kletke, Brief vom 6. Nov. 1878 (FK S. 58).
168) An die Frau, Brief vom 26. März 1880 (PROP 1, S. 116); vgl. dazu auch die
    Zola-Rezension (AZL S. 137).
169) An Spielhagen Brief vom 22. Nov. 1897 (BR II, S. 438).
170) Vogt, S. 157. Vgl. auch Fontanes Brief an M. von Rohr vom 9. 1. 1886 (PROP 3,
    S. 222).
171) Hofmannsthal, Poesie und Leben, S. 14.

IV.   DAS HAESSLICHE, VERKLAERUNG UND HUMOR

1) Rosenkranz, Aesthetik des Hässlichen, S. 40ff.
2) Anonymus, Aesthetik des Hässlichen, S. 1.
3) Schmidt, Literaturgeschichte I, S. 1.
4) Schmidt, Literaturgeschichte II, S. 31.
5) Zu Kellers Auseinandersetzung mit Rosenkranz vgl. Luck, S. 274/75.
6) Gansberg, S. 129.
7) Als ein Beispiel sei hier seine Kritik an R. Lindaus Roman "Im Park von Vil-
   liers" angeführt: "Zu den besondern Hässlichkeiten gehört, dass Comtesse
   Isolde (ein reizendes Geschöpf) mit Hilfe eines Kleiderschrankes, in den sie
   kriecht, j a h r e l a n g die Liebesszene zwischen Miss Hudson und dem
   jungen Grafen Riancourt belauscht, desselben jungen Riancourt den s i e
   liebt. Erstlich ist es hässlich, zweitens ist es unwahr; d a s hält kein
   Mensch aus, am wenigsten Jahr und Tag. " (N XXI, 1. S. 331); auch ein allzu
   aufdringlicher Bühnenrealismus wird, wenn es sich etwa um eine Sterbeszene
   handelt, als unerträglich abgelehnt. (N XXII, 1. S. 106/07).
8) Schon eine der ersten Aeusserungen über Zola bezeugt die differenzierte
   Stellungnahme. Vgl. dazu den Brief an die Frau vom 27. März 1880 (PROP 1,
   S. 116).
9) An die Frau, Brief vom 12. Juni 1883 (PROP 1, S. 198).
10) An die Frau, Brief vom 14. Juni 1883 (PROP 1, S. 200).
11) Neben den Münchner Eklektikern hat auch Keller das Werk u. a. aus morali-

schen Gründen abgelehnt. (An Heyse, Brief v. 7.9.84, Keller, Ges.Briefe, 3₁, S.108).

12) An die Frau, Brief vom 14. Juni 1883 (PROP 1, S.200). Der Brief des folgenden Tages trennt wieder genau zwischen Kunst und Anschauung; das Ganze sei "seinem Geist und Wesen nach tief anfechtbar (n i c h t vom Moral-Standpunkt aus) und doch bin ich voll Anerkennung und vielfach auch voll Bewunderung. " (An die Frau, Brief v. 15. Juni 1883, PROP 1, S.201).

13) Engel schreibt, Zola habe sich "aus rein pessimistischem Hange zur Schwarzseherei [...] in eine so einseitige Auffassung der Dinge verrannt, dass darunter nicht nur die äussere Wohlanständigkeit, sondern vor allem auch die k ü n s t l e r i s c h e W a h r h e i t aufs ärgste leidet. Nach Zola gibt es in der Welt (wenigstens in der französischen) nichts als Laster allerschlimmster Natur, gröbliche Korruption, rohe Genusssucht und Gemeinheit. Er verschliesst sein Auge gegen alles Gute und Schöne im Menschen; in seinen Gesichtswinkel fällt nur das Schlechte und oft genug das Ekelhafte. " (H III, 1. S.525) Im zweiten Werk von Engel findet sich Fontane nicht nur in der Frage des Moralischen, sondern auch in der Grenzüberschreitung des ästhetisch Zulässigen bestätigt: "Nein, Zola ist n i c h t unmoralisch, aber eine andere Frage darf aufgeworfen werden, und zwar d i e , ob er in der Darstellung des Hässlichen und Gemeinen die Grenzen der k ü n s t - l e r i s c h e n N o t w e n d i g k e i t eingehalten hat oder nicht. Und da muss man ohne Besinnen sagen, dass er sie unzählige Male überschritten hat. Es ist nicht zu leugnen, dass er mit V o r l i e b e das schildert, was den Leser abstossen muss. " (N XXI, 1. S.455).

14) Schmidt, Portraits aus d. 19.Jhd., S.425; vgl. auch S.385, 412 und 404.

15) Allerdings ist zu beachten, dass Fontane im selben Jahr 1878 sich zweimal in Briefen über Schmidt äussert. Am 13. Aug. 1878 an seine Frau (AZL S.262) und am 24. Nov. 1878 an Hertz (AZL S.262); Mittenzwei hat darauf hingewiesen, dass Fontanes Ansichten über Zola mit denjenigen der übrigen deutschen Zola-Diskussion, auch mit denen der Naturalisten, im grossen Ganzen übereinstimmt. (Mittenzwei, S.236/37).

16) Im Gegensatz zu Fontane hält Julian Schmidt diese Erzählung für weniger bedeutend, sie sei durch einzelne barocke Uebertreibungen entstellt, man habe "niemals das vollständige Gefühl, dass das, was uns gegeben wird, menschlich wahr ist, gerade weil der Dichter zu ängstlich nach i n d i v i d u e l - l e r Wahrheit strebt. " (Schmidt, Literaturgeschichte I, S.175) Für Fontane bleiben die Kriterien auch in den Notizen zu K. Frenzels Roman "Silvia" gleich: "Diese Dinge, deren Bedeutung - unter Umständen selbst ihre Zulässigkeit - in ihrer Realität besteht, müssen eben ganz real, ganz glaubhaft an uns herantreten; fehlt diese Echtheit, werden sie bei allem Wirklichkeitsanspruch zu blossen Schemen, so ist die Poesie der Realität dahin, und nur das Triviale oder das Hässliche bleibt übrig. Solange man in künstlerischen Gebilden das Leben vor sich hat, ist man entzückt, gleichviel w i e d i e s Leben sei. " (AZL S.87).

17) AZL S.334; Diese Tagebuchnotizen sind eine Ergänzung zu den übrigen Aufzeichnungen, die zentralen Sätze kehren hier wieder: "Alles, was er schildert, kommt vor (was kommt überhaupt n i c h t vor?), aber es kommt nicht

s o vor, nicht in solchen Schichten, nicht bei solchen Menschen, vor allem nicht in solchem Grade, nicht in solcher Ausschliesslichkeit. Es ist alles z e r r b i l d l i c h , und was wahr sein will, ist so unwahr wie nur möglich. " (AZL S. 111) In den Notizen zu Lindaus Roman "Zug nach dem Westen" heisst es nochmals, "selbst die Ungeheuerlichkeiten Max Kretzers habe ich nicht den Mut als schlechtweg unmöglich zu bezeichnen. " (AZL S. 335).

18) In den Aufzeichnungen zu Zola heisst es deutlich: "Das absolut Gute und Böse lässt uns kalt, weil es nicht mehr menschlich ist. " (AZL S. 148) Aehnliche Gedanken sind auch 1876 in der Rezension von Spielhagens "Sturmflut" zu finden, wo es heisst, die Kunst habe die "Aufgabe, mir alle ihre Gebilde, die Engel und die Teufel, le laid et le beau, das eine wie das andre interessant zu machen. " (AZL S. 93).

19) Diese Zusammenhänge kommen auch in der Besprechung der "Wildente" zum Vorschein. Fontane kommt nochmals auf die "Gespenster" zu sprechen. Hier habe Ibsen, "wie das vielfach dem Realismus begegnet, das Vorhandensein auch f r e u n d l i c h e r Realitäten übersehen. Von diesem Fehler ist die 'Wildente' durchaus frei; was hier gepredigt wird, ist echt und wahr bis auf das letzte Tüttelchen und in dieser Echtheit und Wahrheit der Predigt liegt ihre geradezu hinreissende Gewalt. " (H III, 2. S. 775).

20) Im Juni 1881 spricht Fontane von dieser Beobachtung, es sei "diese jetzt bei so vielen Schriftstellern hervortretende Sucht das Hässliche, das Niedrige, das Gemeine, und noch dazu aus Partei- und Geld-Rücksicht, zu schildern, ein Verwerfliches von Anfang bis Ende. Das, was die Kunst als K u n s t soll, wird von ihren Jüngern immer mehr und mehr vergessen. " (An die Frau, Brief v. 28. Juni 1881, PROP 1, S. 160).

21) Schon 1858 hat Julian Schmidt in einer Romanrezension ähnlich wie Fontane argumentiert: "Vielleicht die meisten der hier geschilderten Scenen sind im wirklichen Leben vorgekommen, aber wir müssen unsre schon häufig ausgesprochene Ueberzeugung wiederholen, dass dieser Umstand noch keineswegs ausreicht, ihnen ein Bürgerrecht in der Poesie zu verschaffen. Der Dichter, auch der Romandichter hat nicht die Aufgabe, uns die Misere vorzuführen, die sich jedem Menschen ohne fremde Hilfe aufdrängt, sondern das Bedeutende ans Licht zu stellen, das sich dem gewöhnlichen ungetrübten Blick entzieht. " (Schmidt, Deutsche Träume, S. 299) Aehnliche Thesen führt auch Rodenberg in seiner Rezension von "Vor dem Sturm" an. (FR S. 120-124).

22) Auerbach, Mimesis, S. 463.

23) Schmidt, Literaturgeschichte I, S. 187/88.

24) H I, 1. S. 608/09 und Anm. S. 887; vgl. ebenso A 3, S. 599.

25) "Die sogenannten Hässlichkeiten können im Dienst der Schönheit ein Schönes und Allerschönstes sein. 'Le laid c'est le beau' ist in diesem Sinne wahr. " (Tagebuch von 1883, zit. bei Geffcken, Aesthet. Probleme, S. 348); An die Tochter schreibt Fontane 1894, "dass das Geistige doch alles bestimmt und aus Hässlichkeit Schönheit macht" (Brief vom 25. Jan. 1894, PROP 2, S. 228).

26) Dubslav meint, ' "Der hässlichste Mops sei der schönste' ", so lasse sich jetzt beinah auch sagen, " 'das gröbste Telegramm ist das feinste'". (H I, 5. S. 26).

27) Im Brief an Friedländer vom 1. August 1894 empört sich Fontane über die

Behauptung von Th. H. Pantenius, seine Berliner Romane seien unerquicklich, "weil die darin geschilderten Personen und Zustände mehr oder weniger hässlich seien. Ich halte dies für grundfalsch." (FFR S. 268).

28) An Mete, Brief vom 5. Mai 1883 (PROP 2, S. 48/49). Diese Aeusserungen beziehen sich ausdrücklich nur auf die Dichtung, im speziellen sind sie anlässlich der Veröffentlichung von "L'Adultera" ausgesprochen. In spätern Jahren mehren sich die Aussprüche, vor allem im Krankheitsjahr 1892/93, die eine pessimistischere, vor allem resignierte Weltsicht ausdrücken. Dass dies auf die Kunsttheorie keinen Einfluss hat, werden die nächsten Abschn. dieses Kapitels zeigen.

29) N XXI, 1. S. 473/74; ähnliche Kritik äussert Fontane in seiner Besprechung von Hauptmanns "Friedensfest" (N XXII, 2. S. 741/42) und zu den "Gespenstern" im Brief an Schlenther vom 9. 1. 1887 (BR II, S. 122) eine umgekehrte Position vertritt Fontane in der Rezension von Heibergs Roman "Apotheker Heinrich", in der er auch den pessimistisch gefärbten Realismus als echt anerkennt. (N XXI, 1. S. 335).

30) Nietzsche, Bd. 3, S. 784; vgl. v. a. auch Bd. 1, S. 779/80 und 804/05.

31) Thanner, S. 115.

32) Wienbarg, Aesthet. Feldzüge, S. 188.

33) Gansberg, S. 126.

34) Gansberg, S. 127; Man vergleiche dazu etwa das Tagebuch und das Traumbuch Kellers aus diesen frühen Jahren.

35) Gansberg, S. 127.

36) Gansberg, S. 127.

37) H II, 1. S. 544; Fontanes Brief an Herrn v. Pfuel vom 18. Jan. 1864 zeigt denn auch deutlich genug, worauf es ihm in den Wanderungen vor allem ankommt, nicht um Verherrlichung, sondern um Liebeserweckung für das, was vordem hässlich, komisch und unbedeutend war. (BR I, S. 226); eine ähnliche Begeisterung kommt auch im Essay von 1853 zum Ausdruck, wo Fontane für den Begriff "Verklärung" den der "Läuterung" gebraucht. (H III, 1. S. 241).

38) Als Kernbegriff des Realismus von Gansberg breit belegt. "Der Ausdruck ist des hohen, phantastischen Gehalts, den er namentlich in der Romantik innehatte, entkleidet. Er bezeichnet [...] einmal die spezifische Schönheit des Alltäglichen, daneben auch eine feiertägliche, gesteigerte Erfahrung der Immanenz." (Gansberg, S. 273) Auch "Idealität" ist ein häufiges Synonym. (Gansberg, S. 128).

39) Brinkmann, Verbindlichkeit des Unverb. S. 39; vgl. auch Reuter, SZL S. XLII. Fontane war mindestens die "trostreiche Erfahrung" Schillers bekannt, "wie der poetische Geist alles Gemeine der Wirklichkeit so schnell und so glücklich unter sich bringt." (Schiller an Goethe, Brief v. 9. Dez. 1796).

40) Schmidt, Literaturgeschichte I, S. 420.

41) Vgl. dazu Brinkmann, Verbindlichkeit des Unverb. S. 40; auch Preisendanz, Voraussetzung, S. 469 und Humor als dicht. Einbildungskraft, S. 226. Was Stifter anbetrifft, hat Gansberg "keineswegs eine Verklärungstendenz, sondern vielmehr ein Idealisierungsprinzip" festgestellt, das im Gegensatz steht zu den Tendenzen des Realismus. (Gansberg, S. 272) Bieners Vorwurf, bei Fontane zeige sich "das unberechtigte Verlangen nach dem Nur-Schönen",

womit er "in ein idealisierendes Extrem" falle, ist in diesem Sinn unhaltbar. (Biener, S. 55).

42) Zuerst in seinem Aufsatz "Voraussetzungen des poetischen Realismus in der deutschen Erzählkunst des 19. Jahrhunderts" (S. 468-70), dann auch in der Studie über den "Humor als dichterische Einbildungskraft" (v. a. S. 216/17 und S. 226/27).

43) Preisendanz, Humor als dicht. Einb., S. 217.

44) An die Frau, Brief vom 24. Juni 1881 (PROP 1, S. 154/55) vgl. auch die Briefe vom 26. und 27. Juni 1881 (PROP 1, S. 158/59) und vom 9. Juli 1881 (PROP 1, S. 164/65). Auch mit dem "blossen Abschreiben" ist jenes Prosaische gemeint, das im Gegensatz zur "künstlerischen Wiedergabe" des Lebens steht. (AZL S. 137); bereits 1853 hat Fontane in seinem programmatischen Essay im Zusammenhang mit dem Werke des Bildhauers Rauch zwischen prosaischem und verklärtem Realismus unterschieden. (H III, 1. S. 237).

45) Preisendanz, Voraussetzungen, S. 469.

46) An die Frau, Brief vom 24. Juni 1881 (PROP 1, S. 154).

47) Preisendanz, Humor als dicht. Einb., S. 217.

48) Aehnlich wie Preisendanz weist auch Müller-Seidel darauf hin, dass Fontane das Poetische "gern als 'Verklärung' bezeichnet, was man mit blassem Idealismus nicht verwechseln darf." (Müller-Seidel, Fontanes Autobiografik, S. 410).

49) H III, 1. S. 568/69; vgl. auch AZL S. 152.

50) Schmidt, Literaturgeschichte I, S. 163.

51) Es ist in diesem Zusammenhang zu bemerken, dass auch der Münchner Dichterkreis um Heyse die Verklärung grundsätzlich in diesem dargestellten Sinn verstanden hat, wenn auch in einer durch die übrigen Aspekte ihrer Dichtungstheorie eingeschränkten Weise. (Vgl. dazu Burwick, S. 35 und S. 57).

52) Troll-Borostyani, S. 217.

53) Gansberg, S. 128.

54) Gansberg, S. 271.

55) Gansberg, S. 129.

56) Gansberg, S. 128.

57) Gansberg, S. 129.

58) An die Frau, Brief vom 14. Juni 1883 (PROP 1, S. 200).

59) "Und wirklich", heisst es in einer Rezension, "sie wurde die Nacht darauf in einen Sack genäht und in den Schlossteich geworfen. Dieser grausige Vorgang (ein feiner Zug von seiten des Erzählers) wird in dem entsprechenden Kapitel übrigens nur angedeutet, und erst viel später, am Schluss des Buches, erfahren wir aus Mitteilungen [...] die schrecklichen Einzelheiten jener Gerichtssitzung und Gerichtsvollstreckung." (N XXI, 1. S. 306) Mit ähnlichem Lob wird die Beschreibung der Szene auf der Zitadelle in Kleists "Marquise von O." bedacht, dieses Bedenkliche sei "mit äusserster Geschicklichkeit kurz und knapp und mit einer gewissen frauenärztlichen Objektivität vorgetragen, so dass es einen Menschen, der wiederum seinerseits die Menschen kennt, nicht im geringsten stören kann." (AZL S. 46).

60) Weber, Berliner Geist, S. 153.

61) Vgl. dazu Fontanes Kritik an Kleists "Der zerbrochene Krug" (H III, 2. S. 698)

und an Shakespeares "Richard III." (N XXII, 2. S. 509/10).
62) An Merckel, Brief vom 13. Jan. 1857 (F II, Bd. 10, S. 165).
63) Biener, S. 55.
64) Brinkmann, Verbindlichkeit des Unverb., S. 40.
65) Thanner, S. 123.
66) Thanner, S. 119.
67) Müller-Seidel, Fontanes Autobiographik, S. 410.
68) Schmidt, Deutsche Träume, S. 299.
69) An P. Lindau, Brief vom 14. Jan. 1880 (Fontane an Lindau, S. 56) vgl. auch AZL S. 114.
70) Martini, Bürgerl. Realismus, S. 742.
71) Martini, Bürgerl. Realismus, S. 750.
72) Martini, Bürgerl. Realismus, S. 59; in ähnlicher Weise ist auch für Lukács der Humor ein Kompromiss, entweder ein gemütlicher oder ein ernsthaft weltanschaulicher, immer aber entspringt er der politisch-sozialen Struktur der Gesellschaft, er bewegt sich "zwischen den Polen einer tief verzweifelten Lebensstimmung und einer angeblich reifen und verklärten Abfindung mit der Armseligkeit der deutschen Entwicklung." (Lukács, Grablegung, S. 16/17.
73) Martini, Bürgerl. Realismus, S. 65.
74) Martini, Bürgerl. Realismus, S. 64.
75) Preisendanz, Humor als dicht. Einb., S. 16.
76) Preisendanz, Humor als dicht. Einb., S. 129.
77) Preisendanz, Voraussetzungen, S. 476.
78) Ohl, Bild und Wirklichkeit, Anm. 38, S. 251.
79) An Merckel, Brief vom 18. Febr. 1858 (LA I, S. 104).
80) An Witte, Brief vom 3. Jan. 1851 (BR I, S. 15/16).
81) Von Scherenberg schreibt Fontane, dass er sich "beständig auf den hoch darüberstehenden Ride-si-sapis-Mann, auf den Philosophen und Karthäusermönch hin" ausgespielt habe. (H III, 1. S. 717).
82) An die Frau, Brief vom 24. Juni 1879 (PROP 1, S. 100).
83) An die Mutter, Brief vom 21. Febr. 1864 (PROP 1, S. 63).
84) "Der H u m o r zählt nicht zu den Attributen des weiblichen Geschlechts. Auch von den literarisch mutigsten Frauen existiert unseres Wissens kein humoristischer Roman" (N XXII, 1. S. 439/40); vgl. auch Brief an Heyse vom 2. Dez. 1894 (AUF 2, S. 358/59).
85) Hahl, S. 238.
86) An Witte, Brief vom 1. Nov. 1850 (BR I, S. 12).
87) Martini, Bürgerl. Realismus, S. 753.
88) An Friedländer, Brief vom 21. Sept. 1893 (FFR S. 233).
89) Hahl, S. 238.
90) Wolzogen, S. 67/68.
91) Wolzogen, S. 72.
92) An Wolzogen, Brief vom 7. Jan. 1891 (BR II, S. 257). Am 16. Febr. 1897 noch schreibt Fontane an Spielhagen, er könne nicht begreifen, "wie unsere Realisten nicht i n s t i n k t i v auf die Hülfen verfallen, die der Humor ihnen leisten würde." (Zitiert bei Preisendanz, Humor als dicht. Einb.,

S. 218). Es ist hier zu beachten, dass Fontane mit "Realisten" fast ausnahmslos in dieser Zeit auch die Naturalisten meint, die er fast nie als solche bezeichnet hat. Im Brief an Hertz vom 7. Dez. 1890 werden etwa Bahr, Holz und Schlaf den "Realisten" zugezählt. (FHZ S. 328).

93) An Mete, Brief vom 8. Jan. 1891 (PROP 1, S. 165).

94) An Heyse, Brief vom 8. Jan. 1891 (BR II, S. 214).

95) In dem Romanfragment "Sidonie v. Borcke" notiert er zu Anklagepunkten für eine Gerichtsszene: "Solcher Punkte muss ich ein halbes Dutzend suchen. Sie müssen alle phantastisch und grotesk auftreten, aber nicht h ä s s l i c h sein, wie's manche der wirklichen Anklagepunkte sind." (H I, 5. S. 688).

96) In einem Brief an Heyse spricht er von Mörike und dessen "Kühnheit des Humors, die vor dem Burlesken nicht erschrickt". (Brief vom 6. Jan. 1857, AUF 1, S. 201).

97) Markwart, Poetik, Bd. 4, S. 110.

98) Schmidt, Literaturgeschichte I, S. 188.

99) Schmidt, Literaturgeschichte I, S. 188.

100) Ebenso unerquicklich ist für ihn der Humor Turgenjews, vgl. Brief an die Frau vom 9. Juli 1881 (PROP 1, S. 164).

101) An Stephany, Brief vom 10. Okt. 1889 (AUF 2, S. 246).

102) Preisendanz, Humor als dicht. Einb., S. 219.

103) Schmidt, Otto Ludwig, S. 407.

104) Storm an E. Schmidt, Brief vom Sept. 1881 (zitiert bei Reinhardt, S. 147).

105) "Was mich persönlich betrifft, so gestehe ich gern, dass es mir lieber ist, wenn die Nachtseiten des Lebens mit souveränem Humor behandelt werden, aber diese Vorliebe wird mich niemals hindern, die Eigenart eines Zola als vollberechtigte und mächtige anzuerkennen, und mich niemals veranlassen, einem 'grossen Talente' mit Schicklichkeits-Bedenken entgegenzutreten." (Lit. Manifeste des Naturalismus, S. 30).

106) Biener, S. 62.

107) Fontane kommt auf diese Zusammenhänge in seinen Ausführungen über Scott zu sprechen. Scott war für ihn eine "ganz grosse Natur, ausgerüstet mit dem unerschütterlichen Sinn für das E i n f a c h e und Wahre. Das ist es ja auch, was seinen Romanen, neben der humoristischen Durchdringung (die übrigens im innigsten Zusammenhang damit steht), ihren Hauptzauber verleiht." (H III, 1. S. 399).

V. TYPOLOGIE DES DICHTERS

1) Kayser, Sprachl. Kunstwerk, S. 35.

2) Muschg, Tragische Lit., S. 402.

3) An Otto Brahm, Brief vom 23. Juni 1882 (A 3, S. 562).

4) Vgl. dazu etwa Fontanes Brief an Kletke v. 25. 1. 1872 (FK S. 39).

5) An die Frau, Brief vom 17. Aug. 1882 (PROP 1, S. 178).

6) An die Frau, Brief vom 28. Aug. 1882 (PROP 1, S. 189).

7) Vgl. auch Schmeiser, S. 30/31.

8) An die Frau, Brief vom 27. Juni 1881 (PROP 1, S. 159).

9) An die Frau, Brief vom 9. Juli 1881 (PROP 1, S. 164).

10) An F. Witte, Brief vom 3. Okt. 1853 (BR I, S. 85).

11) An W. Hertz, Brief vom 17. Dez. 1878 (BR I, S. 400). Bereits früher hat Fontane sich zu M. Ludwig geäussert: "Gutzkow und Gottschall, Gottschall und Gutzkow, wie das alliteriert! Es sind die beiden grossen Phraseure unsrer Zeit, was selbstverständlich ein gutes Quantum Begabung nicht ausschliesst." (An Maximilian Ludwig, Brief v. 29. April 1873, BR I, S. 306).

12) Leider mussten auf Grund der damaligen Quellenlage inzwischen bekannte Texte unberücksichtigt bleiben, was ein nochmaliges Eingehen auf Fontanes Positionen rechtfertigt. Zudem blieb die Arbeit bisher unveröffentlicht. Ein Mikrofilm befindet sich im Fontane-Archiv in Potsdam.

13) Schmeiser, S. 10.

14) Ausserdem stand eine genialische "Besessenheit" und von rhetorischem Pathos getragene Begeisterung nicht selten an Stelle einer echten dichterischen Gestimmtheit. (Vgl. Burwick, S. 90/91).

15) An F. Stephany, Brief vom 1. Febr. 1887 (LA II, S. 412/13). Fontanes Stellung zum damals vielbesprochenen Skandal des Malers Stauffer aus Bern ist bezeichnend: "Solche Genies sollten gar nicht existieren, und wenn das 'Genietum' so was fordert, so bin ich für Leineweber." (F II, 11. S. 259).

16) Schmeiser, S. 17.

17) An W. v. Merckel, Brief vom 18. Febr. 1858 (LA I, S. 101/02).

18) Diese frühe Genieauffassung tritt aber auch später hin und wieder in Erscheinung. Von seiner Tochter sagt er, sie sei ihm "eine beständige psychologische Aufgabe. Wenn es das Kriterium genialischer Naturen ist, dass Allerklügstes und Allerdümmstes bei ihnen dicht beieinander liegen, so ist sie ein Hauptgenie. [...] Vor ordentliche Aufgaben gestellt, bewährt sich ihre Kraft; zweck- und planlos der Stunde überlassen, überwuchert ihre Phantasie, und die Torheit beginnt." (An K. Stockhausen, Brief v. 10. Sept. 1878, LA I, S. 309).

19) Bei der Lektüre von W. Gwinners Buch über Schopenhauer notiert er: " 'Genie und Wahnsinn sind fast Gegensätze', sagt Fichte. Dieser Satz ist keineswegs o h n e   w e i t e r e s eine Dummheit, wie Schopenhauer annimmt." (AZL S. 51) Gwinners Behauptung, dass alle menschliche Genialität durch einen unvermeidlichen Exzess bedingt sei, und dass ihre Kraft nach der einen Seite notwendig Abbruch leide, wenn sie nach der andern über das mittlere Mass hinauswachse, hält Fontane im Gegensatz zu früher "nicht für richtig". (AZL S. 51 und Anm. S. 289).

20) In einer Rezension schreibt er: "Das ist das, was ich, wenn nicht das Geniale, so doch das Genialische nenne: aus einem dürftigen Keimchen einen ganzen Baum aufwachsen zu lassen, einen blossen Namen zu beleben und in Fleisch und Blut umzusetzen." (N XXII, 2. S. 582).

21) "Das G e n i a l e , von dem immer die Rede ist, entscheidet freilich, wenn es sich darum handelt, den Wert, namentlich den Kraftwert eines Dichters oder seiner Dichtung festzustellen. Soll aber entschieden werden, 'was

gehört als volksbildend, als läuternd und mustergültig auf die Bühne und was nicht', so spielt diese Genialitätsfrage wenig mit. Dass Allergenialste (Grabbe) kann total verwerflich sein." (An M. Harden, Brief v. 3. Mai 1878, BR I, S. 385).

22) Der traditionelle Terminus "Kunstwollen" wird hier nicht dem "Kunstsollen" gegenübergestellt. Er erhält damit bei Fontane gerade die umgekehrte Bedeutung, da normalerweise dem von der Aesthetik geforderten "Kunstsollen" der individuelle schöpferische "Kunstwille" des Dichters gegenübergestellt wird. (Vgl. etwa Markwart, Poetik, Bd. 4, S. 167 u. S. 509).

23) Mehr als zehn Jahre später taucht derselbe Gedanke, allerdings in anderem Zusammenhang, in einem Brief an Mete wieder auf "[...] er ist eine ganz eminente Persönlichkeit, Genie ist nicht das rechte Wort, dazu ist zu viel Calcül in ihm." (An Mete, Brief vom 13. Mai 1889, PROP 2, S. 126).

24) Anonymus, Romanrezensionen, S. 298/99.

25) An M. v. Rohr, Brief vom 25. Aug. 1881 (BR II, S. 55).

26) An Stephany, Brief vom 22. Okt. 1889 (BR II, S. 222).

27) Von Kellers Schreibweise sagt Fontane, sie gebe sich "absolut sauber und 'zweifelsohne', der K ü n s t l e r in ihm ruht nicht eher, als bis er durch Kritik und eisernen Fleiss genau d a s erreicht hat, was er erreichen wollte." (H III, 1. S. 501).

28) An die Frau, Brief vom 14. Mai 1884 (PROP 1, S. 254).

29) An P. Schlenther, Brief vom 13. Juni 1888 (LA II, S. 432).

30) Vgl. dazu die Wirkungsgeschichte (A 7, S. 551-56).

31) An H. Hertz, Brief vom 2. März 1895 (AUF 2, S. 368).

32) Vgl. dazu A 7, S. 545-48. Ueber Fontanes spezifische Arbeitsweise geben neben zahlreichen Briefäusserungen seine Hinweise in den Aufzeichnungen zum Besuch bei Rudolf Lindau Aufschluss. (H III, 1. S. 557). Ausserdem hat Christiane Wandel in einem ausführlichen Aufsatz die typische Arbeitsweise Fontanes beschrieben.

33) Hebbel bemerkt in seinem Tagebuch: "Unbewussterweise erzeugt sich im Künstler alles Stoffliche, beim dramatischen Dichter z. B. die Gestalten, die Situationen, zuweilen sogar die ganze Handlung, ihrer anekdotischen Seite nach, denn das tritt plötzlich und ohne Ankündigung aus der Phantasie hervor. Alles übrige aber fällt notwendig in den Kreis des Bewusstseins." (Hebbel, Tagebücher I, S. 903, Nr. 4272).

34) An die Frau, Brief vom 17. Aug. 1882 (PROP 1, S. 178/79).

35) Kayser, Kunst und Spiel, S. 81.

36) Goethe zu Eckermann am 18. 4. 1827. Aehnliche Vorstellungen und Formulierungen sind bei Fontane auch im Tagebuch zu finden, wo er in Bezug auf die franz. Literatur schreibt: "Die Mache, das eigentliche Können, ist beneidenswert; aber das äusserliche Können ist nicht das Höchste. Das Höchste kommt von oben. Es ist ein Geschenk der Götter und man hat es oder hat es nicht. Die Franzosen in der ungeheuren Mehrzahl ihrer von aller Welt bewunderten Produktion haben es ganz entschieden nicht." (Briefe und Tagebuch, 1887) Später schreibt Fontane von sich: "Ich hab es durch Intuition, um nicht blasphemisch zu sagen 'von oben'." (An F. Stephany, Brief vom 16. Juli 1887, BR II, S. 133) Ebenso hat er den Dichter als "Mundstück" einer hohen Rätsel-

macht bezeichnet. (F II, 7. S. 233) Extremer noch wurde im Münchner Dichterkreis die "dichterische Konzeption als göttliche Inspiration, als himmlisches
Geschenk" aufgefasst. (Burwick, S. 99).

37) Goethe, Artemis-Ausgabe, Bd. X, S. 463/64.
38) Spielhagens "Beiträge zur Theorie und Technik des Romans" und auch seine
Romane sind ebenfalls dieser Tradition zuzuordnen.
39) Für die Münchner Dichter gibt es keine so überragende Anlage, "dass sie
ohne Schulung und Uebung etwas Bedeutendes hervorzubringen vermöchte.
Die Münchner betonen immer aufs neue, dass zum erfolgreichen Kunstschaf-
fen Arbeit, Fleiss, Kenntnis und Besonnenheit nötig seien." (Burwick, S. 42).
40) FK S. 68; Genau dieses bewusste Arbeiten vermisst Fontane in Arnims "Kronenwächter". Ein Jahr später schreibt er darüber, sie seien "mitunter träu-
merisch-gedankenlos, wie wenn man mit dem Psychographen schreibt und
die Hand einfach laufen und Zeichen machen lässt [...] Es ist willkürlich,
launenhaft, reminiszenzenreich, unoriginal" (AZL S. 29). Noch 1877 tauchen
gleiche Grundsätze wie in der Heigel-Rezension auf: "Wer, wenn er sich 'ge-
stimmt' fühlt, in unbewusster Psychographen-Manier die Feder glaubt laufen
lassen zu können, der wird freilich etwas Stimmungsvolles geben, aber in den
Augen der schärfer Blickenden doch immer nicht viel mehr als eine stimmungs-
volle Stümperei. " (AZL S. 257).
41) Fontane schreibt 1889 unter ein Bildnis von Adolf Menzel das bekannte Disti-
chon: "Gaben, wer hätte sie nicht? Talente - Spielzeug für Kinder. Erst der
Ernst macht den Mann, erst der Fleiss das Genie. " (H I, 6. S. 387) Zu Storm
hat er 1853 bereits bemerkt, "dass bei Fleiss und künstlerischem Ernst das
bescheidenste Talent zu etwas Bedeutendem herangebildet und mit weniger, aber
klassischen Früchten gesegnet werden kann. " (Brief vom 19. 9. 1853, zitiert bei
Biener, S. 84); vgl. auch Fontanes Rezension von "Herodes und Mariamne" (H III,
2. S. 195) Auch Spielhagen betont 1883 in seinen "Beiträgen zur Theorie und Technik des Romans", wichtigste Bedingung des Schaffens "ist Fleiss und abermals
Fleiss, und Fleiss zum drittenmale: Fleiss, dem nichts zu gross, aber auch nichts
zu klein ist; der wieder und wieder feilt und schabt. " (Spielhagen, Beiträge, S. 33).
42) Grundsätzlich aber unterscheiden sich Fontanes Ansichten über Dichter und
Künstlertum, wie sie in der Schaffensweise zum Ausdruck kommen, nicht von
jenen "Formen des Schaffens" anderer Künstler, die Muschg dargestellt hat.
(Vgl. Muschg, Tragische Lit. , S. 533-550).
43) Thomas Mann, Kunst des Romans, S. 238.
44) Schiller, Ueber Bürgers Gedichte, Bd. V, S. 972. Aehnlich schreibt Goethe in
seinem "Wort für junge Dichter", dass der "Künstler von innen heraus wirken
müsse, indem er, gebärde er sich wie er will, immer nur sein Individuum zutage fördern wird. " (Goethe, Artemis-Ausg. , Bd. X, S. 508).
45) Stifter, Ueber Stand und Würde des Schriftst. , S. 62/63. Auch Stifter folgert,
es sei demnach die letzte und tiefste Bedingung des Schriftstellers, dass er
seinen Charakter zu der grösstmöglichsten Reinheit und Vollkommenheit
heranbilde. (S. 58).
46) Schmidt, Zwischen Himmel und Erde, S. 123.
47) Schmidt, Literaturgeschichte II, S. 24.
48) Lepel an Fontane, Brief vom 19. Aug. 1855 (FL II, S. 126). Fontane selbst

hat auch später noch diese Analogien behauptet. (Vgl. den Brief an seinen Sohn Theodor vom 4. Juni 1894, FA II, S. 305/06).

49) An W. Hertz, Brief vom 5. Nov. 1878 (A 1, S. 363). Selbst in den Anfängen der Konzeption wird auch das Formale in diesem Sinn verstanden: "Ich habe mir [...] vorgenommen, die Arbeit g a n z n a c h m i r s e l b s t, nach meiner Neigung und Individualität zu machen, ohne jegliches bestimmte Vorbild; selbst die Anlehnung an Scott betrifft nur ganz Allgemeines." (An Hertz, Brief vom 17. Juni 1866, AUF I, S. 331).

50) An Pietsch, Brief vom 24. April 1880 (A 1, S. 366). Eine spätere Rezension über Otto Ludwigs "Erbförster" zeigt, wie Fontane auch das Temperament als wichtigen Teil der Persönlichkeit und damit auch als bedeutsam für die Dichtung erachtet. (F II, 8. S. 150).

51) An Hertz, Brief vom 24. Nov. 1878 (A 1, S. 366). Im selben Brief schreibt Fontane von Schmidt: "Sein Wort, wenn ich mich unter unsern Kritikern umsehe, hat doch das grösste Ansehn; seine Belesenheit ist enorm und sein Stil wundervoll." Schliesslich schreibt er im selben Jahr an Heyse, der Schwerpunkt liege [...] in der G e s i n n u n g , aus der das Buch erwuchs. (A 1, S. 369).

52) FR S. 124. Wie entscheidend für Fontane diese Anerkennung nicht nur für seinen Roman, sondern vielmehr noch für seine Persönlichkeit war, zeigt eine fast zehn Jahre später in einem Brief an Friedländer geäusserte Ansicht. Aus einer guten persönlichen und literarischen Kenntnis eines Autors sagt er von diesem, "dass er unsagbar unbedeutend ist. Ein unsagbar unbedeutender Mensch aber kann keine 2 bändige grosse Dichtung schreiben", dies als Argument gegen Julius Wolf, um dessen Qualität damals eine kleine Kontroverse entstand. (An Friedländer, Brief v. 5. Juli 1885, FFR S. 14).

53) Zum Beispiel in der Rezension vom 10. Jan. 1883 (N XXII, 2. S. 192).

54) An E. Dominik, Brief vom 13. Febr. 1882 (BR II, S. 66/67).

55) Reuter, in: AZL S. 349; hier sind weitere Belege angeführt. Es ist vor allem Fontanes Brief an Wolzogen vom 7. Jan. 1891 zu nennen, in dem er sich weigert, Zolas allgemein gehaltenen Begriff "tempérament" auf eine bestimmte Wesensart einzuschränken. (BR II, S. 257).

56) Müller-Seidel, Fontanes Autobiographik, S. 415.

57) Hellmann, S. 155.

58) Hellmann, S. 158/59.

59) Thomas Mann, der alte Fontane, S. 487.

60) Reuter, Fontane I, S. 256.

61) An F. Eggers, Brief vom 22. Juli 1853 (BR I, S. 74).

62) An die Frau, Brief vom 29. Juni 1883 (PROP 1, S. 126).

63) N XXII, 2. S. 346/47; vgl. ebenso N XXII, 2. S. 344.

64) Nürnberger, Der frühe Fontane, S. 29-36. Joachim Krüger hat einen vermutlich nach 1891 entstandenen Entwurf Fontanes zum gleichen Thema herausgegeben und ausführlich kommentiert. (Fontane, literaturtheoret. Entwürfe, S. 378-93).

65) Nürnberger, Der frühe Fontane, S. 31. Fontane hat seine eigene Ehrenpromotion durch die Universität Berlin als Ehrung für den ganzen Schriftstellerstand empfunden: "Der ganze Stand, über den man doch meist sehr mau und flau

denkt, ist dadurch geehrt; denn ich bin weiter nichts als Schriftsteller; die meisten, oder vielleicht alle, denen solche Ehre bisher zufiel, waren was d a n e b e n , was aushelfen musste. " (An H. Fechner, Brief vom Nov. 1894, LA II, S. 544) Vgl. auch Fontanes Reaktion auf die Ordensverleihung an Pietsch (FFR S. 123).

66) Zur Datierung vgl. Reuter, in: AZL S. 383.

67) An Wichmann, Brief vom 17. Febr. 1891 (Wichmann, S. 28/29). Bereits 1885 schreibt er an seine Frau: "Gestern Abend habe ich angefangen die Heim'sche Biographie zu lesen. Verfasser Geh. Oberfinanzrath Kessler (1835). Wer kennt ihn? Und doch musste ich mir im Lesen sagen 'ja so wie Deins ist es am Ende auch. ' Es ist dies eine sehr wichtige Sache; damit hängt es nämlich zusammen, dass jeder gebildete Mensch sagt: 'Gott, Schriftsteller kann ich jeden Tag werden. ' Und es ist nicht ganz unrichtig. " (An die Frau, Brief vom 13. Sept. 1885, PROP 1, S. 310). Für Fontane war Julius Wolf ein Beispiel, "den sich nicht die Muse, wohl aber das Glück auswählt, um Ruhm und Gold auf ihn zu häufen. " (An Theo, Brief v. 17. Febr. 1888, Fontane, von 30-80, S. 354). Zu Wolf vgl. auch FFR S. 14 und S. 141, ebenso AZL S. 99-102. Fontane führt vor allem die Malerei als Beispiel an, die durch gewisse technische Schwierigkeiten einer Massenproduktion und damit einem Verlust an Ansehen entgeht. (Vgl. Brief an F. Fontane v. 29. Juni 1890, Von 20-30, S. 400; ebenso Brief an die Frau v. 18. Juli 1883, PROP 1, S. 217).

68) Stifter, Ueber Stand und Würde des Schriftst. , S. 59/60.

69) Alker, S. 239.

70) Brief an Hertz vom 5. April 1891 (BR II, S. 261). In diesem Brief trägt das Gedicht den Titel: "Wie sich die oberen Zehntausend einen 'echten' Dichter denken und wünschen. " Das Gedicht wurde erheblich abgeschwächt unter dem Titel: "Der echte Dichter. (Wie man sich früher ihn dachte)" abgedruckt. (H I, 6. S. 385/86).

71) Schon 1859 schreibt Fontane an Heyse: "Ich bin völlig 'freier Schriftsteller', was gleich nach 'reisender Schauspieler' kommt. " (An Heyse, Brief vom 28. Nov. 1859, FH S. 66/67). Vgl. auch den Brief an M. v. Rohr vom 1. Nov. 1876 (BR I, S. 375/76).

72) An die Frau, Brief vom 16. Juni 1883 (PROP 1, S. 203).

73) "Da die Poeten nichts anderes sind als eigentliche Menschen und folglich letztere auch alle Poeten sind, so sehen sie doch einen sogenanten Dichter scheu von der Seite und misstrauisch an, wie einen Verräter, welcher aus der Schule schwätzt und die kleinen Geheimnisse der Menschheit und Menschlichkeit ausplaudert. " (Brief v. 5. Febr. 1847, Keller, Ges. Briefe, Bd. 1, S. 240).

74) An die Frau, Brief vom 23. Aug. 1891 (Fontane, von 20-30, S. 408/09).

75) Nürnberger, Der frühe Fontane, S. 31.

76) Lit. Manifeste des Naturalismus, S. 28.

1) Hillebrand, S. 234.
2) Alberti, Frenzel und der Realismus, S. 1037, vgl. auch S. 1036.
3) Wolzogen, S. 63/64.
4) Schmidt, Prinzip des Realismus, S. 468.
5) Hillebrand, S. 232. Auch Alberti schreibt, die Naturalisten hätten den Realismus nicht entdeckt, sondern ihn nur wieder aufgefunden und aus dem Wust des Idealismus hervorgehoben. (Alberti, Frenzel und der Realismus, S. 1036).
6) Schmidt, Prinzip des Realismus, S. 344.
7) Martini, Raabes 'Prinzessin Fisch', S. 31.
8) Heselhaus, S. 344.
9) H III, 1. S. 242; noch 1859 schreibt er über das Theater: "aber das unverkennbare Streben nach Wahrheit, nach Emanzipation von jenem konventionellen Plunder, der Ziererei und Idealität verwechselte, dies Streben muss notwendig dahin führen, wieder M e n s c h e n auf unsrer Bühne heimisch zu machen, Menschen, aus denen sich dann der wahre Augenblick entwickeln mag." (N XXII, 3. S. 113).
10) Ritchie, S. 380; vgl. auch Martini, Bürgerl. Realismus, S. 79.
11) Stifter, Brief an Sigmund Freiherrn v. Handel, vom 23. Juli 1865 (Dichter über Dichtung, S. 54/55).
12) Meyer, Albert, S. 13/14.
13) Schiller an Goethe, Brief vom 14. Sept. 1797.
14) Schmidt, Wildenbruch, S. 551.
15) Schmidt, Schiller und der Idealismus, S. 401-410; vgl. auch Schmidt, Buchdrama, S. 429; Schmidt, Neue Romane, S. 480/81; Schmidt, Prinzip des Realismus, S. 467/68.
16) Vgl. etwa Hillebrand, S. 232; Troll-Borostyani, S. 215-17; Hch. und J. Hart, Literarische Manifeste d. Naturalismus, S. 34.
17) AZL S. 171; man vergleiche dazu die im gleichen Jahr 1889 verfasste Rezension von Ibsens "Gespenster" (N XXII, 2. S. 707-709).
18) AZL S. 172; vgl. dazu Reuters Anmerkungen zum Originalmanuskript (AZL S. 376).
19) An Fritsch, Brief vom 26. März 1894 (BR II, S. 315).
20) Vgl. dazu auch Biener, S. 65-69, von einigen unsachlichen ideologischen Einseitigkeiten abgesehen (v. a. S. 67, 68, 69), gibt Biener eine gute Uebersicht über Fontanes Stellung zur Romantik. Ebenso hat Reuter auf den grundsätzlichen Unterschied zwischen der Romantik-Auffassung Fontanes und derjenigen der dt. Literaturgeschichtsschreibung hingewiesen. (Reuter, Fontane I, v. a. S. 164/65, 167, 447).
21) An Hertz, Brief vom 15. April 1891 (BR II, S. 261/62).
22) Schmidt, Engl. Literatur, S. 405; zur Bedeutung der historischen Romantik Scotts vgl. S. 450.
23) An Hertz, Brief vom 16. März 1895 (BR II, S. 343).

24) Vgl. Briefe an Heyse vom 6. Jan. 1857 (FH S. 31) und an Alfred Friedmann vom 23. Febr. 1882 (AUF 2, S. 62); bezeichnend sind auch Fontanes Bemerkungen zu "Romeo und Julia auf dem Dorfe" (H III, 1. S. 495); ebenso empfindet er Arnims "Kronenwächter" als "eine Märchenerzählung aus dem Stegreif" (AZL S. 28); vgl. unter Fontanes Kleistaufzeichnungen bes. jene über das "Käthchen von Heilbronn" (AZL S. 39-41).

25) H III, 1. S. 564; vgl. auch N XXII, 3. S. 144 und Brief an Brahm vom 17. Dez. 1896 (F II, Bd. 11, S. 411).

26) H III, 2. S. 846; vgl. auch Brief an die Frau vom 24. Juni 1881 (PROP 1, S. 154), ebenso den Brief an Mete vom 9. Aug. 1895 (PROP 2, S. 239).

27) H III, 1. S. 528; vgl. ebenso N XXII, 3. S. 113 und den Brief an Friedländer vom 9. April 1886 (FFR S. 33).

28) Hillebrand, S. 232. Bereits ein Jahr früher hat Conradi in der "Gesellschaft" geschrieben, nur der Künstler könne den naturalistischen Roman nach Zola leisten und nicht der Photograph, wie die idealistischen Kritikschwätzer flunkern. (Lit. Manifeste des Naturalismus, S. 59); vgl. auch A 3, S. 560.

29) AZL S. 15; gemeint ist der Brief Schillers an Goethe vom 7. April 1797.

30) N XXII, 1. S. 818; vgl. auch N XXII, 1. S. 418.

31) An Emil Schiff, Brief vom 15. Febr. 1888 (BR II, S. 147/48).

32) Zur Dialektfrage vgl. auch Fontanes Brief an Friedländer vom 25. Okt. 1897 (FFR S. 315).

33) Nürnberger führt weitere Anachronismen an (Nürnberger, Der frühe Fontane, S. 22); vgl. auch Fontanes Briefe an Friedländer vom 30. Mai 1893 und vom 13. Juni 1893 (FFR S. 221/22); vgl. auch N XV, S. 276 und Anm. S. 216.

34) Als Beispiel seien die Briefe zu "Graf Petöfy" erwähnt: An die Frau am 18. Juli 1883 (PROP 1, S. 218) und am 30. Aug. 1883 (PROP 1, S. 249), ebenso am 10. Aug. 1880 (PROP 1, S. 146).

35) Vgl. dazu A 3, S. 519, 523, und A 5, S. 531. W. Rost hat in einer Arbeit die "Oertlichkeit und Schauplätze in Fontanes Werken" untersucht.

36) Thanner, S. 88, 112/13, 137.

37) Martini, Raabes 'Prinzessin Fisch', S. 32.

38) Thanner, S. 66; Thanner wendet sich besonders gegen die marxistische Literaturkritik (vgl. auch S. 88). Gegen die Aufnahme von objektiver Wirklichkeit spräche schon die übliche Praxis des Dichters, die tatsächlichen Stoffe, Szenerien und Charaktere im mimetischen Kunstwerk zu transponieren und so das Tatsächliche zu verhüllen. (Vgl. dazu etwa A 7, S. 551/52, A 6, S. 463/64).

39) An Otto Neumann-Hofer, Brief vom 5. Jan. 1892 (BR II, S. 281/82).

40) Brinkmann, Zum Begriff Realismus, S. 231.

41) Julian Schmidt spricht nicht nur von "Glaubwürdigkeit" und von "Möglichkeit", sondern er verwendet ausserdem noch den Begriff "Wahrscheinlichkeit", dass also der Dichter in seiner "Composition dieses Gefühl der Wahrscheinlichkeit" im Leser hervorrufen müsse. (Schmidt, Prinzip des Realismus, S. 470) Selbstverständlich ist hier "Wahrscheinlichkeit" nicht mehr im enger begrenzten Sinn des 18. Jahrhunderts gemeint.

42) SZL S. 309; auch gegenüber Smollets Roman stellt er fest, dass in der Wirklichkeit die "Individuen in ihren Prozentsätzen von gut und böse anders gemischt" sind. (AZL S. 114) Demgegenüber schätzt er gerade bei Hauptmanns

"Vor Sonnenaufgang", dass er das Leben gibt, "wie es ist, in seinem vollen Graus, er thut nichts zu, aber er zieht auch nichts ab, und erreicht dadurch kolossale Wirkung." (An Mete, Brief vom 4. Sept. 1889, PROP 2, S. 155/56).

43) Vgl. dazu auch die Besprechung von Lindaus Roman "Arme Mädchen" (N XXI, 1. S. 291/92) und den Alexis-Essay von 1872 (H III, 1. S. 443).

44) N XXII, 2. S. 301; Modifiziert gelten diese Ueberlegungen auch für historische Dichtung. Vgl. dazu N XXII, 2. S. 325/26; H III, 2. S. 16; AZL S. 35-39 und S. 47-49.

45) An Heyse, Brief vom 6. Mai 1866 (FH S. 119). Als berühmtestes Beispiel aus Fontanes eigenem Werk, das auch in diesem dichtungstheoretischen Zusammenhang zu sehen ist, sei auf die Kontroverse um die Entdeckung der Briefe in "Effi Briest" hingewiesen. Spielhagen hält Fontanes Lösung für einen "Notbehelf des Dichters" (A 7, S. 555). Fontane schreibt dazu im Brief an Wichmann vom 24. April 1896, er hätte mehrere Möglichkeiten erwogen, die jetzige Lösung sei nicht unwahrscheinlich, "aber es ist leider trivial." Vgl. dazu auch Alker, S. 498.

46) N XXII, 1. S. 863/64; vgl. auch N XXII, 1. S. 101 und N XXII, 2. S. 256/57, S. 357, S. 547/48. Auch Kleists "Käthchen von Heilbronn" berührt Fontane "wie ein dramatisiertes M ä r c h e n , man verlangt keine Korrektheit mehr" (AZL S. 40), vgl. dazu auch Schmidt, Literaturgeschichte I, S. 184/85. In ähnlichem Zusammenhang steht auch der Brief an Brahm vom 30. Dez. 1891 (BR II, S. 279/80).

47) An Mete, Brief vom 8. Mai 1889 (PROP 2, S. 121); vgl. auch AZL S. 30 und S. 111.

48) Reuter, in: SZL S. XXIV; Auch Biener spricht etwas undifferenziert von der Literatur als " S p i e g e l u n g objektiver Wirklichkeit" (Biener, S. 17).

49) Hellmann, S. 124.

50) Brinkmann, Verbindlichkeit des Unverb., v. a. S. 181, und S. 185.

51) Zur Totalität vgl. auch H III, 1. S. 529. Die Formulierung "künstlerische Abrundung" findet sich bereits in den Briefen an Lepel vom 30. April 1852 (FL II, S. 1) und vom 10. bis 15. Mai 1852 (FL II, S. 6). Fontane liess sich von seinem Verleger in Bezug auf die Titelgebung der Novelle "L'Adultera" umstimmen, "weil das Spiel mit dem L'Adultera- B i l d und der L'Adultera- F i - g u r eine kleine Geistreichigkeit, ja, was mehr ist: ein rundere Rundung in sich schliesst." (A 3, S. 554) Die Begriffe "Rundung" und "Abrundung" sind durchaus als ästhetische Wertung zu begreifen. Hubert Ohl hat gerade im Zusammenhang mit dem Begriff "Rundung", "Abrundung" darauf hingewiesen, wie überraschend Fontane in einzelnen Aeusserungen Begriffen aus der Hegelschen Aesthetik nahekommt. (Ohl, S. 10) Wenn auch ein direkter Einfluss nicht nachweisbar ist, so hat Fontane zumindest die Begriffe selbst mit Sicherheit bei der Lektüre des Briefwechsels zwischen Schiller und Goethe angetroffen, nämlich im Zusammenhang mit Goethes Bemerkungen zu Schillers "Kraniche des Ibykus". Vgl. Goethe an Schiller [Tübingen, 12. Sept. 1797], dieser Brief nimmt Bezug auf die Briefe vom 22. und 23. Aug. 1797; daraus ist zu ersehen, dass Fontane gerade bei "L'Adultera" die Begriffe analog versteht.

52) Fontane steht damit nicht nur in der Wahl einzelner Begriffe, sondern auffälliger noch in seinen ästhetischen Intentionen in enger Beziehung zu den theore-

tischen Ansichten Spielhagens. (Vgl. dazu Hellmann, v.a. S.127/28).

53) Osiander, v.a. S.165 und S.171.
54) Lübbe, S.273.
55) Günther, v.a. S.54-56 und S.63.
56) Günther, S.54.
57) Mittenzwei, S.238.
58) Goethe an Schiller, Brief vom 19. Nov. 1796.
59) An Hertz, Brief vom 17. Juni 1866 (AUF 1, S.330); vgl. zum Interesse im weiteren: N XXII, 2. S.634; Brief an Kletke vom 25. Jan. 1872 (FK S.39); Kruse-Rezension (FK S.104); AZL S.40, 91, 93; N XXI, 1. S.182; Brief an Friedländer vom 9. April 1886 (FFR S.33).
60) Vgl. etwa Schmidt, Buchdrama, S.429; Schmidt, G.Keller, S.88; Freytag, Aufsätze, Bd.8, S.190, 194, 220; Zur Bedeutung des Interesses bei Ludwig vgl. Meyer, Albert S.140 und S.158.
61) Schiller, Ueber Bürgers Gedichte, Bd.4, S.972.
62) An Zöllner, Brief vom 3.11.1874, BR I, S.347.
63) AZL S.88; vgl. u.a. H III, 1. S.324, 400; an Turgenjews Arbeiten bewundert er "die Treue der Bilder, aber sie lassen so kalt, wie der Dichter kalt war, der sie schuf" (N XXI, 1. S.469); vgl. auch Brief an Rodenberg vom 8. Nov. 1888 (FR S.26). Treffliches Beispiel für diese Macht echten Empfindens bleibt Fontane "Des Meeres und der Liebe Wellen", denn das "Zeichen, in dem dieses Stück siegt, ist seine Lauterkeit" und Fontane ruft den "Modernen" zu, "dass es, um das wirklich Richtige zu treffen, auf das H e r z ankommt, das die Berechtigung des Natürlichen auf Kosten des Gesetzes proklamiert." (N XXII, 1. S.329).
64) Günther, S.54/55.
65) Markwart, Poetik, Bd.4, S.467.
66) Vgl. dazu Böschenstein, Dt. Gefühlskultur, Bd.2, S.163; ebenso Martini, Lit. des bürgerl. Realismus, S.739.
67) Die grundlegende Bedeutung dieser Elementargestalt Melusine-Oceane für die Dichtung und den Dichter hat Renate Schäfer ausführlich dargestellt. (Schäfer, S.69-104).
68) Schäfer, S.99; In neuester Zeit hat Brüggemann diesen "Mangel an Liebesfähigkeit" der Melusine-Figuren hervorgehoben. Er bezeichnet die Figuren als Typus und sieht neben Melusine und Oceane v.a. auch in Effi und Cécile Varianten dieses Typus; männliche Pendants wären etwa Crampas, Holk v. Holkenäs und Gordon. (Brüggemann, v.a. S.488, 495, 498f.).
69) Am ausdrücklichsten tritt diese Erfahrung in zahlreichen Briefen hervor. Vgl. u.a. Tunnelprotokoll vom 13.11.1859 (In: Behrend, S.57); Brief an Mete vom 23. Jan. 1882 (PROP 2, S.36); Brief an Friedländer vom 16. Juni 1888 (FFR S.91); Brief an Schott vom 14. Febr. 1897 (BR II, S.418); Brief an G.Keyssner vom 8. Aug. 1898 (H I, 5. S.962).
70) Gute Ansätze bringt Mittenzwei in ihrem Aufsatz über Theorie und Roman bei Theodor Fontane.

1. PRIMAERLITERATUR

F   = Gesammelte Werke von Theodor Fontane. Serie 1.2. Berlin, F.Fontane
        1905-10.

N   = Theodor Fontane, Sämtliche Werke. Hrsg. von Kurt Schreinert, Edgar
        Gross, Jutta Neuendorff-Fürstenau, Charlotte Jolles, Nymphenburger
        Verlagsbuchhandlung, München 1959ff.

H   = Theodor Fontane, Sämtliche Werke. Hrsg. von Walter Keitel, Hanser-
        Verlag, München 1962ff.

A   = Theodor Fontane, Romane und Erzählungen in acht Bänden. Hrsg. von
        Peter Goldammer, Gotthard Erler, Anita Golz, Jürgen Jahn, Aufbau-
        Verlag, Berlin und Weimar 1969.

SZL   = Theodor Fontane, Schriften zur Literatur. Hrsg. von Hans-Heinrich
        Reuter, Berlin 1960.

AZL   = Theodor Fontane, Aufzeichnungen zur Literatur. Hrsg. von Hans-Hein-
        rich Reuter, Aufbau-Verlag, Berlin und Weimar 1969.

SuF   = Theodor Fontane, Unveröffentlichte Aufzeichnungen und Briefe. Hrsg.
        von Hans-Heinrich Reuter. In: Sinn und Form 13 (1961), 704-749.

FA   = Theodor Fontane, Briefe an seine Familie. Hrsg. von Karl Emil Otto
        Fritsch, 2 Bde. Berlin 1905.

BR   = Theodor Fontane, Briefe. Zweite Sammlung. Hrsg. von Otto Pniower
        und Paul Schlenther, 2 Bde. Berlin 1910.

FW   = Theodor Fontanes Briefwechsel mit Wilhelm Wolfsohn. Hrsg. von Wil-
        helm Wolters, Berlin 1910.

FH   = Der Briefwechsel von Theodor Fontane und Paul Heyse. Hrsg. von
        Erich Petzet, Berlin 1929.

HD   = Theodor Fontane, Heiteres Darüberstehen. Familienbriefe, Neue Folge.
        Hrsg. von Friedrich Fontane, Berlin 1937.

FL   = Theodor Fontane und Bernhard von Lepel. Ein Freundschaftsbriefwech-
        sel. Hrsg. von Julius Petersen, 2 Bde. München 1940.

LA   = Theodor Fontane, Briefe an die Freunde. Letzte Auslese. Hrsg. von
        Friedrich Fontane und Hermann Fricke, 2 Bde. Berlin 1943.

FS   = Storm-Fontane. Briefe der Dichter und Erinnerungen von Theodor Fon-
        tane. Hrsg. von Erich Gülzow, Reinbek bei Hamburg 1948.

FFR   = Theodor Fontane, Briefe an Georg Friedländer. Hrsg. und erläutert
        von Kurt Schreinert, Heidelberg 1954.

AUF   = Fontanes Briefe. Ausgewählt und erläutert von Gotthard Erler, 2 Bde.
        Aufbau-Verlag, Berlin und Weimar 1968.

FR   = Theodor Fontane, Briefe an Julius Rodenberg. Hrsg. von Hans-Heinrich

Reuter, Aufbau-Verlag, Berlin und Weimar 1969.

FK   = Theodor Fontane, Briefe an Hermann Kletke. In Verbindung mit dem
        Deutschen Literaturarchiv Marbach a. N. herausgegeben von Helmuth
        Nürnberger, München 1969.

PROP = Theodor Fontane, Briefe. Hrsg. von Kurt Schreinert. Zu Ende geführt
        und mit einem Nachwort versehen von Charlotte Jolles. Erste wort-
        und buchstabengetreue Edition nach den Handschriften, 4 Bde., Propy-
        läen Verlag, Berlin 1968ff.

FHZ   = Theodor Fontane, Briefe an Wilhelm und Hans Hertz. 1859-1898. Hrgs.
        von Kurt Schreinert, vollendet und mit einer Einführung versehen von
        Gerhard Hay. Stuttgart 1972.

Argo: Belletristisches Jahrbuch für 1854. Hrsg. von Theodor Fontane und Franz
      Kugler, Dessau 1854.

Fontane, Theodor: Briefe an Herman Wichmann 1881-1897. In: Wichmann, Frohes
      und Ernstes aus meinem Leben. [o.O.] 1898.

Fontane, Theodor: Briefe und Tagebuch [Auszüge 1874-1882]. Hrsg. von Mario
      Krammer. In: Die neue Rundschau, 30. Jg. der Freien Bühne (1919),
      1427-1450.

Das Fontane-Buch. Beiträge zu seiner Charakteristik. Unveröffentlichtes aus sei-
      nem Nachlass. Das Tagebuch aus seinen letzten Lebensjahren. Hrsg. von
      Ernst Heilborn. Berlin 1919.

Theodor Fontane an Paul Lindau, Mitget. von Paul Alfred Merbach. In: Deutsche
      Rundschau 210 (1927), 239-42; 211 (1927), 56-64.

Neunundachtzig bisher ungedruckte Briefe und Handschriften. Hrsg. u. mit An-
      merkungen vers. v. Richard Kehler. Berlin 1936.

Theodor Fontane und die Familie von Wangenheim. Aus dem Nachlass hrgs. von
      Conrad Höfer. Eisenach 1939.

Fontane, Theodor: Briefe an Friedrich Paulsen. In 500 gez. Facs.-Drucken,
      Bern 1949.

Aus Briefen Fontanes an Maximilian Harden. Bisher ungedruckte Briefe aus dem
      Nachlass der Tochter Max. Hardens. Mitget. von Hans Pflug. In: Merkur,
      Deutsche Zeitschrift für europ. Denken. 10 (1956), 1091-1158.

Einige unbekannte Fontane-Briefe. Mitget. von Joachim Krueger. In: Marginalien.
      Zeitschrift der Pirckheimer-Gesellschaft im Kulturbund zur demokrat.
      Erneuerung Deutschlands. (1959), 27-33.

Lohrer, Liselotte: Fontane und Cotta. In: Festgabe für Eduard Behrend. Weimar
      1959, 439-466.

Fontane, Theodor: Von Dreissig bis Achtzig. Sein Leben in seinen Briefen. Hrsg.
      von H.H.Reuter, Leipzig 1959.

Theodor Fontane und München. Briefe und Berichte. Hrsg. im Auftrage der Stadt-
      bibliothek München von Werner Pleister. München, 1962.

Schreinert, Kurt: Theodor Fontane über Wilhelm Raabe. In: Jahrbuch der Raabe-
      Gesellschaft (1962), 182-190.

Fontane, Theodor: Unbekannte Wanderungen. Hrsg. von Heinrich Marohl. Mit
      einer Einführung von Herbert Roch. Berlin-Schöneberg 1963.

Fontane, Theodor: Unbekannte Briefe, Hrsg. von Kurt Schreinert, Berlin, 1964.

Fontane, Theodor: Schriften und Glossen zur europäischen Literatur. Ausgewählt und erläutert von Werner Weber, Bd. 1. Zürich 1965, Bd. 2 Zürich 1967. (= Klassiker der Kritik. Hrsg. von Emil Staiger)

Goldammer, Peter: Ein unbekannter Briefwechsel zwischen Fontane und Storm. In: Weimarer Beiträge 14 (1968), 423-436.

Fontane, Theodor: "... mir ist die Freiheit Nachtigall". Politische Lyrik, Gelegenheitsgedichte, Späte Spruchdichtung, ausgewählt und mit einem Nachwort von Helmuth Nürnberger unter Mitwirkung von Otto Drude. Duisburg 1969.

Der junge Fontane, Dichtung, Briefe, Publizistik. Aufbau-Verlag, Berlin und Weimar 1969.

Theodor Fontanes Briefe an Ludwig Pietsch. Eingeleitet und kommentiert von Christa Schulze. In: Fontane-Blätter 2 (1969), 10-59.

Fontane-Otto Ernst. Unbekannte Briefe Theodor Fontanes an Otto Ernst. Mitgeteilt von Helmuth Nürnberger. In: Neue Zürcher Zeitung, 18. April 1971.

Fontane, Theodor: Drei literaturtheoretische Entwürfe. Hrsg. und erläutert von Joachim Krüger. In: Fontane-Blätter 2 (1972), 377-393.

Fontane, Theodor: Unveröffentlichte Briefe an den Verlag Brockhaus. Mitgeteilt von Christa Schultze. In: Fontane-Blätter 2 (1972), 457-464.

Fontane, Theodor: Unveröffentlichte Briefe an Pol de Mont. Ein Beitrag zu Fontanes Theorie der Ballade. Mitgeteilt von Jean Gomez. In: Fontane-Blätter 2 (1972), 465-474.

2. UEBRIGE QUELLEN UND SEKUNDAERLITERATUR

Aegerter, Emil: Theodor Fontane und der französische Naturalismus. Ein Beitrag zur Geschichte und Theorie des naturalistischen Romans in Deutschland und Frankreich. Diss. Bern, Heidelberg 1922.

Alberti, Conrad: Ein italienisches Urteil über den deutschen Roman und seine Leser. In: Die Gesellschaft (1886), 229-232.

Alberti, Conrad: Karl Frenzel und der Realismus. In: Die Gesellschaft (1888), 1032-1042.

Alker, Ernst: Die deutsche Literatur im 19. Jahrhundert, 1832-1914. Stuttgart [2]1962.

Ars poetica: Texte von Dichtern des 20. Jahrhunderts zur Poetik. Hrsg. von Beda Allemann, Darmstadt 1966.

Anonymus: Aesthetik des Hässlichen, Von Karl Rosenkranz. Rez. In: Die Grenzboten, 12, III (1853), 1-6.

Anonymus: Romanrezensionen, In: Die Grenzboten, 12, II (1853), 298-300.

Anonymus: Thackeray, In: Die Grenzboten, 12, I (1853), 43-49.

Aschaffenburg, Hans: Der Kritiker Theodor Fontane. Ein Beitrag zur Frage des kritischen Wesens und Wirkens. Diss. Köln 1929.

Auerbach, Erich: Mimesis. Dargestellte Wirklichkeit in der abendländischen Literatur, Bern [2]1959.

Bachmann, Rainer: Theodor Fontane und die deutschen Naturalisten. Vergleichende Studien zur Zeit- und Kunstkritik. Diss. München 1968.

Bahr, Hermann: Zur Ueberwindung des Naturalismus. Theoretische Schriften 1887-1904. Ausgewählt, eingeleitet und erläutert von Gotthard Wunberg, Stuttgart 1968.

Bange, Pierre: Fontane et le Naturalisme. In: Etudes Germanistiques (1964), 142-150.

Behrend, Fritz: Geschichte des Tunnels über der Spree. Berlin 1938.

Bertram, Ernst: Theodor Fontanes Briefe (1910) In: Bertram, Dichtung als Zeugnis, Bonn 1967, 43-67.

Biener, Joachim: Theodor Fontane als Literaturkritiker. Rudolstadt 1956. (= Wir diskutieren, Heft 4).

Böckmann, Paul: Der Zeitroman Fontanes. In: Der Deutschunterricht 11, V (1959), 59-81.

Böschenstein, Hermann: "Wie schön ist Gottes Welt", Storm und Fontane. In: Böschenstein, Deutsche Gefühlskultur, Bd. 2, Bern 1966, 152-169.

Briefwechsel zwischen Schiller und Goethe in den Jahren 1794-1805. 2 Bde. Stuttgart 1870. [Von Fontane benutzte Ausgabe]

Briefwechsel zwischen Theodor Storm und Gottfried Keller. Hrsg. von Peter Goldammer, Aufbau-Verlag, Berlin und Weimar 1967.

Brinkmann, Richard: Wirklichkeit und Illusion, Tübingen [2]1966.

Brinkmann, Richard: Theodor Fontane. Ueber die Verbindlichkeit des Unverbindlichen, München 1967.

Brinkmann, Richard: Zum Begriff des Realismus für die erzählende Dichtung des neunzehnten Jahrhunderts (1958). In: Begriffsbestimmung des Literarischen Realismus. Hrsg. von Richard Brinkmann, Darmstadt 1969, 222-235. (= Wege der Forschung 212)

Brüggemann, Diethelm: Fontanes Allegorien. In: Neue Rundschau 82 (1971), Teil I: S. 290-310; Teil II: S. 486-505.

Burwick, Fritz: Die Kunsttheorie des Münchener Dichterkreises. Diss. Greifswald 1932.

Buscher, Heide: Die Funktion der Nebenfiguren in Fontanes Romanen unter bes. Berücksichtigung von "Vor dem Sturm" und "Der Stechlin". Diss. Bonn 1968.

Curtius, Ernst Robert: Europäische Literatur und lateinisches Mittelalter. Bern und München [6]1967.

Demetz, Peter: Formen des Realismus: Theodor Fontane. Kritische Untersuchungen. München [2]1966.

Dichter über Dichtung; in Briefen, Tagebüchern und Essays. Ausgewählt und kommentiert von Walter Schmiele. Darmstadt 1955.

Eckermann, Johann Peter: Gespräche mit Goethe in den letzten Jahren seines Lebens 1823-1832. 2 Bde. Basel 1945.

Erler, Gotthard: "Ich bin der Mann der langen Briefe", Bekanntes und Unbekanntes über Fontanes Briefe. In: Fontane-Blätter 1 (1968), 314-330.

Ernst, Joachim: Die religiöse Haltung Theodor Fontanes. Diss. Erlangen 1951.

Ernst, Joachim: Gesetz und Schuld im Werk Fontanes. In: Zs. f. Religions- und Geistesgeschichte 3 (1951), 220-229.

Fischer, Gertrud: Der Verfall des Gehaltes der heldischen Ballade von Strachwitz und Fontane zu den Epigonen. Diss. München 1956.

Fontana, Oskar Maurus: Gestaltwandel der deutschen Theaterkritik. In: Neue Zürcher Zeitung, 9. Dez. 1961.

Freytag, Gustav: Aufsätze zur Geschichte, Litteratur und Kunst, Gesammelte Werke, erste Serie, Bd. 8, Leipzig [o. Jg.].

Freytag, Gustav: Die Technik des Dramas. Unveränderter reprografischer Nachdruck der 13. Auflage, Leipzig 1922. Darmstadt 1965.

Fricke, Hermann: Zur Pathographie des Dichters Theodor Fontane. In: Theodor Fontanes Werk in unserer Zeit. Symposion zur 30-Jahr-Feier des Fontane-Archivs der Brandenburgischen Landes- und Hochschulbibliothek Potsdam. Potsdam 1966, 95-112.

Fürstenau, Jutta: Fontane und die märkische Heimat. Diss. Berlin 1941.

Gansberg, Marie Louise: Der Prosa-Wortschatz des deutschen Realismus unter bes. Berücksichtigung des vorausgehenden Sprachwandels 1835-55. Diss. Bonn [2]1966. (= Abhandlungen zur Kunst-, Musik- und Literaturwissenschaft, Bd. 27)

Geffcken, Hanna: Aesthetische Probleme bei Theodor Fontane und im Naturalismus. GRM 8 (1920), 345-353.

Goethe, Johann Wolfgang: Werke, Artemis-Ausgabe, Zürich 1962.

Goethe, Johann Wolfgang: Werke, Hamburger-Ausgabe, Hamburg [6]1967.

Goldammer, Peter: Storms Werk und Persönlichkeit im Urteil Theodor Fontanes. In: Fontane-Blätter 1 (1968), 247-264.

Gotthelf, Jeremias: "Der Bauernspiegel". Sämtl. Werke. Hrsg. von R. Hunziker und H. Bloesch, Bd. 1, Zürich 1921.

Günther, Vincent J.: Das Symbol im erzählenden Werk Fontanes. Bonn 1967 (= Bd. 16 der Bonner Arbeiten zur dt. Literatur)

Haacke, Wilmont: Die persönliche Note. Fontane als Feuilletonist. In: Fechter Paul, Dank und Erkenntnis, 1955, 60-67.

Hahl, Werner: Reflexion und Erzählung. Ein Problem der Romantheorie von der Spätaufklärung bis zum programmatischen Realismus. Stuttgart 1971.

Hamburger, Käte: Die Logik der Dichtung. Stuttgart [2]1968.

Hauptmann, Gerhart: Protektor Fontane. Aus dem bisher unveröffentlichten zweiten Teil der Lebenserinnerungen Hauptmanns. In: Die Neunzehn' 64, Texte und Informationen. 1964, 16-17.

Hebbel, Friedrich: Tagebücher. Hrsg. von Gerhard Fricke, Werner Keller und Karl Pörnbacher, Hanser-Ausgabe Bde. IV/V, München 1966.

Hegel, Georg Wilhelm Friedrich: Aesthetik [Teilsamml.] Nach der 2. Ausg. [Berlin] 1842 red. u. mit e. ausführl. Register vers. v. Friedrich Bassenge. Mit e. Einf. von Georg Lukács. 2 Bde. Frankfurt 1965.

Heine, Heinrich: Die Romantische Schule. Neudurchgesehene Originalausgabe. Hrsg. von G. A. E. Bogeng, Hamburg-Berlin [o. Jg.]

Hellmann, Winfried: Objektivität, Subjektivität und Erzählkunst. Zur Romantheorie Friedrich Spielhagens. (1957) In: Begriffsbestimmung des literarischen Realismus. Hrsg. von Richard Brinkmann, Darmstadt 1969, 86-159. (= Wege der Forschung 212)

Herding, Gertrud: Bibl. Verzeichnis der Zeitungs- und Zeitschriftenveröffentli-
chungen über Th. Fontane, soweit in den wichtigsten bibl. Uebersichten
angeführt. In: Herding, Theodor Fontane im Urteil der Presse. Ein Beitrag zur Geschichte der lit. Kritik. [Diss. Masch.] München 1945.

Herding, Gertrud: Die neuere Theodor Fontane-Forschung. Zu den geistesgeschichtlichen Grundlagen des Fontanebildes. In: Universität, Zs. f. Wissenschaft, Kunst und Literatur, 4 (1949), 285-290.

Hermand, Jost: Synthetisches Interpretieren. Zur Methodik der Literaturwissenschaft. München [2]1969.

Heselhaus, Clemens: Das Realismusproblem. In: Begriffsbestimmung des literarischen Realismus. Hrsg. von Richard Brinkmann, Darmstadt, 1969, 337-
364. (= Wege der Forschung 212)

Heynen, Walter: Fontane im Gespräch. Auch ein Spiegelbild des Dichters. In: Der
Bär von Berlin. (1970), 7-50.

Hildebrandt, Bruno F. O. : Fontanes Altersstil in seinem Roman "Der Stechlin".
In: The German Quarterly 38 (1965), 139-156.

Hillebrand, Julius: Naturalismus schlechtweg! In: Die Gesellschaft, (1886), 232-
237.

Hock, Erich Th. : Fontanes Verhältnis zur Erzählkunst Turgenjevs. In: J. S.
Turgenjev und Deutschland. Materialien und Untersuchungen. Bd. 1. Hrsg.
von Gerhard Ziegengeist, Berlin [Ost] 1965, 303-329. (= Veröffentlichung
des Instituts für Slavistik)

Hofmannsthal, Hugo von: Poesie und Leben. In: Ars poetica. Hrsg. von Beda Allemann, Darmstadt 1966, 12-14.

Hohendahl, Peter Uwe: Theodor Fontane: Cécile. Zum Problem der Mehrdeutigkeit. In: GRM Neue Folge 18 (1968), 381-405.

Ingarden, René: Das literarische Kunstwerk. Tübingen [3]1965.

Jean Paul: Vorschule der Aesthetik, Sämtl. Werke, Hist. -krit. Ausgabe. Hrsg.
von der Preuss. Akademie der Wissenschaften in Verbindung mit der
Akademie z. wiss. Erforschung u. z. Pflege des Deutschtums, 1. Abt. ,
Bd. 11, Weimar 1935.

Jolles, Charlotte: Zu Fontanes literarischer Entwicklung. Bibliographische Uebersicht über seine Beiträge in Zeitschriften, Almanachen, Kalendern und
Zeitungen 1839-1858/59. In: Jahrb. der Dt. Schiller-Gesellschaft 4 (1960),
400-424.

Jonas, G. : Turgenjevs Briefe an Paul und Rudolf Lindau (1874-1882). Mit unveröffentlichten Aufzeichnungen Theodor Fontanes über Paul Lindau. In:
J. S. Turgenjev und Deutschland. Materialien und Untersuchungen. Bd. 1.
Hrsg. von Gerhard Ziegengeist, Berlin [Ost] 1965, 108-145. (= Veröffentlichung des Instituts für Slavistik)

Jørgensen, Sven-Aage: Der Literaturkritiker Theodor Fontane. In: Neophil. 48
(1964), 220-230.

Jürgensen, W. : Theodor Fontane im Wandel seiner politischen Anschauungen. In:
Deutsche Rundschau 84 (1958), 561-569.

Kaufmann, Hans: Heines Schönheitsbegriff und die Revolution von 1848. (Vortrag,
gehalten vor dem Heine-Zirkel in Paris, Nov. 1959) In: Weimarer Bei-

träge 6 (1960), 266-79.

Kayser, Wolfgang: Das sprachliche Kunstwerk. Bern und München [11]1965.

Kayser, Wolfgang: Die Wahrheit der Dichter. Wandlung eines Begriffes in der deutschen Literatur, Hamburg 1959 (= rowohlts deutsche enzyklopädie Nr. 87).

Kayser, Wolfgang: Kunst und Spiel. Fünf Goethe-Studien, Göttingen 1961 (= Kleine Vandenhoeck Reihe 128/29).

Keller, Gottfried: Gesammelte Briefe in vier Bänden. Hrsg. von Carl Helbling, Bern 1950ff.

Keller, Gottfried: Das Tagebuch und das Traumbuch. Vorwort und Anmerkungen von Walter Muschg. Basel 1942. (= Sammlung Klosterberg, Schweizerische Reihe. Hrsg. von Walter Muschg).

Keller, Gottfried: Jeremias Gotthelf. In: Kellers Werke. Hrsg von Max Nussberger, kritisch-historische und erläuterte Ausgabe, Leipzig [o. Jg.], Bd. 7, S. 309-365.

Kieslich, Günter: Journalistisches und Literarisches bei Theodor Fontane. In: Publizistik (1960), 452-462.

Killy, Walter: Wirklichkeit und Kunstcharakter. Neun Romane des 19. Jahrhunderts. München 1963.

Klatt, Ernst: Von Scott über Fontane zu Molo. Ein Beitrag zur Stil- und Stoffgeschichte des deutschen Romans. In: Das lit. Echo 23 (1921), 515-519.

Klette, Erhard: Theodor Fontane als Kritiker deutscher erzählender Werke des 18. und 19. Jahrhunderts. Diss. Greifswald 1923.

Knudsen, Rüdiger Ruprecht: Der Theaterkritiker Fontane. Berlin 1942. (= Schriften der Gesellschaft für Theatergeschichte 55)

Knudsen, Rüdiger Ruprecht: Profil eines Kritikers. In: Berliner Hefte für geistiges Leben (1947), 597-603.

Körner, Maria Theresia: Zwei Formen des Wertens. Die Theaterkritiken Theodor Fontanes und Alfred Kerrs. Ein Beitrag zur Theaterkritik. [Diss. Masch.] Bonn 1952.

Kohler, Ernst: Die Balladendichtung im Berliner "Tunnel über der Spree". Berlin 1940. (= Germanische Studien 223)

Krammer, Mario: Theodor Fontane, Berlin 1922.

Kricker, Gottfried: Theodor Fontane. Von seiner Art und epischen Technik. Berlin 1912 (= Bonner Forschungen 4)

Lazarowicz, Klaus: Moral- und Gesellschaftskritik in Theodor Fontanes erzählerischem Werk. In: Unterscheidung und Bewahrung. Festschrift für Hermann Kunisch zum 60. Geburtstag. Berlin 1961, 218-231.

Lincke, Werner: Theodor Fontane als Theaterkritiker. In: Fontane-Blätter 1 (1968), 204-215.

Literarische Manifeste des Naturalismus 1880-1892. Hrsg. von Erich Ruprecht, Stuttgart 1962.

Lübbe, Hermann: Fontane und die Gesellschaft. In: Literatur und Gesellschaft. Vom neunzehnten ins zwanzigste Jahrhundert. Festgabe für Benno von Wiese zu seinem 60. Geburtstag. Bonn 1963, 229-273.

Luck, Rätus: Keller als Literaturkritiker. Diss. Bern 1970.

Lukács, Georg: Die Grablegung des alten Deutschland. Essays zur deutschen Literatur des 19. Jahrhunderts. Ausgewählte Schriften I, Berlin 1967. (= rowohlts deutsche enzyklopädie 276)

Lukács, Georg: Der alte Fontane. In: Die Grablegung des alten Deutschland. Essays zur deutschen Literatur des 19. Jahrhunderts. Ausgewählte Schriften I, Berlin 1967, 120-159. (= rowohlts deutsche enzyklopädie 276)

Lukács, Georg: Erzählen oder Beschreiben? Zur Diskussion über Naturalismus und Formalismus. (1948) In: Begriffsbestimmung des literarischen Realismus. Hrsg. von Richard Brinkmann, Darmstadt 1969, 33-85. (= Wege der Forschung 212)

Ludwig Otto: Werke in sechs Bänden. Hrsg. von Adolf Bartels, Leipzig 1906.

Mann, Thomas: Die Kunst des Romans. In: Ars poetica. Hrsg. von Beda Allemann, Darmstadt 1966, 229-240.

Mann, Thomas: Der alte Fontane. In: Mann, Adel des Geistes. Sechzehn Versuche zum Problem der Humanität. Stockholm 1967, 470-495.

Mann, Thomas: Noch einmal der Alte Fontane. In: Mann, Nachlese, Prosa 1951-1955. Frankfurt a.M. 1956, 174-181.

Markwart, Bruno: Geschichte der deutschen Poetik. Berlin 1959.

Martini, Fritz: Deutsche Literatur in der Zeit des "bürgerlichen Realismus". Ein Literaturbericht. In: DVjs. für Literaturwissenschaft und Geistesgeschichte 34 (1960), 581-666.

Martini, Fritz: Wilhelm Raabes "Prinzessin Fisch". Wirklichkeit und Dichtung im erzählenden Realismus des 19. Jahrhunderts. In: Der Deutschunterricht 11, V (1959), 31-58.

Martini, Fritz: Zur Theorie des Romans im deutschen "Realismus". In: Deutsche Romantheorien. Hrsg. von R. Grimm, Frankfurt a. M., Bonn 1968, 142-165.

Martini, Fritz: Poetik. In: Deutsche Philologie im Aufriss, Bd. 1, Berlin [2]1957.

Martini, Fritz: Deutsche Literatur im bürgerlichen Realismus 1848-1898. Stuttgart [2]1964. (= Epochen der deutschen Literatur V/2)

Mey, Hans Joachim: Theodor Fontane in seinen Briefen, Selbstverständnis und Kritik. In: Der Bär von Berlin (1970), 51-73.

Meyer, Albert: Die ästhetischen Anschauungen Otto Ludwigs. Diss. Winterthur 1957.

Meyer, Hermann: Das Zitat in der Erzählkunst. Zur Geschichte und Poetik des europäischen Romans, Stuttgart [2]1967.

Meyer, Peter: Struktur der dichterischen Wirklichkeit in Fontanes "Effi Briest". Diss. München 1961.

Michelsen, Peter: Theodor Fontane als Kritiker englischer Shakespeare-Aufführungen. In: Deutsche Shakespeare-Gesellschaft West (1967), 96-122.

Milch, Werner: Literaturkritik und Literaturgeschichte. Prolegomena zu einer Geschichte der Rezension. In: GRM 18 (1930), 1-15.

Minder, Robert: Ueber eine Randfigur bei Fontane. In: Neue Rundschau 77 (1966), 402-413.

Mittenzwei, Ingrid: Theorie und Roman bei Theodor Fontane. In: Deutsche Romantheorien. Hrsg. von R. Grimm, Frankfurt a.M., Bonn 1968, 233-250.

Monecke, Wolfgang: Der historische Roman und Theodor Fontane. In: Festgabe für Ulrich Pretzel zum 65. Geburtstag. Berlin 1963, 278-288.

Müller-Seidel, Walter: Gesellschaft und Menschlichkeit im Roman Theodor Fontanes. In: Heidelberg. Jbb. 4 (1960), 108-127.

Müller-Seidel, Walter: Der Stechlin. In: Der Deutsche Roman. Hrsg. von Benno von Wiese, Düsseldorf 1963, Bd. II, 146-189.

Müller-Seidel, Walter: Fontanes Autobiographik. In: Jahrb. der Dt. Schiller-Gesellschaft 13 (1969), 397-418.

Muschg, Walter: Dichtertypen, Basel 1954. (= Schriften der "Freunde der Universität Basel", 7. Heft)

Muschg, Walter: Tragische Literaturgeschichte, Bern 31957.

Nietzsche, Friedrich: Werke in drei Bänden. Hrsg. von Karl Schlechta, München 1966.

Novelle: Hrsg. von Josef Kunz, Darmstadt 1968. (= Wege der Forschung 55)

Nürnberger, Helmuth: Der frühe Fontane. Politik, Poesie, Geschichte, 1840 bis 1860. Hamburg 1967.

Ohl, Hubert: Bilder, die die Kunst stellt. Die Landschaftsdarstellung in den Romanen Theodor Fontanes. In: Jahrb. der Dt. Schiller-Gesellschaft 11 (1967), 469-483.

Ohl, Hubert: Bild und Wirklichkeit. Studien zur Romankunst Raabes und Fontanes. Heidelberg 1968.

Osiander, Renate: Der Realismus in den Zeitromanen Theodor Fontanes. Eine vergleichende Gegenüberstellung mit dem französischen Zeitroman (Stendhal, Balzac, Flaubert). [Diss. Masch.] Göttingen 1953.

Paul, Adolf: Der Einfluss Walter Scotts auf die epische Technik Theodor Fontanes. Breslau 1934 (= Sprache und Kultur der Germ. und Rom. Völker. Germ. Reihe, Bd. 10)

Poser, Wolfgang: Gesellschaftskritik im Briefwerk Fontanes. Diss. Frankfurt a. M. 1957.

Preisendanz, Wolfgang: Humor als dichterische Einbildungskraft. München 1963.

Preisendanz, Wolfgang: Voraussetzungen des poetischen Realismus in der deutschen Erzählkunst des 19. Jahrhunderts. (1962) In: Begriffsbestimmung des literarischen Realismus. Hrsg. von Richard Brinkmann, Darmstadt 1969, 453-479. (= Wege der Forschung 212)

Preisendanz, Wolfgang: Keller, Der gründe Heinrich. In: Der Dt. Roman vom Barock bis zur Gegenwart. Hrsg. von Benno von Wiese, Düsseldorf 1965, 76- 127.

Reinhardt, Heinrich: Die Dichtungstheorie der sogenannten Poetischen Realisten. Diss. Tübingen 1939.

Reuter, Hans-Heinrich: Entwicklung und Grundzüge der Literaturkritik Theodor Fontanes. In: Weimarer Beiträge 5 (1959), 183-223.

Reuter, Hans-Heinrich: Fontanes Briefe an seine Familie. Ergebnis einer vergleichenden Untersuchung im Fontane-Archiv. In: Weimarer Beiträge 7 (1961), 795-800.

Reuter, Hans-Heinrich: Entwurf eines kritischen Ueberblicks über den Stand und die Perspektiven der gegenwärtigen Fontane-Forschung anlässlich des Fontane-Symposions in Potsdam. In: Weimarer Beiträge 15 (1969), 674-699.

Reuter, Hans-Heinrich: Grundpositionen der "historischen" Autobiographie Theodor Fontanes. In: Theodor Fontanes Werk in unserer Zeit. Symposion zur 30-Jahr-Feier des Fontane-Archivs der Brandenburgischen Landes- und Hochschulbibliothek Potsdam. Potsdam 1966, 13-36.

Reuter, Hans-Heinrich: Fontane. 2 Bde. München 1968.

Reuter, Hans-Heinrich: Theodor Fontane. In: Deutsche Dichter des 19. Jahrhunderts, ihr Leben und Werk. Hrsg. von Benno von Wiese, Berlin 1969, 557-587.

Reuter, Hans-Heinrich: Theodor Fontane, In: Sinn und Form 22 (1970), 440-456.

Rhyn, Hans: Die Balladendichtung Theodor Fontanes. Mit besonderer Berücksichtigung seiner Bearbeitungen altenglischer und altschottischer Balladen aus den Sammlungen von Percy und Scott. Bern 1914 (= Sprache und Dichtung, 15)

Richter, Karl: Resignation. Eine Studie zum Werk Theodor Fontanes. Stuttgart 1966 (= Studien zur Poetik und Geschichte der Literatur, 1)

Rilla, Paul: Fontane und Balzac. In: Aufbau. Kulturpolit. Monatsschrift mit lit. Beiträgen (1948), 1016-1017.

Ritchie, J. M.: Die Ambivalenz des "Realismus" in der deutschen Literatur 1830-1880. (1960) In: Begriffsbestimmung des literarischen Realismus. Hrsg. von Richard Brinkmann, Darmstadt 1969, 376-399. (= Wege der Forschung 212)

Rosenfeld, Hans-Friedrich: Zur Entstehung Fontanescher Romane. Groningen 1926.

Rosenkranz, Karl: Aesthetik des Hässlichen. Hrsg. von Walther Gose und Walter Sachs. Faks. Neudr. d. Ausg. Königsberg 1853. Stuttgart, Bad Cannstatt 1968.

Rost, Wolfgang E.: Oertlichkeit und Schauplatz in Fontanes Werken. Berlin und Leipzig 1931. (= Germanische und deutsche Studien zur Sprache und Kultur, Heft 6)

Sauer, Adolf Karl: Das aphoristische Element bei Theodor Fontane. Ein Beitrag zur Erkenntnis seiner geistigen und stilistischen Eigenart. Diss. Berlin 1935 (= Germanische Studien, 170)

Sander, Volkmar: Illusionszerstörung und Wirklichkeitserfassung im Roman Raabes. In: Deutsche Romantheorien. Hrsg. von R. Grimm, Frankfurt a. M., Bonn 1968, 218-232.

Seiffert, Hans Werner (Unter Mitarbeit von Christel Laufer): Fontanes "Effi Briest" und Spielhagens "Zum Zeitvertreib". Zeugnisse und Materialien. In: Studien zur neueren deutschen Literatur. Hrsg. von Hans Werner Seiffert, Berlin [Ost] 1964, 255-300.

Sengle, Friedrich: Der Romanbegriff in der ersten Hälfte des 19. Jahrhunderts. In: Deutsche Romantheorien. Hrsg. von R. Grimm, Frankfurt a. M., Bonn 1968, 127-142.

Seybold, Ernst: Das Genrebild in der deutschen Literatur. Vom Sturm und Drang bis zum Realismus, Stuttgart 1967. (= Studien zur Poetik und Geschichte der Literatur, 3)

Schäfer, Renate: Fontanes Melusine-Motiv. In: Euphorion 56 (1962), 69-104.

Scherer, Wilhelm: Zur Technik der modernen Erzählung. In: Scherer, Kleine Schriften. Hrsg. von Erich Schmidt. Berlin 1893, 159-170.

Schillenmeit, Jost: Theodor Fontane. Geist und Kunst seines Alterswerkes. Zürich 1961 (= Zürcher Beiträge zur deutschen Literatur- und Geistesgeschichte, 19)

Schiller, Friedrich: Sämtliche Werke, Hanser-Ausgabe, München 31962.

Schlaffer, Heinz: Das Schicksalsmodell in Fontanes Romanwerk. Konstanz und Auflösung. In: GRM 16 (1966), 392-409.

Schmeiser, Ingeborg: Theodor Fontanes Auffassung von Kunst und Künstlertum unter besonderer Berücksichtigung der Dichtung. [Masch. Diss.] Tübingen 1955.

Schmidt, Julian: Geschichte der deutschen Nationalliteratur im neunzehnten Jahrhundert. 2 Bde. Leipzig 1853.

Schmidt, Julian: Der neueste englische Roman und das Princip des Realismus. In: Die Grenzboten, 15, IV (1856), 466-474.

Schmidt, Julian: Uebersicht der englischen Literatur des 19. Jahrhunderts. In: Abriss der englischen Literaturgeschichte von Alexander Büchner, Darmstadt 1856, 391-475.

Schmidt, Julian: "Zwischen Himmel und Erde". [Rez.] In: Die Grenzboten, 15, IV (1856), 121-126.

Schmidt, Julian: Otto Ludwig. In: Die Grenzboten, 16, IV (1857), 401-412.

Schmidt, Julian: "Deutsche Träume", Roman von Ludwig Steub. [Rez.] In: Die Grenzboten, 17, II (1858), 290-299.

Schmidt, Julian: Geschichte der französischen Literatur seit der Revolution 1789. 2 Bde. Leipzig 1858.

Schmidt, Julian: Schiller und der Idealismus. In: Die Grenzboten, 17, IV (1858), 401-410.

Schmidt, Julian: Neue Romane. [Rez.] In: Die Grenzboten, 19, IV (1860), 481-491.

Schmidt, Julian: Kritische Streifzüge I. (Zur Aufführung Shakespeare'scher Stücke). In: Preussische Jahrbücher, (1874) Bd. 34, 302-313.

Schmidt, Julian: Kritische Streifzüge III. (La tentation de St. Antoine). In: Preussische Jahrbücher, (1874) Bd. 34, 508-512.

Schmidt, Julian: "Markus König" [Rez.] In: Preussische Jahrbücher, (1877) Bd. 39, 199-208.

Schmidt, Julian: Das Buchdrama. In: Preussische Jahrbücher, (1878) Bd. 42, 425-429.

Schmidt, Julian: Portraits aus dem neunzehnten Jahrhundert, Berlin 1878.

Schmidt, Julian: Historische Romane. In: Preussische Jahrbücher, (1879) Bd. 44, 608-613.

Schmidt, Julian: Theodor Fontane, Spreeland. [Rez.] In: Preussische Jahrbücher, (1881) Bd. 48, 639.

Schmidt, Julian: Gottfried Keller. In: Preussische Jahrbücher, (1882) Bd. 50, 87-98.

Schmidt, Julian: Wildenbruch's Harald. [Rez.] In: Preussische Jahrbücher, (1882) Bd. 49, 551-556.

Schmidt, Julian: Conrad Ferdinand Meyer. In: Preussische Jahrbücher, (1884) Bd. 53, 264-269.

Schobess, Joachim: Die Bibliothek Theodor Fontanes. In: Marginalien. Blätter der Pirckheimer-Gesellschaft 14 (1963), 2-22.

Schobess, Joachim: Literatur von und über Theodor Fontane. 2., bedeutend vermehrte Auflage, Potsdam 1965. (= Brandenburgische Landes- und Hochschulbibliothek, Theodor-Fontane-Archiv. Bestandesverzeichnis, Teil 2)

Schorneck, Hans-Martin: Fontane und die französische Sprache. In: Fontane-Blätter 2 (1970), 172-186.

Schrader, Ingeborg: Das Geschichtsbild Fontanes und seine Bedeutung für die Massstäbe der Zeitkritik in den Romanen. Limburg-Lahn 1950.

Schultze, Christa: Theodor Fontanes frühe Begegnung mit der russischen Literatur. In: Zeitschrift für Slavistik, 8 (1963), 330-348.

Schultze, Christa: Theodor Fontane und die russische Literatur. In: Fontane-Blätter 2 (1965), 40-55.

Seidel, Heinrich Wolfgang: Theodor Fontanes lyrisches Werk. In: Theodor Fontane, Gedichte. Stuttgart 1941.

Seidlin, Oskar: Der junge Joseph und der alte Fontane. In: Festschrift für Richard Alewyn, Köln/Graz 1967, 384-391.

Sosnosky, Theodor v.: Theodor Fontane und die Politik. Randglossen zu seinen Briefen. In: Der Türmer (1911), 742-749.

Spiero, Heinrich: Fontane. Wittenberg 1928.

Staiger, Emil: Die Kunst der Interpretation. Zürich [4]1963.

Stifter, Adalbert: Ueber Stand und Würde des Schriftstellers. In: Dichter über Dichtung; in Briefen, Tagebüchern und Essays. Ausgewählt und kommentiert von Walter Schmiele. Darmstadt 1955, 55-64.

Strech, Heiko: Theodor Fontane: Die Synthese von Alt und Neu. "Der Stechlin" als Summe des Gesamtwerks. Diss. Berlin 1970 (= Philologische Studien und Quellen, Heft 54)

Stöcklein, Paul: Dichtung, vom Dichter gesehen; alte und neue Winke der Dichter für den Literarhistoriker. In: Wirkendes Wort, 1. Sonderheft (1952), 72-93.

Stockum, Th. C. von: Zu Theodor Fontanes Lebensanschauung. In: Neophil. 45 (1961), 123-138.

Szondi, Peter: Theorie des modernen Dramas. Frankfurt a.M. [4]1967. (= edition suhrkamp 27)

Tatsukawa, Yozo: Zur literarischen Wertung Theodor Fontanes. [Japanisch mit deutscher Zusammenfassung] In: Aspekt 1 (1967), 58-83.

Thanner, Josef: Die Stilistik Theodor Fontanes. Untersuchung und Erhellung des Begriffs "Realismus" in der Literatur. Mouton 1967.

Troll-Borostyani, Irma von: Die Wahrheit im modernen Romane. In: Die Gesellschaft, (1896), 215-226.

Turk, Horst: Realismus in Fontanes Gesellschaftsroman. Zur Romantheorie und zur epischen Integration. In: Jahrb. der Wittheit zu Bremen, 9 (1965), 407-456.

Turner, David: Marginalien und Handschriften zum Thema Fontane und Spielhagens Theorie der "Objektivität". In: Fontane-Blätter 1 (1968), 265-281.

Vogt, Wilhelm: Theodor Fontane und die bildende Kunst. In: Die Sammlung, Zeitschr. für Kultur und Erziehung 4 (1949), 154-284.

Wagner, Walter: Die Technik der Vorausdeutung in Fontanes "Vor dem Sturm" und ihre Bedeutung im Zusammenhang des Werkes. Diss. Marburg 1966. (= Marburger Beiträge zur Germanistik, Bd. 18)

Walzel, Oskar: Künstlerische Absicht. In: GRM 8 (1920), 321-331.

Wandel, Christiane: Zu Fontanes Arbeitsweise am Roman. In: Brandenburgische
    Jahrbücher 9 (1960), 69-77.
Wandrey, Conrad: Theodor Fontane. München 1919.
Weber, Werner: Theodor Fontane. In: Berliner Geist. Fünf Vorträge der Bayeri-
    schen Akademie der Schönen Künste. Berlin 1963, 127-155.
Wellek, René und Warren, Austin: Theorie der Literatur, West-Berlin 1963.
    (= Ullstein Bücher Nr. 420/421)
Wellek, René: Grundbegriffe der Literaturkritik, Stuttgart 1965.
Wichmann, Hermann: Frohes und Ernstes aus meinem Leben, [o.O.] 1898.
Wienbarg, Ludolf: Aesthetische Feldzüge. Aufbau-Verlag, Berlin und Weimar
    1964.
Wolzogen, Ernst von: Humor und Naturalismus [Freie Bühne 1890, Heft 48].
    Wieder abgedruckt in: Ansichten und Aussichten, ein Erntebuch, Berlin
    1908, 57-74.
Wüsten, Sonja: Die historischen Denkmale im Schaffen Theodor Fontanes. In:
    Fontane-Blätter, 2 (1970), 187-194.